U0495105

新编中国史

宋史

文治昌盛　武功弱势

游彪◎著

中信出版集团｜北京

图书在版编目（CIP）数据

宋史：文治昌盛　武功弱势 / 游彪著 . -- 北京：
中信出版社，2017.10（2024.11重印）
　ISBN 978-7-5086-7120-8

　I. ①宋… II. ①游… III. ①中国历史—宋代—通俗
读物 IV. ① K244.09

中国版本图书馆 CIP 数据核字（2016）第 308529 号

著作财产权人：© 三民书局股份有限公司
本书中文简体字版由三民书局股份有限公司授权中信出版集团股份有限公司在中国境内
（台湾、香港、澳门地区除外）独家出版。
本书中文简体字版禁止以商业用途于台湾、香港、澳门地区散布、销售。
版权所有，未经著作财产权人书面授权，禁止对本书中文简体字版之任何部分以电子、机械、影印、录
音或其他方式复制或转载。

宋史：文治昌盛　武功弱势
著者：　　游　彪
出版发行：中信出版集团股份有限公司
　　　　　（北京市朝阳区东三环北路 27 号嘉铭中心　邮编　100020）
承印者：　　河北鹏润印刷有限公司

开本：880mm×1230mm 1/32　　印张：20.5　　　　字数：447 千字
版次：2017 年 10 月第 1 版　　印次：2024 年 11 月第 8 次印刷
书号：ISBN 978-7-5086-7120-8
　　　　　　　　　　　　　　　定价：99.00 元

版权所有·侵权必究
如有印刷、装订问题，本公司负责调换。
服务热线：400-600-8099
投稿邮箱：author@citicpub.com

目 录

自 序

　　这本断代史的写作，前前后后持续了三年左右，其间甘苦自知。编写大学生使用的教材，笔者首先要考虑的有几个问题：一是不能如学术著作一样过于专业，以免学生难以理解，因而要尽可能地以平实的语言进行客观描述。二是必须尝试一些新思维，以前出版过几部宋朝的断代史，内容大同小异，其最大的优点在于知识的系统性，基本上是将重点放在两宋时期的政治、经济、军事、文化四个层面。本书试图突破这种结构的束缚，除了用少数章节叙述宋朝的制度以外，更多地侧重于宋人的社会生活状况；在公权力方面，则是关注以皇帝为首的朝廷的统治"术"等。这些都是不同于以往的，或许上述思路尚不成熟，但毕竟呈现了某种新模式供人参考。三是切忌面面俱到，而是凸显某些"点"，以免流于对两宋历史的浮光掠影。为达成这一目的，本书主要是通过外围的分进合击，力争将以前为人所忽略的史实写得更清楚、更透彻一些。其中城市化进程问题，笔者并无把握，于是邀请云南大学吴晓亮教授代为执笔。之所以做如此处理，实际上是为了使本书具有适当的深度和广度，避免过于浅显。四是要尽可能吸取国内外已有的研究成果，反映迄今为止宋代史研究的新进展。

诚然，以笔者的学识和能力，几乎无望完成这样艰巨的任务，但朝着这些方向努力则是完全有必要的。至于最终的结果如何，还需要等待读者的评判。

本书在写作过程中一直得到出版社编辑部的大力协助，在此，对出版社的编辑诸君表示诚挚的谢意，同时对研究生石俊英、孙健、侯贝贝、刘雅萍为本书付出的艰辛劳动也一并致谢。

2008 年 10 月 8 日于北京师范大学茹退居

前　言

　　长期以来，人们总是以为，两宋已无汉唐雄风，是中国古代社会由盛而衰的转折期，因而将宋朝视为一个腐败无能的王朝。尤其是在与周边少数民族的交往过程中，宋朝一直处于被动的不利地位，在与西夏、辽朝的战争中，宋军几乎多以失败告终。更为严重的是，北宋末期，宋徽宗、宋钦宗两代皇帝被女真族所俘，客死异域；偏安一隅的南宋朝廷失去了北中国的大片土地，最后为蒙古铁骑所灭。正是因为如此，人们对宋朝历史的认知存在很大的误解，这是需要加以澄清的。

一、欧美学者之宋代观

　　欧洲研究宋代历史的先驱、法国汉学家埃狄纳·巴拉兹（Étienne Balázs）认为，中国古代社会在宋代已经完全发育成熟，近代中国以前的诸多新因素已经显著呈现，因此研究宋史有助于解决中国近代开端的一系列重大问题。依据上述认识，巴拉兹从20世纪40年代中期制定了一个规模宏大的宋史研究计划，其目的是要研究宋代为什么比西方更早地成为"现代的拂晓时辰"。尽管巴拉兹的计划在其生前并未完成，但在他的带动和影响下，宋史研究机构在欧美各国陆续成立，进而形成了一些国际性的学术组织。此后一些美国学者对宋代的研究进一步深入，如斯坦福大学教授施坚雅（G. William Skinner）认为，在11世纪的中国开封，资本主义已经萌芽。不少日本学者也认为宋代是中国近代社会的开端，其中以汉学大师内藤湖南为代表。他认为宋代商品经济发达，资本主义已经发展起来[1]，大体上相当于欧洲的十六七世纪。尽管上述看法遇到较为严重的挑战，尤其是中国学者的批评（至今中国学者尚未认同，还是按照传统观点将宋代视为古代社会的一个阶段，认为资本主义萌芽是明朝中叶以后才出现的），但这些论点后来逐渐为很多欧美学者所接受。

二、结束割据，实现统一

自755年爆发安史之乱以后，唐朝中央政权逐渐衰落，各地节度使依靠武力割据一方，"大者称帝，小者称王"[2]。在这种分裂状态下，各地军阀依靠掌握的武装力量相互吞并，改朝换代，擅自募兵征税，给广大民众带来了深重的灾难。宋朝建立后，经过宋太祖、宋太宗两朝的不懈努力，基本上统一了中国。此后，宋朝历代皇帝采取了很多较为行之有效的措施消除藩镇割据，维护了国家的统一局面，从而为整个社会的繁荣和发展奠定了坚实的基础，提供了强有力的政治保障。另一方面，尽管两宋时期与中原王朝相抗衡的少数民族政权势力异常强大，双方之间经常发生战争，但宋朝在与各少数民族之间的经济文化交流中还是占着主导地位。汉族的先进文明和生产技术等不断传播到各少数民族地区，比如当时的两广地区等，边疆地区因此得到了相当程度的开发，从而极大地促进各民族人民的共同繁荣，这也是巩固统一国家的重要前提。

三、经济的高度发展

总体而言，两宋时期是中国古代经济文化高度发展的时代，其文明程度居于当时世界的最高水平，这是中外学者都认可的事实。法国著名汉学家谢和耐（Jacques Gemet）对南宋时期的中国社会做过这样的评价："十三世纪的中国在近代化方面进展显著，比如其独特的货币经济、纸币、流通证券，其高度发达的茶叶和盐业企业，其对于外贸（丝织品和瓷器）的倚重，以及其各地区产品的专门化等。……在社会生活、艺术、娱乐、制度、工艺技术诸领域，中国无疑是当时最先进的国家。它具有一切理由把世界上的其他地方仅仅看作蛮夷之邦。"[3] 从中不难发现，宋代在中国历史发展过程中占有极其重要的位置，在世界文明史中亦有着举足轻重的历史地位。

具体而言，宋代社会生产力高度发展，无论是农业还是手工业、商业等，都取得了长足而巨大的进步。就农业领域来说，宋代全国总人口在中国历史上首次突破一亿，大体上是汉唐盛世的两倍，人口的大幅度增长一方面表明劳动力的大量增加，另一方面也说明社会经济的发展足以养活数量众多的人口。在以农业为最重要的生产部门的时期，人口的增加是生产力进步的重要指标之一。宋代耕地面积大约有七百万顷，大体上也是汉唐时期的两倍，且土地单位面积的产量也大大提高。在农业较为发达的地区，通常一亩到一亩半的土地即可以养活一个人，而战国时期大体上需要六亩土地才能养活一个人，这表明宋代农业生产力的大大提高。

在粮食产量提高的同时，经济作物的种植也迅速展开，农业多种经营蓬勃发展，这是宋代农产品商品化程度的重要标志。棉花种植逐渐从海南岛、福建、两广地区向北传播，茶叶的栽培则遍及大半个中国。当时种茶的农户被称为园户，他们当中很多人已经将种茶当作职业，基本上不种植粮食，因而成为专业化程度很高的茶农。这既有利于茶叶生产规模的扩大，也有利于产茶技术的改进与创新，更有利于茶叶质量的提高。宋代这样的专业户包括社会生产的众多领域，如果树栽培户、桑蚕户、花农等，所有这些都反映了宋代社会分工的深入，也为丰富广大人民的物质生活提供了条件。

在手工业领域也同样取得了巨大进步和发展，无论是生产规模，还是技术水平，都大大超越了前代。宋代手工业大体可以分为官营和私营两种形式。官营手工业是指政府控制的手工业工场、作坊、场院等，其产品小部分作为商品在市场上流通，大部分都供官府使用，如兵器生产等。私营手工业形式多样：一种是农户的家庭手工业，这是作为农民的副业而存在的。除了生产自己需要的产品以外，也有作为商品进入市场的，农民以此增加收入。另一种是乡村地主经营的手工业作坊，生产规模大小不等，主要依靠雇佣劳动进行生产，但经营乡村手工作坊的地主并没有完全脱离土地，因而他们既是地主，又是工场主。还有一种便是专业的手工业作坊，这些作坊主要集中在城市，它们的所有产品都是商品，从业者完全依靠出售产品来维持生计。

宋代手工业技术及工艺相当先进，就拿冶铁业来说，早在 20 世纪 60 年代，美国学者郝若贝（Robert Hartwell）根据宋代兵器制作、铁钱铸造和农具制造等方面的消耗情况，推算出宋神宗元丰元年（1078）的铁产量大致在七万五千吨至十五万吨。这一产量是 1640 年英国工业革命时期产量的二点五至五倍。到 18 世纪，欧洲各国（包括俄罗斯欧洲部分）的铁产量大致在十四万至十八万吨之间，因此宋代中国的铁产量基本可以达到这样的水平。[4] 再如煤炭开采，宋代的煤产量无疑是居当时世界第一的，而且开采技术非常先进。1954 年，河南鹤壁发掘了北宋晚期煤矿遗址，矿工根据地下煤层的情况，将煤田分成若干小块，采取"跳格式"方法，先内后外，逐步将煤炭开采出来。而且，井下巷道布局合理，照明、通风、排水、支架等设施完备。在宋代以后数百年，欧洲煤矿井下还不敢点灯，只能在黑暗中摸索挖掘。从这些事实可以看出，宋代手工业所取得的成就是非常突出的。

随着农业和手工业的发展，商业活动也空前活跃起来。宋代的商业发展首先表现在市场规模的扩大和市场数量的大量增加。唐代城市实行严格的坊市制度，将商业区和居住区分开，居住区内禁止经商。宋代逐渐打破了坊市格局，允许商人经商，街道上随处可以开设店铺。尤其是北宋都城开封（今河南开封）和南宋都城临安（今浙江杭州），城市人口都超过百万，是当时世界上最大、最繁华的大都市。其商业更是异常发达，据一些学者统计，北宋都城开封已经有六千四百多家大中型工商业者，八千至九千家小商小贩。在城市周围和乡村的交通要道所在之地逐渐形成了许多大大小小的集市，这种集市在岭南被称为"墟市"，在北方被称为"草市"。这些集市又被总称为"坊场"，它们遍布全国各地，形成星罗棋布的商品交换网络。这些都表明，宋代商业活动空前活跃。

与此同时，宋代的海外贸易也是空前繁荣，根据周去非《岭外代答》等资料记载，与宋朝保持通商贸易的国家达到六十多个，宋代海外贸易范围较前代大为扩展。当时中国的商船不仅坚实耐用，而且船体庞大。更重要的是，出海的商人掌握了当时全世界最为先进的航海技术，其中最重要的是指南针的应用，使海外贸易得到了巨大发展。随着商业贸易规模的扩大，货币需求量猛增，官府铸造的金属货币已经不能完全满足商品交换的需要，因此北宋前期四川成都地区出现了世界上最早的纸币交子。至宋仁宗天圣元年（1023），正式由政府出面设立交子务。随着纸币发行量的增加，越来越多的地区使用这种异常方便的货币。西方最早的纸币是 1661 年斯德哥尔摩银行发行的，但这家银行很快就倒闭了。至 1694 年，英格兰银行开始正式使用纸币，比中国晚了七百年左右。

四、文化的昌盛

随着经济的高度发展，宋朝政府实行了相对开明的文化政策，加之刊刻、印刷技术的进步，特别是活字印刷术的发明，使传统和创新的文化不仅能够保存下来，而且还能够广泛传播，更重要的是，它使教育得以普及。正是在这种背景下，宋代文化取得了前所未有的巨大成就。已故著名史家陈寅恪曾经对宋代文化做过这样的评价："华夏民族之文化，历数千年之演进，造极于赵宋之世。"[5]在他看来，中国文化至宋代达到了登峰造极的地步。

宋代学校教育异常发达，京师设有国子学、太学等，另外有专业性很强的武学、律学、算学、画学、书学、医学。宋仁宗以后，鼓励各州县兴办学校。至宋徽宗时期，全国由官府负担食宿的州县学生人数达到十五六万人，这种情况在当时世界上是绝无仅有的。除了官办学校外，私人讲学授徒亦蔚然成风，其中以书院的兴盛最为引人注目。书院与官办的州县学不同，通常是由士大夫所建，因而学习环境较为宽松，除了正统的儒家学说以外，其他各种学问均可以讲授，不同的思想可以相互交流、切磋、辩难，如朱熹、陆九渊的"鹅湖之会"，朱熹、陈亮之间的"王霸义利之辩"等，从而活跃了师生的思想，推动了学术的繁荣和进步。教育的普及既是宋代文化高度发展的重要标志，也是宋代文化取得重大成就的重要原因。

具体说来，宋代文化在哲学、史学、文学、艺术等各方面均取得了独具特色的成就。举例来说，两宋历史上出现了许多思想家、哲学家，形成了不少自成体系而又颇具功力的学术流派，最终形成了以理学为代表的新儒学，成为中国封建社会后期占统治地位的思想。如周敦颐以儒家经典《易传》和《中庸》为核心，同时吸收道家、道教、佛教等思想，建立起一套较为完整的关于宇宙本原、万物演化以及人性善恶等的理论体系，成为宋学的开创者，在建立新儒学的道路上迈出了关键的第一步。至北宋中期，程颢（1032—1085）、程颐（1033—1107）运用"天理"这一范畴，将本体论、认识论、人性论等有机联系在一起，认为"理"不以人的意志为转移，不受时间和空间限制，是永恒存在的、宇宙万物的本原；它不仅是自然界的最高法则，也是人类社会的最高原则。二程较为系统地确立了宋明理学的基本范畴，可以说是宋学的奠基者。

至南宋时期，朱熹又以二程思想为核心，吸收糅合北宋以来各派儒家学说，包括周敦颐、张载等人的学说，建立起一个庞大而系统的思想体系，他以"天理"和"人欲"为主轴，将人类的自然观、认识论、人性论、道德修养等有机地结合起来，从而完成了建立新儒学理论体系的艰巨任务。因而，朱熹是两宋理学的集大成者，也是孔子、孟子以后影响最大的儒家学者，在中国历史上具有举足轻重的地位。然而，理学在宋代并非一统天下，不论是南宋还是北宋，思想界都非常活跃，同时存在其他种种不同的思潮。与朱熹学说存在差异的陆九渊吸取禅宗理论，提出了"心即理"的命题。朱陆二人之间经过激烈争论，最后不了了之，可知当时学术相当自由，学术环境也是非常宽松的。

再如史学领域，在编纂体例方面，除了继承传统的编年、纪传体之外，还新创立纪事本末体，对此后史学的发展产生非常深远的影响。在宋代，不仅政府出资出力编纂当代历史，同时也允许私人撰写本朝历史，这在中国历史上具有特殊的意义。通常而言，当代史存在不少忌讳，因而宋朝政府开放私人修史的限制，无疑会大大促进史学的繁荣和发展。正因为如此，宋代史学取得了多方面的成就。

应该说，宋代在文化方面所取得的成就非常卓著，很多领域都达到了古代文明的最高峰，如宋词、绘画等，这些都大大丰富了中国的文化宝藏，也给后代文化的发展带来了巨大而深远的影响，如明清时期的小说便是直接导源于宋代说书人所用的话本等。

五、科学技术的伟大成就

宋代科学技术居于当时世界的最前列，中国古代四大发明中的印刷术、火药、指南针都是北宋时期发明应用的。隋唐以来，中国便已经出现了雕版印刷，至宋仁宗庆历年间，毕昇发明了活字印刷术，这是世界上最早的活字印刷技术，也是世界印刷历史上一项最为重要的发明，现代铅印的印刷术就是在毕昇陶活字的基础上改进的，这是中国对世界文化的巨大贡献。火药也是中国古代的伟大发明之一，最初是由道家炼丹而发明。到宋代，由于手工业生产的发达和战争的需要，火药开始应用于军事，如北宋时期的火箭、火球、火炮等。至南宋时期，火药武器技术越发先进，陈规守德安（今湖北安陆）曾经使用火枪冲锋。至南宋中晚期，又出现了突火枪，这是后来步枪和子弹的雏形。火药经过阿拉伯商人传到西亚、南亚各国，至13世纪末由阿拉伯人传入欧洲，欧洲人会制造火药武器则已经是14世纪以后的事情，比中国至少晚了四百年。

指南针最早出现于战国时期，但当时人们只会使用天然的磁石，因而指南的灵敏度不够准确。到北宋时期，人们开始用人造的磁铁片做成指南鱼，可以浮在水中自由转动，鱼头就会灵敏地指向南方。后来，大科学家沈括又对指南针的制作进行了很大的改进，经过多方面的试验之后，沈括制造出了非常完善的指南针。同时，他还在试验中发现了磁偏角现象，这是对地磁学研究的一个重大贡献，这一发现比哥伦布横渡大西洋所发现的磁偏角要早四百年。这些发明不仅对中国历史，而且对人类社会都产生了巨大而深远的影响。

在数学和天文学领域，宋代也取得了辉煌成就。在天文学理论方面，北宋哲宗绍圣初年，宰相苏颂完成《新仪象法要》一书，分别介绍了浑仪、浑象、水运仪象台的设计，这部书具有较高的科学性，它代表了当时天文学领域的新成就，也反映了宋代机械制造的水平。正因为天文观测相对准确，宋代的历法相当精确。北宋中期，平民出身的卫朴修订历法，以365.243585日为一年，尽管比实际数字稍大一些，但比此前的历法要准确。至宋宁宗庆元五年（1199），杨忠辅制定《统天历》，以365.2425日为一年，这个数字与西方1582年颁布公历时的数据完全相同，比现代天文学所测数值只差二十六秒。由此可见宋代天文学发展水平之高。

在生物学和医学领域，宋代也是成就卓著。在经济文化全面发展的背景下，宋朝政府十分重视与广大民众卫生健康息息相关的医学事业，不仅政府出面编辑刻印了很多医学典籍，而且要求各州县加以推广应用。其中《太平圣惠方》一百卷，收录中药处方一万六千八百三十四个；《圣济录》二百卷，是中医学史上的一部百科全书，收集了诊断、处方、审脉、用药、针灸等各方面的理论和实践成果；《政和本草》共介绍各种药材一千五百五十八种，其中新增加六百二十八种新药材，可以说是一部完备的药物学著作。对前代医学的总结和医学书籍的流传，是宋代医学进步的重要原因。宋代医学极其重要的成就之一便是医学分科更加细密，宋朝初年，仍然按照前代分为内科（古时为方脉科）、针科、疡科（外科）。至北宋中期，官办的太医局新增设眼科、口齿兼咽喉科、针灸科等，共分为九科，其中引人注目的是妇科、小儿科等医科独立发展起来。

在医学的分支法医学领域，南宋时期的宋慈收录并总结了前人的法医知识，创作出《洗冤集录》一书，其中涉及验伤、验尸、血型鉴定、死伤鉴别、检骨等多方面的理论和实践，同时对毒药和医治服毒的方法也进行了总结，这也是世界上最早的一部法医学著作。上述仅仅介绍了宋代医学领域很小部分的成就而已，于此亦可窥两宋时期科学技术发展水平之一斑了。

总之，确如已故著名学者邓广铭所言："宋代是我国封建社会发展的最高阶段，其物质文明和精神文明所达到的高度，在中国整个封建社会历史时期之内，可以说是空前绝后的。"[6]这一结论是符合历史实际的。

第一章

两宋政局之演进

　　建隆元年（960），赵匡胤等人借口北汉与契丹军队大举南下，于是后周政权急忙派遣军队前去抵御。赵匡胤等人在陈桥驿（今河南开封市东北）发动兵变，夺取了后周政权。赵匡胤当皇帝之前担任归德军节度使，归德军在唐代被称为宋州（今河南商丘），因此赵匡胤将新王朝定名为宋朝。宋朝统治持续了三百二十年的时间，960—1127 年为北宋，1127—1279 年为南宋。早在宋朝建国之前，916 年，耶律阿保机建立了契丹政权，辽太宗耶律德光改国号为大辽，历经二百一十年，至 1125 年为女真所灭。1038 年元昊正式称帝，建立西夏王朝，至 1227 年为蒙古所灭，立国一百九十年。1115 年，完颜阿骨打建立金朝，至 1234 年灭亡，历时一百二十年。1206 年，成吉思汗建立蒙古政权。可以说，宋朝始终伴随着这些少数民族政权的兴衰，而最后为蒙古所灭。

第一节　北宋政局的走向

从赵匡胤建立宋朝至赵佶、赵桓二帝为女真人俘虏，北宋历经九朝，计一百六十七年，大体可以分为三个阶段。前期包括太祖、太宗两朝，这一时期，以赵匡胤、赵光义兄弟为首的宋朝急需解决的问题是稳定新政权。宋初，北方有强大的辽朝和在其卵翼下的北汉政权，南方有吴越、南唐、荆南、南汉、后蜀等割据一方的藩镇政权。同时，在统治集团内部，各地依然存在手握重兵的武将。面对这种局面，宋太祖制定了先南后北的策略，即先集中兵力消灭南方诸国，然后挥师北上收复燕云地区。经过长期努力，至太平兴国四年（979），太宗亲率大军围攻太原，北汉主刘继元被迫投降，基本上结束了安史之乱以来两百多年的藩镇割据局面。在消灭各割据政权的同时，宋太祖又二度以"杯酒释兵权"的手段收回了石守信、王审琦、符彦卿、张令铎等重臣的兵权。为了削弱节度使的行政权力，朝廷派遣文臣出任知州、知县，这一制度逐渐推广后，至宋太宗时期，各地方行政长官基本上换成了文官。在财权方面，宋太祖派人出任诸道转运使，将一路所属州县财赋运输到都城汴京或朝廷指定的地方，将此前节度使以各种名目截留的财物一律收归中央。

在统一南方的过程中，宋太祖对辽朝采取了防御政策。宋太宗灭北汉后，不顾群臣反对，乘胜进军燕京（今北京市），企图一举收复被石敬瑭割让给辽朝的燕云地区。战争初始，宋军取得了一些胜利，但由于仓促出兵，准备不足，很快便在高粱河（今北京市西直门一带）为辽朝大将耶律休哥打败。辽景宗去世，新君甫立。雍熙三年（986），宋朝再次派三路大军进攻辽朝。东路由曹彬率领，出雄州（今河北雄县），准备攻涿州（今河北涿州市）北上；中路由田重进率领出飞狐关（今河北涞源境内），进攻蔚县（今河北蔚县）；西路军由潘美、杨业率领出雁门关（今山西代县境内）。随着东路军在岐沟关（今河北涿州市西南）为辽军所败，西、中路军被迫撤兵。杨业在撤军过程中由于未能得到潘美的支持，在陈家谷口（今山西宁武东北）被俘，绝食三日而死。此后，宋朝对辽朝由主动进攻转为消极防御。

宋真宗、仁宗、英宗、神宗、哲宗五朝可视为北宋中期。从雍熙北伐失败后，辽朝对宋朝步步紧逼，不断派兵在边境挑衅，给宋朝百姓的生命财产安全带来了严重威胁。景德元年（1004），辽朝萧太后和辽圣宗亲率大军南下，直趋黄河北岸的澶州（今河南濮阳市）。宋真宗在宰相寇准的劝谏下率兵亲征，双方在澶州城下相持一段时间后议和，这就是"澶渊之盟"（参见本书第502—505页）。此后宋辽之间大致保持了百余年的和平。

外患告一段落后，北宋统治集团内部的矛盾逐渐尖锐起来，寇准与极受真宗宠爱的王钦若等人明争暗斗，结果寇准被罢去宰相之职。在王钦若等人的怂恿下，宋真宗东封泰山，西祀汾阴，耗费了大量人力、物力。至真宗统治晚期，由于其病情恶化，几乎无力处理政务。于是，朝中官员分成两派进行着激烈的政治斗争：一派以宰相寇准为首，包括李迪、王曾、杨亿以及宦官周怀政等；一派以刘皇后、丁谓为首，主要有曹利用、钱惟演等。最后，寇准被排挤出朝廷，丁谓也很快被贬。王曾出任宰相，而朝政几乎由刘皇后把持。

乾兴元年（1022），仁宗继位，刘太后垂帘听政。宋朝的内忧外患日渐严重，统治集团面临危机四伏的局面。庆历三年（1043），宋仁宗任命范仲淹为参知政事，韩琦、富弼为枢密副使，要求他们陈述当世急务，以求"兴致太平"。范仲淹在《答手诏条陈十事》中认为，当时的中心问题是整顿吏治，应该裁汰老弱、病患、贪腐无能的官员，提拔并重用那些德才兼备之人。范仲淹等人在仁宗的支持下陆续颁布了一些改革弊端的政策，这就是"庆历新政"（见本书第50—56页）。然而，由于新政措施在一定程度上触动了特权集团的既得利益，因而招致了他们的强烈反对。以章得象、夏竦、王拱辰等为首的反对派攻击范仲淹等人为朋党，这无疑触犯了宋朝开国以来防范臣僚结党的祖宗家法。庆历五年（1045）初，范仲淹及支持新政的欧阳修、蔡襄、余靖等被贬出朝，新政宣告失败。

宋仁宗时期，宝元元年（1038）元昊称帝，国号大夏，其经济、军事实力得以大大增强。自康定元年（1040）以后，宋夏之间战事不断。宋朝虽然在西北边境驻扎数十万军队，但前线统兵将领直接听命于朝廷，作战时互不联络，互不支持，因而很难集中优势兵力抵御西夏的进攻。三川口（今陕西延安市西北）之战、好水川（今宁夏隆德县城北）之战、定川寨（今宁夏固原市西北）之战（参见本书第513—514页），宋军大将刘平、石元孙被俘，任福、葛怀敏等战死，宋方损失极为惨重。西夏虽然在战场上取胜，但由于双方贸易中断，西夏人极度缺乏茶等日常生活用品，可以说是得不偿失。在这种情况下，宋夏双方议和。

嘉祐八年（1063）仁宗去世，但无子嗣。继承皇位的宋英宗赵曙是真宗之弟商王赵元份之孙、濮安懿王赵允让之子，他是宋朝历史上第一位以宗室子弟身份成为皇帝的。正因为如此，英宗继位之初，便出现了一场严重的政治危机。由于英宗体弱多病，暂时只能由曹太后垂帘听政。然而，曹太后与赵曙非亲生母子，因而二人之间的关系极其微妙。为了国家大局，辅佐重臣韩琦、司马光、欧阳修等人在两宫之间做了大量协调工作。至治平元年（1064）四月底，英宗正式亲政。不久，有关英宗生父名分问题在朝廷内外引发了一场持续十八个月的大论战，以司马光、王珪为代表的一派官员认为英宗应尊其生父濮安懿王为皇伯，而以韩琦、欧阳修为首的少数派坚持称皇考。这就是北宋历史上有名的"濮议"。"濮议之争"表面上是礼仪之争，实际则是太后与皇帝之间争夺主导权，这是统治集团内部矛盾的反映。

英宗英年早逝，其长子赵顼继位，是为神宗。此时，宋朝统治已逾百年，宋初以来诸多政策的弊端逐渐凸显出来。官场腐败盛行，财政危机日趋严重，辽朝、西夏的威胁尚未解除，百姓生活越加艰难。在这种情况下，宋神宗立志革新，熙宁元年（1068）四月，王安石入京。在他的辅佐下，宋朝开始了一场两宋历史上空前绝后的变法运动，在政治、军事、经济、文化教育等诸多领域推出了一系列新措施，以达成富国强兵的目的。然而，新法实施过程中，遭到了以司马光、韩琦、文彦博、富弼为首的官员坚决反对，几乎每项改革政策的推出，都无例外地招致他们的阻挠和反对。在变法与反变法的激荡中，神宗君臣面临着巨大的阻力和挑战，尽管出现了各种反复，但新法最终还是在十分艰难的环境下得以逐步推进。

随着变革的深入，困扰北宋的财政危机得到相当程度的缓解，国力也大为增强。在这种情况下，宋神宗一改以前对西夏以被动防御为主的战略，转而采取主动进攻的边防政策。熙宁元年王韶给神宗上了《平戎策》三篇，以为"西夏可取，欲取西夏，当先复河、湟，则夏人有腹背受敌之忧"[1]。他建议朝廷先收复河湟地区（今青海省乐都、民和、循化撒拉族自治县以及甘肃省和政、夏河、东乡族自治县），控制吐蕃与羌族部落，切断他们与西夏之间的联系，使西夏处于腹背受敌的不利地位。神宗认为王韶的分析和战术十分合理，但富弼、司马光等人纷纷上书，反对朝廷对西夏用兵。王安石力排众议，全力支持王韶。熙宁四年（1071），宋朝设置洮河安抚司，任命王韶为长官，开始经营河西走廊地区。至熙宁六年（1073），王韶采用招抚和镇压的两手政策占领了吐蕃部落居住的熙州（今甘肃临洮）、河州（今甘肃和政西北）、洮州（今甘肃临潭）、岷州（今甘肃岷县）等州。

元丰四年（1081），西夏内部发生政变。宋朝集中兵力分五路，分别从东北、西北和正北三个方向直捣西夏的重镇灵州（今宁夏灵武）和兴庆府（今宁夏银川），宋军最初进展顺利，连克数州，直抵灵州。然而，西夏坚壁清野，将黄河以南的夏军主力主动撤至黄河以北，并出奇兵切断了宋朝北路军的粮道，使宋军惨败于灵州城下。元丰五年（1082）五月，神宗得到环庆路经略司的情报，称西夏正在调集兵马准备进犯，神宗立即命鄜延路经略使沈括和副使种谔草拟作战计划，并诏令给事中徐禧和宦官李舜举作为朝廷特派官员，前往鄜延路共同主持迎战。徐禧执意修筑永乐城（今陕西米脂西北），希望以此为基地进逼西夏统治中心。西夏集中全国精兵包围了永乐城，切断水源，宋军大败。永乐城之役是神宗时期宋夏战事的转折点，此后宋朝明显地由攻势转入守势。

元丰八年（1085），宋神宗去世，十岁的幼子赵煦继位，是为哲宗。其祖母高氏（英宗皇后）以太皇太后身份处理军国大事。她早就反对神宗和王安石的新法，因而刚一执政，便起用在反变法派中享有盛誉的司马光为宰相，由他主持朝政，废除新法。变法派的主要成员蔡确、章惇、吕惠卿、曾布等人陆续被贬外任。司马光还主张将宋神宗苦心经营而建立的熙河兰会路及在延州（今陕西延安市）、庆州（今甘肃庆阳市）修筑的重要军事要塞送还给西夏，以求双方暂时相安无事。

　　然而，元祐八年（1093），高太后病死，哲宗亲政。哲宗早就对高太后的所作所为大为不满，他立志继续实施其父在位时期的新法。于是以章惇为首的变法派再次掌握政权，在哲宗的支持下，章惇等人对受高太后重用的官员进行无情打击。绍圣元年（1094），朝廷下令追贬死去的司马光、吕公著，将吕大防、刘挚、苏轼、梁焘等人贬到岭南。与此同时，变法派还根据神宗时期的规定恢复了新法，为了克服新法在熙宁、元丰年间推行时所产生的弊端，绍圣之时对一些法令也有所修正。

　　在恢复新法的同时，章惇、曾布等人继续实行对西夏的拓边政策。绍圣二年（1095），宋朝终止与西夏的边界谈判，采取修筑堡寨、开拓疆界的措施，占据了河东路西北、陕西路横山及天都山一带的战略要地，屡次打败西夏军队。元符二年（1099），宋军攻占青唐（今青海西宁），以青唐为鄯州，邈川（今青海海东市乐都区）为湟州，但遭到吐蕃部落的强烈抵抗，宋将种朴阵亡，宋朝被迫放弃青唐等地。

　　徽宗、钦宗在位时期可被视为北宋历史的第三阶段。元符三年

（1100）正月，年仅二十五岁的哲宗病逝，但无子嗣。神宗皇后向氏提议立神宗第十一子赵佶，但宰相章惇以赵佶轻佻为由，反对立他为帝。但是，曾布、蔡卞、许将等执政大臣附和向太后，于是赵佶继承皇位，是为徽宗。徽宗虽然政治上昏庸无能，但他广泛涉猎琴棋书画、诗词歌赋，成为中国古代帝王中最富艺术天分且又才华横溢的皇帝，其在书画方面的造诣更是历代所有皇帝望尘莫及的。

徽宗登基之初，向太后"权同处分军国大事"。她早就反对新法，于是起用韩琦之子韩忠彦为宰相，变法派章惇、蔡京、蔡卞等人被贬出朝。徽宗亲政以后，改年号为崇宁，表示要崇法熙宁。被贬的蔡京乘机勾结宦官、后宫，因而得以顺利重返朝廷，很快又取代曾布出任宰相。从此，蔡京、童贯、梁师成、杨戬、朱勔、李彦、高俅等人在徽宗统治的二十多年时间里掌控朝政。蔡京当政时期，先定文彦博、吕公著、司马光、苏轼、苏辙等一百二十人为元祐奸党，后又将元符末年向太后执政时期的官员分为正、邪两等，共计三百零九人，刻石文德殿门，颁布全国，称为"元祐党人碑"，其中还包括了与蔡京意见不合的变法派。经济方面，蔡京以"不患无财，患不能理财"为借口，竭力搜刮财富。经过多次变革茶盐钞法等，朝廷获得了丰厚的财政收入。这些措施大大加重了普通百姓的负担，整个社会的各种矛盾日益尖锐起来。

当北宋内政混乱之时，蔡京、童贯等人又极力支持宋徽宗收复燕云十六州。宣和二年（1120），宋金签订"海上之盟"，双方约定夹击辽朝。然而，由于各种原因，宋军并未按计划攻取辽朝的南京（今北京）和西京（今山西大同）。宣和七年（1125）底，女真军队分两路南下侵宋。徽宗得知消息后，急忙将皇位传给太子赵桓，是为钦宗。钦宗处置了蔡京、王黼、童贯、梁师成、李彦、朱勔等"六贼"，起用主战派李纲负责京城防御。然而，当完颜宗望（斡离不）率军抵达开封城下时，宋钦宗又派遣使者前去议和。朝廷在战和之间举棋不定，丧失了许多打退女真军队的机会。次年，金军再次南下，至靖康二年（1127）四月，金军俘虏徽、钦二帝和后妃，宗室贵戚北撤，北宋灭亡，史称"靖康之难"。

第二节　南宋政局的脉络

金军从开封撤退之前，册立了原北宋宰相张邦昌为楚帝，但金军北撤后，张邦昌未能得到宋人的支持，只好逊位。靖康二年（1127）五月，康王赵构在南京应天府（今河南商丘）即位，改元建炎，是为南宋第一代皇帝宋高宗。

高宗继位之初，任用抗战派李纲为宰相，为了抗击金军的进攻，李纲推荐宗泽任东京留守，张所任河北西路招抚使，王璪为河东经制使，派遣他们前往河东、河北地区组织领导各地军民的抗金活动。然而，赵构、黄潜善、汪伯彦等人却想利用割地和缴纳岁币的方法以求得女真人停止进攻，因而百般阻挠李纲的抗金计划。任宰相仅七十五天，李纲就被罢免了职务，张所等人也被解职。

然而，高宗的妥协并未阻止女真消灭南宋的企图。建炎二年（1128）秋，金军又发动攻势，前锋直指赵构所在的扬州。次年三月，高宗仓皇南逃，后又从杭州出逃，漂泊海上。建炎四年（1130），金朝册立刘豫为"大齐皇帝"，在女真的支持下与南宋对峙，并集结重兵攻打川陕地区。宋将张浚率领五路兵马与完颜宗弼（兀术）、完颜娄室等所部在富平（今陕西富平东北）展开激战，宋军溃败，陕西五路大部丧失。但绍兴元年（1131）宋军在吴玠率领下扼守和尚原（今陕西宝鸡附近），完颜宗弼率金军猛攻，宋军奋力抵抗，重创金军，宋朝首次取得了大规模对金战事的胜利。绍兴四年（1134），岳飞出兵北进，攻克郢州（今湖北钟祥市）、随州（今湖北随州市）、襄阳府（今湖北襄阳市），并派遣部将王贵、张宪进兵邓州（今湖北邓州市），击败金、齐联军后攻占唐州（今河南唐河）和信阳军（今河南信阳），这是南宋建立以来第一次收复沦陷金人之手的大片失地。

经过抗金将士多年艰苦奋战，南宋政局逐渐稳定下来。绍兴八年（1138），高宗任命秦桧为相，决定与金朝议和。虽然遭到了李纲、韩世忠、岳飞等抗战派人士的坚决反对，但双方还是于次年签订了和约。绍兴十年（1140），完颜宗弼撕毁和约，分兵四路南侵。南宋新任东京副留守刘锜进驻顺昌（今安徽阜阳），宋军以少击众，打败完颜宗弼的金军主力。岳飞也亲率主力北上，收复蔡州（今河南汝南）、颍昌府（今河南许昌）等河南大片失地。完颜宗弼率军反扑，遭到岳飞军的迎头痛击，郾城（今河南漯河市郾城区）之战大败金朝精锐骑兵。其后，金兵攻打淮西，又被杨沂中、王德等击败。在川陕地区，吴璘率军收复了秦州（今甘肃天水）等地，形势对南宋极为有利。然而，绍兴十一年（1141），南宋与金朝签订了《绍兴和议》，宋方向金称臣，割地赔款，每年仍纳岁贡银二十五万两、绢二十五万匹，以淮水至大散关（今陕西宝鸡西南）为界，断送了恢复中原的大好时机。其后以高宗和秦桧为首的朝廷解除了岳飞、韩世忠等人的兵权，并以"莫须有"的罪名杀害了力主抗金的岳飞。

和议达成后，秦桧独揽朝政，他绞尽脑汁，迫害那些坚持抗战、反对议和的官员。凡与自己意见不合的官员，都被贬出朝廷。同时，秦桧父子利用各种手段培植自己的势力，其党羽遍布朝廷内外，逐渐出现了君弱臣强的态势。直到绍兴二十五年（1155），秦桧病危，他企图由其子秦熺继承相位，但被高宗拒绝。秦桧死后，其罪恶行径纷纷被揭露出来，高宗借机贬黜了一批秦桧的党羽，为一些受到秦桧迫害的官员平反。绍兴三十二年（1162），高宗下诏退位，因其无子，遂将皇位传给宋太祖七世孙赵昚，并自称太上皇，居住在德寿宫，颐养天年。

三十六岁的赵昚继位后不甘于偏安局面，力图恢复中原。隆兴元年（1163），宋孝宗任命在朝野享有盛誉的抗战派张浚为枢密使，负责抗金前线的军事指挥。北伐之初，宋军在李显忠、邵宏渊等将领率领下，接连收复宿州（今安徽宿州市）、虹县（今安徽泗县）等淮河以北的大片土地。金朝派大将纥石烈志宁率军反击，李显忠与金军激战失利，宋军各部相继溃败，大败于符离（今安徽宿州北），孝宗倡导的北伐以失败告终。隆兴二年（1164）十二月南宋被迫与金人签订《隆兴和议》，金、宋改为叔侄之国。

孝宗是南宋历史上最有作为的皇帝，他在位时期，积极整顿吏治，裁减冗官，加大对贪官污吏的惩治力度。鉴于南宋财政拮据的现实，孝宗尽量减少开支，逐年增加储备，进而大大改善了南宋朝廷入不敷出的状况。同时简汰老弱残兵，加强士兵训练，孝宗还多次亲自阅兵，强兵措施取得了一定成效。乾道七年（1171），孝宗任命虞允文为相，准备联络北方抗金武装，从四川和东南同时出兵，在河南会师。但由于虞允文病故，北伐计划遂告停止。

为了吸取秦桧专权的教训，孝宗千方百计限制宰相的权力。他在位二十八年，先后出任宰相的有十七人、参知政事多达三十四人，频繁更换宰执的目的在于加强皇权。与此相应，孝宗重用亲信龙大渊、张说、曾觌等近臣，让他们参与军政事务，导致这些人招权纳贿。幸而陈俊卿、周必大等朝廷内外官员对这些人的行为予以抨击，从一定程度上制约了他们权力的膨胀。

孝宗晚年倦于政事，尤其是高宗于淳熙十四年（1187）去世以后，孝宗悲伤过度，无心听政。于是两年后传位给四十多岁的儿子赵惇，是为光宗。光宗患有精神疾病，并处处受制于皇后李氏，他与太上皇的关系日趋紧张。绍熙五年（1194），孝宗病逝，光宗连葬礼都无法正常举办，引起了朝野上下的恐慌。在这种情况下，宗室赵汝愚与外戚韩侂胄等共同策划，并得到高宗吴皇后的支持，立光宗次子赵扩为帝，逼迫光宗退位为太上皇。

宁宗继位后，赵汝愚与韩侂胄之间的矛盾日渐显露。赵汝愚倡导理学，引荐了朱熹等人担任要职，企图阻止韩侂胄参与朝政。但韩侂胄利用台谏官，猛烈攻击赵汝愚，认为宗室担任宰相违背了祖宗法度。庆元元年（1195），赵汝愚被罢去相位，朱熹、陈傅良等也被贬黜。庆元二年（1196），朝廷正式宣布程朱理学为"伪学"，禁毁理学家的"语录"，不许"伪学"之徒参加科举考试等。次年，赵汝愚、朱熹及其同情者被定为"逆党"，并将五十九人列入党籍，这就是"庆元党禁"。

开禧二年（1206），控制朝政的韩侂胄在准备不足的情况下发动北伐战争，南宋三路大军，除毕再遇之外，都遭遇败绩，而川陕战场的吴曦叛变，投降金朝。军事失利后，韩侂胄被迫与金朝议和，而金人提出的条件之一就是要斩杀韩侂胄，于是韩侂胄决定再次整兵出战。朝中主和派史弥远联合杨皇后及其兄杨次山，指使禁军统帅夏震诛杀韩侂胄。嘉定元年（1208），主和派完全遵从金朝的要求，与金朝签订了《嘉定和议》。

史弥远担任宰相后任用自己的亲信为台谏官，控制言路，打击异己。史弥远还掌握官吏任免权，收买效忠的官员，在朝廷上下安插党羽，宁宗实际上变成了傀儡皇帝。为了掩人耳目，史弥远起用了一批名士，如真德秀、魏了翁等，表面上群贤会集，实际则是史弥远把持朝政。嘉定和议之后不久，金朝很快便遭到新兴蒙古族的军事进攻，被迫迁都开封府。嘉定七年（1214），南宋接受真德秀的建议，停止向金朝输纳岁币。金宣宗决定派兵南下，此后，宋金之间持续了十多年的战争。

嘉定十七年（1224），宁宗病死。史弥远为了保住自己的地位，废掉宁宗所立的皇子赵竑，拥立宗子赵昀为帝，是为理宗，朝廷依然为史弥远掌控。绍定六年（1233），史弥远病死，理宗亲政。他下令贬黜了史弥远在朝廷内外的党羽，任用了一批被史弥远排斥的官员，希望有所作为。理宗还利用金朝灭亡之机，企图占领黄河以南的地区。端平元年（1234）围攻蔡州，金灭亡，宋将赵葵、全子才率军进驻原北宋三京，即东京开封府、西京河南府（今河南洛阳）、南京应天府。但三城已被蒙古兵掳掠一空，宋军乏食。蒙古兵反攻洛阳，宋军溃败。

端平二年（1235），蒙古皇子阔端、曲出分兵进攻四川和襄汉地区。次年，蒙古军长驱直入四川，南宋绝大部分州县失陷，丧失了蜀道天险，被迫将四川的首府从成都迁往重庆府（今重庆市）。淳祐二年（1242），余玠出任四川安抚制置使兼重庆知府，他组织当地军民，大规模地因山筑城，将各州治所移入坚固的山城。同时兴置屯田，积储军粮，训练士兵，多次击败蒙古军的进攻。

蒙古蒙哥即汗位后（1251），开始集中兵力攻打南宋。宝祐六年（1258），蒙哥亲率蒙古军主力入川，命忽必烈率军进攻鄂州（今湖北武昌），兀良合台自云南攻打潭州（今湖南长沙）。然而，蒙哥兵临合州（今重庆合川区），宋将王坚死守钓鱼城，重创蒙军，蒙哥亦死于前线。忽必烈、兀良合台两路蒙古军同样遭遇南宋军民的顽强抵抗，被迫北撤。

面对蒙古的强大压力，南宋朝政却越益腐败。理宗晚年沉溺于声色，他宠信阎贵妃和宦官董宋臣，使南宋政治越加昏暗。开庆元年（1259），宰相丁大全因隐匿军情不报，被弹劾罢官。理宗任命贾妃之弟贾似道为右相。景定五年（1264），理宗去世，度宗赵禥继位。

度宗更为荒淫无道，他整日沉迷于声色犬马，少有时间和精力主持朝政。权相贾似道有"策立之功"，被度宗尊奉为"师臣"，几乎所有政务都由贾似道全权处理。襄阳被蒙古军围困三年，度宗居然全然不知。贾似道在朝廷内外结党营私，贬斥异己，文天祥等正直的士大夫都受到排挤或迫害。为了筹措军费，贾似道于景定四年（1263）颁布"公田法"，规定凡是占田二百亩以上的官户和民户，一律由政府抽买三分之一，而所支付的却是会子、官告、度牒，随着纸币贬值，百姓蒙受了巨大损失。

咸淳四年（1268），蒙古军开始包围襄樊，南宋朝廷屡次派兵救援，均被蒙古军击溃。至咸淳九年（1273），襄阳被攻破，宋将吕文焕投降元朝。次年，度宗去世。贾似道和谢皇后拥立赵㬎继位，是为恭帝。

此时，蒙古铁骑大举进攻，在丞相伯颜的率领下，蒙古军沿汉水和长江东下，南宋守将纷纷献城投降。德祐元年（1275），贾似道集结南宋各地兵力十余万，前往抵御蒙古军进攻。行至芜湖，两军于丁家洲、鲁港（今安徽芜湖南）开战，在元军攻击之下，宋军全线溃败。贾似道乘船逃到扬州，后被革职，在流放途中为押解官杀死。元军乘势攻陷建康府（今江苏南京），南宋朝廷下诏"勤王"，文天祥、张世杰等起兵救援临安。张世杰受命指挥宋军先后收复了被元军占领的平江府（今江苏苏州）、常州（今江苏常州）以及浙西的部分州郡，并在镇江府（今江苏镇江）焦山集结大量水军，企图将元军主力围歼在建康至镇江一带。由于缺乏其他宋军的支持，加之元军以火箭攻击宋军船只，从而打败了南宋水军，直逼南宋都城。

德祐二年（1276），理宗谢皇后、恭帝不顾文天祥、张世杰等人反对，向元朝投降。张世杰、陆秀夫率军向东南转移，保护度宗之子赵昰、赵昺在福建、广南东路地区继续抗击元军，图谋恢复。后赵昰在福州继位，改元景炎。由于元军进逼，赵昰在张世杰、陆秀夫护卫下逃往海上，后病死。张世杰、陆秀夫又拥立赵昺为帝，退至崖山（今广东新会南八十里的海上）。祥兴二年（1279），元朝水军向崖山发起猛攻，宋军战败，陆秀夫负赵昺投海而死，南宋灭亡。

第二章

祖宗家法与传统国策

宋朝建国之初，以赵匡胤为首的统治集团面临的最大问题，就是想要摆脱五代短命王朝的命运，实现国家的长治久安。太祖自登基就开始思考建立一套实用而行之有效的法度，使子孙能世代谨守，以守住得之不易的江山。

宋太祖赵匡胤即位之后，在政治、军事和财政等方面的立法都贯穿着一个总的原则：以防弊之政，为立国之法。太宗赵光义继承其兄之皇位，也师法太祖之权谋与治术，并从各个方面加以发展。"事为之防，曲为之制"[1]，成为太宗在位期间各项政策的精神实质。前两位皇帝推行的政令渐成体系，并固定下来，成为约束赵氏子孙的"纪律"，被奉为具有莫大威慑力的"祖宗之法"，为以后的皇帝所推崇和遵守。这些法度影响至为深远，直至南宋，大体得以遵循。宋廷长期充斥着诸如"自汉唐以来，家法之美，无如我宋"[2]，"我宋立国大体，兵力虽不及于汉唐，而家法实无愧于三代"[3]一类的说法，反映出两宋统治集团恪守"祖宗家法"的一贯立场，也是宋初以来政策措施具有莫大约束力和影响力的重要表现。

第一节　齐家之道

关于"祖宗家法"的具体内涵，宋人在不同时期、不同场合有着多种理解。范仲淹认为，"祖宗家法"既包括维系皇族"家事"、制约姻戚成员的法度，又包括处理"时政"的原则。哲宗朝的宰相吕大防认为，"祖宗家法"具体包括"事亲之法、事长之法、治内之法、待外戚之法、尚俭之法、勤身之法、尚礼之法、宽仁之法"八项。作为赵宋"家法"，"祖宗之法"最重要的内涵之一是针对皇帝亲属的行为规范，包括宗室、后妃、外戚以及皇帝身边亲近的宦官等集团。

一、待宗室之法

斧声烛影

据史书记载，开宝九年（976）十月，"命内侍王继恩就建隆观设黄箓醮，令（张）守真（道士）降神。神言：'天上宫阙已成，玉锁开，晋王（太宗赵光义）有仁心。'言讫，不复降。上（宋太祖）闻其言，即夜召晋王，属以后事，左右皆不得闻，但遥见烛影下晋王时或离席，若有所逊避之状。既而上引柱斧戳地，大声谓晋王曰：'好为之。'"随后宋太祖赵匡胤便去世了。得知消息后，"宋皇后使王继恩出，召贵州防御使德芳，继恩以太祖传国晋王之志素定，乃不诣德芳，径趋开封府召晋王……后（宋皇后）闻继恩至，问曰：'德芳来耶？'继恩曰：'晋王至矣。'后见王，愕然，遽呼'官家'，曰：'吾母子之命，皆托于官家。'王泣曰：'共保富贵，勿忧也。'"（《续资治通鉴长编》卷一七）从此以后，"斧声烛影"遂成为千古之谜。

赵宋宗室作为一个特殊群体，与最高统治者皇帝之间存在着或远或近的血缘关系，其"高贵"的血统和身份远非普通人所能匹敌。正因为如此，处理宗室与皇权的关系以及协调宗室成员之间的利益，成为宋朝统治者必须要面对的难题之一。

开国之初，太祖赵匡胤对其兄弟、子侄加以重用，官位虽不高，但实际权力非常大。然而，太宗通过"斧声烛影"即位之后，大概是心虚，他不仅大力剪除兄弟的势力，就连自己的亲生儿子也心存猜忌。对于其他宗室成员，太宗更是严加防范，甚至是刻意打击。然而，宗室成员毕竟不同于其他人，作为皇帝的亲戚，太宗碍于"亲亲"的古训，又不得不做出某种姿态，凸显宗室成员的重要地位，于是采取"高爵厚禄"政策来笼络宗室子弟。此后，宋朝历代皇帝对待宗室成员的基本原则都是给予厚禄，而不给予实权，使其远离政治、经济、军事等各种权势，更不用说进入权力中心了。

作为皇帝的亲戚，宗室拥有他人无法比拟的政治特权。首先，按照血缘嫡庶关系，宗室子弟可以获得相应的官职。宋初规定，宗室子孙年满七岁，即赐名授官。一般皇子、兄弟封为亲王，亲王的儿子封为嗣王。宗室近亲承袭爵位，有特旨的可以封为郡王，其余的宗室近亲被封为郡公。随着时间的推移，宗室子弟呈几何倍数增长，这种授官方式显然不太实际。神宗即位后，对宗室子弟授官措施做出了重大调整，进而确立了宗室子弟享有政治特权的基本原则，并一直沿用至南宋。大体说来，宋代宗室子弟入仕为官有三种途径：一是荫补授官，这是宗室成员入官最多的途径。虽然神宗以后规定五服以外的远亲不再直接授官，但符合条件的宗室成员依然享有这一待遇。二是科举考试，这是神宗以后较为常见的入仕途径。三是皇帝特恩授官，这是临时性的举措。总体说来，宗室成员虽然受到越来越多的限制，但其在宋代官僚阶层中的比例越来越高。神宗元丰年间（1078—1085），宗室成员为官者不到全部官员数的百分之四，至宁宗嘉定年间（1208—1224），这一比例上升到百分之十左右。

除了政治特权外，宗室成员享有种种经济特权。以官俸来说，宗室成员与一般官员相比，同官不同俸，其俸禄比同级官员优厚。以武官观察使为例，皇亲担任此职的月俸是三百贯，而其他人只有二百贯。至于正式俸禄以外的各种额外补贴，宗室成员为官者也大大多于普通官员。不出任外官的宗室成员，可以根据其在宗室内部等级中的身份地位获得数额不等的月料。遇到郊祀、登基等庆典时，宗室成员也能获得不少的赏赐。另外，宗室成员在生日、婚嫁、丧葬等时亦可以获得相应的补贴和额外赏赐。

宗室还享受着接受特殊教育的特权。国家专门为地位高的宗室成员配置类似"家庭教师"的官员，普通宗室子弟则进入专门的宗室学校宗学学习。除此之外，宗室还享有其他种种特权，如减免刑罚和赋役的特权等。

尽管宗室成员享有尊贵的地位及种种特权，但前提是绝对不能威胁皇权。由于宋朝统治者对宗室怀有很强的戒心，因而制定了一系列禁约对其子弟进行监督和控制。

宗室成员从政受到很大限制，虽然宋初有过重用宗室的短暂时期，神宗朝以后允许宗室成员出任外官，但总的来说，宋代关于宗室成员从政禁约之多，在中国古代是极为罕见的。宋仁宗景祐三年（1036），所有宗室子弟都被纳入环卫官系统[4]，将其与外官区隔开来，享有重禄而无实权。宋神宗以后，五服之内的宗室成员依然授无职事的环卫官。其他宗室子弟出任外官，除特殊情况以外，通常不能担任要职，很多宗室子弟担任没有多少职掌的添差官[5]，因而宗室成员难以和普通官员一样临民治事。更重要的是，任外官的宗室子弟与普通官员一样，按照朝廷的相关考核任用原则升迁官职，其仕途几乎没有优势和特权可言。因此，北宋中期以后，尽管宗室疏属[6]担任实职的情况逐渐多了起来，但绝大部分是出任外官，他们按照正常途径很难升为高官，进而掌握朝廷大权。

环卫官

宋代在中央设有十六卫官衔，为武散官，无职事，多为武臣赠典。"环卫"有环列保卫之意。十六卫包括左右金吾卫、

左右卫、左右骁卫、左右武卫、左右屯卫、左右领军卫、左右
监门卫、左右千牛卫，设有上将军、大将军、将军，左右金吾
卫、左右卫和左右千牛卫，还设有中郎将和郎将。据《宋史》，
环卫官用以除授宗室，或安置闲散武臣，兼有储备将才之用。

与此同时，为了防止宗室干政，宋朝还限制宗室成员担任侍
从[7]以上的高级官员，这些都属于皇帝身边亲近之人，既是朝廷决
策的重要参与者，也是宰相、执政的候选人员，因而很容易进入权
力核心。南宋时期，赵汝愚是太宗长子赵元佐的七世孙，与当朝
皇帝的血缘关系已经相当远。绍熙四年（1193），当他出任同知枢
密院事时，依然遭到朝廷内外官员的强烈反对，他们列举的最重要
的理由就是，祖宗家法规定宗室成员不能任宰执。后来在光宗的坚
持下，赵汝愚才得以担任此职。尽管他兢兢业业，成功地推动了绍
熙内禅，为朝廷立下大功，但因为赵汝愚的宗室身份，很多人坚决
反对他拜相。结果，赵汝愚任宰相仅半年即被贬，第二年就死于贬
所。宋朝祖宗家法影响之大，于此可见一斑。

为了防止宗室成员与朝廷内外官员结党营私，宋朝专门规定了宗
室成员的"外交之禁"，对他们的社交活动予以严格限制。不仅赵氏
子孙之间不得随意互相往来，宗室成员更不能与朝中大臣结交。北宋
初年就规定，居住在京城的宗室成员，除了上朝和参加各种祭祀活动
之外，不得随便与其他官员见面、交往。宋廷一直执行此项禁令，至
绍兴三年（1133）高宗再次下诏强调："今后宗室南班官不许出谒及
接见宾客，著为令。"[8]卢多逊在太平兴国七年（982）被罢相的原因
之一就是私自与秦王赵廷美交往。宋太宗的五世孙、嗣王赵仲御之子

齐安郡王赵士儇因为与岳飞交往过密，岳飞入狱后又为其鸣冤。有人攻击他"交结将帅"，触犯了祖宗禁忌，被免除官职，贬到外地。

就连宗室的日常活动也受到种种约束。按照朝廷规定，宗室成员不得擅自外出。熙宁元年（1068），宋神宗的堂兄弟赵宗晊、赵宗全因擅自离开外宅而受到惩处。崇宁三年（1104），蔡王赵似私自出宫，与宗室成员一起聚餐，同样遭到了士大夫的指责。徽宗考虑到弟弟赵似年纪还小，才决定不予追究，只是处罚了赵似身边的随从。在婚姻方面，宗室也受到诸多限制，禁止与某些社会地位较高的家族通婚。哲宗朝就下诏禁止宗室与"内臣之家"联姻，这是因为两者联姻，可能会形成威胁皇权的势力。

宋代对宗室进行严格的管理，大大限制了宗室的政治活动，避免了由于宗室势力过强而引起的政治动荡。宋代号称"无内乱"，这与其"待宗室之法"密切相关。在优越的待遇和严格的禁约下，宋代的宗室成员多不思进取，贪图享受，对社会没有发挥多少有益的作用。

二、待后妃之法

太祖在位之时，后宫人数不满三百人。直到太宗后期，仍然是"内庭给使不过三百人，皆有掌执"。此后，后宫人数不断增加，徽宗时期达到顶峰，徽宗一次就放减宫女六千余人，不难想见其数量之多。

宋代后妃出身比较复杂。真宗刘皇后原本是银匠之妻；《涑水纪闻》记载，仁宗张贵妃死后被追封为皇后，但出身卑微，曾被后母卖给荆国大长公主（后改封齐国，太宗女）为歌舞伎。有学者统计，唐代出身于高级官宦家庭的皇后占总数的77.8%，而宋代仅占45.4%；唐代出身于非官宦家庭者仅占总数的11.1%，而宋代高达22.7%。[9] 从这组数据不难看出，宋代皇后之中不乏家世低微者。皇后尚且如此，其他嫔妃的背景可想而知。历史上专权的后妃大都出身显赫，背后有其强大的家族势力撑腰。宋代没有后宫专权之祸，其中原因之一就在于后妃出身复杂，实力有限。

鉴于唐代女主乱政的教训，宋代着力倡导以皇后为首的后宫要严格自律，言谈举止必须符合传统的伦理道德规范。宋朝统治者不止一次强调："汉唐以来，后族之事固不足为圣时道，然不可不戒者。"[10] 他们认为，后妃的职责仅仅是"助厘阴教，赞成内治；阃外之事，非所预闻"[11]。对于外朝之事，通常是禁止后妃插手干预。宋仁宗无子，大臣希望后宫能提出些建议，仁宗却说："这些事怎么能让妇人知道呢？让中书决定就行了。"这种"女主内"的训条从很大程度上约束了后宫嫔妃的行为。

为了防范后妃干政，宋代统治者制定了严格的宫禁制度。《宋刑统》对此做了诸多规定，如谋毁宫阙被视为最严重的犯罪；擅入宫门者，流放两年；擅入宫中正殿者，将被处以绞刑。即使依法入宫之人，也不得同宫人闲聊，否则也将被处以绞刑。这些宫禁条令不仅适用于普通人，后妃、大臣以及外戚都要遵守。在这种情况下，大臣与后妃很难见面。宋光宗绍熙年间，枢密使赵汝愚有很重要的事情要向吴太皇太后禀告，但按照当时的规定，他不能进宫。无奈之下，赵汝愚只得求助太皇太后的外甥韩侂胄。然而，韩侂胄也无法进宫见太皇太后，他只能请求宫中的宦官，才将这一重要事情转达给太皇太后，不难想见当时宫禁之严。

除了宫禁制度外，宋代皇帝很忌讳后妃与朝中大臣交往过密，以免她们与外朝官员相互勾结，把持朝政。据《邵氏闻见录》记载，一次，仁宗在张贵妃的住所发现珍贵的定州红瓷器，就问张贵妃从何得来。张贵妃说是朝中大臣所献。虽然当时张贵妃是仁宗最宠爱的妃子，但是仁宗大怒，当即把红瓷器摔得粉碎，并严厉斥责了张贵妃。

在这种情况下，宋代的后妃颇能自觉遵守各种针对她们设定的制度，较少插手朝政。如太祖王皇后从不过问外朝之事，每日不是侍御膳，就是"诵佛书"。真宗郭皇后也不问朝政，有一次真宗叫她去参观奉宸库，以便赏赐后宫，但郭皇后推辞道："奉宸库是国家的宝库，不是妇人应该去的地方。陛下可以酌情赏赐六宫，故不敢奉诏。"大多数后妃都能从大局出发，处理宫廷内外之事。神宗病重期间，哲宗被立为太子。英宗高皇后不允许自己的儿子徐王赵颢、魏王赵頵擅自入宫，以防发生夺权的变故。宋高宗吴皇后垂帘听政之时，不准侄子吴琚随便出入宫廷。对于自己的亲属，后妃也多能公正对待，不为他们谋取私利。开国之初，杜太后就做出了表率。她健在的时候，其弟杜审肇、杜审进贵为国舅，却一直闲居在家，未曾授予官爵。真宗杨淑妃抚养仁宗长大，仁宗即位后，想要封杨淑妃的侄子杨永德官职，杨淑妃一再推辞，最后在她的坚持下，仁宗只授予杨永德一个小官。

宋代垂帘听政的太后颇多。在中国古代一共有三十多位太后垂帘听政，其中宋代多达九人。即使太后垂帘，也没有出现女主乱政的情况。通常而言，太后执政会依靠朝中的外戚，女主与外戚连手，很容易造成女主或是外戚势力膨胀。但在宋代，后妃受到严格

图 2-1　宋仁宗曹皇后像

的约束，因而外戚势力大为削弱，使得太后在垂帘之时，只能依靠朝中大臣，而非外戚。宋仁宗曹皇后依靠韩琦处理政事；英宗高皇后在哲宗初年垂帘听政之时，依靠的是英宗、神宗时代的元老重臣司马光、吕公著、文彦博等人。这些太后听政之时，虽然与皇帝有矛盾，但是绝没有废立之事，更无取而代之的意图。哲宗即位之时，只是个十岁的孩子，高皇后很尊重他，不愿在朝堂上与哲宗平起平坐。南宋末年，宋度宗杨淑妃尽心扶持幼主。当她听说末代小皇帝赵昺的死讯后，异常悲伤，最后跳海而死。

在祖宗家法的制约下，宋朝确立了比较完善的后宫制度，使得两宋时期的后妃之贤有目共睹。高宗曾吹嘘说："本朝的母后十分贤淑，远非汉唐可以比拟。"虽然有溢美之嫌，但确实从很大程度上反映了当时的实际情况。正因为如此，宋代的后妃大多安分于深宫后院，而无唐代的武韦之乱。

三、待外戚之法

所谓外戚，通常指的是皇帝母族、妻族以及皇帝姑母、姐妹和女儿的夫族。宋朝对待外戚，与处置宗室的指导思想基本相同，"崇爵厚禄，不畀事权"，即给予外戚高官厚禄及优厚的待遇，但不予实际职权，以防止前代外戚乱政的重演。

就"崇爵厚禄"来说，外戚可以根据亲属等级授予相应的官职。宋太宗李皇后的侄子李昭亮四岁时就授东头供奉官，真宗刘皇后之兄刘美的孙子刘永年也是在四岁时即授内殿崇班。每逢圣节或皇后、妃嫔去世，其近亲可以获得"恩泽"，得以升转官阶，或是优先注授差遣、加封等。据《宋史》卷一六六《职官志》记载，宋代外戚封王、建节者为数不少，仅宣和末年，外戚授节度使者就达十人之多。南宋前八十年中，外戚封王者有七人，建节者多达二十五人。[12]

外戚俸禄优厚，官至节度使，其月俸钱高达四百贯，比宰相还多一百贯。朝廷还会给外戚一些特殊的优待，如李昭亮的官阶是淮康军节度观察留后，仁宗下令给其节度使俸禄，以褒奖他的功劳。驸马都尉李遵勖任均州团练使，却领观察使之俸。南宋时，外戚担任添差官，不担任实职，请给和人从却依正官标准。此外，获得刺史以上武阶的外戚，每年还可以领取数额不少的公用钱。

需要指出的是，这些只食俸禄而无实职的官阶，宋政府也并不轻易授予外戚，尤其是在北宋前期。杜太后之弟杜审进是皇帝的舅舅，直到年老时才得到节度使之职。庆历年间，宋仁宗授予舅舅李用和使相的头衔，遭到朝中大臣的强烈反对，虽然仁宗最后没有改变决定，但下诏强调下不为例。李用和之子李珣求担任阁门通事舍人，仁宗断然拒绝说："朝廷的爵赏，是赏赐给天下人的，倘若亲戚想要什么官职就赏赐给他，那怎么对待那些开国功臣呢？"宋高宗曾说："祖宗对待亲戚有专门的规定，朕不敢逾越，怎么可能因为是后妃的亲戚，就可以徇私呢？"宋代不少皇帝也被大臣称赞为"不私戚里""不崇外家"的楷模。

"不畀事权"作为待外戚之法的核心内容，一直得以贯彻。宋政府对外戚任职做出种种限制。其一，后族戚里不得任文资。朝廷授予外戚的官职一般都是武官衔，如节度使、观察使之类，这些官职都属于武臣序列。宋英宗时，虞部员外郎向经的女儿被选为颖王妃，朝廷很快将向经由文资转为武资，改任贵州防御使。包括外戚在内的皇亲国戚破例担任文官，必须要具备相应条件。在宋朝重文轻武的大背景下，无论在中央，还是在地方，武官都很难进入决策层。在这种情况下，担任武官的外戚在政治舞台上几乎没有发挥才干的余地，因而也就难以掌握实权。

其二，外戚不许任侍从官。侍从官是经常接近皇帝的高级文臣集团，如果由外戚担任，特别是皇后的近亲担任，就很容易干预朝政。仁宗初年，刘太后垂帘听政，曾设法提拔她义兄的女婿马季良为龙图阁待制，虽然只是在外侍从，但是仁宗亲政后，即将马季良改为武阶官。这一制度在北宋末年遭到破坏，南宋时期，在士大夫的强烈要求下得以重新确立。

其三，外戚不得为监司、郡守。外戚通常只授武阶官，出授差遣可以担任地方武职，如铃辖、监押、巡检、监当等，但是不能担任州县的亲民官。咸平六年（1003），秦国长公主（太祖女）为其子王世隆请求刺史的官职，真宗拒绝说："牧守是亲民之官，必须由朝廷公议才行。"最后也没有答应她的要求。宋理宗时，朝廷再次强调："今后外戚不得为监司、郡守。"

其四，外戚不得在中书门下和枢密院任职。这两个机构掌管文武大权，属于国家最高权力机构。为了防止外戚专权，宋代统治者把外戚排除在这两个部门之外。当然，宋代也有少数外戚打破这一惯例，但无不遭到士大夫的强烈反对。如真宗末年及仁宗初年，刘皇后当政，外戚钱惟演出任枢密使，宰相冯拯坚决反对，指出钱惟演是太后姻亲，不可参与军机大事。当年钱惟演就被解除了枢密使之职。

除了任职方面的种种限制，朝廷对外戚的日常活动也做出了种种规定。一为"不许通宫禁"，即禁止外戚出入内宫。英宗治平年间（1064—1067），仁宗曹皇后和她的弟弟曹佾都已步入老年，英宗多次提出让两人见面，曹皇后唯恐破坏了"外家男子，旧毋得入谒"的成规，没有同意。一天，英宗亲自把曹佾领到曹皇后的住所，让两姐弟相见。可是，曹皇后竟对弟弟说："这里不是你该停留的地方！"旋即将曹佾遣出后宫。实际上，这就限制了外戚与后妃之间的联系。

二为"不许接宾客"。仁宗初年，下诏规定外戚等不许与朝中官员私下往来，如有公事，须赴中书、枢密院"启白"，不得暗中交通关节，同时命令御史台加以监督。后来这一法令扩大到不准与普通士人来往。徽宗崇宁年间，下诏重申官员不得与宗室、戚里之家往来。直到南宋时期，此禁令依然如故。建炎三年（1129），高宗下诏告诫外戚，不能随便参议朝政，与权贵交往，应该循规蹈矩，以保全家族，并重申不得于私宅接待宰执等官员。

总之，宋代限制外戚的所谓"祖宗之法"，大多数时间得到了较好遵循。在诸多条令法规的约束下，宋代虽然多次出现母后垂帘听政，但少有外戚篡夺之祸。这种待外戚之法得到了宋代统治者的赞扬。光宗曾赞叹道："祖宗家法最善，汉唐所不及，待外戚尤严。"[13] 宁宗朝的大臣彭龟年也说："祖宗待外戚之法，远鉴前辙，最为周密，不令预政，不令管军，不许通宫禁，不许接宾客。不惟防禁之，使不害吾治，亦所以保全之，使全吾之恩也。"[14] 这是对宋代处置外戚原则的全面总结，也是得以一以贯之的重要策略。

四、待宦官之法

宋朝最高统治者对朝廷内外官员，尤其是权高位重的大臣，存在难以消除的猜忌感，于是他们利用身边的宦官来监视、牵制朝中大臣。皇帝信任宦官，不仅因为他们是多年跟随在身边的心腹，还因为坚信一个道理：文臣、武将可能通过政变获得皇位，但为社会所不齿的宦官是不太可能会谋得皇位的。在这种思想指导下，宋代宦官广泛参与政治活动。

宋朝有两个宦官机构：一是入内内侍省，简称后省；二是内侍省，简称前省。这两个机构的职能不单是伺候皇帝生活起居而已，其下属部门还承担着其他职能。往来国信所主要负责宋朝与各少数民族政权之间的通使、交聘等外交事务。军头引见司主要负责诸军的拣阅、引见、分配等事宜。除了这些职责外，朝廷常常会临时委派宦官兼领其他职务。譬如负责治理河流、兴建宫殿、管理马政、参与某些诏狱案件的审理、督运物资等，涉及宋代社会诸多层面的具体工作，其中包括不少比较重要的差遣。

宦官广泛参与军政。《宋史》记载了北宋四十三名宦官，其中十八人有过带兵打仗的经历。太宗时，宦官王继恩、卫绍钦曾率军镇压王小波、李顺起义。李宪、王中正在神宗时带兵同西夏作战。徽宗时，童贯、谭稹率兵攻打过方腊，出征过燕山。不仅如此，童贯还曾任知枢密院事，负责全国军政。除了领军打仗之外，宦官更多的是身负监视军队的职责。在入传的四十三名北宋宦官中，明文记载奉命监军的有六人，曾任钤辖者十四人、都监十六人、巡检九人、走马承受八人，他们都是级别不同的地方统兵官，负有监军的职责。走马承受虽是低级官员，但是职权很重；名义上是承受，其实是监军，皇帝甚至会因为走马承受的密报而撤换边关将领。

除了监视军队、武将之外，宦官还有监视大臣、百姓之权力。皇城司不仅负责京城治安，还是皇帝的"耳目之司"，打探京城各处臣民的动静。入传的四十三名宦官中，有十一人曾担任过掌、领、勾当、管干、干当皇城司等职务。石得一在神宗年间长期担任勾当皇城司，因而权势震慑朝野。当然，即使不任职于皇城司，宦官也有权直接向皇帝报告京城内外的情况。如仁宗、英宗时期的宦官高居简经常向皇帝密奏朝廷中的各种议论，因此得了个"高直奏"的绰号。

宦官也参与政事，因而不可避免地卷入各种政治纷争之中，影响时局的变化。宋太祖蹊跷死去之后，宋皇后命宦官王继恩召皇子赵德芳进宫。然而，王继恩却跑到开封府，找来了晋王赵光义。在王继恩的帮助下，晋王得以登基称帝。宋真宗时，寇准和丁谓这两位执政大臣相互争斗，宦官周怀政支持寇准，雷允恭则站在丁谓一边。在双方斗争激烈之时，周怀政甚至密谋发动政变，计划处死丁谓，让寇准再次拜相。虽然未能成功，却从侧面反映出宋朝宦官干政之一斑。

虽然宋代的宦官拥有广泛的权力，但终宋一朝，却没有出现汉唐所谓的"阉祸"。皇帝信任并依赖宦官，但从未放松警惕。唐朝中后期宦官控制朝政，甚至掌握皇帝的废立大权，前代的教训历历在目。宋朝统治者当然不愿重蹈覆辙，王继恩在镇压了王小波、李顺起义后，有人建议提拔他为宣徽使，但被太宗断然拒绝："朕读前代书史，不打算让宦官干预政事。宣徽使这个职务很重要，还是授予其他的官职吧。"因此，宋代统治者在赋予宦官权力的同时，也对其做了种种限制，严厉加以防范。

其一，限制宦官的数量，设立宦官阶官。宋太祖在位期间，所用宦官不过五十余人。真宗以后宦官渐多。仁宗皇祐五年（1053）再次限员，以一百八十人为额。南宋时期，宦官数量也比较少。孝宗即位后，规定宦者以二百五十人为额。另外，宋朝统治者专门为宦官设置了特殊的官阶，以区别于文、武官。特殊的阶官系统，从制度上将宦官排除在执政范围之外。元丰年间进行官制改革，有大臣提出改革内侍的官名。神宗反对说："祖宗为此名，有深意，怎么可以轻易改变呢！"同时，宋代统治者规定宦官升至一定官阶之后，要么留在宫廷继续使用，但不升转官资，若升官就必须离开宫廷，改注外朝武官差遣。通常不用年长资深的宦官在内廷供职，这也是宋朝限制宦官弄权的重要手段之一。南宋时期，依然没有改变宦官出任外职的制度。宋高宗曾说："内诸司转官出职，祖宗皆有格法，朕遵守之甚严，但付有司，依法施行。"

其二，限制宦官干预政事。如前所述，宋朝宦官可以干预朝政，评论时事，但这些活动都是在皇帝许可的范围内进行的。宦官若不守本分，超越职权，往往会受到严厉惩办。宋太宗病危期间，曾对其即位有功而备受宠遇的宦官王继恩串通大臣，企图拥立已被废为庶人的太宗长子赵元佐为皇帝，事情败露后，王继恩等人遂被流放。高宗建炎二年（1128）七月，宦官王嗣昌则因为喜欢议论朝政而被赶出内廷。另外，为了限制宦官参政，通常不允许他们读书习字。仁宗时，宰相贾昌朝在兼任侍讲期间，以编书为名教授内侍，遭到朝中大臣的抨击，仁宗也反对贾昌朝的做法。自从仁宗之后，很少有宦官习文的记载。

其三，宋代统治者还严禁宦官与朝中大臣互相交往。元祐三年（1088）哲宗下诏，宗室不得与内臣之家结为姻亲，理由是内臣出入宫掖，如果和宗室联姻，会对皇室产生不利影响。嘉祐三年（1058）六月，贾昌朝即将出任宰相，但是台谏官弹劾说，贾昌朝修建府邸，特别为宦官准备了专门的房间。结果贾昌朝不仅没能拜相，还被仁宗罢免了枢密使职务。南宋初年，朝廷再次强调：两省使臣不许与统制官、将官等私自见面、往来。如有违犯，就要被免职，发配偏远州郡。孝宗乾道三年（1167），有人揭发镇江军帅戚方与内侍李瑶、李宗回交结，结果，戚方被罢军职，李瑶决配循州（今广东龙川），李宗回等并被降职。

总之，宋代宦官有着比较广泛的权力，对两宋政局产生了难以估量的影响，但统治者不忘"祖宗之法"，对宦官势力加以限制。加之宋代士大夫的政治力量十分强大，他们恪守法度，抵制宦官势力，故宋代的宦官没有出现像唐末废立皇帝、生杀大臣的情况。

第二节　治国之策

祖宗家法是一个非常宽泛的概念，不仅包括治理家族事务的指导方针，还包括国家政治生活的方方面面。宋代"守内虚外"格局的出现、文武制衡关系的形成、各级权力的划分等，都会形成祖宗家法，它在很大程度上制约着"国法"的取向与施行。离开了祖宗家法，对两宋社会就很难有深刻而睿智的理解。

一、政治制度的分权原则

宋朝建立之后，首先收夺了高级将领的兵权，同时设置殿前司、侍卫马军司、侍卫步军司，即"三衙"，分别统领禁军。中央设立枢密院作为国家最高的军事机构，负责军官的选拔、军队的调动等重大事务，枢密院长官直接听命于皇帝，遇有战事，皇帝临时任命将领带兵出征。这样便把三衙的统兵权和枢密院的调兵权完全分离，使他们互相牵制，其最终目的无非是为了强化君权。

在重点防范武将的同时，宋太祖逐渐削弱一人之下、万人之上的宰相的权力。就其制度而言，作为最高决策机构的中书，与枢密院号称"二府"，地位平等，互不统属，中书、枢密院长官直接对皇帝负责。另设三司，主管全国财政，其长官号为"计相"。宰相之下设参知政事，名义上是副宰相，但实际上权力很大，从而分割了宰相的行政权。与此同时，宋代设有御史台和谏院两个机构，专门执行监督职能。台谏官多由学术才行高者担任，他们控制舆论和言路，纠察百官的不法行为，宋代不少宰相就是由台谏官弹劾而罢官的，从而进一步牵制了宰相和其他官员。与前代宰相事无不统的情况相比，宋代宰相权力大为压缩，这实际上意味着皇权的加强。

地方行政体制亦同样体现了分权原则。宋太宗继位以后，将全国分为十三道，不久改为路，各路分设四个机构（部分路设置不全），分别为转运司、提点刑狱司和提举常平司、安抚使司。转运司主要掌握一路财赋，同时督察地方官员；提点刑狱司掌管一路司法工作，称为"宪司"；提举常平司主管常平仓、义仓及赈济等事；安抚使司主管军政。路级官员多数时期没有固定的办公地点，多数时候巡行所辖州县。此外，依据各路具体情况，还设置提点坑冶、提举茶盐、提举学事等司，统称为"杂监司"，分管某些重要行政事务。因此，宋代路级机制有着多元化的特点，由此分散了各类监司的职权。

大体而言，宋代的地方行政机构有州、县两级。州的长官称为知州，同时设通判。通判既不是知州的属官，也非知州的副手，通判有权直接向皇帝和中央相关部门汇报地方政务，权力很大。后来朝廷进一步规定，知州、通判联名签署的文件才能下发执行，从而大大限制了知州的权力。县一级长官称为县令或知县，根据县内户口的多寡另设县主簿、县尉。主簿负责钱粮户口，县尉维持地方社会秩序。就宋代而言，上述地方官均为朝廷命官，一般任期为三年；三年之后回朝廷，经过考核后重新委任新的职务，从而基本上消除了地方官盘踞地方、抗衡中央的可能。

二、募兵制

宋朝开国以后，继承了晚唐、五代的军事体制，国家武装力量的主体是招募而来的。在宋太祖看来，募兵对于国家的稳定有着特殊而不可替代的意义，甚至是唯一重要的手段和策略。"可以利百代者，唯'养兵'也，方凶年饥岁，有叛民而无叛兵；不幸乐岁而变生，则有叛兵而无叛民。"[15]基于这一指导思想，宋太祖赵匡胤确立了养兵政策，把兵和民完全区隔开来加以管理。宋代多数士大夫对宋太祖这一政策的高明之处予以充分的肯定。他们在总结历史的经验教训时，大多会认为"前世为乱者，皆无赖不逞之人"[16]，宋朝历代皇帝正是担心这些"无赖"造反，所以将破产失业之人招募入伍，由政府出资将他们养起来，一方面多多少少可以为赵宋政权效力，另一方面至少从某种程度保证他们不至于铤而走险，拿起武器反抗官府。

宋代募兵主要是针对禁军和厢军而言的。所谓禁军，是宋朝中央掌握的正规军，其职责是拱卫京城，戍守各地州县及边疆地区，是宋朝赖以生存的主要武装支柱，也是宋代最为精锐的作战部队。厢兵原本是宋代的地方军队，宋初为削弱地方势力，将地方军队中身材高大、武艺高强之人选拔为禁军，其余的留在本地为厢兵。厢兵通常不加训练，也没有作战任务，实际上成为专门从事劳役的部队。厢兵有招募而来的，也有禁军犯法或武艺不合格而降级为厢兵的，还有部分来自罪犯（如《水浒传》中林冲押解沧州"牢城营"）。这两个兵种在宋代大体上都是招募的，人数众多，但各个时期存在很大差距：宋太祖开宝年间（968—976）二者总数为三十七万八千人，太宗至道年间（995—997）为六十六万六千人，真宗天禧年间（1017—1021）为九十一万二千人，仁宗庆历年间（1041—1048）已达一百二十五万九千人。数量如此众多的募兵必然会给宋代带来各种各样的社会问题。

其一，招募之人一旦入伍，便成为终身制的职业兵。意大利著名政治家马基雅维利（Niccoló Machiavelli）早就论述过募兵的巨大危害："任何一个君王假如把保卫国家安全的希望寄托在雇佣军或客军身上，那么他的国家必然出乱子，毫无安全可言了。因为这些雇佣军内部钩心斗角，心怀二心，纪律松散，不忠不义。"[17]这种军队不大可能具有很强的战斗力。另一方面，士兵即使疾病衰老也很难被淘汰，因而就不可避免地要将老弱而缺乏战斗力之人和一些年富力强的少壮者混杂在一起参加战斗，如此势必大大影响士气，削弱宋军的作战能力。加之宋代军政的腐败，对军队管理松弛，并不严格进行训练，当然也会大大影响士兵的素质。从宋代的不少文献资料中可以发现，在宋军与西夏军队的对抗中，西夏士兵只要听说出战的是宋朝禁军，就会拍手庆贺。在他们心目中，宋朝禁军的战斗力远远不及边境地区百姓组成的弓箭手，是不堪一击的。因而很难取得胜利，进而导致了宋军在对辽朝、西夏、金朝、蒙古的历次战争中屡战屡败的严重局面，这是募兵制给宋代造成难以估量的负面效应。

其二，宋朝政府维持一支庞大的常备军，无疑需要付出巨大的经济代价。尽管宋朝是当时世界上最为富庶的国度，"这个帝国在当时是全世界最富有和最先进的国家，在蒙古入侵的前夜，中华文明在许多方面都处于它的辉煌顶峰"[18]。其财力、物力和各项赋税收入都远远超过了盛唐时期，然而宋朝的财政却长时期入不敷出，甚至出现了旷日持久的财政危机，导致这种局面的主要原因就是巨额的养兵费用。北宋中期，著名政治家、书法家蔡襄担任全国最高财政长官时，对国家的收支情况做过核算，当时一年的养兵费用占全国财政收入的百分之六七十。这还是和平时期的数字，若是将战时的开支加进去，其比例无疑还要高得多。如此巨额的养兵费用，必然会使宋朝中央政府的财政陷入困境。

其三，宋代实行募兵制的主要目的之一是想把一些反抗赵宋统治的潜在势力转化为维护其政权的力量。而事实上，那些所谓"无赖不逞之人"多数是从土地上被排挤出来的农民或是城镇失业之人，大部分为强壮劳动力，如果他们不具备相应的身体条件，便很难成为职业兵。在当时的生产力水平下，壮劳力源源不断地流入军队，形成一个庞大的社会寄生群体。他们从壮年到老年一直脱离农业生产，却大量消耗其他劳动者所生产的物质财富。在以农业立国的宋代，失去数量众多的劳动力必然导致农田荒芜、水利失修等现象越加严重，这对宋代农业生产的危害无疑是难以估量的。

当然，募兵制亦非一无是处，它对当时社会还是有相当程度的积极意义。汉唐以来，国家实行征兵制，调兵于民，唐代大诗人杜甫所作《石壕吏》中所反映出来的唐代征兵给老百姓带来的巨大痛苦，就是最有说服力的事实。宋代实行募兵制，在很大程度上免除了农民的兵役负担，厢兵也分担了国家大型土木工程建设，如修筑城池、河道维护等。这些徭役以前都是征发农民完成的，如秦朝孟姜女哭长城的故事，便形象地说明了徭役给当时人民造成的无穷灾难。另一方面，兵役、徭役负担的减轻也使普通百姓能有更多的时间和精力从事生产劳动，为全社会创造更多的社会财富。宋代社会经济的繁荣与募兵制有着密切联系，这是毫无疑问的。此外，从征兵制到募兵制的变化，也使军队专业化、职业化，从而有利于提高士兵的军事技能。与前代相比，这些都是历史的巨大进步，也为宋代社会的稳定、人民生活的安宁做出了不少贡献，这些都是值得肯定的。

三、重文轻武

宋太祖通过"黄袍加身"登上了皇帝宝座，因而他深知武将权力过重会导致皇权的削弱和国家的混乱。宋朝开国以后，为了防止唐中叶以来武将专权局面的再现，为了剪除武将势力，势必要重用文官。宋太祖曾经对人说过："宰相须用读书人。"而且，他认为即便是天下所有文官都贪污，也比重用武官的危害要小。这大概与赵匡胤的亲身经历有关，唐末五代以来兵连祸结的局面给他留下了过于沉痛的教训。在这一既定方针的指导下，宋代绝大多数要害部门的长官都由文臣担任。北宋中期，蔡襄曾经指出："今世用人，大率以文词进。大臣，文士也；近侍之臣，文士也；钱谷之司，文士也；边防大帅，文士也；天下转运使，文士也；知州郡，文士也。"[19] 这一议论从很大程度上反映了宋代的实际情况，即武官很难掌握实权，就连全国最高军事机构枢密院的长官也基本上由文官担任。正是由于文官受到空前绝后的重视，朝野内外逐渐形成了读书求功名的大气候："天子重英豪，文章教尔曹，万般皆下品，唯有读书高。"[20] 从而使文臣治国的理念和体制确立起来，并一直贯穿于两宋三百余年历史当中，宋朝历代皇帝几乎无不遵守这种惯例，因而重文轻武的国策得以较为彻底的执行。

在宋代，文官的特殊地位和优遇有多种表现方式。首先是权重。总体说来，宋朝国家大政方针的制定基本上是由进士出身的官员负责的，其他出身的官员很难进入权力中枢，自然也就谈不上掌控实权。包括三省长官，几乎朝廷的所有重要部门长官都必须是进士出身，如负责监察的御史台官员、谏官，号称天子的耳目之官，社会地位尊崇，而且也是执政官的候选人，原则上禁止没有进士出身的官员担任台谏官。在特殊情况下，即便皇帝想任命某一位颇具才干的非进士出身的官员出任台谏职务，也不得不设法临时赐予该官员进士身份，否则将会招致朝中官员的非议和反对。诸如此类的规定

图 2-2 《观榜图》(清·梁亨)

尚有很多，几乎都得到了较为严格的执行，也就是说，宋代很多重要职务通常拥有进士出身的文官才有资格担任。

其次是地位崇高。与前后各朝代相比，宋朝对士大夫的礼遇可以说是无与伦比的。自立国之初，宋太祖便制定了不杀士大夫与言官的所谓"祖宗家法"。因此，两宋时期，除了北宋初期有少数贪官污吏被处以死刑外，其余时期，文官即便犯罪，甚至是重罪，几乎没有例外，都不杀头。对文官较重的处罚只是削职流配，这既是文官特权的表现，也是重文轻武的必然结果。另外，宋代文官的升迁比武官快。一般而言，文官如不犯错误，三年升官一次，而武官必须五年才行。宋代盛行榜下捉婿之风，每逢科举考试发榜之时，达官贵人、富商大贾等有权有钱之家便派人去争抢新科进士为东床快婿，有些甚至从遥远的地方派人派车提前赶到都城，等待发榜之日。这种现象也从侧面反映了文官，尤其是进士出身官员社会地位的崇高。相反，武官就不会有如此待遇了，就连战功赫赫、为南宋政权出生入死的名将岳飞也不免惨死于风波亭，其他武官就可想而知了。

再次，宋代文官待遇高，特权多。清代著名史学家赵翼在其著作《廿二史劄记》中有一条称"宋制禄之厚"："其待士大夫可谓厚矣！惟其给赐优裕，故入仕者不复以身家为虑，各自勉其治行。观于真、仁、英诸朝，名臣辈出，吏治循良。及有事之秋，犹多慷慨报国，绍兴之支撑半壁，德祐之毕命疆场，历代以来，捐躯徇国者，惟宋末独多。"[21] 就是说宋朝政府给官员的薪水过高，当然这只是概而言之的。然其所谓"待士大夫厚"倒是确有其事，也就是说，对文官格外照顾。通常情况下，官员按照官品的高低，俸禄主要包括月俸、衣物、禄粟三种，月俸最多者达到四百贯，县主簿、县尉也能拿到六七贯。衣物主要是春、冬发放绢、帛等纺织品，最多者每年春、冬绢各达一百匹，少者春、冬亦各达二匹，还有绫、罗等其他纺织品。禄粟主要是给粮食，最高每月可达二百石，县官每月亦可达三石。另外还给薪、炭、盐、纸等物品。相比之下，上禁军的月俸仅有一贯，中、下禁军则三百至五百文，其差距之大，可以想见。

除了上述正式俸禄外，还有各种名目的添支钱，就是所谓津贴，不仅给钱，还给羊肉、米、面等物，还有公用钱，名义上是资助官员公务活动的经费，宴请往来官员等，而实际上则是由官员自行支配。各地方官还有相应数量的职田，官员在地方任职期间，政府拨出一定数量的田地，佃户所交地租由官员支配，不交给国家，其目的是增加地方官的收入，使他们少盘剥百姓。官员差旅途中可以免费吃住。不仅包括官员个人，高级官员的随从、仆人等也有相应的俸禄，多者达上百人。由此可见，官员的衣食住行基本上都由政府负责，其待遇之高，不难想见。

相对于文臣的地位，宋朝的武将处于一种尴尬的地位。在宋朝统治者"重文轻武""以文制武"政策的不断打压下，武将的权力不断缩小，即便是边防前线的统兵将帅，手中的权力也很轻，朝廷以提高偏裨将佐的地位来牵制主帅，因而那些都部署、钤辖、都监等官位虽低，主帅却无权指挥他们，以致在议论兵事的时候，大家各抒己见，主将无法做出决定。

武将们在长期被轻视与防范的政治环境下，被挤压成循规蹈矩、无能怯懦、精神萎靡的群体。宋朝文人中普遍存在以从军为耻的观念，优秀的人才不愿意踏入军营，文臣更不愿改换武职。如宋仁宗庆历中，范仲淹与文臣韩琦、庞籍及王沿共同主持陕西对夏战事，宋中央一时下令将四位统帅改换观察使的武职。范仲淹等人接到任命后，先后上书坚决辞之，不肯就任，这件事才作罢。可见即使是"先天下之忧而忧"的范仲淹，也不愿沦为武官。宋神宗、哲宗朝，以兵略见长的何去非著有《何博士备论》《司马法讲义》及《三略讲义》等兵书，但其最大的愿望不是效法孙膑、李靖等前代军事家，而是孜孜以求将武职身份改为文臣。

北宋名将狄青的遭遇很能说明问题。皇祐四年（1052），狄青因为赫赫战功，被仁宗任命为枢密副使，此消息一出，文臣们立即纷纷表示反对。次年五月，狄青因平岭南之功，仁宗想任命他为枢密使，遭到了以宰相庞籍为首的大臣们更激烈的反对。最后仁宗的决定虽然得以贯彻，但是反对声浪一直未曾平息，以致谣言四起，说狄青"家数有光怪，且姓合谶书"[22]，还说狄青"家犬生角"。狄青深得京城百姓爱戴，"青每出入，辄聚观之，至壅路不得行"；京城出现水灾，"青避水，徙家于相国寺，行坐殿上，都下喧然"等。[23]嘉祐元年（1056）八月，狄青终于被这些"莫须有"的罪名排挤出枢密院。次年三月，狄青便在忧虑中去世，年仅四十九岁。

四、守内虚外

宋初面对强大的契丹政权，宋太祖被迫采取守势，但并没有放弃收复被后晋石敬瑭割让给契丹的燕云十六州之地。他一方面积极整顿边防，训练军队，准备以武力解决；另一方面在经济上做了充分准备，从每年国家财政中提留部分钱物，另设封桩库，希望用所储备的财物与契丹人做交易，从他们手中将十六州之地赎回来，如果契丹人不同意，那么就用这些钱招募勇士，武力攻占。

宋太宗继位后，在灭掉契丹保护下的北汉以后，太平兴国四年（979），他不顾群臣反对，毅然决定向燕京进军，很快便将燕京城围了起来。但辽朝派大将耶律休哥增援，在高梁河与宋军大战，宋军抵挡不住，溃不成军，宋太宗逃到涿州，乘驴车回到开封府。太平兴国七年（982），辽景宗耶律贤去世，辽圣宗耶律隆绪继位，其母萧太后执掌朝政。宋廷上下不少人认为是绝好的机会，于是宋太宗派三路大军伐辽，结果也以失败告终。

经过这两次巨大挫折以后，宋太宗锐气尽失。尤其是高梁河战败后，太宗逃跑路上一度与朝廷失去联系，朝中一部分官员准备另立赵匡胤之子德昭为帝，这给他以惨痛的教训；加上四川地区王小波、李顺的起义等因素，迫使宋太宗调整内外策略。淳化二年（991），他向朝中大臣谈了自己的想法："国家若无外忧，必有内患。外忧不过边事，皆可预防，惟奸邪无状，若为内患，深可惧也。帝王用心，常须谨此。"[24] 可见宋太宗晚年，"守内虚外"的指导思想已经形成。在他看来，外忧仅仅是"边事"而已，不会构成对赵宋王朝的根本威胁，而只有"内患"才是心腹大患，实际上是要重点防范统治集团内部的"野心人物"和被压迫者的反抗。本来，太宗的这一策略存在莫大的疑问，但他的子孙们将其视为祖宗家法，始终恪守不渝，将它作为维持政权的灵丹妙药加以继承，终于使北宋为金朝所灭。

在上述思想指导下，赵宋最高统治者的对外方略彻底改变了。首先是调整了作战部队的部署，将大部分禁军分布在都城开封府及其周围地区，其中开封府就驻扎了禁军将近三分之一的兵力，而且基本上是挑选战斗力强的部队。而广大的南方地区却很少驻扎禁军，北方边境的兵力因此也明显不足。

其次是形成了消极防御政策。宋太宗几度与契丹人交手失败后，面对不断向南进攻的辽朝军队，宋廷不是考虑集中优势兵力主动出击，歼灭其作战部队，而是命令士兵在宋辽边境的平原地区开挖塘泊，利用河渠湖泊筑堤蓄水，形成西起保州（今河北保定），东至海边长达九百里的防线，以防止契丹骑兵的冲击。再如与西夏的战争过程，本来西夏国土面积小，人口少，财力不足，从实力上很难与强大的宋朝相抗衡。宋朝在宋夏边境地区有军队三十万左右，但分兵四路，由四名文官主持军务。相反，西夏军队却集中十万左右骑兵，选择宋军防御的弱点或战略要点从不同的区域重点突击，等宋军从相关地区调集军队后，西夏军队又很快撤了回去，从而使宋军在对西夏的战争中常常处于被动挨打的地位。南宋后期抵抗蒙古军队，宋军基本上也是采取分兵守城的战略，使蒙古军队得以集中优势兵力各个击破，从而招致了赵宋王朝的灭亡。

总体而言，宋朝无论是对辽朝、西夏，还是对金朝、蒙古，基本上都是采取分兵防御的政策。加之宋军以步兵为主，使宋军行动迟缓，战略战术呆板，战法极不灵活，机动作战能力极差，前线统军文官因而很难组织起大规模的进攻战役，以消灭敌方的作战部队。尽管宋朝很多士大夫意识到了分兵防御的严重危害，但作为最高统治者的宋朝皇帝并不愿集中兵力、统一指挥，很显然与宋朝的传统国策有着密切关系，其用意无非是为了防止文官武将权高位重，以便皇帝分而治之，使他们不至于危及皇帝的地位。

再次，"守内虚外"的重点是力争消灭政权内部威胁皇权的势力。在这种背景下，宋朝皇帝对在外统兵的将帅采取了极端的防范措施，尤其是对武将，几乎一直存在不信任和猜忌，这也是宋朝历代皇帝始终恪守不渝的家规。为了防止武将势力的膨胀，宋朝皇帝不仅不敢授武将以重兵，委武将以全权，而且千方百计地通过各种制度和办法制约并削弱将帅的指挥权限，其中最重要的就是"将从中御"方略。所谓"将从中御"，就是皇帝和朝中大臣钳制和干预前线将帅的军事指挥，甚至剥夺前方将领的临机处置权。北宋太宗、真宗时期，皇帝居于深宫之中，将帅出征之际，几乎都要预先授以"阵图"，要求前方将领在何处用兵、如何排兵布阵等；同时派遣宦官随军监督将领执行朝廷阵图的情况，随时向皇帝汇报，不容有变通的余地。

这种不切实际、守株待兔的"锦囊妙计"在北宋前期盛行一时。太平兴国四年（979），宋太宗派数名将领领兵八万在满城（今河北满城）迎战辽军，宋太宗预先给他们的阵图要求分为八阵，统兵将领崔翰等人依图布阵，另一将领赵延进却发现宋军星罗棋布，容易被各个击破，主张改变阵形，但崔翰等人依然不敢"擅改诏旨"。后来赵延进、李继隆等统兵将领表示愿意共同承担责任，于是才决定分为两阵。因为赵延进是宋太宗的连襟，才有恃无恐，敢于承担责任，结果取得了胜利。"将从中御"政策实际上是皇帝和朝中大臣完全不了解前线情况的瞎指挥，尤其在战场上，敌我双方形势瞬息万变，而宋军将领和士兵却只能"以不变应万变"，其结果可想而知。另一方面，很多庸将也欢迎皇帝的阵图和策略，只要他们严格按照皇帝的方略行事，即便失败，他们也能逃避责任，不受追究，从而助长了将领们不思进取之风，大大限制了他们军事才能的发挥。

自宋仁宗以后，尽管皇帝不再预先给阵图，但"将从中御"的政策并未改变，只是表现形式不同而已。南宋初年，宋高宗便是通过宰相和执政大臣草拟、自己亲笔书写的御诏来指挥前线战事的。绍兴十年（1140），岳飞率领将士北伐中原，节节胜利，收复了洛阳、许昌等许多军事重镇。在这种大好局面下，宋高宗赵构以十二道用金字牌传递的手诏要求岳飞班师还朝，丧失了恢复中原的绝佳机会。最后以"莫须有"的罪名杀害了岳飞，所有支持岳飞、主张抗击金兵入侵的官员几乎都以破坏"和议"的罪名被贬逐。岳飞之死，既是宋初以来防范武将政策的延续，也是"将从中御"的绝妙注释。正因为如此，宋代前线将领几乎变成了由皇帝牵线控制的木偶，由皇帝操纵自如，这样的军队无疑是难以克敌制胜的，由此就不难理解宋代"积弱"局面的形成了。

第三章

北宋的社会变革运动

宋初统治者为改变五代以来分裂割据的局面，在政治、经济、军事等方面采取一系列加强中央集权的措施，为北宋初期政局的稳定、经济的恢复和发展起到了积极的推进作用。但至北宋中期，它的弊端和消极作用逐渐凸显出来，各种社会矛盾日渐尖锐。

首先，北宋社会危机具体表现为三冗的出现，即冗官、冗兵、冗费。从建国之初，尤其是宋太宗以后，不断扩大仕途，增设机构，以争取广大士大夫阶层的支持。同时，由于恩荫制度、卖官鬻爵等，官僚机构日益庞大臃肿，官员数量越来越多，却人浮于事，办事效率低下。

宋朝是中国历史上唯一实行募兵制的朝代，赵匡胤为了达成灾荒之年有叛民而无叛兵、丰收之年有叛兵而无叛民的目的，同时也为抵御辽、夏的进攻和侵扰，被迫扩军备战。仁宗庆历年间的军队数量是太祖时期的三倍之多，但是由于北宋的养兵政策及在军事制度方面"兵不知将，将不知兵"等弊端，北宋军队的战斗力低下，军事上的积弱使北宋在对外关系方面处于劣势。更重要的是，禁军等士兵的所有费用几乎都由国家负担，无疑会加剧政府的财政危机。

优厚的官吏待遇、统治阶级的奢侈浪费及养兵费用的激增使得北宋政府入不敷出，收支严重失衡，这就是冗费。英宗治平二年（1065），宋朝财政已经出现亏空，高达一千五百余万缗，各地方财政更是捉襟见肘。

其次，阶级矛盾尖锐，统治危机四伏。由于北宋政府的土地政策加速了土地集中的过程，出现了"富者有弥望之田，贫者无立锥之地"的局面。此外，北宋政府为筹措边备军费，也加重了对农民的盘剥，这势必遭到农民的反抗，王伦、张海、郭邈山、王则等起义此起彼伏，宋政府难以应付。面对国家的内忧外患，统治集团内部一些有识之士开始寻求扭转危机的途径，以图缓解北宋王朝的各种危机。

第一节　昙花一现的庆历新政

一、宁鸣而死，不默而生

大中祥符七年（1014），迷信道教的宋真宗率领百官到亳州（今安徽亳州）去朝拜太清宫。浩浩荡荡的车马路过南京（今河南商丘），人们争先恐后地围观，有一名学生却闭门不出，仍然埋头读书。有个要好的同学特地跑来叫他："快去看，这是个千载难逢的机会，千万不要错过！"但这名学生只随口说了句"将来再见也不晚"，便头也不抬地继续学习。果然，第二年他中了进士，见到了皇帝。这名学生就是北宋著名政治家范仲淹。

范仲淹（989—1052），字希文，苏州吴县（今江苏苏州）人，两岁丧父，随其母改嫁。少贫而好学，胸怀远大政治抱负，大中祥符八年（1015）中进士。天圣初任泰州兴化令，主持修筑捍海堰，世称"范公堤"。天圣二年到五年（1024—1027）连上奏疏，历陈朝廷之弊，但执政者并未接受。天圣六年（1028），任秘阁校理，因请刘太后还政于宋仁宗而遭贬，出判河中府（今山西永济西北），移陈州（今河南淮阳）。仁宗亲政，擢右司谏，因触怒宰相吕夷简，出知睦州（今浙江建德）、苏州。旋召国子监，迁权知开封府。范仲淹不畏权贵，"宁鸣而死，不默而生"，虽屡经挫折，依然上书不辍，针砭时弊。康定元年（1040），范仲淹被诏为龙图阁直学士、陕西都转运使，与韩琦同任陕西经略安抚副使，共同谋划防御西夏事宜，卓有成效，夏人称之"小范老子"，西北蕃部族人亲热地唤他"龙图老子"。当时边境上流传着一首歌谣说："军中有一韩（琦），西'贼'闻之心胆寒，军中有一范（仲淹），西'贼'闻之惊破胆。"庆历三年（1043），入朝为枢密副使，旋拜参知政事，与富弼、欧阳修等推行庆历新政，向仁宗提出改革朝政的十项主张，这就是后人所称的"庆历新政"。但为以夏竦为首的反对派所中伤，被指斥为朋党而罢政，出知邠州（今陕西彬县）兼陕西四路安抚使。此后他又辗转知邓州、杭州、青州等地，最后病死于徐州。卒赠兵部尚书，谥文正。范仲淹在学术上以易学著名，其文学亦为后世景仰。他的诗、词、散文质朴、平易，反映了当时的社会现实，颇见功力，为北宋的诗文革新运动奠定了基础。他在《岳阳楼记》中有"先天下之忧而忧，后天下之乐而乐"之语，确实为本人生平精神之写照。

二、新政内容

宋仁宗天圣三年（1025），范仲淹在《奏上时务书》[1]中首次提出他的改革思想，至庆历三年（1043）九月，他给仁宗上呈《答手诏条陈十事》(《上十事疏》)，成为推行新政的纲领。

一曰明黜陟。严格官吏升迁考核，反对过去以资历为主的磨勘[2]制度，强调以在职期间的政绩为升迁的标准，淘汰老弱患病愚昧的官吏，改变北宋官吏升迁"不问劳逸，贤不肖并进"的状况。

二曰抑侥幸。恩荫制度当时是造成冗官的最重要原因，宋朝高级官员每年都有资格荫补其子弟为京官，所得职位过高，中下级官员亦可按规定荫补一定数量的亲属为官。一名学士以上的官员，经过二十年，一家兄弟子孙出任京官的就达二十人，这些人不久又可晋升到级别很高的职位，其亲属也随之不断地进入官场。这样，不仅增加了国家的财政开支，而且这些官僚子弟通常素质低下，结党营私。为了抑制这些弊端，范仲淹希望能通过控制恩荫的途径来限制官僚子弟的特权。规定除长子、长孙外，其余子孙须年满十五岁、弟侄年满二十岁才能荫补，且恩荫出身者必须经过一定的考试，才能担任实际职务。

三曰精贡举。范仲淹认为，此前的考试制度存在弊端，不能为国选拔合格人才，要求改革科举考试的内容和程序。在他的建议下，北宋政府开始在各州县普遍建立学校，州县教学和科举考试必须贯彻"教以经济之业，取以经济之才"的原则。改变专以诗赋、墨义取士的旧制，注重策论和操行，这对于宋代学风的转变起到了至关重要的作用。

四曰择官长。北宋中期，官吏任用存在"不问贤愚，不较能否，累以资考"的问题，实际上是只重视资历，不论政绩。于是范仲淹要求认真推荐和审查地方官，以防止冗滥。他建议朝廷派出得力的官员前往各路明察暗访，考核地方官员的政绩，奖励精明强干者，处罚贪官污吏。

五曰均公田。宋代州县官员在职期间，除正俸之外，还有职田收入，这是宋朝地方官的定额收入之一，但往往分配不均。范仲淹认为，职田收入不均，就很难要求官员尽职尽责。他建议朝廷均衡各地官员的职田收入；没有职田之处，按等级划拨田地，以补俸禄之不足，使官员有足够的收入养活家人。然后便可以督责他们廉洁为政，实际上有高薪养廉的性质。

六曰厚农桑。针对北宋政府"不务农桑"，而"贫弱之民，困于赋敛"的社会现实，要求劝课农桑，兴修水利，恢复和发展农业生产，将其作为"养民之政，富国之本"；并制定鼓励农业生产的条例，颁发给诸路转运使和各知州、知县。

七曰修武备。为抵御西夏和辽的进攻，京师部队被大量派往西北边疆，造成京师兵力空虚。因此，范仲淹主张在京畿附近招募强壮之士，以补充正兵。军事训练与务农相结合，以达到节省军费和增强京师防卫的目的。

八曰减徭役。针对北宋政府州县多、户口少、百姓徭役过重的现状，范仲淹提出裁并州县、减轻徭役的措施。庆历四年（1044），河南府首先撤掉五县，并准备将这一做法推广到全国。

九曰覃恩信。北宋时期，朝廷通常三年举行一次祭祀大典，同时颁布大赦令，而中下层官吏实施不当，宽赋敛、减徭役、存恤孤寡的恩惠并未普及社会中下层。范仲淹建议朝廷要取信于民，督责地方官施行大赦令规定的具体措施，主管部门若拖延或违反赦文，要依法从重处置。另外，还要向各路派遣使臣，检查赦文各种惠政是否落实，以减少阻隔皇恩的现象。

十曰重命令。针对北宋中期朝命"上失其威，下受其弊"的现状，范仲淹要求朝廷订立条法要慎重，令行禁止，对于执行法令不严的官吏，要进行惩罚和处分。他还建议仁宗下诏，规定今后皇帝大赦的宽赋敛、减徭役等事项，各级官府不能落实者，一律以违制论处；而政府颁行条例法规，敢故意违反者，也以违制处罚。

三、新法的废除

范仲淹的《答手诏条陈十事》成为新政的基本内涵，除修武备、以强壮为兵一项未施行外，其他诸项均以诏书的形式颁行全国。欧阳修在庆历三年（1043）也连上三状，极言去冗选良、整顿吏治之必要。针对北宋财用不足的现实，他提出"通漕运，尽地利，榷商贾（即取消专卖）"等建议；在军事上也希望政府能不拘泥于出身，而以才能选拔将官。同时韩琦、余靖、富弼等人也纷纷提出改革方案，推动了新法的展开。范仲淹、富弼成为变法的核心，从庆历三年十月到四年五月，北宋全国上下出现了一场政治改革运动。

新政开始不久，范仲淹派王素、施昌言、李绚等人作为各路按察使到各地考察，肃清吏治，负责新法的执行工作。他本人则坐镇中央，每当得到按察使的报告，就翻开各路官员的名册，勾出不称职者的名字。枢密副使富弼见他毫不留情地罢免了一名又一名官员，不免有些担心，从旁劝止说："您一笔勾掉很容易，但是这一笔之下可要使他一家人痛哭呀！"范仲淹用笔点着贪官的名字愤慨地说："一家人哭总比一路人哭要好吧！"改革弊端使得一些贪官污吏受到了相应处罚，新法初见成效。

庆历新政是北宋历史上第一次大规模改革运动，它整顿吏治，改革科举，兴办学校，兼及军事、经济等。在文化教育领域力图扭转宋代以辞赋、墨义为先的学风，主张"经义"与"治事"并重，对北宋中期的学风和士风都产生了很大影响。范仲淹提倡的厚农桑、减徭役、覃恩信等措施显然具有为政爱民的特点，带有明显的进步性，这些都是值得肯定的。

然而，庆历新政以整顿吏治为中心，虽切中时弊，但在某种程度上损害了一些官僚的既得利益。正因如此，主持新政的范仲淹等人遭到朝廷内外各种无端的诽谤。宰相章得象首先向范仲淹等人发难，接着，以夏竦为首的政治集团开始诬陷范仲淹、欧阳修等人结党为奸，谋逆造反，一时"朋党"论大起。宋自开国以来，最高统治者便着力防范臣僚结党营私，恪守祖宗法度的宋仁宗对此也极为敏感。庆历五年（1045）正月，范仲淹、富弼等新政领袖相继被贬出朝廷，韩琦、欧阳修、杜衍等一大批变法支持者也先后离京任职。各地分派的按察使也纷纷受到了打击和迫害，已经颁行的磨勘（考绩）、荫补等新法也被宣布作废，新政推行仅仅一年左右便夭折了。

从更深的层面来看，新政的意图是通过吏治改革带动其他社会问题的解决，属于行政改革的范畴，它忽视了政体改革，经济改革也只限于厚农桑和减徭役两条，没有争取到广大普通百姓的支持，因而政治改革便难以进行下去。此外，新政施行缺乏严密的调查和准备，仓促行事，这也是其失败的重要原因之一。

庆历新政虽然失败了，但它为后来的王安石变法提供了经验和教训。庆历新政失败后，北宋的社会矛盾并未缓和，财政危机更加严重。在这种情况下，士大夫要求改革的呼声此起彼伏，一场更大规模、更为深刻的改革运动已在酝酿之中。

第二节　熙丰变法

一、独负天下大名三十余年，才高而学富

王安石（1021—1086），字介甫，号半山，江西临川（今江西抚州）人。自幼勤奋好学，博闻强记，从小跟父亲宦游大江南北，目睹了北宋中期各种严重的社会问题，"慨然有矫世变俗之志"。庆历二年（1042）中进士，授签书淮南判官。庆历七年（1047），改知明州鄞县（今浙江宁波鄞州区），兴修水利，起堤堰，决陂塘，鄞县成为后来青苗法推行的实验点。后出任舒州（今安徽潜山）通判，嘉祐二年（1057）改任常州知州。后入为三司度支判官。写成《上仁宗皇帝言事书》（《万言书》），上奏给仁宗皇帝，列举了北宋政府在吏治、财政、科举等方面的弊端，呼吁变革求新。虽未被

采纳，但引起了当时士大夫的强烈共鸣。司马光曾评价其"独负天下大名三十余年，才高而学富"[3]。神宗继位后，任用王安石，力图革新。熙宁二年（1069）拜参知政事，设制置三司条例司开始变法，遭到以司马光为首的一批官僚的反对。熙宁七年（1074）罢相，出知江宁府（今江苏南京），熙宁八年（1075）复相，熙宁九年（1076）再罢相，退居江宁半山园。次年封舒国公。元丰二年（1079）复拜尚书左仆射、观文殿大学士，改封荆国公。王安石为人刚正，意志坚强，性情执拗，他以"天变不足畏，人言不足恤，祖宗之法不足守"的"三不足"[4]精神推行新法，冲破重重阻力，百折不挠，人称"拗相公"。

二、经济改革措施

神宗是宋朝历史上较有作为的皇帝，面对严重的内忧外患，他大胆任用王安石为参知政事，启动熙丰变法，对宋朝的经济、军事及教育科举制度等方面进行了改革，以达到富国强兵、革除弊政的目的。针对北宋中期以来积贫积弱的局面，王安石认为，必须从增加国家的财富入手，"因天下之力，以生天下之财；取天下之财，以供天下之费"，这是王安石理财的指导思想。从熙丰变法的内容来看，理财是重点，为此颁布了七项新法。

（一）商业政策的调整

1. 均输法

建国之初，北宋政府为解决京畿的消费问题，设置发运司，主要负责将各地的物资运至京师。但因为发运司不了解京师库存及各项物资的实际需求状况，造成供求关系脱节，往往耗巨额运费运来的物资在京师成为过剩产品，不得不在汴京低价出售，使国家蒙受了巨大经济损失。相反，开封真正需要的物品却常常缺乏，于是富商大贾趁机囤积居奇，控制市场，牟取了本来属于国家的高额利润。而诸路在征纳税物时，往往采取"支移"和"折变"等方法（参见本书第228—229页），加重了普通百姓的赋税负担。为改变这种现状，熙宁二年（1069）七月，制置三司条例司发布均输法。

具体而言，朝廷所需货物一概由发运司主管，在调查京师的储备、需要的物品以及各地物产情况的基础上，可以动用国库或东南六路财赋，按照"徙贵就贱，用近易远"的原则，在廉价处就地收购，以节省成本和运费，同时又能储存备用，调剂丰歉。均输法公布当天，政府便命令江淮发运使薛向在京城具体实施，使京师的物资供给得到很大改善。

均输法本质上是官府直接参与商业和市场活动，对货物与商品流通进行宏观调控。在节省政府物资运费的同时，对富商大贾的囤积居奇也有一定的抑制作用；同时增加了政府的财政收入，在一定程度上减轻了对农民的税敛和剥削。

2. 市易法

熙宁三年（1070）秦凤路经略安抚司管勾机宜文字王韶在当地设市易司。熙宁五年（1072），平民魏继宗上书，建议在开封设立市易司，以达到政府控制开封市场、防止富商大贾兴风作浪的目的。同年三月，北宋政府在开封设置市易务，后改名都市易司，西北边境和许多重要的贸易城市如通远军（今甘肃陇西）、永兴军（今陕西西安）、凤翔府（今陕西凤翔）、秦州、瀛州（今河北河间）、安肃军（今河北徐水）、真定府（今河北正定）、越州（今浙江绍兴）、广州（今广东广州）、扬州（今江苏扬州）等地相继设置市易务。

市易务设有监官两员和提举官、勾当公事各一员，负责评估各地物价，平价收购滞销货物，到市场缺货时再卖出；国家可借贷或出售货物给商贩，但商贩要以地产等为抵押，同时要对所借官钱付百分之二十的利息。同时，外来商人有无法脱手的货物，也可折钱或折物投卖到市易务。市易法的推行在一定程度上打击了富商大贾，通过国家控制流通流域，使商人原来获得的利润转变为政府的财政收入。

3. 免行法

北宋官府、宫廷所需物品、人工等，大都是向开封各工商行业征收和摊派的，由于宋政府的盘剥和追索，工商业户破产现象时有发生。针对此种情况，开封肉行的徐中正提出实行"免行钱"，即本应被摊派的行户向官府缴纳一定数额的钱，作为官府采购肉的价格补贴，今后由官府随行就市自行购买，肉行不再直接供应官府。熙宁六年（1073）八月，市易务制定"免行条贯"，规定各行按"利入厚薄纳免行钱"，即各行根据获利多少，分为上、中、下三等每月缴纳免行钱，免除各行对官府的供应。免行法的施行，减轻了官府对工商业者的勒索，对工商业的发展有一定的促进作用。

（二）农业领域的新法

1. 方田均税法

北宋中期，田制存在诸多问题，如"诡名挟佃"[5]"隐产漏税""产去税存"等，不仅造成田税严重不均，更重要的是，导致政府财政收入锐减。为改变这种现状，北宋政府借鉴仁宗时郭咨的千步丈田法，于熙宁五年（1072）八月间公布方田均税法。

方田法，即对田亩进行清查丈量，规定"东西南北各千步当四十一顷六十六亩一百六十步，为一方"。每年九月，县令、县佐丈量土地，并根据土质肥瘠情况，将土地分为五等。均税法，即在清丈土地的基础上对田税进行重新均定，按照原先的租税额，根据新确定的土地等级承担相应的赋税，贫瘠之地、山林陂塘、沟路、坟墓所占土地，都不征税。

方田均税法自京东路开始，其后推广于开封府以及河北、陕西、河东等路。方田均税法的推行，清查了一大批隐田漏税的问题，从一定程度上打击了偷税漏税的豪强地主。贫弱农民地薄而税重的现象得以相应改善，从而激发了农民的生产积极性，有利于农业生产的发展。

2. 青苗法

熙宁二年（1069）九月颁行，也称常平法，其出发点是要解决贫困农户在青黄不接时生活生产急需的资金问题。此前，农户往往向富户借贷来维持，收获后连本带利一起归还；而一旦出现天灾人祸，无力偿还，就会有失去土地、无以为生的危险。青苗法即为缓和土地兼并和农民的贫困化而设立的。

该法的主要内容是：（1）常平官预先核算以前十年中丰收年份的粮食价格，作为本年预借的折合标准；（2）各路以常平、广惠仓的钱粮作本钱，一年分"夏料"和"秋料"两次借贷，"夏料"在正月三十日以前，"秋料"在五月三十日以前，由民户自愿请贷，随夏秋二税归还贷款；（3）每五户或十户结成一保，由第三等以上的人户任甲头，客户必须与主户合保。按户等高低来进行借贷，一等户最多可贷十五贯，二等户十贯，三等户六贯，四等户三贯，五等户一贯五百文。半年归还，收息百分之二十；一年归还，收息百分之四十。如遇有灾伤，允许延期归还本息。

这些政策的出发点是通过政府贷款，帮助农民渡过青黄不接时的难关。这是中国历史上首次由政府举办的信贷事业[6]，同时也是中国古代农村金融信贷的尝试和突破。有学者认为，年息为百分之四十的青苗法，绝不是如王安石所说的"薄其息"[7]，受益最多的还是北宋政府，通过实行青苗法，"今岁收息三百万贯"，朝廷获得了丰厚的回报。但这种利息比起高利贷成倍的利息来，相对还是比较低的。因此，借贷青苗钱之人还是比较多的。然而，青苗法在执行的过程中，有些地方官吏为了取息邀功，强制百姓借贷，甚至擅自提高利息，竟达到百分之六十，成为农民沉重的经济负担。从财政收入的角度来看，青苗法将原本属于高利贷者的利润转移到政府手中，由此损害了部分大地主和高利贷者的利益，使变法遇到了很大的阻力。

3. 免役法

又称募役法、雇役法。王安石变法之前，北宋上三等户要按户等轮流到政府履行名目繁多而轻重不一的职役。衙前主管运送官物或看管府库粮仓等；里正、户长、乡书手负责催纳赋税；承符、人力、手力供州县衙门随时驱使；耆长、壮丁主管缉捕盗贼。但当时的官绅豪强可以通过免役特权逃避差役，坊郭（城镇居民）、僧尼、女户和单丁户等也都有免役权。因此，各种差役负担极重，很多人家往往倾家荡产。在这种情况下，北宋政府实施了免役法。

按照"以一州一县之力供一州一县之费，以一路之力供一路之费"的原则，熙宁四年（1071）正月，王安石以开封府为试验地开始推行免役法。同年十月，依据开封府实施的情况，正式颁布相关条令，推行全国。应该说，实行免役法，受益最多的还是政府。以熙宁九年（1076）为例，各地上缴司农寺的免役钱多达一千零四十一万四千五百五十三贯硕匹两，而总支出为六百四十八万七千六百八十八贯硕匹两，剩余三百九十二万六千八百六十五贯硕匹两[8]，这些成为国库的重要收入，从一定程度上缓解了日趋严重的财政危机。

当然，免役法也产生了一些问题，过去差役只是乡村上三等户承担，四等户以下并不服役。募役法实行后，各色农户都要出钱，据记载，乡间下户一般每年纳役钱几百文到一两千文不等，还要征收二分"免役宽剩钱"，而实际征收却超过二分，这些无疑加重了贫苦农民的负担。免役法执行过程中，在一定程度上也触犯一些特权阶层的利益，因而遭到了他们的强烈反对。

4. 农田水利法

又称农田利害条约，于熙宁二年（1069）十一月开始实行，其主要目的是为了发展农业生产。该法规定，各地奖励"开垦荒田，兴修水利，建立堤防"等，无论什么人，只要谙熟农业耕作技术和修建水利工程，都可向官府陈述意见。如确属可行，即由州县负责实施。政府根据兴利之大小给予提议者一定的奖励，或量才录用。而工程兴建所需费用，由"受利人户"按户等出工出料，财力不足者，可向政府借贷青苗钱，利息较低，归还日期可延长。还可劝谕富户出钱贷给贫民，官府督理，依例出息。同时对能出钱兴建水利的个人，政府按功效大小予以酬奖。

疏浚淤积的河道是农田水利法的一项重要内容。如漳河、汴河、蔡水等工程都取得了成功，从而减少了这些河流的水灾，有利于沿岸人民安居乐业。淤田也是在此期间采取的一项重要措施，人们采用决河放水的方法，将河道内的淤泥排入农田，使土壤变得肥沃。为此北宋政府于熙宁四年在开封府设置了总淤田司，调集厢兵放水淤田。当时汴河、漳水等周围田地的淤田工作，都取得了良好的效果。最后是黄河的治理，北宋时期黄河屡屡决口，给沿岸人民带来深重的灾难，熙宁六年（1073）北宋政府设置专门的疏浚黄河司，但因为保守派的阻挠而最终作罢。

熙宁变法时期，由于北宋政府实行奖励开垦的政策，使得垦田的数量比以前大大增加。唐、邓、许、汝四州数千亩的荒田就是在这一时期开垦出来的。农田水利法施行之后，在"1070年到1076年的六七年间，除垦荒和疏浚河道外，单是水利田就有10793处，灌溉民田共36117888亩，官田191530亩"[9]。这一法令极大地推动了农田水利的发展，对农业生产产生了重要的促进作用。

三、军事方面的改革措施

（一）合并军营，裁汰老弱

宋代军事系统在其百年来的演变过程中逐渐形成三大积弊：兵员众多而缺乏战斗力；老弱兵士无法安置；军队编制严重缺额。由于宋初以来一直推行更戍法，造成了"兵不知将，将不知兵"的局面，宋军在对外战争中一直处于被动地位。为改变这种现状，王安石从熙宁二年（1069）开始执行整顿军队的措施。

首先是在军队中引进考核竞争机制，不能胜任禁兵者降为厢兵，厢兵不称职者退伍为民。其次是缩减、整顿军队编制，熙宁二年将陕西马步军三百二十七营并为二百七十营，规定禁兵每营要足额建制，马兵每指挥三百人、步兵为四百人，厢兵每指挥不得超过五百人。至熙宁八年（1075），全国禁兵为五十六万八千六百八十八人，厢兵减至八百四十指挥。全国军队总额为七十九万六千三百一十五人，与英宗治平年间（1064—1067）相比较，减少了三十六万多人，与仁宗庆历年间（1041—1048）相比，则减少了四十五万多人。这些措施在提高军队素质的同时，也节省了相当可观的军费开支。

（二）将兵法

针对更戍法带来的种种弊端，熙宁七年（1074）推行将兵法，此法源于泾原路经略使蔡挺。以"将"为军队编制的基本单位，每将设置正、副将各一人，由北宋政府选派有作战经验和能力的将官，专门负责对某一地区士兵进行训练，从而"使兵识其将，将练其士卒"。熙宁七年，首先在开封府界及河北、京东、京西等路施行，先后共设置了三十七将，而设将最多的是陕西五路：鄜延设九将，泾原为十一将，环庆为八将，秦凤为五将，熙河为九将，共达四十二将之多，主要是为了增强西北边防。将兵法的实施在很大程度上改变了宋初以来"兵不知将，将不知兵"的局面，在强化士兵训练的同时，大大提高了军队的作战能力。

（三）保甲法

北宋中期，农民和士兵的抗争"一年多如一年，一火（伙）强如一火（伙）"。一方面，为了维护社会治安秩序，巩固宋朝的统治，王安石推行保甲法，试图加强对农民的控制，以消弭人民的反抗。另一方面，他也希望利用保甲法培养乡村的武装力量，逐渐取代耗费巨大的募兵，增强北宋的边防防御能力。

熙宁三年（1070），宋政府颁布了司农寺制定的《畿县保甲条制》：1.十家为一保，五十家为一大保，十大保为一都保，每保置保长一人，每大保置大保长一人，每都保置保正一人、副保正一人。按照家庭财富、个人才能、道德情操等标准来选任保长、保正。2.每户有两丁以上，且年满十五岁，便编入保甲。两丁之外的年富力强者亦附于保甲之内。保丁自备武器，农闲时练习武艺。3.每一大保每夜轮差五名保丁巡逻，遇有盗贼就击鼓报警。大保长及其以下的同都人户都得前来救应，各保之间也须相互策应。4.凡同保内有盗窃、杀人、放火、传习妖教等不轨行为，知情不报者要按"伍保连坐法"处罚。

保甲法先在开封府试行，接着推行到京东、京西、河北、河东、陕西等五路，随后遍及全国。保甲法施行之后，开封府附近"盗贼比之昔时十减七八"，这对维护社会治安发挥了积极的作用。在实际推行过程中，较为有效地防范和镇压了农民的反抗，巩固了专制主义在农村的统治。此外，保甲"与募兵相参"，可以"消募兵骄志，省养兵财费"，从而使其逐步过渡到兵农合一的制度。[10]保甲法推行之初，由司农寺负责管理。熙宁八年（1075）九月，转而隶属枢密院，民兵的性质就更显著了。元丰三年（1080）设"团教法"，集中训练开封府界保丁，后推行于河北、河东、陕西三个军事区域，以对付辽和西夏的进攻。在宋夏和宋辽战场上，保甲兵力已成为禁军的重要辅助力量。但因神宗有所顾虑，保甲并没有起到逐渐地改变募兵制的作用[11]。

（四）保马法

保马法即保甲养马法。战马是抵御辽和西夏等游牧民族必不可少的有力武器，但北宋政府相当缺乏。按照相关规定，群牧司等机构专门负责饲养战马，但因官吏管理不善，虽然政府花费巨大，但战马稀缺的问题仍然十分严重。针对此问题，王安石等制定"养马法"，由诸路保甲代官府养马，以备习战之用。熙宁五年（1072），王安石等变法派首先在开封府界推行保马法，后来推行于京东、京西、河北、河东、陕西五路。

依据该法条，五路保甲义勇愿养马者，每户养马一匹，家财丰厚者可养两匹，所养之马由官府提供，或官府出钱由义勇、保甲自行购买。开封府界不得超过三千匹，五路不得超过五千匹。开封府界的养马户可免除原来向政府缴纳的粮草，并可得到一定数量的补贴；五路养马户则免除每年的折变和沿纳等杂税。而保甲除乘马逐捕盗贼外，活动范围不得超过三百里。三等以上户十户为一保，四五等户十户为一社。保户马匹死亡，独自赔偿，社户马死，按半价赔偿。政府每年派人检查马的肥瘠情况。

保马法推行以后，战马的供给量大大增加，元丰七年（1084），河东等路和开封府界的民户供给禁军的战马就有七千匹之多。民间养马的推行为北宋中央政府节约了大量费用，同时还降低了马匹的死亡率。保甲在一定范围可使用马匹，从一定程度上增强了保甲的军事力量。然而，马匹死后要赔偿，也使得一些民户因赔偿而倾家荡产。

（五）军器监

宋初以来，北宋军器数量以千万计，但大多数都腐朽不耐用，严重影响了军队的战斗力。宋初军器制造归三司胄案管理，三司事务繁忙，无暇顾及，胄案的主管人员不断调换，也不精于军器制造，因而造成军器质量低劣。在王雱的建议下，熙宁六年（1073）在开封建置军器监，总管天下各地军器的制造工作。其具体方案是：除三司胄案，设判军器监和同判军器监各一员，其下置有监丞、主簿和勾当公事等属员；在出产各种军器制造原料的州设置都作院，生产各式武器；军器监制定军器制造标准，派人到各处都作院指导工作，以制造军器的优劣作为各路都作院官员升降的依据。招募天下良工，对军器制造献计献策。当时很多人提供新的器械法式，使北宋军器制造技术有所提高，武器质量也得到了逐步改善，从一定程度上提升了宋军的战斗力。

四、文化教育体制改革

王安石在《上仁宗皇帝言事书》中指出，宋代科举专以辞赋取进士，以墨义取诸科，不注重经世致用；恩荫等得官，磨勘升官，使一部分低能之人凭家族关系，充斥官场。王安石认为，变法的先决条件是培养合格人才，靠他们才能"变更天下之弊法"。因此，培养"通经致用之人才"是王安石教育改革的核心。围绕这一议题，王安石提出了一系列重视教育、培养人才的新理念："教之""养之"，"取之""任之"，进而实施改革举措。

（一）学校制度的改革

王安石认为："古之取士，皆本于学校。"即优秀的人才、贤明的官吏大多是从学校培育出来的。基于这种理念，王安石非常重视学校培养人才的作用。他执政后不久，便掀起了继庆历兴学之后的第二次兴学运动——熙宁兴学，使北宋官学、地方学校和专科学校都进入一个新的发展阶段。

太学是北宋级别最高、规模最大的学府，但存在着诸多弊端，实际上成为品官子弟的"寄应之所"[12]，所培养的人才往往名不副实。在庆历兴学的基础上，王安石对太学进行了整顿。

1.严格太学生考核制度：神宗熙宁四年（1071）十月，王安石创"太学三舍法"，即把生员分为三等，初入学为外舍，经过考核升内舍，内舍再升上舍；初不限员，后定额外舍七百人，内舍二百人，上舍百人。元丰二年（1079），定为外舍两千人，内舍三百人，上舍百人。上舍上等生可以直接任官；次一等的可以直接参加科举的殿试，然后为官；上舍下等生、部分优秀内舍生和特别优异的外舍生可取得参加礼部科举考试的资格。

2.改革太学学官考核制度：在教员方面，除主管官员外，太学设置直讲十名，每两人主讲一经，根据所教学生的道德行为和经术学问的进步或后退人数的多寡，来评定他们的教学成绩，"教导有方"者给予提升，而"职事不修"者则予以贬黜。

3. 规定太学生的教育和考试内容：为改变儒家经典注释多门的现状，熙宁八年（1075），王安石将自己主持撰写的《三经新义》颁于学校，作为学生的必读教材，以达到统一教育思想、造就变法人才的目的。

4. 设立专门学校：为适应社会现实的需要，太学之外，还设武学、律学、医学等专科学校。熙宁五年（1072）六月于武成王庙设武学，次年三月于太学增置律学，熙宁九年（1076）又置医学。

5. 整顿州县官学：地方官学是指由府、州、军、监及县设立的学校。熙宁四年（1071），诏置京东、京西、河东、河北、陕西五路学，遴选"经术行谊"之士为学官，还规定每州给田十顷为学粮，保证办学经费。

总之，王安石的学校教育改革适应了变法的需要，使培养学生的方法得以改变，学校注重学生的实际应用能力，注重从实践中提高认识。同时，扩大各类学校规模，建立新型专门学校和科目，推动了科技文化的发展。这一时期，学校改革既为变法运动培养了一批人才，也使王安石的革新思想得到比较广泛的传播。

（二）变革科举制度

王安石为改革科举制，专门写了《乞改科条制札子》，并以此作为变革考试制度的依据。熙宁四年（1071）二月，朝廷宣布实施新措施。

1. 废罢明经诸科，以前习明经诸科者改考进士科。同时，改变原来进士科考试项目，积极倡导以经义取士，试图改变"闭门学作诗赋，及其入官，世事皆所不习"的状况。

2. 以《诗》《书》《易》《周礼》《礼记》为本经，以《论语》《孟子》为兼经。考试分四场进行：第一场选考本经中的一经，第二场考兼经大义，第三场考论一首，第四场考时务策三道，考查士子对天下大事的分析处理能力。

3. 设立明法科。规定原先应试明经诸科，而又不能改试进士科的，可改考明法科，考试的内容为律、令、刑统大义和断案，更加注重适应社会的实际需求。

改革科举制度是王安石变法的重要组成部分，这些措施力图调整考试内容和取士科目，改变士人"所习非所用，所用非所学"的流弊，使科举得以选拔具有经纶济世之志和真才实学的人才，同时也为变法培养了大量人才。

五、王安石罢相

新政在推行过程中，尤其是青苗、免役、保甲、免行等法令的施行，触犯了享有特权的官僚、地主、商人的利益，遭到他们的强烈反对，在朝中形成了以司马光、韩琦、范镇、富弼等人为核心的反对派势力。熙宁三年（1070），韩琦向神宗皇帝上疏，力言青苗法之弊，认为官府行青苗法与高利贷无异，还鼓动当地官员谎报说民众不愿请贷。司马光等人也趁机竭力抨击新法。面对反对声浪，神宗一度动摇了变法的态度。对此，王安石进行了针锋相对的论战，对反对派的言论一一进行辩驳。他认为新法之所以出现问题，是因为当地官吏执行迟慢懈怠造成的，不能归结于新法本身。经过激烈的辩论，最终神宗坚定了变法的决心，改革派取得了胜利。

然而，反对派的攻击并未就此结束。熙宁五年（1072）春，司天监灵台郎亢瑛奏言"天久阳，星失度"，这是"政失民心，强臣专国"之故[13]，要求神宗罢免王安石。枢密使文彦博也借华山地震之事向神宗上疏，认为施行市易法招致民怨沸腾，华山崩塌，是上天对神宗的警告。反对派企图借一些异常自然现象来动摇神宗变法的决心，打击以王安石为首的改革派，废除新法。几乎每一项新法颁布之后，都遭到反对派势力的攻击。推行免役法时，两宫皇太后亲自到神宗面前哭诉说，她们的亲戚被强迫缴纳很多免役钱，恐怕京城会因此发生动乱，神宗的态度也随之动摇。王安石既要和反对派做针锋相对的论争，又要同摇摆不定的神宗据理力争。同时，变法派内部的一些成员也发生了动摇，变法阵营的重要人物曾布竟然联合反对派攻击免行法和市易法，极力排挤王安石，给王安石沉重一击。曾从学于王安石的郑侠在反对派的支持下，上疏抨击新法，并上神宗"流民图"，指流民饱受旱灾之苦，乃新法所害，神宗为之心痛。在巨大的内外压力下，王安石向神宗恳请辞职，并推举韩绛为相，吕惠卿为参知政事，熙宁七年（1074）四月中旬出知江宁府。

王安石辞相以后，吕惠卿主持大局，继续变法。但由于吕惠卿与宰相韩绛矛盾重重，神宗于熙宁八年（1075）二月重新起用王安石为相。在这种情况下，吕惠卿不但不协助王安石，反而对王安石进行打击和阻挠。熙宁八年十月，吕惠卿被罢去参知政事职务，外贬陈州。吕惠卿原是变法的忠实支持者，而此时却走到了变法的对立面，说明变法派内部已经出现了严重的分化。加之王安石患病，又痛失爱子，精神上受到很大的刺激，于是上疏辞相。

此时，神宗与王安石君臣之间也出现了严重的隔阂和矛盾，神宗也已对王安石变法之举产生厌恶之感。熙宁九年（1076）十月，王安石再次罢相，出判江宁。不久辞去职务，退居江宁，元祐元年（1086）逝世。

从新法实施到废罢，其间将近十五年。在这十五年中，每项新法推行后，虽然都不免产生了或大或小的弊端，有的是因为变法派改变了初衷，有的是因执行新法出现偏差，但从整体上来看收到了预期的效果。新法使豪强兼并土地和高利贷者的活动受到了一些限制，使地主阶级的下层和自耕农民从事生产的条件得到一定改善，而贫苦农民从新法中得到的好处则很有限。同时，"富国强兵"也收到了相当的实际效果，尤以"富国"成效最大。[14] 变法后国库丰盈，能支持朝廷二十年的财政开支。边防方面也取得不俗的成效，熙宁五年（1072），在变法高潮中，经略安抚使王韶取得了打败西夏、收复熙河等五州二千里土地的胜利，使唐中叶以后失陷二百年的疆土重归中原王朝。由此可见，变法在一定程度上扭转了"积贫积弱"的局势。

六、元丰改制

王安石罢相以后，在神宗的指导下，新法得以在调整的基础上继续执行。其中对王安石变法的调整，主要表现在深化"富国之法"和"强兵之术"两方面。同时，元丰时期，官制改革也取得了突破性成就。

（一）"富国之法"的调整

1. 青苗法：青苗钱在放贷之时一半留存，一半继续贷给民户，从一定程度上缓解了官府强行贷放的弊端，使政府在灾荒年份进行赈济所需钱物得到了一定保障。自元丰元年（1078）起，在开封府界设立义仓以补充青苗钱赈灾之不足，民户在缴纳两税时按比例要多缴义仓粮，贮存起来以备荒年。这从一定程度上加重了人民的负担，但是对增加政府财源而言又是一笔收入。

2. 免役法：针对诸路中出现冗占役人、破坏免役法的弊端，整顿处理了淮南、两浙等路冗占役人的问题。同时，进一步扩大缴纳役钱的范围，原规定坊郭户满二百千者出助役钱，到元丰二年（1079）规定产业满五十千者就要出助役钱。这在一定程度上增加了政府的财政收入。

3. 市易法：元丰二年要求到市易务贷款的商人必须以帛、田产等作为抵押才给予贷款，改变了一些无赖子弟借贷官钱而不能如期偿还的弊端。元丰三年（1080）九月下诏，免除贫苦"行人"的免役钱，其中包括八千六百五十四位小商小贩的"输官催理科较"之役，使中小商人的生活与经营活动有了一定的保障。另外，元丰年间，政府在四川、福建、开封等地扩大了榷茶的范围，盐、酒、矾、香药等物品的专卖也逐渐加强。同时，严格控制金、银、坑冶和铸钱等项目，进一步扩大了国家专利的范围和政府的"财源"。

（二）"强兵之术"的深化

1. 保甲法：元丰二年（1079）十一月，首先在开封府界试行

"集教法"，设提举保甲司管理集教事宜，把所属各县的二千八百名大保长集中在十一所校场，每十人派禁军教头一名教练武艺。次年，大保长们武艺学成以后，又试行"团练法"，将每一都保的保丁分为五团，分别由这些大保长担任教头，进行训练。元丰四年（1081）又改河北东路、河北西路、河东路、永兴军、秦凤等五路的义勇为保甲，推广"集教法"与"团练法"。王安石"寓兵于农""兵农合一"的保甲法至此大规模推行。同时还扩大了禁军等正规军的编制，禁军也由熙宁时的五十六万多人，增至元丰时的六十一万多人。这些都是强兵的实际步骤。

2. 保马法：元丰三年，神宗下令颁布新的"物力户养马法"，在开封府、京东、京西、河北、陕西、河东地区推行，按家产物力多少牧养马匹。坊郭户家产达到三千贯，乡村户达到五千贯的，都要养一匹马，家产增加一倍，增养一匹马，每一户最多养三匹马。元丰七年（1084），京东、京西两路实行"都保养马法"，规定每一都保必须养马五十匹。保马法虽然一定程度上增加了民间养马的数量，但也加重了人民的负担。这与当时北宋政府扩军备战，进行频繁的对外战争是密切相关的。

3. 将兵法：元丰二年（1079），增置士兵义勇、保捷两指挥于京西，各四百名。设在唐州方城（今河南方城）的为右第十一将，设在汝州襄城（今河南襄城）的为左第十二将，都属于辅助军。元丰四年，大规模地把将兵法推广到东南各路，共置了十三将。并置训练之官，严格训练。至此，全国共设置了九十二将，从兵力配置来看，陕西、河北一带约占三分之二，主要为对付西夏和辽朝。

（三）元丰官制改革

针对宋代官制存在的机构重叠、官吏冗滥、名不副实等问题，元丰三年（1080），朝廷颁布《寄禄新格》，开始执行文臣京朝官的寄禄官新官阶。元丰五年（1082），新颁布三省以下中央机构组织法规和《官品令》，史称"元丰官制改革"。

元丰官制改革主要包含两方面内容：一是寄禄新格。宋初，官名与职掌分离，如中书令、尚书令、侍中、六部侍郎及员外郎等官名，仅作为铨叙与升迁依据，称为寄禄官，另有差遣主管内外事务。元丰时制定《寄禄新格》，文臣自开府仪同三司至承务郎二十五阶，武选官阶定为五十六阶，幕职州县官定为七阶，根据"阶"官来发放俸禄，使文官的官阶与实际职务相一致。这对减少冗衔与虚名和明确官员俸禄是一种有利的措施，此后，官员升迁与俸禄都按《寄禄新格》和新《官品令》办理。

二是三省六部制循名责实。元丰改制之前，三省六部徒有虚名，主要职能都已转移或分割到其他机构，其长官也只是寄禄官。元丰改制恢复中书省主决策、门下省主封驳、尚书省主执行的三省旧制。宰相办公机构由原来的中书门下改称都堂，取消了同中书门下平章事和参知政事，以尚书左仆射兼门下侍郎为首相，以尚书右仆射兼中书侍郎为次相。中书省与门下省各设一侍郎主管本省事务，与主管尚书省事务的尚书左、右丞同为副宰相。尚书省下领吏、户、礼、兵、刑、工六部为具体职责部门，各设尚书与侍郎为正副长官。原来从六部转移分割出来的职能分别还归各部，从而大大提高了三省六部等机构的办事效率。

新官制职责分明，系统清晰，机构简化，费用减省。作为一次官制改革，元丰改制虽有生搬硬套《唐六典》之嫌，但总体上还是成功的。

七、元祐更化

元丰八年（1085），宋神宗去世，其第六子赵煦继位，也就是后来的哲宗。因新皇帝年幼，高太后垂帘听政。高太后对熙丰变法一直持否定态度，她陆续起用司马光、吕公著、范纯仁等反对派大臣，贬黜支持变法的官员，开始逐步废除新法。神宗去世当年七月，首先废除保甲法；十一月，罢方田均税法；十二月，市易法和保马法也相继废罢。同时，停止使用王安石《三经新义》为科举考试的根据，重新编纂《神宗实录》。还将神宗时所夺取的米脂（今陕西米脂）等地归还西夏。最终，神宗和王安石推行的新法大部分被废罢，因废除新法的活动多发生在哲宗元祐年间（1086—1093），史称"元祐更化"。废除新法，排挤变法派，加剧了新旧两党的矛盾。司马光去世之后，反对派也失去了凝聚力，形成了不同的利益集团，不少朝廷大臣按籍贯划分为洛党、蜀党和朔党。[15]

元祐更化废尽新法，实质上是一场情绪化的清算运动，虽然纠正了熙丰变法中的部分弊病，却给北宋后期政治留下了严重的后遗症。新旧党之间党同伐异，旧党内部洛、蜀、朔党的纠葛恩怨，对宋朝后来的政治局势产生了严重的负面影响。

第四章

宋代的政治制度

第一节　中央行政体制

大体说来，宋代中央政治体制以元丰官制改革为界限，可划分为前后两个阶段。除皇权因人而异之外，北宋中期以前，官制名不副实，形成了官、职、差遣相分离的体制，"官以寓禄秩、叙位著，职以待文学之选，而别为差遣以治内外之事"[1]。隋唐以来的三省六部等机构少有职权，其权力由临时委任的差遣或新设的机构所取代。宋神宗以后，最高军事机构枢密院依旧保留，但依据《唐六典》恢复唐制，结束了官与差遣相分离的局面。

一、皇权

作为君主专制王朝，宋代皇帝是最高统治者，是整个国家权力运作的核心。他总揽大政，"凡军国庶务，一听裁决"。具体说来，皇帝拥有人事权、兵权、财权、立法权、司法权以及其他权力。

（一）人事权

皇帝拥有册立和废黜皇后、皇太子的权力。景德四年（1007），真宗准备册立出身银匠之家的刘德妃为皇后，大臣寇准等以刘德妃"家世寒微"为由而竭力反对，但因为真宗坚持，最终还是立刘德妃为皇后。宰相、枢密使、三司使、翰林学士、台谏官、六部尚书等朝廷高级官员的任免都是由皇帝亲自决定，再由有"天子私人"之称的翰林学士草诏颁布。在一些特殊情况下，皇帝会直接干预中低级官员的任免和升黜。至和元年（1054），选人张俅和胡宗尧按例改为京官，仁宗"批旨：以二人尝犯法，并循资"。判吏部流内铨欧阳修认为，胡宗尧应当改官。有人向仁宗进言，胡宗尧是翰林学士胡宿之子，因而欧阳修曲意庇护，"夺人主权"。欧阳修因为此事被罢去铨曹之职，出知同州（今陕西大荔）。事实上，由中书门下及吏部负责任命的官员在受命上任之前，一般也要"引对"，由皇帝当面考查其能否，进而行使最后决定权。虽然"引对"常常流于形式，但有时也会发现问题。

（二）兵权

宋朝皇帝拥有调兵遣将的绝对权力。三衙统率全国禁军，但没有调动兵马的权力。枢密院是全国最高军事机关，有调动军队的权力，但必须"去御前画旨"才能调动军队，实际上它是由皇帝操控的机构。宋朝皇帝异常重视兵权，建国之初，宋太祖就收夺了手握重兵的武将的军权。南渡之后，局势稍安定，高宗就开始着手削夺统兵大将的兵权。绍兴年间，高宗任命韩世忠和张俊为枢密使，岳飞为枢密副使，名为升官，实则收了三人的兵权。通过这次集中兵权，皇帝得以重新控制全国的军队，再次成为真正的最高军事统帅。

（三）财权

宋初将地方财权收归中央之后，皇帝加强了对全国财政的直接控制。皇帝亲自参与全国财计甚至地方财计政策的制定，并亲自掌控很大一部分国家财赋。宋太宗于淳化元年（990）颁布诏书，命令三司每年开具现管金银、钱帛、军储等情况呈报皇帝。从真宗景德年间（1004—1007）开始，三司主持编定"会计录"，包括户赋、课入、岁用、禄食等内容，还有户口、吏员、宗室、军兵的统计数字。此后，各朝都编定了这种会计录。皇帝通过这些会计录，可以比较全面地了解全国的财政状况，分析各项现行财政政策的效果，以便"总括邦计，量入为出"。此外，国家部分财赋纳入"天子之别库"的内藏库，如各地上供的物品，坑冶所产的金银和钱币，榷货务和市舶司、店宅务等机构的收入等，其数量不断增加，到高宗时全国财赋的一半都归入了内藏库。

（四）立法权和司法权

宋朝皇帝拥有最高立法权和司法权。宋太祖之时，法制建设刚刚起步，仅修订了《建隆重详定刑统》一部法典。此后，各朝皇帝陆续立法，完善法律体系，建构起一整套封建法规和规范。

在立法的过程中，皇帝始终处于中心地位。皇帝任命制定法典的官吏，决定编修内容和指导原则。各项新颁布的法典或法规必须得到皇帝的批准，再颁布诏书实施。皇帝还要亲自审理一些重大的疑难案件，以及复审京城拘押的囚犯等。太宗时，京城百姓王元吉被冤下开封府狱，判徒罪。王元吉妻张氏击登闻鼓喊冤，太宗召见张氏询问，"尽得其枉状，立遣中使捕元推官吏，付御史鞠治"[2]。终于真相大白，王元吉得以平反，而原来的审讯官员皆受到惩处。皇帝对案件的裁决是这一案件的终审，通常是不容许改变的。

（五）其他权力

宋朝皇帝还有召集和主持朝会、朝议，决定改元和改用年号，禅位，颁布大赦令，举行郊祀和明堂大礼，改革各项制度等权力。

二、元丰官制前的中枢决策系统

宋代中央官僚机构的设置，以神宗元丰五年（1082）的官制改革为分界线，可以划分为前后两个时期：此前一百二十多年间，是以使职差遣为主的时期；此后一百九十多年间，是以三省六部为主的时期。

（一）中书门下

宋初，承袭唐中后期以及五代旧制，在宫城内设置中书门下，为宰相集体处理政事的场所，题榜曰"中书"，印文行敕称"中书门下"，其长官称"同中书门下平章事"，行使宰相权力，"佐天子总百官、平庶政，事无不统"[3]。虽然设枢密院以分宰相之兵权，设三司使以分宰相之财权，但不可否认，宰相在中央官僚体系中仍处于不可替代的地位，"中书（宰相）总文武大政，号令所从出"[4]。

北宋前期中枢机构

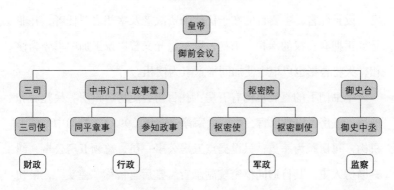

北宋前期，自尚书左、右丞，六部侍郎以上至三师（太师、太傅、太保）皆有资格出任同中书门下平章事，其官品则视所带本官阶而定，人数不定，三员、两员或一员不等，元祐初偶有四员、五员之置。宰相还各兼馆、殿学士之职：若置两相，以同中书门下平章事带昭文馆大学士、监修国史为首相，次相带集贤殿大学士；若置三相，则首相兼昭文馆大学士，次相兼监修国史，第三相兼集贤殿大学士。

参知政事为副宰相之职。乾德二年（964），赵普一人为相，太祖决定另设参知政事两员为其副手，始置此职。参知政事与宰相同升都堂商讨政事，如宰相缺，则轮流执宰相笔，代行其职权。北宋前期参知政事亦无常员，通常而言，宰相和参知政事多不过五员，两相则三参，三相则两参。

唐朝后期，常以宰相兼节度使。五代时，节度使多带宰相衔而不参与朝廷政事。宋初承袭此制，凡亲王、枢密使、留守、节度使兼侍中、中书令、尚书令或同平章事者，皆称之为"使相"，不参与政事。凡除授将、相等制敕，在敕尾不署名，注明一"使"字而已。设置此官，主要目的在于优待勋贤故老及宰相之罢任者，并非是真正拥有实权的宰相。宋初，晋王赵光义曾以亲王加中书令为使相，大将曹彬也以枢密使加同平章事为使相。

中书门下的直属机构有五房：孔目房、吏房、户房、兵礼房和刑房。五房各设堂后官三员。太宗淳化四年（993），精简中书门下机构，每房减为一员；另设提点五房公事一员，总领五房公事，纠察诸房奸吏。其待遇同枢密院副承旨。堂后官俗称"堂吏"，最初由在京各司选用吏人充任。开宝六年（973），太祖为了改变堂后官"擅中书权，多为奸赃"的弊病，开始选用士人充任。太宗朝以选人或朝官充任。神宗熙宁三年（1070），新设检正中书五房公事一员，总理、督察诸房吏人，其官位在提点五房公事之上。每房各设检正公事两员，掌管本房记录功过簿，以考核房内堂后官以下群吏之业绩，其官位在各房提点之上。都检正官和逐房检正官的待遇同三司判官。元丰元年（1078）精简为四员：户房两员，兼管兵礼房；孔目房和吏房一员；刑房一员。

鉴于宋初以来官制名不副实的不便与舆论压力，宋神宗于元丰三年（1080）设立详定官制所，依照《唐六典》改革宋初以来的官制。元丰五年（1082）颁布《官制格目》，开始实行新的官僚体制。

凡省、台、寺、监之领空名者一律罢去，恢复《唐六典》三省六部、九寺五监的中央官僚机构。元丰官制改革之后，又继续进行过多次官制调整，但官僚机构的主体并未出现实质性变化，一直沿袭至南宋末。

元丰正名，罢中书门下，其权力归三省（中书省、门下省、尚书省），其长官尚书令、中书令和侍中名义上为宰相，实际上只是虚职，并未真正除人，而是由尚书左仆射、门下侍郎行侍中之职；尚书右仆射、中书侍郎行中书令之职。门下、中书侍郎及尚书左、右丞代参知政事为副相之职。"始令中书省揆议，门下省审覆，尚书省施行。"三省成为中央最高政务机构，这是宋朝中央官僚机构的一次重大变革。

（二）枢密院

唐朝后期始设枢密使，由宦官充任，主要负责接受臣僚表奏，传达皇帝旨意，尚无固定机构。五代时期始置枢密院，并逐渐成为常设机构，由士人充任枢密使，辅助皇帝，参与谋划大计。宋初沿袭此制，设置枢密院，掌兵符、武官选拔除授、兵防边备及军队屯戍之政令。作为全国军事的最高权力机构，枢密院与中书门下对掌文武二柄，号称"二府"。

枢密院长官为枢密使或知枢密院事，副长官为枢密副使、同知枢密院事，资历浅者称为签书枢密院事、同签书枢密院事。枢密使或知枢密院事的地位略低于宰相，与参知政事、枢密副使、同知枢密院事、签书枢密院事、同签书枢密院事统称为"执政官"。

枢密院正副长官负责边防、军队的日常事务，与中书门下

（北宋前期）或三省（北宋后期至南宋）分班向皇帝禀奏；涉及非常重要之事件，与宰相和执政官联合禀奏；遇重大祭祀活动，轮流担任献官；主管国防机密、兵符、军籍、选差路分都监以上及将官、诸班直、内外禁军等事。

宋初，枢密院设置承旨、兵马、银台、通进四司。银台、通进二司后改隶门下省给事中。徽宗时，有编修文字所，后称编修司。崇宁元年（1102），以尚书省讲议司武备房归枢密院，称讲议司，后罢。孝宗乾道六年（1170），在合并各司的同时，又创设院杂司。承旨司正副长官为枢密院都承旨、副都承旨，多用文臣充任，掌承接、传达皇帝的命令，统领本院下属各房事务。如侍立便殿、阅试禁卫兵校或藩国使臣入见，则随事禀奏，承接所得圣旨以授有关机构。监察主事以下官吏的功过和升迁之事。另外，枢密院还陆续设置了宣旨院、省马院以及检详和皮剥、御前弓马子弟等所，宣敕和宣旨、机要、架阁等库。南渡后，枢密院还与三省共设了一些机构，如激赏库和激赏寄造酒库、架阁库、纸库、机速房、赏功司、赏功房、客司房等。

宋初枢密院下设兵、吏、户、礼四房，皆隶属承旨司，分别处理各种事务。各房设副承旨一至二员，分管各房事务。后枢密院下属机构逐渐增加，至孝宗隆兴元年（1163），达二十五房。乾道六年（1170），合并为兵、吏、礼、刑、工五房。各房设副承旨和检详官、主事、守缺主事、令史、书令史、贴房等，员数不定。

（三）三司

详见本书第七章第一节。

三、北宋中期以后的中央行政机构

（一）三省六部

北宋前期，在宫城外设三省六部。三省长官若不是宰相，通常不能入政事堂，实际上丧失了参政、议政和决策的权力。神宗官制改革后，三省才真正成为中央的核心机构，中书省承旨拟定，门下省审议、覆奏，尚书省颁降、施行。南宋时，三省、枢密院逐步合署办公，于都堂聚议军政事务。

1.门下省：北宋前期名存实亡，其职责是掌皇帝印，郊祀及大朝会设位版，太庙斋郎任满转官或迁补，文武官员母或妻晋封及覆麻奏请等事。元丰官制改革之后，门下省成为中央审令机构，辅佐皇帝决策。凡中书省、枢密院所得皇帝的旨令以及尚书省六部所上有条法可依之事，都须经由门下省审读通过，如发现不当，门下省有权请示皇帝予以驳回，小事可直接改正。

北宋前期，门下省长官为侍中，但很少委任，实际上有名无职；副长官为门下侍郎。皇帝另外委派一名给事中任判门下省事，真正掌管本省职事。其下属机构不多，有白院、画院、甲库。元丰改制后，官额十一人：侍中、侍郎、左散骑常侍各一人，给事中四人，左谏议大夫、起居郎、左司谏、左正言各一人。原属中书门下的七房分属三省，门下省下设九房，为吏、户、礼、兵、刑、工、开拆、章奏、制敕库等房。元丰八年（1085）增设催驱房，元祐间又增设班簿房、点检房。另外，门下省还有封驳、通进等司以及都进奏院等下属机构。

2.中书省：元丰改制前，其职责是掌郊祀大礼祝词、皇帝死后的谥号，奏请本省所属玉册院等诸司吏人及祠祭官斋郎、室长等任满迁转或出职，考核幕职州县官，文官换赐官服，佛寺、道观取名赐额之类琐事。元丰改制之后，成为中央造令、传旨的政务机构，并可以直接除授差遣官、阶官、贴职、侍从官等。

北宋前期，以中书令为其长官，但很少授人，实际上也是有名无职，副长官为中书侍郎。皇帝通常会另派一名中书舍人任判中书省事，真正掌管本省事务。其下属机构有白院、甲库、玉册院。元丰改制后，设官十一：中书令、中书侍郎、右散骑常侍各一人，中书舍人四人，右谏议大夫、起居舍人、右司谏、右正言各一人。分房八：吏、户、兵礼、刑、工、主事、班簿、制敕库房。元丰六年（1083）增设点检房。哲宗朝又增催驱房，兵礼房分为两房。南宋建炎三年（1129），中书省和门下省合并为中书门下省。

3. 尚书省：宋前期所领事务甚微，于都堂集议已故皇帝、文武臣的谥号；有祠祭，举行受誓戒仪式；在京文武官，按格为其亲属赠官或授封号；选人具备改官资格后，由吏部铨定十人为一甲，以候皇帝引见、改官，注甲（编入一甲）由尚书省发付选人；文武官员申冤投状；二十四司吏人迁补；收检校官省礼钱，以及公署杂事。元丰改制后，尚书省依照《唐六典》始振其职，掌执行经由门下省所付制、诏、敕、令，统管六部及其所属的二十八司。朝廷如果有疑难问题，召集百官共同商议；六部难以决定的事务，予以总决；如需请示裁决，则按民事、军事分送中书省或者门下省；凡更改法令，由尚书省议定之后上奏；文武百官奖惩事，每一季度汇总付进奏院通过邸报通报全国；大礼前，掌百官受誓戒。

北宋前期，其长官为尚书令，亦不除人。朝廷另派诸司三品以上官员或学士一员任权判尚书都省事。元丰新官制，官额九：尚书令，尚书省左、右仆射，尚书省左、右丞，尚书省左、右司郎中，尚书省左、右司员外郎。以尚书左仆射兼门下侍郎，尚书右仆射兼中书侍郎，为正宰相。又以尚书左、右丞为副宰相。南宋时官额有所变更。分房十：吏、户、礼、兵、刑、工、开拆、都知杂、催驱、制敕库房。后陆续增加奏钞、班簿、案钞、御史、封桩、印房等六房。南宋时其设置有所调整。

尚书省的常设机构有尚书省左、右司和六部、二十四司以及各司、监等。尚书省左、右司又名都司、尚书左右曹等，掌受、付六部之事，纠举文书违失、稽滞，分治省事。左司掌治吏房、户房、礼房、奏钞房、班簿房。右司统辖兵房、刑房、工房、案钞房文书，并与左司通治开拆房、制敕房、御史房、催驱房、封桩房、都知杂房、印房。此外，右司还掌纠察御史台及刑部刑狱。左、右司各设郎中一人、员外郎一人。

六部即吏、户、礼、兵、刑、工部。北宋前期，许多机构职责重叠，六部职权大为削弱，有的部甚至无具体执掌。元丰改制后，撤销了这些重叠的机构，六部才开始正常行使其职权。

1.吏部：北宋前期，文武官员的铨选分掌于中书、枢密院、审官院（后分为东、西院）及三班院。吏部所掌仅为京、朝官服绯、服紫的确定，祠祭时分差摄官及拔萃举人，兼领南曹、格式司、甲库。元丰改制后，吏部掌六品以下文武官的铨选，即掌尚书左、右选，侍郎左、右选四选，并领司封司、司勋司、考功司及官告院。凡是品、阶、爵、勋、俸禄之制，选官、分职、功赏、考绩之事，都由吏部负责。北宋前期，判吏部事二人，兼领南曹、格式司、流外铨、甲库。元丰新制，吏部尚书一人，侍郎二人，郎中、员外郎十人，总七司之事。

2. 户部：北宋前期，户部之职归于三司，本部仅掌受全国各州郡进土贡以及元旦大朝会时陈列于庭而已。元丰新制，罢三司之职归户部左、右曹。户部掌全国户口、土地、钱谷、赋役之政令。北宋前期，判尚书省户部事一人，令史二人。元丰新制，户部下辖五司：左曹、右曹、度支司、金部司、仓部司。设户部尚书一人，侍郎二人，郎中、员外郎十人。南宋时，户部侍郎或只置一人，或尚书与侍郎共置一人。

3. 礼部：北宋前期，礼仪之事主要由太常礼院负责，礼部所掌之事甚微，仅管补奏太庙、郊社斋郎、室长，百官谢、贺章表之类的琐事。元丰改制，撤销太常礼院后，礼部掌礼乐、祭祀、朝会、宴享、科举、印记、图书及祥瑞等政令。北宋前期，设判礼部事二人，令史三人。元丰新制，礼部尚书、礼部侍郎各一人，礼部司、祠部司、主客司、膳部司郎中与员外郎各一人。南渡初，礼部的职权进一步扩大，鸿胪和光禄两寺并归该部，而太常寺和国子监也隶属其下。

4. 兵部：北宋前期，兵部职事为枢密院、三班院所分，本部仅掌仪卫、武人科举等事。元丰改制后，兵部的职权没有扩大多少，兵政总于枢密院，武官铨选除授归吏部，兵部只负责民兵和厢兵名籍、藩官加恩以及领导所属的司局，如左右金吾街仗司、骐骥院等。南渡初，太仆寺隶属其下。北宋初，设判兵部事一人。熙宁八年（1075）增同判兵部事一人，主簿二人，勾当公事十人。元丰新制，设兵部尚书一人，侍郎一人，所属兵部司、职方司、驾部司、库部司各设郎中一人，员外郎一人。元祐初，省驾部郎中，由职方郎中兼库部郎中。南宋时，兵部下属四司的设置多次变化，至孝宗隆兴年间，四司合一，只置一郎官兼领。

5. 刑部：北宋前期，刑部职权多为审刑院剥夺，本部只负责复查全国已决的大辟案件、官员叙复以及冤案昭雪等事。元丰新制，罢审刑院与纠察在京刑狱司归刑部，刑部始专其职。掌管律法修订、天下狱讼、赦宥、叙复等事。北宋前期，判刑部事二人，以御史知杂以上或朝官充任；详覆官四人或六人，法直官一人。元丰新制，刑部官额十三员：刑部尚书一人，侍郎二人，刑部司郎中、员外郎各二人，都官司、比部司、司门司的郎中、员外郎各一人。南宋建炎年间，刑部长贰官各一人，郎官二人。

6. 工部：宋承唐制，尚书省设有工部，因所掌之事归三司修造案，只设置判部事一人，无职掌。元丰改革官制，掌修筑城池、屋宇、街道以及修治河渠等事务。设尚书、郎中各一人，工部四司工部司、屯田司、虞部司、水部司郎中与员外郎各一人。分工作、营造、材料、兵匠、检法、知杂六案。哲宗元祐后，所属屯田、虞部、水部郎中、员外郎或减省，或互兼，甚至四司合一，仅置郎官一员。南宋时，工部尚书与侍郎或只置一员，四司由一名郎官通领。工部并辖文思院与军器所，少府监、将作监与军器监也一度并归工部。

尚书省二十四司即六部所属的子司。仁宗景祐元年（1034）将六部及其所属的子司分为左、右名曹和左、右曹，负责受、付六部之事，而纠举文书的违失、稽滞，分治省事。同时也是官员叙迁的路径，如正常升迁之时，有出身者循屯田→都官→职方上迁，无出身者沿虞部→比部→驾部晋升。具体情况如下表：

分行	左名曹	左曹			右名曹	右曹		
前行	吏部	司封	司勋	考功	兵部	职方	驾部	库部
中行	户部	度支	金部	仓部	刑部	都官	比部	司门
后行	礼部	祠部	主客	膳部	工部	屯田	虞部	水部

（二）九寺

1. 太常寺：北宋前期大部分职事被礼院、礼仪院所占，本寺职掌社稷及武成王庙、诸坛、斋宫、习乐之事。太常寺为九寺之首，其职轻而位重，与宗正寺高于其他七寺。太常寺卿、少卿各一人，太常寺博士四人，主簿、协律郎、奉礼郎、太祝各一人，以及籍田令、宫闱令、太庙令、郊社令等临时差遣。元丰改制后，太常寺始正其职，统掌礼乐之事，凡大朝会、祭祀所用雅乐及器服，郊祀、宗庙、社稷、陵寝、牺牲、籍田、祠祀、医药等皆掌之。徽宗崇宁四年（1105）建大晟府，专掌乐。自此太常寺专掌礼，礼、乐始分为二。南宋孝宗隆兴元年（1163）光禄寺并归太常寺监领。

2. 宗正寺：北宋前期，置判宗正寺事二员，主簿一员。此外，室长、斋郎无定数，太庙宫闱令、后庙宫闱令、奉慈庙宫闱令各一人。修玉牒官无定员。掌宗室名籍，修纂谱牒、图籍，宗室赐名更名，奉宗庙、诸陵寝、园庙荐享等事。仁宗景祐三年（1036）建大宗正司之前并管皇族事务。元丰新制，宗正卿、少卿、丞、主簿各一人。太庙令由太常寺归隶宗正寺。南宋编制无常。高宗建炎年间，本寺官省置，以太常少卿兼宗正卿。附属机构有玉牒所。徽宗崇宁后提举诸王宫大小学。南宋建炎三年（1129）并入太常寺，绍兴五年（1135）复置寺。

3. 光禄寺：北宋前期，光禄寺置判寺事一人，只负责祠祭供奉酒醴、果实、脯醢、酰菹、薪炭及点馔、进胙等事。元丰正名之后，其职掌有所扩大，置光禄卿、少卿、丞、主簿各一人。除祠祭之外，还掌管朝会、宴享酒醴膳馐，以及与之有关的禁令、格式。南宋建炎三年（1129）并归礼部，绍兴二十三年（1153）复置，隆兴元年（1163）诏光禄寺并归太常寺兼领。

4. 卫尉寺：北宋前期无所掌，置判卫尉寺事一人、府史二人。其职事分隶仪鸾司、内库、军器库。元丰改制之后，置卫尉寺卿、少卿、丞、主簿各一人。负责供备军用武器装备、仪卫器仗什物及供帐幕等事及政令。南宋建炎三年罢归兵部，后不复置。

5. 太仆寺：北宋前期置判太仆寺事一人，吏人有府史。只负责皇帝、后妃和王公的车辂，以及大、中、小祀供应牛、羊。元丰改制，设太仆寺卿、少卿、丞、主簿各一人。罢群牧司，其职事归太仆寺。哲宗元祐后，统掌内外厩牧、车舆之政令。徽宗崇宁二年（1103），太仆寺所掌京师外马政、车舆之事拨归枢密院和尚书驾部负责。南宋建炎三年罢太仆寺，并归兵部驾部。

6. 大理寺：北宋前期，宋前期判大理寺事一至二员，兼大理少卿事。详断官八人，以京官充。法直官二人，以选人充，如选人改京官，则称检法官。中外诸司刑案，如有冤诉或上奏，由大理寺负责推鞫覆审。元丰改制后，本寺掌断刑兼治狱，职务分左断刑、右治狱。大理寺左断刑负责全国六品以下命官、诸军将校及死罪囚以下疑案须复审者；右治狱负责在京百司须推治之刑案、特旨立案审查的案件及官物须追查者。

7. 鸿胪寺：北宋前期置判鸿胪寺事一人，掌管祭祀、朝会时前资官、致仕官、藩客进奉官、僧道、耆寿陪位，享拜后周六庙、三陵，差官监护本朝公主、妃主以下丧葬，给其所用仪仗，文武官薨卒赙赠等事。元丰行新制，置鸿胪寺卿、少卿、丞、主簿各一人。掌四方藩国宾客、国之丧葬赙赠及后周陵庙祭享与柴氏后裔袭封崇义公，道释籍帐等。南宋建炎三年（1129）并归礼部，绍兴二十五年（1155）复置，不久又罢，此后不再置。

8.司农寺：宋前期沿袭唐制设置司农寺，置判司农寺事一人，治平三年（1066）置主簿一人。其职事多归三司，本寺仅掌供籍田九科，大、中、小祀祭所用猪、牲、蔬果、明房油，以及常平仓平籴利农等事。熙宁三年至元丰五年（1070—1082）期间，事权大幅度增加，既是财务机构，又是推行新法的政务机构。元丰五年改制之后，置司农卿、少卿、丞、主簿各一人。司农寺掌管仓场储藏出纳、园苑种植，诸路上供京都官吏的禄粟、京师驻扎禁军口粮漕运京师后的支遣，造酒曲，供给薪炭，导择米麦，皇帝亲耕籍田奉耒耜等。

9.太府寺：太府寺之名始于北齐。北宋沿袭此名。北宋前期，设判太府寺事一人主管寺事，选差两制或带职升朝官充任。另设同判太府寺事一人，由京朝官充任。太府寺的职事如库藏贸易、四方贡赋、百官俸给都由三司负责。本寺职掌供祠祭用香、币、帨巾、神位席及制造标准斗、秤、升、尺等计量用具。元丰官制改革，太府寺卿、少卿各一人，太府寺丞、主簿各二人。南宋绍兴末、隆兴初，太府寺卿、少卿各一人，丞三人，主簿一人。掌库藏、出纳、商税、度量、平准、店宅之事。

（三）五监

1.国子监：北宋初，国子监与国子学合二为一，负责刻版、出售经书等公事。元丰改制，国子监职掌国子、太学、律学、武学、算学五学之政令与训导以及刻版书籍等事。南宋沿置。元丰改制后，官额有国子监祭酒一人，是国子监的长官，掌诸学之政令及教法等事；司业一人，为本监副长官；丞、主簿各一人；太学博士十二人，分经教授诸生，考校学生程文，以德行、道艺训导生徒；国子正、国子录各五人，负责执行学规，处理违章的学生。武学博士二人，律学博士、律学正各一人。

2. 少府监：北宋前期，本监负责制造门戟、神衣、旌节、郊庙诸坛祭玉、法物，铸造官府牌印、朱记，掌百官拜表、案褥之事以及祭祀所需祭器、爵、蜡烛、瓒等物。元丰新制，其官属有监、少监、丞、主簿各一人。掌百工伎巧之政令、乘舆服御之物，及负责制造祭祀、朝会礼乐所需器、宝册、符印、度量权衡等物。南宋建炎三年（1129）并入工部。绍兴三年（1133）复置将作监，少府监不置，其事总于将作监。

3. 将作监：北宋前期，本监掌祀祭供省牲牌、镇衣、香、盥手用具、焚版币等杂事。元丰改制，置监、少监各一人，丞、主簿各二人。罢三司，土木工匠版筑造作之政令、城壁宫室桥梁街道舟车营造之事皆由将作监负责。南宋建炎三年（1129）罢，绍兴三年（1133）复置。南宋中后期，营造之事由临安府和京畿转运司分管，改监职事较少，却成为储备人才之地。

4. 军器监：北宋初年军器监空有其名而不备员，武器制造由南、北二作坊，弓弩院及诸州作院负责。熙宁六年（1073）始振监职，总内外军器之政。元丰新制后不变，只是官员的称呼有所变化而已，即改判监、同判监为军器监、军器少监等。本监置丞二人、主簿一人。

5.都水监：北宋嘉祐三年（1058）罢三司河渠司，初置都水监。主要负责内外河渠、渡口、堤堰、桥梁、川泽浚治疏导之事。初置时设判监事、同判监事各一人，知都水监丞公事二人，知都水监主簿公事一人。轮监丞一人在外置局治河，名为"外都水监丞司"。元丰正名，置都水监使者一人，丞二人，主簿一人，南外都水监丞、北外都水监丞各一人。元丰八年（1085），元提举汴河堤岸司归隶本监。元祐间增置外都水使者、勾当公事各一人。南宋水官大大减少。绍兴十年（1140），诏都水监事务归于工部，不复置官。

第二节　地方行政体制

宋朝地方行政体制实行州（府、军、监）县二级制，而在州、府、军、监之上又有中央的派出机构路对地方辖区进行有效的监督。在县之下的城镇又设镇，乡村起初实行乡里制，后来改为保甲制、乡都保甲制。

宋代地方机构设置

	安抚使	帅司
路	转运使	漕司
	提点刑狱	宪司
	提举常平	仓司
府、州、军、监	知州、知府	
	通判	
县	知县、县令	

一、路级官僚机构

（一）路的设置

宋太祖时沿袭唐制，全国设置若干道，后来宋太宗时将"道"改为"路"。太宗至道三年（997），将全国分为十五路：京东路、京西路、河北路、河东路、陕西路、淮南路、江南路、荆湖南路、荆湖北路、两浙路、福建路、西川路、峡路、广南东路、广南西路。此后屡有变化，真宗时，分西川为益州、利州二路，分峡路为梓州、夔州二路，又分江南为东、西二路，成为十八路。神宗时，分京西为南、北二路，分淮南为东、西二路，分陕西为永兴军、秦凤二路，又分河北为东、西两路，分京东为东、西两路，成为二十三路。徽宗崇宁四年（1105），增设京畿路，成为二十四路。徽宗宣和四年（1122），增设燕山府路、云中府路，共为二十六路。两宋的版图至此达到最盛。

南宋时，河北、河东、京东、永兴军、秦凤等路为金朝所有，高宗建炎元年（1127），分为十六路：两浙东路、两浙西路、江南东路、江南西路、淮南东路、淮南西路、京西南路、荆湖南路、荆湖北路、福建路、成都府路、潼川府路、利州路、夔州路、广南东路、广南西路。高宗绍兴十四年（1144），分利州为东、西二路，成为十七路。

宋朝还有一些因军事需要而设置的路。仁宗庆历元年（1041）后，逐渐把陕西沿边分为秦凤、泾原、环庆、鄜延、熙河、永兴军六路。仁宗庆历八年（1048），将河北划分为大名府、高阳关、真定府、定州四路。南宋初，以江、池、饶、信四州为江州路，建康府与太平、宣、徽州、广德军（今安徽广德）为建康府路，后又设鄂州路，成为江南东、西路内的三个小路。以上这些路都设经略安抚使司或安抚使司，与上述北宋的二十四路、南宋的十七路不同，它们不是一种常设的监察机构，而是一种军事区。

（二）路级官僚机构

宋朝路级机构呈现逐步增加的趋势，中央在各路陆续设置了转运司、发运司、制置司、招讨司、提点刑狱司、提举常平司、提举茶马司、提举市舶司、提举学事司、安抚使司、总领所等机构。

1. 安抚使司：宋承唐制，当边境用兵或诸路有灾害时会特遣使安抚，事已则罢。真宗咸平三年（1000），以王钦若为西川安抚使，处理镇压王均起义的善后事宜，成为宋朝设置安抚使的开端，而安抚使司也逐渐成为常设机构。然而，北宋时期，仅河北、河东、陕西及广东、广西等路常设安抚使司。南宋时，安抚使司才成为各路均设的机构。

安抚使司又称"帅司"，其长官为安抚使，一般由本路最重要的州、府长官兼任。北宋时，官阶在太中大夫（神宗元丰改制前为左、右谏议大夫）以上，或曾任两制、侍从官及曾任知州、通判者可任安抚使，官阶低者则称"管勾（南宋改为主管）某路安抚司公事"。南宋时，从二品以上官员充任安抚使者，则带"大使"之名。除了广西、成都府等少数地区外，一路安抚使大都带"马步军都总管"之职。主要职责为抚绥良民，察治盗贼、奸宄。南宋初，帅府路安抚使总一路兵政。绍兴以后，虽存每路设安抚使之制，但军政之事归于都统制司，民政、刑政归转运和提刑等司，安抚使只是虚名而已。安抚司副长官为安抚副使，以武臣诸司使充任，不常置。

2. 转运司："转运使"这一官名最早出现在唐朝中期。太祖开国之初，即命户部侍郎高防、兵部侍郎边光范为军前转运使。乾德元年（963），始以沈义伦为京西道转运使，韩彦卿为淮南转运使。这些转运使是由于战时需要而临时设置的。太宗太平兴国二年（977）罢节镇领支郡之后，开始于各路置转运使，以削夺藩镇的财权，并按察所辖诸州官吏，成为路一级的常设职位。

转运司又称"漕司"，主要职责是负责本路租税、军储，以供邦国和郡县之用；巡查所辖区域，检查储积，核对账簿；刺举官吏臧否，荐举贤良；兴利除害，劝课农桑，并许直达。其长官为转运使，又称"漕臣"，以朝官以上并实历知州以上官员充任。资历浅者称"权转运使"或"权发遣转运使"。副长官为副转运使或转运判官，以朝官以上并实历通判以上官员充任。北宋时期，河北、陕西、河东诸路设转运使两员，副使或判官一员，其余诸路设转运使、判官各一员。转运使和副使皆兼劝农使。南宋后期，各路通常不设转运使，大多数路设转运副使和转运判官各一员，少数路只设副使或判官一员。

3. 提点刑狱司：宋初，各路刑狱之事由本路转运司负责。太宗淳化二年（991）五月，诏诸路转运使各命常参官一人，专门纠察所辖州军刑狱公事，这是宋代路置提点刑狱官的开始。但此时提刑司并不是一个独立的机构，而只是转运司下的机构，提刑官也只是转运使的属官。淳化四年（993），提刑司的职事又复归转运司负责。真宗景德四年（1007），诸路又重新设置了提点刑狱公事官，取得了与转运使同等的待遇，成为一路的最高司法官员。后来屡次废置，直至仁宗明道二年（1033），再度设置提点刑狱官，并参用武臣。从此，各路设置提刑司成为定制。

提点刑狱司又称"宪司"，主要负责一路的刑狱公事，查验本路的疑难案件，复审已判决的各类案卷，平反冤假错案。同时还兼劝课农桑、举刺官员等职责。其长官为提点某路刑狱公事，简称"提点刑狱"或"提刑"，以文臣朝官并曾任知州及实历两任通判以上官员充任，每路一至二员。副长官为同提点刑狱，以武臣带阁门祗候以上充任。

4. 提举常平司：北宋前期，各路设常平仓，由转运司负责。神宗熙宁二年（1069），京东、陕西等路设常平广惠仓，并设置提举常平广惠仓兼管勾农田水利差役事对其进行管理。元祐元年（1086）罢各路提举常平官，将其职事并入提刑司。绍圣元年（1094），哲宗亲政后又复置提举常平等官。南宋高宗建炎二年（1128）六月，诸路提举常平司再一次并归提刑司。绍兴五年（1135），又将诸路提举常平司并归茶盐司；无茶盐处，由提刑司兼领。绍兴九年（1139），并归经制司；经制司罢后，复归茶盐司、提刑司。绍兴十五年（1145），复设置提举常平茶盐司。自此至南宋末年，提举常平司没有出现大的变化。

提举常平司又称"仓司"，主要负责常平、义仓钱谷，庄产、户绝田地，以及贷青苗钱与免役、市易、坊场、河渡、水利之事，并有按察官吏的职责。由于提举常平司机构前后多有变化，其长官的设置沿革也颇复杂。熙宁二年（1069）称"提举常平广惠仓兼管勾农田水利差役事"，后有"提举常平等事""提举常平"等名称。南宋绍兴十五年后，统称"提举常平茶盐公事"。一般由升朝官以上官员充任，其资序、序位低于提点刑狱公事。一般每路设提举常平司长官一员，事务繁重的路如河东、两浙等路，则设两员。

二、州级官僚机构

（一）州、府、军、监建制

宋朝州一级地方行政区划包括州、府、军、监四类。北宋初，共设州、府、军、监一百三十九个。仁宗时增加到三百二十二个。神宗熙宁八年（1075），缩减至二百八十七个。徽宗时增至三百五十一个。南宋时为一百九十个。

1. 州：宋承唐制，地方一般设置州。按照户口的多少，州可以分为雄、望、紧、上、中、中下、下七等。凡四万户以上者为上州，二万户以上者为中州，不满二万户者为下州。按照地位高低，又可分为节度、观察、防御、团练、刺史州五格。其中，节度州在州名之外另有军额，如苏州军额为平江军、润州军额为镇江军、鄂州军额为武昌军等。另外，还有称为"化外"的羁縻州。一般的州所辖县数多寡不等。

2. 府：唐朝的府设置较为严格，通常只有较为重要的地区，如都城、皇帝驻跸之地才设置府。宋承唐制，在政治、经济、军事方面比较重要的地区设府，但置府的条件大大放宽，其数量远远多于唐朝，以致府在地方行政上的地位和功能与普通的州、军几乎没有差别。北宋徽宗宣和四年（1122），共置三十四府，其中京府四个，即东京开封府、西京河南府、南京应天府、北京大名府（今河北大名）；另有三十个次府即普通府，如真定府、京兆府、凤翔府、兴元府、颍昌府、太原府等。南宋时，共设四十二府。

3. 军：宋承唐、五代之制，在军事要地设置军。至神宗熙宁八年（1075），共有二十七处，如在宋辽边境地区设有顺安军（今河北高阳东）、信安军（今河北霸州），在宋西夏边境设有顺德军（今甘肃静宁）、镇戎军（今宁夏固原）等。军的地位略低于州，所谓"地要不成州而当津会者，则为军"[5]。军分为两个等级，即军和军使；军与府、州、监同级，军使则与县同级。如开德府所辖德清军（今河南清丰），即为县级的军使。军下辖几个县或仅一个县。徽宗宣和四年，全国共设州一级的军五十二处。

4. 监：宋承唐、五代之制，在矿冶、铸钱、制盐、牧马等地设监。宋朝的监分三等：第一等是同下州的监，第二等是隶属于府、州的监，第三等是隶属于县的监。神宗元丰年间，全国共有五十六监。其中同下州的监有四个，如荆湖南路的桂阳监（今湖南桂阳）、成都府路的陵井监（今四川仁寿）、梓州路的富顺监（今四川富顺）、夔州路的大宁监（今重庆巫溪）等。隶属于府、州的监共三十三个，如徐州的利国监（今江苏徐州铜山区）、西京的阜财监（今河南孟津）、兖州的莱芜监（今山东莱芜）等。隶属于县的监仅处于乡、镇的地位，一般是规模较小的矿冶、制盐场所，如商州（今陕西商洛）、洛南县铁钱监（今陕西洛南县东南）等，共十九处。

（二）州、府、军、监的官僚体系

1. 州

（1）知州：州的长官为知某州军州事，简称"知州"。知州总领一州民政，负责州内政令的贯彻执行及风俗教化、赈灾救济等；并兼领一州兵政，主持所辖区域的治安防务；"劝农桑"，"理财赋"，"实户口"，统领一州财赋事务；"平狱讼"，雪冤狱，主持州级司法政务；对一州属官有监察保举职责。一般各州设一名知州，上州知州正六品，中、下州从六品。知州地位略低于知府，而在知军、知监之上。知州以文臣第二任通判资序得荐举者充任。以官阶二品以上及带中书、枢密院、宣徽院使充任者，称"判某州军州事"；以资历较浅充任者，称"权知某州军州事"或"权发遣某州军州事"。南宋孝宗淳熙二年（1175）规定，武臣通侍大夫（正五品）至右武大夫（正六品）差充者，称"知州"；以武功大夫（正七品）至小使臣（从九品）差充者，则称"权发遣"。

（2）通判：知州之外还另设通判某州军州事，简称"通判"。宋太祖乾德元年（963）始设。初置之时，通判既非知州的副贰，又非属官，寓有"监郡"之意，即事得专达，知州举动为其所制。乾德四年（966）通判之权受到限制，不得单独签署文书行下，凡本州公事，须与知州同签署。元丰新制后，明令通判为副贰，凡本州兵民、钱谷、户口、赋役、狱讼听断之事与知州通签书施行，并监察本州包括知州在内的所有州县官员。南宋时期，通判地位有所下降，主要分掌常平、经总制钱等财赋之属，并以避嫌不敢与知州争事。上州通判正七品，中、下州通判从七品。每州一员，不及万户之州不置，以武臣为知州者例外，大郡（帅府州）二员。

（3）幕职官：宋代的幕职官源于唐朝藩镇节度使府、观察使府自辟幕僚。幕职官负责协助州府长贰处理郡（府、州、军、监）政，总理诸案公事、文书，斟酌是否受理、施行或转发、奏上，以告禀本郡长官最后裁定。签书判官厅公事简称"签判"或"签书判官"，从八品，在幕职官中职位最高，主要负责协理郡政，若本州通判暂缺，即以签判代行其职权。一般由京朝官及进士第一人充任，若由选人充任，则称"节度判官"或"观察判官"。

（4）诸曹官：诸州（军、监）录事、司理、司法、司户参军，诸府司录、户曹、法曹、士曹、仓曹参军等。诸曹官是州府僚佐之属，分掌户籍、赋税、仓库出纳、议法断刑等事。各州郡员数多寡，视州之大小及事务繁简而定。北宋徽宗政和二年（1112）九月，尚书省定州曹官编制，人数五至十员不等。其中录事参军事职位最高，从八品，一般由选人充任，有的京邑大府以京朝官充任，是州郡的属官，掌州院、军院（州、军监狱）事务，并有纠察诸曹官的责任。司户参军事（上州从八品，中、下州从九品），主要负责户籍、仓库受纳之事，一般州、军各一人。司理参军事（上州从八品，中、下州从九品），主要负责讼狱勘鞫公事，主持司理院或左、右司理院。州置一人，事务繁杂的州郡设置两人，分左、右。司法参军事（上州从八品，中、下州从九品），主要负责刑法、断案。

（5）教授：北宋时，各府州逐渐兴办官学，每州设置教授一名，总领州学，以经书、儒术、行义训导诸学生徒，掌学生功课、考试之事，纠正违犯学规者。神宗时诸州始设教授厅，州学教授成为知州、通判的属官。初置之时，教授资序较低，由本路转运使及本州府长吏选幕职州县官（选人）充任，若不足，即以乡里举人（未中进士者）有道德与学问者充任。神宗熙宁年间，诸路教授改由中书门下选京朝官、选人或举人充任。

2. 府、军、监

宋朝诸府、军、监的官僚机构与诸州大致相同。府的长官为知某府军府事，简称"知府"，一般以文臣京朝官、武臣刺史以上充任，地位稍尊于知州。主要掌本府的户口、赋税、钱谷、狱讼等事；奉行朝廷的法令条制；岁时劝课，扬善惩恶等事。总之，一府兵民之政皆由其负责。

军的长官称为"军使"或"知某军事"，简称"知军"。以文臣京朝官、武官保义郎以上曾任知县或通判者充任。其副手是通判某军事，以京朝官充任。诸军各置通判一员，若军小则不置。

监的行政长官是知某监事，由文臣京朝官或武臣阁门祗侯以上充任。掌本监政令，类同知州。

三、县级官僚机构

（一）县的设置

宋代府、州、军、监之下设县，是宋代最基层的一级行政区划。北宋版图全盛之时，全国有一千二百三十四个县。县分赤、次赤、畿、次畿、望、紧、上、中、下、下下十等，每三年依据户口等指标升降等一次。太祖建隆元年（960）规定，京府所治之地称赤县，其邻县称畿县，四千户以上称望县，三千户以上称紧县，两千户以上称上县，一千户以上称中县，不满一千户的称下县，五百户以下称下下县。诸县所设的长官有县令或知县事、县丞、主簿、县尉等。

（二）县级官僚机构

1. 县令、知县事：宋朝政府非常重视基层官员的任用，驻有兵马的县，朝廷会选派文臣京朝官或武臣三班使臣一员担任该县的长官，称为"知某县事"，简称"知县"；小县会选派选人担任长官，称为"县令"。其职责是总治一县民政，负责户口、赋役、钱谷、赈济、给纳与平决狱讼之类的事情。有水、旱灾请则按百分比减免或蠲除二税，安抚流亡，防止流民失业。乡里有孝悌行义卓著者，申报于州，以厚风俗；朝廷有禁令或皇帝有德音（宽恤之令）则张榜公布。如县辖区有戍兵屯驻，寄禄官通直郎以上的知县兼兵马都监，宣教郎以下者兼兵马监押。总之，知县总揽一县的行政、司法、财政和军事等事务，一般每县设一人，四百户以下的小县不置，而以主簿兼知县事。通常以三年为一任，一般以文官充任。

2. 县丞：县丞大体上相当于县的副长官。北宋初年未设置县丞一职。仁宗天圣四年（1026），开封、祥符（今河南开封市祥符区）两赤县始置县丞。神宗熙宁四年（1071）令户二万户以上的县增设县丞一员。至徽宗崇宁年间，一万户以上的县和不及万户而有山泽、坑冶之利的县也开始设县丞，主管农田水利、山泽坑冶之事。南宋高宗建炎元年（1127）规定，非万户以上县的不置县丞。宁宗嘉定元年（1208）规定小县不置县丞，以主簿兼任。

3. 主簿：主簿主要负责本县官物出纳、注销簿书。宋太祖开宝三年（970），令一千户以上的县设县令、主簿和县尉；四百户以上的县不专设主簿，由县令兼主簿的职事；四百户以下的县设置主簿和县尉，由主簿兼知县的职事。

4. 县尉：宋太祖建隆三年（962），诏每县设县尉，在主簿之下。一般每县设置一人，县务繁重者则设置两人。其职权主要是训练弓手、兵士巡警，缉捕盗贼，维持一县治安等。

第三节　监察制度

唐代中央监察制度由御史、谏官、封驳官三大体系组成。御史掌监察百官，纠绳不法；谏官掌讽喻规谏皇帝；门下省掌审议、驳奏，监督决策。宋代中央监察制度是中国古代监察制度的转型期，虽然其形式上与前朝相同，仍由御史、谏官、封驳官三大系统组成，但其内部已经出现了重要变化。

一、中央监察系统

（一）御史台及其人员设置

御史台是宋朝最高监察机构之一。宋初，沿袭唐、五代体制，设置御史台，长官名义上是御史大夫，但很少除人，御史中丞成为实际意义上的台长，侍御史知杂事为副职。御史台下设台院、殿院和察院，分别由侍御史、殿中侍御史和监察御史负责处理各院日常事务。

宋太祖、太宗两朝，三院御史多出外任，其职掌由其他官员负责，御史没有定员和明确的职责。大中祥符五年（1012），真宗皇帝下令规定御史台编制为六人。自此，御史台在制度上有了定员。此后，御史数量不断增加，到了仁宗景祐年间（1034—1038），三院御史人数达到二十员。此后，虽屡有变化，但未曾达到二十员。神宗元丰改制后，御史台设御史中丞与侍御史各一人、殿中侍御史二人、监察御史六人。元丰八年（1085），高太后、司马光等人掌握朝政，下诏减监察御史二人。哲宗亲政之后，又复置监察御史三人。此后一直到北宋灭亡，御史台的人员编制没有太大的变化。

南宋时期，御史中丞仍是御史台长官，但常缺而不除人。侍御史仍为御史台的副台长，置一员。殿院设殿中侍御史二人，也常不满员。察院的监察御史人数多有变化，高宗朝置六员，孝宗朝置三人。理宗朝御史台不但常缺台长，而且殿院和察院也仅有二人充职。此后一直到南宋灭亡，殿院和察院的御史人数一般为二员至三员。

（二）谏官机构及其人员配置

两宋时期，谏官制度发生了重要的变化，谏官不仅从中书省和门下省中独立出来，而且其称谓、职能和选任制度也有重大调整。

北宋前期，官制复杂多变，名不副实，名义上为谏官的谏议大夫、司谏、正言只是"寓禄秩，叙位著"的寄禄官，只有在谏院供职者才是真正的谏官。元丰改制之后，官名与实际职责一致，谏议大夫、司谏、正言都成为谏官，此制一直沿袭到南宋灭亡。

北宋初年，谏官机构承唐代之制，隶中书、门下两省。端拱元年（988），太宗将左右补阙改为左右司谏，左右拾遗改为左右正言。天禧元年（1017），真宗下诏两省设谏官六员，不兼他职。此后，谏官的势力逐渐强大起来。明道元年（1032），仁宗下诏设置谏院，使谏官从中书省与门下省独立出来，与御史台合称台谏。

北宋前期，谏院设知谏院、同知谏院各一人，左、右司谏各一人，左、右正言各一人。但实际上，谏院很少满员，一般为二员至四员。元丰改制废除谏院，门下省和中书省各增设后省，以左散骑常侍、左谏议大夫、左司谏、左正言隶门下后省；以右散骑常侍、右谏议大夫、右司谏、右正言隶中书后省。但左、右散骑常侍很少除人，所以实际上谏官共有六员。元丰八年（1085），神宗病故，高太后诏令仿《唐六典》置谏官。南宋初年，谏官机构承北宋后期之制，隶门下后省与中书后省。建炎三年（1129），宋高宗诏令谏院不再隶属于后省，而独立置局于后省之侧。绍兴元年（1131），高宗又下诏把谏院设于都堂近侧。自此之后直至南宋灭亡，谏院始终作为一个独立的机构而存在。南宋谏院虽然仍以六员为额，但缺员的现象很严重。

（三）台谏的职能

宋朝以前，御史和谏官的职能分工十分明确，御史主要负责纠察百官，谏官主要负责劝谏皇帝。至宋代，台谏之间的严格区分逐渐淡化，两者的职能趋于合流。

两宋时期，台谏官人数虽然少于隋唐时期，但其职能远远超过了隋唐。第一，作为皇帝的耳目之官，台谏官负责纠察文武百官，检举不法行为，肃正朝廷法纪。仁宗至和二年（1055），御史中丞孙抃弹劾宰相陈执中"务徇私邪，曲为占庇"。庆历三年（1043），谏官蔡襄弹劾吕夷简"谋身忘公，养成天下今日之患"，吕夷简被迫辞去商议军国大事之职。

第二，谏诤最高统治者是中国古代谏官的传统职能。宋代谏官谏诤皇帝之风很盛，庆历年间，谏官王素就规谏仁宗皇帝，认为仁宗不应当接受王德用进献的美女，最终仁宗命宦官赐美女钱各三百千，送出了后宫。在宋代，御史主管监察而不负责言职的制度发生了变化，其职能由监察扩大到言事。御史规谏皇帝之事在宋代的政治生活中很常见，如明道年间，宋仁宗废掉郭皇后，御史中丞孔道辅率领御史蒋堂、郭劝等人跪在垂拱殿外，劝谏皇帝不应该废国母。又如皇祐三年（1051），外戚张尧佐除宣徽、节度、景灵宫、群牧四使，御史中丞王举正、殿中侍御史里行唐介等人认为，张尧佐是靠裙带关系才得此官，其人并没有担任这四使的才能，由于御史们的竭力反对，最终张尧佐只除了节度、群牧二使。

第三，台谏官有权参议朝政，议论朝政得失，参与国家大政方针的制定。遇到重大事情，皇帝会招集侍从、台谏、两省等官一同商议。台谏官还可以举荐官员，如军事将领以及监司、郡守等地方官。另外，台谏官有权监督司法部门，检查司法机构的文卷，查看各处监狱的"狱空"（监狱中无犯人）情况。台谏官也可参与具体的司法诉讼工作，宋代重大的疑难案件多由御史台负责审理，并参与刑名的议定。

二、封驳系统

早在汉代，封驳制度就已经出现，其封驳权主要掌握在宰相手中。魏晋南北朝时期，言谏官逐渐掌握封驳权。随着三省制度的完备，唐代封驳制度有了明显发展，门下省正式成为封驳中书省诏敕差失的机构。两宋时期，封驳制度又有了新的变化。

（一）封驳机构和官员的设置

北宋初年没有专门的封驳机构，门下省也不掌封驳之职。给事中只是寄禄官，并不负责封驳之事。朝廷的诏令以及大臣的奏章由枢密院的银台司、发敕司和通进司掌管。淳化四年（993），宋太宗下诏将银台司、通进司从枢密院中分离出来。不久，银台司又兼领发敕司。通进、银台封驳司正式成为封驳机构，封驳官称为知通进银台封驳司、兼通进银台封驳司或勾当通进银台封驳公事。

真宗朝，封驳机构的名称改为门下封驳司，封驳官也相应地改为知门下封驳司，或是兼门下封驳事。仁宗初期，朝廷诏令多由中书门下出，封驳机构形同虚设。后经大臣请求，仁宗恢复通进银台封驳司的封驳之职，封驳官名改为知通进银台司兼门下封驳事，此制一直延续到神宗元丰年间。

神宗元丰改制之后，封驳机构发生了重要变化。元丰五年（1082），宋朝政府依据《唐六典》恢复了给事中的封驳之职，通进银台封驳司依然存在，不过不久被裁撤。封驳职能由新设的门下后省和中书后省负责。虽然中书省和门下省都有封驳之名，但并无封驳之实。以前只是寄禄官的给事中、中书舍人成为职事官，取代了北宋前期兼门下封驳司、知门下封驳事的封驳职能和知制诰封还词头[6]的职能。

南宋时期，由于三省制度的变化，封驳制度也随之发生变化，门下省不再负责封驳之职，而由门下后省负责封驳之事。给事中是门下后省的长官，以四员为定额，不仅负责封驳之事，还与中书舍人分治六房事务。

（二）封驳官的职能

宋代的封驳官职权范围很广，不仅可以参议朝政，监督朝廷各方面的政策，还有规谏皇帝、弹劾百官、荐举官员等职能。

1. 监督朝廷决策：淳化年间，宋太宗曾下令，凡是政令有不妥之处，同知给事中可以进行封驳。元丰改制之后规定，政事失当或是用人有误时，中书舍人可以封还词头，给事中可以奏请驳正。对于朝廷财政、司法、军政、人事等方面的政策，封驳官都有权力提出异议。神宗元丰六年（1083），小官郑青之妻因琐事谩骂婆婆，郑青盛怒之下将妻子打死，中书判郑青杖脊刺面发配五百里，门下省认为审判不妥，认为此案"情轻法重，不当舍功而专论其罪"，最后神宗下诏，判郑青降官，并处以杖刑。

2. 参议朝政：这是宋代封驳官的重要职能之一。封驳官经常上疏参与政事，讨论政策得失。宋徽宗宣和年间，高丽向宋朝政府进献贡品，使者所过之处，需要调用民力舟船，耗资巨大。中书舍人孙傅对这种做法大为不满，认为如此劳民伤财，对中国没有任何好处。这一意见虽然未得到采纳，但清楚地表明了封驳官对朝廷措施的批评态度。

3. 劝谏皇帝，弹劾百官：宋朝封驳官的重要职责之一是规劝皇帝。南宋初年，王继先治愈了高宗的病，为此高宗特意下诏升他为武功大夫，给事中富直柔规劝高宗说："只有立有战功、曾驻守边疆或是有卓越军事才能的武将才能授予，而王继先既无战功、无边任，又无武才，而授武功大夫，为法所不可。"高宗再次下诏："王继先之功非他人能比，可特令授予此官。"[7] 富直柔坚持己见，最终高宗只能屈服。另外，宋代的封驳官还有荐举官员、审查百官奏章等职能。因此，宋代封驳官的职权范围较前代有了明显增加，特别是封驳官拥有弹劾百官的权力，从而扩大了封驳官的监察对象。

封驳官与台谏官的职能有重叠之处，如奏劾百官、谏诤皇帝、议论朝政等。但封驳官和台谏官之间是存在区别的，在谏诤过程中，封驳官和台谏官行使其职权的时间是不同的，简单地说，封驳官在诏令未下达之前对其提出意见，而台谏官则是在诏令颁布之后。另外，行使监察之职时，封驳官以封还词头的形式为主，台谏官主要是上疏直谏。虽然制度上规定封驳官的职能和作用比台谏官重要，但在现实政治生活中，台谏官经常活跃于政治舞台上，其势力大于封驳官，其所起的作用也远远超过了封驳官。

三、地方监察系统

太祖立国之后，吸取前代地方监察官权力过大的教训，设置多重机构，实行相互制约的地方监察制度，即转运司、提点刑狱司、提举常平司、安抚使司等四个机构都拥有监察权，同时，设置通判以加强对府、州、军、监的监察。宋代路级长官不仅要接受台谏和职能相关的上级机构的监察，而且还要受到监司之间的互察。府、州、军、监的长官不仅要接受监司的监察，而且还受到通判的刺举以及同级官员之间的互察。县级的长官不仅受到监司、通判、知州的监察，还要接受县级长官之间的互察。宋代这种纵横交叉的地方监察制度影响深远，为元、明、清各代所沿用。

（一）路级监察系统

1. 监司的主要职能

（1）巡查地方，刺举贪赃枉法的官吏。宋代监司的主要职能之一就是"临按一路，寄耳目之任，专刺举之权"[8]。至和年间（1054—1056），淮西地区发生蝗灾，山阳县尉李宗残害要求治蝗的百姓，令其吞食蝗虫。提点刑狱孙锡奏劾了李宗，宋仁宗罢去其官职。

（2）荐举官员，负责部内官员的考课工作。两宋时期，皇帝经常下诏，要求监司荐举本部政绩突出、恪尽职守的官员。嘉祐四年（1059），仁宗下诏"诸路安抚、转运、提点刑狱，各于所部举见任文资行实敦朴而有政事之才，可备升擢者三人"[9]。除了荐举本部官员，监司还负责考核辖区内大小官员。

（3）参与审理地方刑狱案件，监督本路财政。乾兴元年（1022），宋真宗下令纠察在京刑狱和诸路监司及州县长吏必须亲自审阅刑狱案件，避免冤假错案。监司还有权监督检查本地的案件，宁宗朝的《庆元条法事类》中规定："诸州县禁囚，监司每季亲虑。不能遍诣及有妨碍者，听差官。"监司还参与本路的财政。宋宁宗朝明确规定，各地的经总钱物由提点刑狱每月点勘，如有不实之处，负责上报尚书户部。

（4）参与地方公共事业，反映民间疾苦。监司不仅有监督之责，还参与地方防灾救灾、修建水利等。每当遇到水旱等自然灾害，监司和州县官员都会想对策解决。熙宁七年（1074）八月，不少地区很长时间没有下雨，宋神宗下诏，令诸路监司寻访名山灵验的祠庙，委托监司长官主持祈雨仪式。

2. 走马承受的监察职能

宋代走马承受是皇帝耳目之官，是路级监察制度的重要组成部分，北宋前期隶属于安抚使司。至神宗朝，走马承受脱离了安抚使司，成为路级独立的监察官。走马承受的职能前后差别比较大。北宋前期，走马承受实际上是皇帝安排在安抚使司的耳目，只负责监察安抚使的举动。徽宗时期，走马承受改名廉访使者，职权大增，成为名正言顺的路级监察官。

宋代走马承受主要有以下的监察职能：其一，按察诸路安抚使和州郡官吏，如其有不臣或违法行为，秘密上报中央。其二，走马承受有权监察军队，干预军政。崇宁四年（1105），宋徽宗下诏边境探报事宜，"依条令实封送走马承受看详"。其三，诸路走马承受有点检本路封桩钱物、监督地方财政的权力。

（二）府州军监级监察系统

宋代府州军监不仅是地方的行政机构，其监察职能也较前朝有了重大发展，主要表现在通判的设置。鉴于唐、五代地方势力过大的教训，宋朝统治者设置了通判一官，对地方官员进行监督，以防其有不轨行为。

宋代通判的职能类似于路级监司，既负责地方的行政事务，又要监察本地官吏。其监察的对象主要是府州军监的官员以及下属的县官。通判每与诸州郡长官有冲突，常常以"我监州也，朝廷使我来监汝"[10]为名与其上司理论，因而州郡长官的行为很大程度上受到通判的牵制。同时，州府的财政、军政、刑狱之事，通判也有权加以监督。

第四节　军事制度

一、北宋军制

北宋建国之后，鉴于唐末、五代的教训，宋太祖非常重视军队建设，先采用赵普"稍夺其权，制其钱谷，收其精兵"的建议，通过"杯酒释兵权"，收回石守信、王审琦等军事将领的军权，并逐渐收夺地方藩镇的兵权。通过太祖、太宗的不懈努力，建立起高度集权的军政体系，解决了唐末、五代以来的"兵祸"。然而，这种军事指挥系统为后来的统治者所继承，对两宋社会产生了重大的消极作用，直接导致宋代军事的软弱不振。

北宋的统兵体制，简单说来，就是枢密院三衙机制，即由枢密院掌兵籍、虎符（调兵权），三衙掌管诸军，帅臣主兵柄。兵部名义上掌管军政之事，但其职权多被枢密院侵夺，实际上只负责仪仗、武举、厢兵、乡兵、蕃兵等事宜。

枢密院是宋代主管军政的最高机关，掌管军国机务、兵防、边备、军马等政令，出纳机密命令，与中书分掌军政大权，合称"二府"。作为控制和调动军队的核心机构，其内部组织结构明显存在着"以文驭武"的用心，枢密院长官及副职通常任用文官，武官很难有机会担任这些职务。狄青是北宋有名的武将，因为在对夏战争中的出色表现，皇祐四年（1052）被提升为枢密副使，却遭到朝中大臣的强烈反对，他们罗列了出身兵伍、四夷轻蔑朝廷、大臣耻与为伍及破坏祖宗家法等"五不可"的理由。在巨大的压力之下，狄青最终被罢职离京，出任地方官。从狄青的遭遇可以看出，宋朝武将很难有机会出任枢密院长贰，掌控军权。

三衙是殿前都指挥使司、侍卫亲军马军都指挥使司和侍卫亲军步军都指挥使司的合称。五代初期就已经出现了侍卫亲军，后晋时扩充为中央军，至后周时，中央军分为殿前司军和侍卫司军两支。宋太祖开国之后，表面上仍是殿前、侍卫两司，前者由都指挥使主管，后者由马军和步军都指挥使分别主管，实际上是将其一分为二。宋真宗时期，侍卫司分为马军和步军两司，位于殿前司之下，合称"三衙"。三衙各设都指挥使、副都指挥使和都虞候。三衙武官的品级较低，殿前都指挥使为从二品，副都指挥使为正四品，侍卫马军、步军两司的都指挥使和副都指挥使仅为正五品。殿前都虞候、侍卫马军司都虞候、侍卫步军司都虞候仅为从五品。三衙的职能是分管全国禁兵以及负责保卫皇帝的殿前诸班直和步骑诸指挥。可见，北宋初由两司分为三衙，既削弱了中央军统兵官的权力，又将三衙的统兵权从中央扩大到全国，使地方之兵和三衙之兵都成为天子之兵。

宋初，枢密院三衙统兵体制的建立，军权被一分为三：枢密院掌管兵符，有调动军队的权力，但不能直接掌管军队；三衙掌管军队，但是没有调兵之权；领兵打仗的武将则由皇帝临时委派。这种分权体制保证了皇帝对军队的绝对领导，从而解决了唐末、五代以来的兵乱问题，但同时也带来了弊端，使得各军政机构各自为政，缺乏协调性，这是宋朝积弱的原因之一。

二、南宋军制

南宋初期，宋军经历了一个重新整合的过程。南宋的军制与北宋相比，产生了比较大的变化。枢密院三衙体系崩溃；屯驻大兵取代禁兵成为国家正规军，禁兵降为与厢兵差不多的地方役兵。

宋高宗继位之后抛开枢密院和三衙，另外设置御营司，由宰相和执政分别担任御营使和副使，掌管御营军。御营军最初分为五军，但是御营司不能对各军实行有效领导。建炎三年（1129），刘光世、韩世忠、张俊的部队脱离御营司，使其直属部队减少，御营司权限大大削弱。于是建炎四年（1130）南宋朝廷取消了这一机构，将御前军改为神武军，御营军改为神武副军，统归枢密院领导，恢复了北宋枢密院管军体制。

绍兴元年（1131）以后，南宋主力军队主要由刘光世统率的御前巡卫军、韩世忠统领的神武左军、张俊统领的神武右军、吴玠统领的川陕部队、岳飞统率的神武后军组成。绍兴年间，南宋正规军的数量已达二三十万人，接近宋太宗时期的禁兵数。

绍兴五年（1135），宋廷将神武军番号改为行营护军。韩世忠、岳飞、刘光世、吴玠、张俊分别统率前、后、左、右、中护军。后来因为刘光世在一次战役中怯敌而被免职，实际上只剩下四路大军。绍兴十一年（1141），宋高宗和秦桧收回韩世忠、岳飞、张俊的兵权，将以前四支屯驻大军陆续改编成十支屯驻大军，称为"御前诸军"。

南宋初，三衙已经不再是统辖全国军队的机构，三衙长官成为三支兵马的统兵官而已。绍兴五年，杨沂中的神武中军改为殿前司军，殿前司才拥有一支较强大的部队。侍卫马、步两司军的扩充则经历了更长时间，直到岳飞等三大将被夺兵权之后，三衙兵力才大大增加。尽管如此，恢复后的三衙也不过是同御前诸军平级的机构，相互之间不存在统属关系。

南宋中后期，兵制发生了较为重大的变化。南宋初期，由于战事频繁，统治不稳，无暇实施"以文制武"的国策，武将地位显著提高。虽然宋廷也设置诸如都督府之类的机构对各大军进行控制，但在当时的情况下，并未产生有效的节制作用。为了防止武将拥兵自重，南宋政府逐渐采取一系列政策，重新确立并加强"以文制武"的体制，各屯驻大兵将领的军权逐渐归于由文官充任的宣抚使、制置使等。绍兴十一年，宋高宗和秦桧罢去韩世忠、张俊和岳飞三大将的军权，加强了总领的监督职能，规定总领除管理各支大军的钱粮供应外，还有权参与军事，节制诸军，但是事实上各都统制仍然有相当大的权力。开禧二年（1206），四川的吴曦叛变降金，朝野震惊。朝廷加快了收夺武将军权的步伐，大力强化制置使、安抚制置使、宣抚使之类官员的统兵权，这些官员不论品位高低，逐渐成为直接主持军务的统兵官。

另外，早在宋高宗时期，南宋政府在屯驻大兵之外，就开始设置新军，包括泉州左翼军、赣州右翼军、循州摧锋军等。这些军队表面上隶属于殿前司，实际上独立成军，受文臣节制。后来不断增加，如孝宗时期设置了潭州飞虎军、扬州强勇军等。宋宁宗开禧北伐时，屯驻大兵一败涂地，表明屯驻大兵不堪重任，于是各地继续增设新军，侵夺了屯驻大兵的权限和兵额。这些新组建的军队成为南宋正规军的主力，各屯驻大兵的地位相对下降，成为正规军的一小部分。

三、兵种

北宋时期，除了国家的正规军禁兵之外，还有厢兵、乡兵、蕃兵、土兵、弓手等武装。南宋时期，有屯驻大兵、水军等。

1.禁兵：作为天子的卫兵，主要负责守卫京师，以备征戍，是宋朝最重要的武装力量。禁兵是中央的正规军，地位比其他兵种要重要许多。太祖开国伊始，确定"内外相制"的政策，即保持开封内外、京畿与地方的某种兵力平衡。

禁兵名目繁多，其中充当皇帝宿卫的禁兵，以班直为单位，分别隶属三衙。班直的种类很多，主要分为殿前司马军诸班直和殿前司步军御龙诸直。两个班直下面设有内殿直、钧容直、御龙弓箭直等，每班直人数各异。殿前司马军诸班直的统兵官有都虞候、指挥使、都知、副都知和押班，步军御龙诸直的统兵官有四直都虞候，每直有都虞候、指挥使、副指挥使、都头、副都头、十将、将虞候。除了保卫皇帝的安全，北宋初期，班直还经常参加作战，在宋辽关系稳定之后，北宋的班直大体上处于养尊处优的状态，很少直接参加战斗。

其他禁兵的番号也很多，其中捧日、天武、龙卫、神卫是禁军的上军，通称为上四军，其他各种番号的禁兵都是中军和下军，其级别各有等差。禁兵各等军军士的身高和军俸标准各有等差。宋太祖开宝年间（968—976），国家军队共有三十七万八千人，其中禁兵有十九万三千人。随后军队数量逐年增加，至仁宗庆历年间（1041—1048），军队的数量为一百二十五万九千人，其中禁兵为八十二万六千人。按照宋朝政府的规定，这些禁兵以五百人为一指挥，五指挥为一军，十军为一厢。

此外，除了殿前司捧日、天武外，其他禁兵实行"更戍法"，轮流出戍，定期回驻京师。因为军队移动调换频繁，以致"兵不知将，将不知兵"，虽然防止了兵变，但严重地影响了宋朝军队的战斗力。至神宗时，废除了更戍法，实行将兵法和结队法，就是将不同番号的禁兵指挥混合组成"将"的编制，将下设部，部下设队，以加强军队的训练，从而使禁兵编制发生变化。其后，各地大部分禁兵设将，称为系将禁兵；还有一小部分禁兵不设将，称为不系将禁兵；京城的中央禁兵不设将的编制，称为在京禁兵。南宋军队多沿用将、部、队的编制。

中央另设官员统率被派遣到各地的禁兵，主要有安抚使、经略使、经略安抚使、都部署、副都部署、部署、副部署、都钤辖、钤辖、副钤辖、都监、副都监、监押等名目。这些将帅都是临时委派，并无定制，品级有高有低，但是没有严格的领导与被领导关系。

2. 厢兵：北宋初，将各地藩镇兵中的壮勇抽调到中央之后，剩下的老弱者以及一些壮城、牢城等杂役军组成了厢兵。最初，厢兵其实只是地方军兼杂役军，不加训练，不参加战斗，只供劳役。随着各地就粮禁兵的设置，厢兵和禁兵作为地方军和中央军的差别逐渐缩小。

厢兵主要是招募而来的，罪犯也是厢兵的主要来源之一。另外，禁兵武艺不合格，或是违犯军法，也会被降格充为厢兵，称为"落厢"。厢兵的职责范围很广，包括修城筑路、制造兵器、疏通河道、运输粮食等，在特殊情况下厢兵也参加战斗。宋代厢兵的数量很多，太祖开宝年间（968—976）为十八万五千人，至神宗初年已经增加到五十多万人。

3. 乡兵：宋承五代之制，各地设置乡兵。与禁兵和厢兵不同，乡兵是依据户籍抽丁组成的，一般是几名壮丁中选拔一人充当。平时不脱离生产，农闲时定期训练，以保卫乡土。有一小部分的乡兵是招募的，如广南西路的土丁，河东、陕西的弓箭手就是募兵。各种乡兵的素质参差不齐，差别很大。北宋时，弓箭手等少数乡兵有相当强的战斗力，但大多数乡兵缺乏训练，军事素质不高。

4. 蕃兵：蕃兵是宋仁宗时期因应对西夏战争需要而设置的。在与西夏接壤的陕西、河东等地区分布着大大小小的羌人部落，其中靠近宋朝边境、愿意接受宋朝统治的羌人，称之为"熟户"。蕃兵主要是由熟户组成的，宋廷给这些羌族部落的首领加封官职，由他们率领本部壮丁组成军队。蕃兵的战斗力比较强，在对西夏的战争中发挥了相当重要的作用。

5. 水军：北宋时期，由于战略重点在北方，水军并不受重视。南宋偏安东南，面对金朝和蒙古的威胁，需要在江河交错的地区布置防线，因而南宋水军的规模和数量远远超过北宋。宋高宗继位之初，根据宰相李纲的建议，宋廷就发布诏令在沿海各地设置水军，但由于投降派黄潜善、汪伯彦的阻挠，水军建设一直未能真正落实。

岳飞镇压杨么起义军之后，收编其部下善于水战的兵士，缴获了一千多艘战船。刘光世的部队中有李进彦率领的水军五千余人。张俊的部队虽然没有专门设置水军，但也有战船三百八十多艘。韩世忠的军队也有水军，建炎四年（1130），他曾率麾下的水军在黄

楼舡

十二七

楼船者舡上建楼三重列女墙战格树幡帜开弩窗
矛穴外施毡革禦火置砲車檑石铁汁狀如小墨其
長者步可以奔車馳馬若遇暴風則人力不能制不
甚便於用然施之水軍不可以不設是張形勢也

图 4-1 楼船（宋代战船的一种）

天荡拦截兀术的军队。除了几位大将的水军外，绍兴四年（1134），宋廷下令临安、平江等十四个府、州和军设置水军，以五百人为额。另外，宋廷还设置沿海制置使司，负责海防。南宋的水军颇具实力。绍兴末年，完颜亮大举攻宋时，宋将李宝率领水军沿海北上，在今青岛附近的海域，用火攻一举歼灭了金朝的船队，这是中国古代一次著名的海战。南宋中后期，沿江、沿淮和沿海各个重要的地区，大致都设有规模不等的水军。南宋朝廷能够长期偏安一方，与水军的顽强防御密切相关。

四、以募兵制为主的兵役制度

自中唐、五代以来，募兵制逐渐取代了征兵制，成为中国军事制度的一大重要变革。宋代沿袭前制，不论是北宋的禁兵、厢兵，还是南宋的屯驻大兵，大多实行募兵制，只有少数军队实行征兵制，如乡兵。确切地说，宋朝实行的是以募兵制为主、募兵与征兵相结合的兵役制度。

宋朝募兵的对象主要是流民和饥民。为了防止灾民作乱，宋朝政府每逢灾荒年份就会招募士兵，将流民、灾民收编入政府的军队，使潜在的威胁转化为维护统治的力量。宋真宗时期，潭州发生饥荒，于是官府便将这些饥民招入军队，共计多达万余人。南宋孝宗时期，江西、湖南两路因旱灾而粮食歉收，宋廷下令各招募千人。灾年招兵暂时安定了社会，但也带来了巨大的隐患。

宋廷招募士兵时主要衡量身高和体力，除此之外，还要测试应募者的跑跳动作和视力。按照宋廷制定的标准，符合条件者被分到上、中、下禁兵和厢兵。上禁兵士兵身高要求最高，军俸也最高，中禁兵和下禁兵军士的身高和军俸各有等差。

宋朝募兵制的一大特点就是刺字，又称为"黥面"。士兵刺字始于唐末，目的是防止士兵逃亡。宋朝继承唐末、五代的传统，招募新兵，先进行体格检查，根据体格将新兵分配到相应的军队，然后给士兵刺字。一般是在脸部、手臂、手背等处，所刺的内容通常为所属军队的名称，如"云翼第八指挥""某州振华"等。刺字实际上是一种耻辱的标志。宋朝只有某些罪犯、官府的工匠和奴婢才刺字。元灭南宋后取消了这种制度。

宋朝的军俸制度十分复杂，军队的正式俸禄包括料钱、月粮、春冬衣等名目，还有各种名目的补助，如北宋初的口券、南宋时期的生券和熟券等。[11]《宋史》记载，上四军（捧日、天武、龙卫和神卫）左、右厢都指挥使遥领团练使，月俸钱百千，粟五十斛，诸班直都虞候、诸军都指挥使遥领刺史减半。诸班直将校的俸钱，自三十千至二千，分为十二等。诸军将校的俸钱，自三十千至三百，共二十三等。厢兵将校的俸钱，自十五千至三百五十文，共十七等。诸班直的俸钱，自五千至七百，共五等。禁兵军士的俸钱，自一千至三百，共五等。厢兵的俸钱，自五百至三百，共三等。同时，将士春冬赐衣，有绢、棉、或绸、布、缗钱。

南宋绍兴十三年（1143）以后，宋廷陆续完善了军俸体系。按照规定，各屯驻大兵的都统制月俸为二百贯，副都统制一百八十贯，统制、副统制一百五十贯，统领一百贯，正将、同正将五十贯，副将四十贯，准备将三十贯。南宋正规军通常分为效用和军兵两级制，按照当时的规定，效用每月食钱九贯，米九斗。由于效用有不同的名目和级别，所以俸禄情况十分复杂。军兵分成胜捷、吐浑和雄威三个等级，其俸禄也各有差别。宋宁宗时期，吐浑、雄威军士的钱粮分别是每日一百文和三升半。除了正式的军俸，宋朝的将士还有各种补助，如招刺利物[12]、郊祀赏赐、特支钱等。

相对于征兵制，宋朝实行的募兵制，大大减轻了农民兵役、徭役之苦，为农业生产提供了足够的劳动力和时间，应该说是历史的进步。但同时也无法避免地带来了诸多弊端。每逢灾年就招募灾民，这些人素质良莠不齐，很难保证军队的战斗力。更重要的是，维持一支庞大的军队，使宋朝财政在很长时期内入不敷出，这是宋朝出现旷日持久的财政危机的主要原因之一。宋朝虽然养了数十万大军，但是没有起到相应的保家卫国的作用，在与辽、金、西夏军的交锋中，几乎是败绩不断，这是形成宋代积弱局面的重要因素之一。

第五章

法制体系

　　长期以来，人们通常认为，中国古代法律制度到唐朝已达到鼎盛时期，体制规模垂为后范，宋代法律基本上是抄袭唐律而来。这种观念在一定程度上影响了后世对宋代法制的深入探讨，使得该领域的相关研究远远落后于其他断代。直到 20 世纪后期，经过众多学者的努力，宋代法律的基本内容及其相关问题才逐渐清晰起来，宋律的历史地位也得到了人们的认识和重视。事实上，宋代法律制度在继承前代的基础上多有创新，很多方面都表现出了与其时代相应的特色，对后世的法制产生了深远影响。

第一节　宋代法律的历史地位及特点

一、立法浩繁，创新规制

宋初，朝廷以后周《显德刑统》为基础，制定了第一部成文法典《建隆重详定刑统》（后文简称《宋刑统》），这是宋朝建国后第一次大规模的立法活动。但随着社会的变化，《宋刑统》很快就不再适应现实的需要，太祖时就不断颁布敕令以补其不足之处，其后，各代皇帝也相继颁布了大量敕、令、格、式。从适用范围看，这些法令既有通行全国的综合性编敕，也有省台寺监的部门编敕，还有一路、一州、一县的地方编敕。据粗略统计，从宋太祖到宋理宗时期就颁布了二百四十二部法典。[1] 法典规模也不断扩大，宋真宗时的《咸平编敕》仅六卷，至神宗时期，《熙宁三司敕式》就达到了四百卷。宋人毕仲游评论说："建隆敕者不过数百条，而天圣编敕，则倍于建隆；庆历编敕，又倍于天圣；嘉祐编敕，复倍于庆历；至于熙宁、元丰之敕，乃益增多于嘉祐几千条，而续降敕令，与夫一司、一路、一务、一州、一县者，复几万条，而引用此例以相附着者，至不可胜纪。"[2]

宋代立法浩繁，较之唐律已有很大不同，宋律体例多有创新。其主要表现之一是宋神宗时期编纂《元丰敕、令、格、式》。神宗锐意变法，深感旧的法律制度和规范"不足以周事情"，于是大力提高敕的地位，调整旧的法典体系，将唐代以来的律、令、格、式变为敕、令、格、式，打破了单纯依律分门的旧制，开创了敕、令、格、式统类合编的立法体例，这对综合性法典编纂形式的改进和创新有着相当积极的意义。二是南宋孝宗时期编纂《淳熙条法事类》。神宗时开创的敕、令、格、式统类合编体例存在着法典条目繁杂等缺点，同一事类因敕、令、格、式不同而分散于各篇，使用起来非常不便。孝宗时期，为方便使用，将以前统编的敕、令、格、式"随事分门""别为一书"[3]，编成《淳熙条法事类》，首次确立了"条法事类"体例，体现了宋代立法前所未有的巨大进步。

二、强化中央集权，皇帝干预司法活动

为了防止地方势力威胁皇权，宋朝统治者积极展开行政立法工作，制定了一套严密的行政法规，如《宋刑统·职制律》《元丰新修吏部敕令格式》《元祐司封考功格式》《庆元条法事类》等，对官员的选拔、注拟、磨勘、改官等都做了严格规定，使从中央到地方的各项工作都有法可依，从而加强了对各级官吏的控制。

宋代专制主义得以加强，反映到司法制度上，就是皇帝加强了对立法和司法活动的直接干预。在立法方面，皇帝以宣敕形式表达自己的意旨，具有最高的法律效力，可以随时补充、修改律令条文。在司法方面，太祖经常亲自审问囚徒，干预审判活动。太宗时更于禁中置审刑院，将司法权收归中央，由皇帝直接控制最高司法权。神宗时虽然废除了审刑院，但仍然经常任命非司法系统的官员参与案件的评议和审理。徽宗公然宣称，皇帝御笔断罪、特旨处分是不可侵犯的特权，"每降御笔手诏，变乱旧章"，置法律条文于不顾，任意轻重予夺，严禁办案官员对御笔断罪表示疑义，否则"以违御笔论"。[4]

三、重法惩治"贼盗"

"贼盗"罪指危害封建专制政权、侵犯他人生命财产安全的犯罪行为，包括谋反、叛逆、谋杀、谋乱、强盗等行为。宋朝立国三百余年，虽然没有发生大规模的内部动乱，但小范围的农民反抗一直不断，统治者始终视"贼盗"为心腹大患，因而宋代有关"贼盗"的立法异常详备，朝廷甚至颁布特别法对"贼盗"进行重典惩治。

北宋建立之初，太祖为笼络人心，放宽了一些轻微刑事案件的刑罚，以示仁德，但"贼盗"罪不但不在宽限之列，反而呈现日益加重的趋势。唐律规定，"强盗"伤人、杀人才处以死刑，即使是持械抢劫，只要没有获得赃物，就可免除一死；而《宋刑统》却规定，凡是持械抢劫者，不论抢劫是否成功，一律处死。这种不论情节、后果一概处死的判罚，明显要重于唐律。

然而，严酷的刑罚非但未能制止"贼盗"活动，反而激起了更大的反抗浪潮。仁宗时期，随着社会矛盾的加剧，出现了盗贼蜂起的严重局面。统治者深感旧的法律条文已不足以维护统治，于是颁布特别法，加重处罚"贼盗"罪。仁宗嘉祐七年（1062），政府颁布《窝藏重法》，将京畿地区划为重法地区，凡在这些地区窝藏贼盗者，皆加重处罚。在常法之外，针对某一地区、特殊犯罪制定相应法规，这是中国法制史上的一大创举，它具有资本主义社会特别法的性质，对宋代以后刑法的发展产生了重大而深远的影响。此后，英宗、神宗朝又相继颁发《盗贼重法》，在"重法之地"对"重法之人"施以重刑。至哲宗朝，不仅重法区域扩展到全国大部分地区，而且《盗贼重法》取代了《宋刑统》中的"贼盗律"，量刑之严酷远远超过前代。

纵观两宋时期的立法，重典惩治"贼盗"是宋朝的一贯政策，也是其刑法中的一大特色。在社会危机日益深重的背景下，统治者只能实施《盗贼重法》等特别法，借助于严刑苛法来达到维护统治的目的。

四、惩治官吏赃罪日渐宽松

在中国古代社会，赃指不义之财，官吏利用职权贪污受贿、侵吞官私财物称为犯赃。宋代官员贪赃枉法、收受贿赂、侵吞官物等经济犯罪十分猖獗，涉及面之广，情节之严重，都远过于前代，成为宋代一个非常突出的社会现象。然而，惩治官吏犯赃的法律却呈现出由重而轻、由严而宽的趋势，这是宋代刑法的另一特点。

建国之初，宋太祖为了肃清吏治，制定了严格的惩治赃吏之法。开宝年间，更将官吏犯赃与十恶、杀人并列，定为常赦不原的重罪。太宗太平兴国三年（978）规定，官吏犯赃罪者，即便大赦也不得恢复官职，永为定制。据《宋史》《续资治通鉴长编》记载，太祖、太宗两朝，官员因赃罪而弃市者达到五十余人，其中不乏高官要员，可见当时惩治赃官的处罚是非常严厉的。

但从真宗朝起，惩治贪官之法开始由重转轻。虽然宋真宗仍然坚持重典惩治贪官，屡次申严赃官遇赦不原的诏令，但在实际执行过程中，多以决配[5]来代替死罪。大中祥符九年（1016），著作佐郎高清、比部员外郎范航等人皆因犯赃罪当死，真宗特别赦免了他们的死罪，改为刺配远恶州军牢城。[6]仁宗以编管代替决配，作为官吏犯赃贷死的法定量刑。神宗认为刺配不宜用于官员之身，于是取消了官员杖黥之法。徽宗则仅对犯赃官员给予行政处罚，免去官职，不再追究其刑事责任。南宋时期，虽然屡降严惩贪吏的诏书，但由于吏治腐败，权臣用事，贪官污吏互相勾结，法律成为一纸具文。官吏即使贪赃罪行败露或被人告发，也只是暂时离任，不久便可官复原职。在这种情况下，官员贪污之风越演越烈。

五、刑罚体系的变化

刑罚体系包含刑罚的名称和适用原则。就刑罚适用原则而言，宋代多因袭唐律，少有创新，主要有八议、十恶不赦原则等。宋代刑罚体系的创新主要体现在刑罚名称上，在继承唐律笞、杖、徒、流、死五刑的同时，又做了一些变通和修改，增加了折杖法、刺配法、编管法、安置法等新的刑名。

1. 死刑：宋代法定死刑除继承唐律的绞、斩两种外，又新增加了杖杀和凌迟两种。杖杀是将犯人用杖活活打死；凌迟则是用利刃残害犯人的肢体，施加各种酷刑，让犯人受尽痛苦而死。这体现了宋代刑罚的残酷，是法律的退步。

2. 折杖法：建隆四年（963），太祖制定了折杖法，即用脊杖和臀杖来折抵笞、杖、徒、流四种刑罚，这是宋代刑罚制度的一个重大变化。

3. 刺配法：宋初用脊杖、刺面、流配、苦役来宽贷死罪，称为刺配。刺配在太祖时期就开始使用，真宗时期被写入编敕，成为一种法定刑名。刺配是一种非常残酷的刑罚，犯人虽然可免一死，但既要杖脊，又要刺面，还要遭到流配，终身服苦役，实际是犯一罪而受到四种刑罚。后来刺配不只用于死罪贷命，事实上成为一种普遍使用的独立刑罚。

4.编管法、安置法：编管法、安置法都是将犯人贬谪到特定区域居住，编入特殊户籍，限制其人身自由。

此外，宋朝还在法定用刑之外使用了许多非法之刑，如夷族、活钉、断手足、腰斩等，以期取得更好的恐吓、威慑效果。

如上所述，宋代的刑罚适用原则更加细密，对保证刑法的实施具有重要指导作用，体现出宋代法律应用的进步。宋代刑名的增加，特别是诸多非法用刑的存在，反映了当时社会矛盾的激化及统治者的残酷，大量使用肉刑，也给后代造成极为恶劣的影响。

六、重视证据是宋代司法实践的一大特色

中国古代断案多凭法官的察言观色与主观臆测，不可避免地会造成冤假错案。到了宋代，科学技术的飞速发展使实证断案在一定程度上成为可能。宋人在继承前代断案经验的基础上，发展出一套相对完善的证据制度，使整个社会兴起一股重视证据的风气。宋制规定，没有一定证据不能结案，刑事案件中，必须要有凶器、尸首等相关物证才能定案；民事案件则要有相关的契约文书作为证据。除了重视物证的收集、鉴别和运用之外，宋朝还建立了严密的检验制度，其现场勘验和法医鉴定技术都处于当时世界的最高水平。

第二节　法律形式

由于宋代社会关系异常复杂，法律形式也相应地多种多样。宋代的法律形式在继续沿用唐代的律、令、格、式之外，又增加了敕和例，这是宋代法律形式的独特之处。

一、律

律是指国家用以正罪定刑的常法，是宋朝基本的法律，具有稳定性和统一性。宋代的律有两种，一是国家法典，二是少量的单行律，太祖建隆年间颁布的《宋刑统》就是宋律的代表。

《宋刑统》是宋朝第一部系统的国家法典，也是中国历史上第一部刻版印行的封建法典。宋朝建国以后，主要因袭唐、五代法典，太祖建隆三年（962），乡贡明法张自牧、判大理寺窦仪等人相继上书，建议重新编修法典。于是太祖命窦仪等人重修刑统，至建隆四年（963）书成，定名为《建隆重详定刑统》，也即后来的《宋刑统》，共十二篇、三十卷、五百零二条。

《宋刑统》是在《唐律疏议》《大周刑统》的基础上删修而成，虽然在体例和内容方面与唐律有相似之处，而实际上，《宋刑统》仍然有其自身的特点。在体例上，《宋刑统》继续沿用唐律十二篇之目，但在篇目下又分为二百一十三门，根据适用对象的性质把相同或相近的法律条文汇编为一个单元，标明其门类，这是唐律所不具备的。《宋刑统》又在律文之后，以"臣等参详"的形式新增"起请"条目三十二条，对原律文或敕、令、格、式的内容进行解释，这些也具有法律效力。窦仪等人还将唐律中"余条准此"的规定辑出，汇编在一起，别为一门，以避免使用法律过程中有所遗漏，首创综合性法规之门。这些都是《宋刑统》在体例上的创新之处。在内容上，《宋刑统》增创"折杖法"，以臀杖、脊杖来折抵笞、杖、徒、流四种刑罚，取得了轻刑的效果；对盗贼的处理远重于唐律，而对官吏赃罪的处罚却明显减轻；调整民事关系的法律与唐律相比显著增多。

《宋刑统》颁布后，曾在太祖乾德四年（966）、神宗熙宁四年（1071）、哲宗绍圣元年（1094）、高宗绍兴元年（1131）进行过四次修订，但《宋刑统》乃"祖宗成法"，后代君主不敢轻易更改，因此内容上并无大的变动。正因为内容僵化不变，它在很多方面不能适应社会的变化，常法地位逐渐被编敕所取代。

二、编敕

敕是皇帝发布命令的一种形式，是皇帝根据特定的人或事而临时发布的诏旨，通常称为宣敕，也称散敕。散敕本身缺乏稳定性，不具备普遍行用的法律效力，要想使它上升为一般的法律形式，还要对其进行编修，分门别类加以整理，这一过程称为编敕。编敕是宋代最具特色的法律形式。

编敕始于唐代。宋代大致经历了律敕并行和以敕代律两个阶段。太祖建隆四年（963），窦仪等编修《宋刑统》，同时编敕四卷，定名为《建隆编敕》，与刑统并颁天下。这时的编敕主要是对律所不载、载之不详或有失偏颇之处进行解释、调整，大体上是辅助律文。此后，编敕成为宋代最频繁、最重要的立法活动。仁宗时颁布《天圣编敕》，宣布敕为国家常法，与律并行，这表明敕已成为正式的法律规范。神宗锐意进取，深感僵化的律文不能适应变法的需要，于是颁布大量敕令，明确规定敕是最具普遍效力的法律形式。此后，敕取代律，成为优先适用的规范条文，律虽然"恒存乎敕之外"，但实际上已被束之高阁，这种局面一直持续到宋末。

三、编例

"例"是指将以前事情的处理方法作为后来同类事件的参照标准，实际上是一种援引以往事例作为量刑定罪依据的做法。同散敕一样，例不具备普遍行用的法律效力，要想使它上升为一般法律，也要对它进行编修，使之成为通行的成例，这一过程称为编例。

例的来源有断例、特旨、指挥等。断例是以典型案例作为后来同类案件的审理依据；特旨是指以皇帝对特定的人或事的特别处理方式作为后来同类事件的处理依据；指挥则是中央官署就某事发布的指示或决定，这种指令一经发出，即可成为以后同类事件的处理依据，具有法律约束力。

宋代有"法所不载，然后用例"的规定，可知例应该是法律的补充，但事实并非如此。北宋中期以前，由于《宋刑统》和相关敕令的颁布，例并不经常使用。神宗变法后，"法不胜事"[7]的问题非常突出，在颁布大量敕令的同时，依例断事的现象也逐渐增多，例的地位日渐提高。到徽宗时期，出现了大量"引例破法"的事实。

到了南宋，规定"指挥自是成例"，标志着例的地位进一步提高，宁宗时期的《庆元条法事类》规定："诸敕令无例者从律，律无例及例不同者从敕令。"这表明例不但与敕、律有同等效力，某些情况下甚至优先于敕、律适用。

"引例破法"导致了极为严重的后果，一些贪官污吏经常利用法律的漏洞，收受贿赂，舞文弄法，欺上瞒下，"或罪轻而引用重例，或罪重而引用轻例，或有例而不引，无例而强引"[8]，"顾金钱惟意所去取"[9]。为杜绝奸吏营私舞弊，朝廷曾多次下令禁止引例破法，如徽宗就多次下诏，规定引例破法者要处以徒刑。但由于其间的巨大利益，还是有不少官吏不顾禁令，这种现象始终得不到有效整治，导致两宋法治体系的紊乱。

总体而言，宋代的法律形式大体上可以划分为性质不同的两类，一是律，二是敕、例。作为国家基本大法的律，只是在北宋前期的司法实践中发挥了一定的作用，后来则逐渐被敕、例所取代，仅仅"存之以备用"。之所以会出现这种局面，固然有随着社会关系的剧烈变化，内容僵化的律已不能适应社会需要的原因；更重要的是，相对于固定的律而言，灵活变通的敕、例更能适时地体现统治者的意图，突出统治者凌驾于法律之上的地位。从更深的层次来看，宋代律、敕、例关系的变化，反映出宋代社会中政治权力与法律的矛盾，以敕代律、引例破法实际上都是行政权干预法律的重要表现。

第三节　司法机构

一、中央司法机关

1. 大理寺：宋初，大理寺为审刑机构，并不直接参与审判，只负责将地方上奏的狱案送交审刑院复审，然后上报朝廷。由于大理寺不审理案件，京师所有囚徒都被关押在开封府司录司及左、右军巡三院，导致羁押留滞，不能及时处理。鉴于这种情况，神宗于元丰元年（1078）十二月下令复置大理狱，凡京师百司之狱由大理寺审理，流罪以下案件可由大理寺专断，从此恢复了大理寺的审判职能。大理寺的编制也相应地健全起来，置大理卿一人，少卿二人。分左断刑、右治狱两个系统，由二少卿分领，左断刑掌管奏劾命官、将校和大辟以下疑案的审理，右治狱负责京师百司案件、特旨委勘重大案件和侵盗官物等案件。

2. 刑部：宋初，刑部主要负责复审全国已经判决的死刑案，监督重大案件的审理，以及官员犯罪除免、叙复等。太宗淳化二年（991），于禁中置审刑院，此后，大理寺断决后的案件在送交刑部之后，都要再经过审刑院详议。淳化四年（993）规定，大理寺断决后的案件不再经过刑部，直接送审刑院，这就剥夺了刑部复审案件的职能，因而刑部只负责官员犯罪等相关事务。元丰官制改革后，将审刑院和真宗大中祥符二年（1009）设置的纠察在京刑狱司并入刑部，由知审刑院判刑部，刑部才开始总管天下刑狱。此后，刑部设尚书一人，主管全国刑狱之政令；侍郎二人，辅佐尚书处理日常事务；下设郎中、员外郎等官。刑部也分为左右两司，又称两曹或两厅，"左以详覆，右以叙雪"[10]，即左厅负责复查大案，右厅掌叙复、申理冤案等。

3. 御史台：御史台本是宋代最高监察机关，兼具有司法监督和审判职能。"州郡不能决而付之大理，大理不能决而付之刑部，刑部不能决而后付之御史台，则非甚疑狱，必不至付台再定。"[11]太宗淳化二年（991）下诏，御史台刑狱公事由御史中丞以下的台官亲自审理。神宗元丰元年（1078），御史台增设检法官，遇有诏狱，由言官、察官轮流审理。御史台的司法职能包括：一是臣僚触犯法律的重大案件；二是诏狱；三是州县、监司、寺监、省曹等上报的疑难案件；四是奉命审理地方发生的重大案件。太宗太平兴国九年（984），开封府审理刘寡妇诬告丈夫前室子王元吉下毒谋害自己一案，审案官员收受贿赂，将王元吉屈打成招，王元吉之妻上诉到登闻鼓院，太宗即命御史台复审此案，最终真相大白。事实上，御史台在宋代已经成为法定的上诉机关，神宗元丰五年（1082）和孝宗隆兴二年（1164）都曾下诏，规定百姓的上诉程序为县、州、转运司、提刑司、刑部、御史台、尚书省、登闻鼓院，御史台成为审判程序的其中一级。

此外，中央还设有登闻鼓院、检院、理检院、军头引见司等司法机构，都是法定的上诉机关，凡不服州县、寺监判决结果之人，都可以按照法定的上诉程序向上述机构申诉。

二、临时司法机构

针对一些大案疑案，皇帝往往会选派重臣组成临时性审判机构进行审理，审判结束，即告解散，其中主要有"杂议""制勘院""推勘院"三种形式。

杂议是宋代审理诏狱的最高审判形式，在遇到难以断决的疑案或刑名有争议时，朝廷召集宰执、台谏、两制官集体讨论，以议定刑名或判决结果，进而补充和解释法律条文。

制勘院也是宋代审理诏狱的另一种形式。地方如遇重大疑难案件，由皇帝亲自派人前往案件发生的邻近地区置院推勘，事已则罢。推勘官员行事前后必须向皇帝奏禀，独立办案，禁止与地方官交接。通过这种手段，皇帝直接掌控地方重大案件的审理权，实际上是将皇权凌驾于司法权之上的一种表现。

推勘院是针对一些大辟案件或官员犯罪翻供案件而设置的复审机构，通常由监司、州军派官在案件发生的邻近地区审理。推勘院与制勘院的区别在于，制勘院审理的是诏狱，法官由中央派遣；而推勘院审理的不是诏狱，法官由地方指派。

三、专门司法机构

两宋时期，针对特定领域的犯罪，宋朝政府一般会设置专门机构负责审理，多由行政机构兼掌。如军人犯法，行军时由临阵将帅处理，和平时期则由三衙、经略安抚司、总管司、都监、监押等分别审理；经济案件则由三司、户部审理。

枢密院是两宋时期最高军事行政机构，掌管全国军事，同时对军事案件的审理进行监督。北宋时，京师地区军事案件的审理由三衙负责，但三衙只能判决杖以下罪，死罪则要申报枢密院复核；地方的军事案件则由经略安抚司、总管司、钤辖司、都监等机构审理。南宋时军事案件则由三衙和江上诸军都统制司审理。总之，枢密院以下的各级军事管理机构，均有权审理所属军人违法事件，只是审理的权限不同而已。

元丰改制以前，三司是全国最高财政管理机构，下属户部设有专门审理相关经济案件的推勘、检法官，受理"在京官司应干钱谷公事"[12]，有时也应诏审理民间财产纠纷。三司的判决只限于杖以下罪，徒以上罪要送大理寺。元丰改制后，户部成为最高财政管理机构，有权断决本系统内经济犯罪的杖以下罪，也受理监司州县不能断决的民事上诉案件。

四、地方司法机构

开封府、临安府虽属于地方机构，但是中央政府所在地，因而与普通地方州县颇为不同，是比较特殊的司法机构。

北宋京城开封府以尹、牧为长官，但并不常置，而以权知开封府摄其事。开封府负责审理京畿地区的诉讼案件。宋初规定，开封府审理的所有刑事案件都要上报大理寺审查，送刑部复核。宋真宗景德三年（1006）以后，才有了杖以下罪的独立判决权，徒以上罪仍然需要上奏。但是，凡是开封府奉旨审断的案件，刑部、御史台皆无权过问。

高宗建炎三年（1129），改杭州为临安府，设知府一员、通判二员。临安府内有"三狱"之说：一为府院，由录事参军主管；一为左司理狱，由左司理参军主管；一为右司理狱，由右司理参军主管。三狱分别审理临安城及下属县内的刑事案件，府院兼理民事案件。临安城内外还分南、北、左、右四厢，听理民间诉讼。

宋代司法机构分为路、州、县三级。宋初，路级行政单位并没有专门的司法机构，一般是由转运使兼管辖区的司法。太宗淳化二年（991），设诸路转运司提点刑狱，巡察贼盗，监督司法，此后时置时罢。真宗景德四年（1007），鉴于地方司法案件众多，专置提点刑狱司，不受转运司管辖。主管所属州县刑狱公事，巡查复核所属州县各类案件的判决审理，平反冤狱。神宗官制改革后，提点刑狱成为固定职位，拥有对犯罪事实确凿、不需上奏的死刑判决权和受理上诉案件的权力。

宋代州一级的行政区域内，知州和通判是最高行政长官，同时也是最高司法长官，掌管州级司法事务。知州、通判以下有判官、推官、录事参军、司理参军、司户参军、司法参军等负责司法。州一级的审判机构有二：一是州院，由录事参军主管，审理民事案件；二是司理院，由司理参军掌管，审理刑事案件。如两院所审案件有不合理之处，还可以互移重审。司法参军则专门负责检定法律，即针对二院审定的犯罪事实，检选适合的法律条文作为定罪量刑的依据，然后由判官、推官根据犯罪事实和适用法律写出判决意见，最后由知州和通判断决。北宋初期，州拥有徒、流罪及犯罪事实确凿、不需上奏的死刑案的终审权。元丰官制改革后，将死刑案的终审权归于提刑司，州只能负责辖区内的徒、流以下罪的审判。

县是宋代基层的行政单位，也是基层的司法单位。县令（或知县）是一县的最高行政长官，也拥有县内的最高审判权，主簿作为县令（或知县）的助手协同审案，县尉主要负责捉捕贼盗，维护地方治安，但不具审判权。县内还有一些吏人也参与司法审判，如北宋的推司、典书，南宋的刑案推吏等。宋代的县只有杖罪以下的刑事案件和户婚、田宅、债务等民事案件的判决权，对徒罪以上的重大刑事案件，县仅能进行预审，即搜集证据、厘清案情后，将人犯、证据、卷宗等送州复审断决。

第四节　诉讼审判制度

一、刑事诉讼审判制度

（一）起诉

宋代的刑事起诉方式有自诉、告发、官司纠举、自首等方式。自诉是指被害人及其亲属直接向官府控告，这是最普遍的一种起诉方式。告发是指被害人及其亲属以外了解犯罪事实的知情者向官府提出控告，可分为自愿告发、募告（奖励告发）和强迫告发三种形式。官司纠举即通过监察机构或官司相互之间的监督来举劾犯罪行为，类似于现代的公诉，在刑事诉讼中发挥着非常重要的作用。自首是指犯罪人在罪行尚未暴露之前，主动向司法机关交代自己的罪行，接受审判的行为。《宋刑统》规定，在犯罪行为没有暴露之前而自首者可以得到赦免，但一些恶性犯罪事件，如叛逆、强盗、杀人等，即使自首也要追究刑事责任。

（二）证据制度

证据是查清犯罪事实、认定罪行的重要依据。在中国古代，涉案人员的口供，即言辞证据，在定罪量刑的过程中占据着重要地位。司法机关为了获得口供，往往对涉案人员进行严刑逼供，造成许多冤假错案。有鉴于此，宋朝政府除了制定一些措施来保护证人的人身权利外，还把物证的地位提高到一个空前的高度。

证人是案件的知情人，在宋代以前，司法机关为了获得证人的口供，往往肆意逮捕、拘禁、拷问证人，牵涉无辜，骚扰百姓生活。宋朝政府为了杜绝这种情况的发生，从法律层面加强了对证人的保护。首先，各司法机关如需要证人到庭作证，不得擅自派人拘拿，必须要将证人的详细情况及案件通报证人住地的主管机关，得到许可后才能带人。其次，司法机关录完证人口供之后要及时释放证人。徽宗宣和元年（1119）规定，羁押证人最多不得超过五日，否则相关人员要受到处罚。加强对证人的保护，体现了宋代证据制度的完善和司法文明的进步。但在实际审案过程中，"州县多将干证无罪人与正犯一例禁系，动经旬月"[13]，随意迫害证人的现象仍然屡见不鲜。

物证是指可以证明犯罪人犯罪事实的相关物品，包括书证和实物证据两种。在宋代，书证包括契约、遗嘱、债券、各种簿历等，主要用于民事案件。实物证据则有犯罪工具、罪犯在进行犯罪的过程中留下的痕迹等。《宋刑统》规定，在物证确凿的情况下，即使没有罪犯的口供，也可以根据物证定罪，表明物证的效力已经超过了口供。宋代一些法学著作中也对物证理论进行了系统的总结，如南宋法学家郑克的《折狱龟鉴》，书中极力强调物证在审案过程中的重要性，提出了物证优于人证的观点。在司法实践中，即使犯人已经供认犯罪事实，也要查找相关证据，以免造成冤狱或牵连无辜。如仁宗时，张亦为洪州观察推官，属县发生了一起盗贼纵火案，一直未能破获。三年后，官府抓到一名盗贼，承认前案是自己所为。但官府并未就此定罪，而是继续追查他的纵火工具，由于发现案犯提供的纵火工具与实际不符，最终查明前案并非他所为。这是宋代重视物证的一个典型案例。

宋代对证据，特别是物证的重视，突破了中国古代传统的证据观念，一定程度上避免了冤狱的形成和牵涉无辜，反映了宋代司法制度的进步与完善。

（三）检验制度

检验是司法人员对犯罪现场、物品、人身等进行实地检查的行为，是获取证据的重要手段。宋代规定，凡杀伤、非正常死亡、死前无近亲在旁等情况，都必须差官检验，以确定有无犯罪发生。人力、女使、狱囚等社会弱势群体死亡，除非有证据表明是因病而死，否则都要经官检验。

宋代检验程序一般分报检、初检、复检三个步骤。报检指发生凶杀、非正常死亡等情况时，所在邻居、保甲有向官府报告申请检验的义务。初检指官府接到报检后，派人赴案发现场进行勘查，如确是非正常死亡，要报告上级，申请复检。复检指对初检的结果进行复查，验证初检有无差错。宋制规定，复检必须差与初检无关或相邻州县的人员来进行，以防止作伪。

在检验过程中，要对勘验对象做详细笔录，这种记录在宋代有验状、检验格目、正背人形图等形式，是分析案情的重要证据。宋代验状的格式和内容非常缜密，如检验尸体要按照"四缝尸首"的统一格式，即从俯、仰、左、右四个方位对尸首进行全方位勘验，并对尸体各部分的特征做出客观的描述，此外还要描绘尸体放置的场所、姿势、周围环境等要素。

南宋孝宗淳熙年间，为了能更周密地记载检验过程，浙西提刑郑兴裔创制了一种新的检验笔录形式，即检验格目，其内容比验状更加详尽，报检、初检、复检、申报的每个细节都要由检验官如实填写。检验格目一式三份，一份由所属州县保管，一份由被害人家属保管，一份上交。由于检验格目详细记录了检验程序的每个细节，因而有利于上级对检验工作进行审查，约束检验官的舞弊行为。

南宋时，为了进一步防止检验官作弊，曾刊印正背人形图，令检验官勘验时在图上标明尸首上的伤处，并高声唱喝，令众人共同观看，众无异词，然后签字画押。比起验状和检验格目，正背人形图更加直观，透明度也更高，从某种程度上达到了"吏奸难行，愚民易晓"的目的。

随着检验制度的发展和完善，宋代出现大批总结和介绍检验经验及检验理论的著作，如《折狱龟鉴》《棠阴比事》《洗冤集录》等。其中以宋慈的《洗冤集录》成就最大，它在现场勘验和法医鉴定等方面取得了突出成果，是世界历史上最早的法医学著作，对检验学的发展做出了重大贡献。（相关内容请见本书第429—431页。）

（四）审判制度

宋朝为了防止徇私舞弊，制定了众多措施来保证审判的正常

仰面傷痕十六方。
頂心左右顖門當。
額角額顱頭看罪。
耳竅咽喉并太陽。
兩乳胸膛心肚腹。
臍同肚脇更須詳。
腎囊有子看雙獨。
婦女陰門恐暗傷。

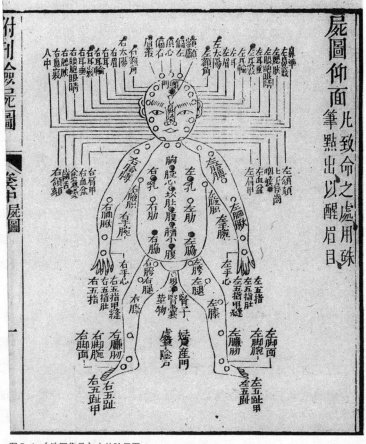

图5-1 《洗冤集录》中的验尸图

进行，主要有回避、长官亲自审案、独立审讯、"鞫谳分司"等原则。回避指如果审官之间或审官与犯人之间有利害关系，如亲属、故旧、仇嫌、籍贯、职事相关、同年同科及第等，则在审讯时必须回避。须由长官亲自审理的案件，不得由佐官或胥吏、牙校代审。独立审讯即为保证各级司法机关能够据实审案，独立判案，不受外界的干扰和影响，规定各级司法机关有权独立审讯，其上级机关不得干涉。"鞫谳分司"即在审判过程中将审理权与判决权分离，鞫司专掌审理案件，谳司专掌检法断刑，互不通问，互相牵制，这是最能反映宋代司法审判特色的一项原则。

　　宋朝政府确立的这些审案原则，基本上保证了司法机关能够在少受外界干扰的情况下正常审理案件，有利于司法独立；防止了审讯过程中的徇私舞弊、官官相护及打击报复，有利于维护司法公正；有利于官员之间相互监督、相互牵制；有利于正确应用法律，尽可能避免出现错误判决，体现了宋代法制的进步。

　　相比前代，宋代审案增加了许多人性化的制度，这是宋朝刑讯的突出特点。《宋刑统》规定，在司法机构对案件不能确定、嫌疑人又不肯招供的情况下，可以加以拷讯；如犯罪事实经过验证无疑，则可以"据状断之"，不必拷掠。同时，宋政府还限制了刑讯使用的范围，凡年龄在七十岁以上、十五岁以下者，有残疾、废疾、笃疾者，女犯怀孕者，享有特权的犯官等，都不得用刑拷问。为了防止官吏非法刑讯，政府对刑具也做了统一规定。杖是宋代官定的刑讯工具，宋制规定，官杖长三尺五寸，大头宽不能超过二寸，小头宽及厚度不能超过九分，重量不能超过十五两，刑讯杖不能留节，也不能加钉子或筋胶之类的物件。刑讯部位为背、腿、臀，每次三十而止，行刑过程中不得更换行刑人。如在刑讯过程中犯人死亡，则根据相关官吏故意和过失、被拷人有罪和无罪承担相应的责任。这些措施反映了宋朝司法实践过程中重视人权和人性的一面，体现了社会的进步。

案件经过调查取证，审问清楚后，还要将口供和各种证据进行整理，以便作为判决的依据，这一过程称为"结案"，也叫"结款"。结案对最后的判决有至关重要的作用，因此宋朝规定，凡杀人、伤人等重大案件，结案前必须差官检验，未经检验不许结案；如果案犯是外籍人，还必须在结案前到案犯原籍进行走访，调查案犯三代有无"官荫"特权，是否为在逃犯等，以作为判决时减轻或加重刑罚的依据，这一过程被称为"本贯会问"。

结案以后，案件进入判决阶段。宋代判决包括录问、检法定罪、定判、结绝等程序。录问指对徒罪以上大案，在量刑定罪之前，要选差没有参加过审讯、符合回避原则的官员再次提审案犯，核实供词。如案犯承认供词属实，则进入下一程序，如案犯翻供，则要移司别勘。案件经过录问无疑之后，就要进行检法定罪，这是指在最终判决前，由专门负责检法议刑的法司根据犯罪情节，对照适用的法律条文，作为量刑定罪的依据。法司检法后，案件进入正式判决阶段。由推官或签书判官厅公事等幕职官先草拟出初步判决意见，称为"拟判"或"书拟"。通判、法司官员集体对拟判进行审核，签书画押，然后上交长官，最后由长官盖印行下，做出定判，判决才算完成。长官定判后，还必须向犯人宣读判词，询问犯人是否服罪，这是赋予罪犯最后一次申诉机会。犯人如不服，则要另派官吏审理；如服罪，则开始执行判决，宋人称之为"结绝"。

宋代审判制度详细缜密，在审判的各环节严格把关，细致分工，相互牵制，有效地防止出现长官随心所欲、个人专断的情况，使得审判能够尽可能公正地进行，减少了冤狱的发生。

（五）复审制度

复审是由于案犯对判决结果不服提出申诉而对案件进行的重新审理。宋朝政府赋予了案犯许多申诉的机会，既可以向原审判机构提起申诉，即在录问、结绝或行刑前翻供，也可以在行刑后向上级司法机关申诉，要求重审。宋代各类案件的申诉时效有不同的规定，北宋时期，一般案件的最高申诉时效为三年，南宋则延长到五年。申诉程序方面，宋政府规定上诉程序依次为：州—监司—尚书本曹—御史台—尚书都省—登闻鼓院—登闻检院—理检院—邀驾。无论是逐级上诉，还是越诉、直诉，都要有下级审判机构的判状，否则上级机关不得受理。

复审有两种形式，一是"移司别推"，二是"差官别推"。"移司别推"指针对录问或行刑前翻供的案件，由原审判机关长官改派同级他司重审。宋代从中央到地方各级司法机构基本都设有两个或两个以上的审判机构，如大理寺分左、右推，刑部分左、右厅，开封府设府院和左、右军巡院，各州有州院、司理院等。这种并列机构的设置，使案犯在不服判决时可以改由他司审理。"差官别推"指上诉案件不再由原审判机构内其他同级司法部门审理，而是直接由上级司法机关派人重审。

为了防止案犯无休止地申诉复审，宋代确定了复审的次数限制。一般情况下，北宋以三次为复审的最高限额，南宋增加到五次。如果五次重审后案犯仍然不服，则由提刑司亲自审理，并上报皇帝，由皇帝做出终审。

二、民事诉讼制度

（一）起诉与受理

民事纠纷和诉讼不可避免地会对生产和社会风俗造成不良影响，为了减轻这种负面影响，宋朝政府从起诉人、起诉时间、诉讼时效、诉状、受理等方面对民事诉讼进行了限制。

由于老人、笃疾者及孕妇无法承担相应的法律责任，所以宋朝规定他们不能提起诉状，而要由亲属代投，相应的责任也由代理人承担，如果没有亲属则不在此限。此外，民事诉讼的起诉人必须与本案有直接的利害关系，"不干己事"者提出起诉要受到责罚。这是出于维系民风的考虑，防止形成告讦之风，以期息讼宁人。

《宋刑统》规定，所有田宅、婚姻、债务之类的民事诉讼，必须在每年十月一日以后才能起诉，次年正月三十日停止受理，三月三十日以前审理完毕，其目的是为了不误农时。而与农户无关的案件，则不受起诉时间的限制。这种根据农时来规定案件起诉、受理、判决时限的法律，称为"务限法"。南宋时期，由于南方气候与北方不同，耕作时间也不一样，对起诉时间的限制也做了调整。高宗绍兴二年（1132）规定，准许起诉的时间仍然是十月一日，但终止日期改为二月一日，较北宋减少了两个月。这些只是朝廷的政策，在实际执行过程中，一些地方官往往根据本地的农耕情况来确定民事诉讼的受理日期。朱熹知潭州时,当地只有早稻,收获以后农民便少有农事,因此下令受理民事案件不必等到十月。

另外,宋代对民事纠纷的诉讼时效进行了限制,以防止民事诉讼无限期拖延。建隆三年(962)规定,典当、倚当庄宅物业的诉讼时效为三十年,超过三十年后,没有文契或虽有文契难辨真伪者不再受理。时隔不久,建隆四年(963)颁布的《宋刑统》将上类案件的诉讼时效由三十年缩减到二十年。南宋时期,民事纠纷的诉讼时效规定更为细致,时效也更短。由于分家产而导致的产权纠纷为三年;由于遗嘱继承导致的产权纠纷为十年;典卖田宅后发生利息债负问题或亲邻先买纠纷为三年;私自典卖众人田宅,过十年不再追究责任,只偿还其值,如果十年后典卖人已死或已超过二十年,则不再受理;长辈盗卖卑幼产业的案件不受诉讼时效的限制,随时可以申诉。

宋初对诉状书的格式并没有严格的要求,《宋刑统》规定,诉讼人可以自己书写,在状后写明是自书;也可以雇请别人代写,在状后注明写状人姓名、家庭住址;如果本人不识字,又不能雇请他人,甚至可以用白纸充当诉状起诉。但是随着诉讼活动日益增多,民间出现了一些专门以替人写状纸为生的人,称为"珥笔之人"。这些人往往在写状过程中虚构情节,教唆诬告,严重干扰了正常的诉讼秩序。鉴于这种情况,宋朝政府加强了对诉状书写的控制。北宋中后期,出现了专门替人写诉状的"写状钞书铺户"这一公证机构,由官府控制,选差民间德行高尚的人专门代人书写诉状。宋朝政府规定,凡是普通百姓(官人、进士、僧道、公人除外)的民事起诉,必须要有书铺所写的诉状,否则不予受理。

宋代官府受理民事案件存在严格的规定，司法机关开拆司吏人负责接收百姓诉状，对于符合起诉要求的诉状，相关司法机关必须受理，否则要受到处罚。哲宗元祐四年（1089），苏州知州刘淑、两浙路提点刑狱莫君晨因不受理章惇强买昆山民田一案，最终被贬官。对于不符合规范的诉状，开拆司吏人有权拒绝收受。凡出现下列情况，官府可以不受理诉讼：不经书铺不受；状无保人不受；状过二百字不受；一状诉两事不受；事不干己不受；状注年月、姓名不实不受；投白纸状不受；拦轿状词不受；事不属本司不受；非户绝孤孀而以妇人出面不受；自刑自害状不受；匿名状不受等。这些规定完善了司法程序，但也使得百姓的诉讼权受到极大限制。

（二）证据制度

宋代民事诉讼采用的证据可谓多种多样，如书证、物证、人证、鉴定结论等，但其中最能反映宋代特点的则是书证，包括各类契约、遗嘱、定婚帖、宗谱、图册帐籍、书信等。随着社会经济的发展，契约制度进一步普及和完善，民间的财产关系基本都要通过契约来确定，"大凡官厅财物勾加之讼，考察虚实，则凭文书"[14]。书证能够最真实地反映当事双方的民事法律关系，在诉讼过程中也最具法律效力。

由于书证的重要作用，一些人为了谋求不法利益，往往伪造文书，以获得有利的证据。在审案过程中，辨别书证的真伪成为官员审案的关键环节。官府在使用书证之前都要先进行检验，以查明真伪。真宗在位期间，在眉州大族孙延世伪造契约夺取族人田产一案，九陇县令章频经过仔细检验，发现契约上字墨覆盖在朱印之上，于是断定契约是孙延世先盗取印章，然后再添加内容作伪，从而使案件真相大白。如官府不能查明书证真伪，则委托书铺鉴定，书铺要对鉴定结果承担法律责任。如再不能辨明真伪，则要借助了解案件的相关人进行旁证，或者实地进行考察。

以书证作为民事案件的重要证据，是两宋时期商品经济关系发展的产物。宋代在民事案件的审理过程中，能够广泛搜集证据，特别是注重最能反映真实情况的书证，并通过寻求旁证、实地考察等手段来验证书证真伪，对于正确判决民事案件无疑有着积极作用，也反映了宋代司法制度的进步。

（三）审判制度

为了防止民事案件拖延不决，影响当事人正常的生产和生活，宋朝政府设定了民事案件的审理期限。宋孝宗乾道二年（1166）规定，州县半年之内没有结案的民事案，可以由监司受理。宁宗庆元年间进一步要求地方官府，简单的民事案当日必须结案；如需要追摄证人，县衙的审理以五日为限，州郡十日，监司半月，各司法机构无故超越审理期限，诉讼双方则有权越诉。

民事案件不同于刑事案件，在审理过程中，主要使用的是人情与国法并用的原则，采取调处与判决相结合的结案方式。具体而言，当法律规定与儒家伦理纲常相符的时候，则按照法律规定进行处理；一旦出现法律与儒家伦理纲常相矛盾的状况，就突破法律条文的限制，根据纲常礼教做出判决，以达到所谓厚人伦、美教化的目的。

对各级官员来说，儒家伦理是等同于甚至远远高于法律的，确如范应铃所言："倘拂乎情，违乎理，不可以为法于后世矣。"[15]
因此，官员在审理案件的过程中往往于法律之外循用人情，以儒家伦理道德作为判决案件的依据。如毛永成诉讼赎回田宅一案，本已超出十年的时效，依法应判毛永成虚妄之罪，但主审官吴革认为，毛永成所诉虽不合法，但尚有值得考虑之处：首先是毛汝良典卖之屋与毛永成之屋连桁共柱，如果被买者拆毁，毛永成之屋则不能自立；其次是毛汝良典卖之地中有毛永成祖坟一座，因此毛永成的要求是合乎人情的。最后吴革判决，将屋二间及有祖坟桑地一亩照原价兑还给毛永成，这是典型的法外用情的案例。

对符合儒家伦理规范的行为可以法外褒奖，对背离儒家伦理纲常的行为则不问是非，严厉处罚。如阿张因为丈夫朱四的舅舅非礼自己，向官府申诉要求离婚，地方官胡颖认为，阿张为朱四妻已经八年，即使朱四身患重病，也应该终身不改。阿张向官府申诉要离婚，已经背离了夫妇之义，而又诬陷舅舅非礼，严重违背了儒家伦理纲常，最后虽然判决离婚，但对阿张处以杖六十的处罚。在这一案例中，胡颖没有使用法律中"被夫同居亲强奸，虽未成，而妻愿离者亦听"的法律条文，而是根据儒家纲常中"夫有出妻之理，妻无弃夫之条"的道德规范，对阿张进行了处罚，这显示了儒家伦理道德在处理民事案件中的特殊效力。

儒家传统伦理提倡息事宁人的处世哲学，认为词讼之兴有损于纲常名教，伤风败俗。因此，饱受儒学思想影响的宋代官员在审理民事案件时，往往并不只是为了把某一个具体案件调查清楚而已，他们的最终目的在于通过案件的审理，能够对社会产生一定的教化作用。在审案过程中，很多情况下，他们并不直接进行判决，而是利用伦理纲常对诉讼双方进行调解，一是官府直接调处，二是官府谕令乡邻调处。

1. 官府调处：对于案情清楚的民事案，直接判决不一定能收到很好效果，因此官员往往亲自向双方当事人陈述道理，晓以利害，以和亲睦族。如刘克庄审理的谢迪悔婚案中，谢迪先将女儿许配给了刘颖，后又悔婚，刘颖将谢迪告上公堂。如依法判决的话，谢迪必须将女儿嫁给刘颖，但刘克庄并没有简单地按照法律规定判决此案，而是对双方进行劝导。他一面令谢迪参看法律条文，仔细考虑；一面开导刘颖母子，两家已经对簿公堂，纵使成婚，日后也无颜相见。同时又令乡邻亲戚从中说和，经过六次劝导，两家终于达成协议，调解成功。官府对民事案件的调处，往往能收到比直接依法判决更好的效果，确实达到了教化社会的目的。

2. 乡邻调解：有些官府不便进行调解的案件，则依靠诉讼双方的乡邻亲戚从中协调。由于他们比较了解与诉讼相关的情况，与当事人关系较为密切，更容易让双方达成和解。如蒋邦先诉李茂森"赁人屋而自起造"一案，审理官员胡颖认为两家既是亲戚，不应为了区区小事伤了两家和气，因此并未依法判决，而是请邻里从中劝和，促成了两家和解。

同审理案件一样，调解过程也是有期限的，一般为五日，如到期不能达成和解，官府就会根据案情检选适合的法律条文进行判决。判决结束后，给当事双方发放"断由"，写清案件的缘由、诉讼请求、双方争议所在、认定的事实和适用的法律等内容，作为结案凭证和当事人上诉的依据。如果结案后不给断由，司法机关要受到处罚。

第五节　法律在宋代社会中的地位

宋代是一个重视法制的朝代，统治者总结前代以来的历史经验，深刻地认识到法律对于治理国家的重要性，"法制立，然后万事有经，而治道可必"[16]。因而宋朝建国以后进行了大规模的立法活动，这些法律条文涉及社会生活中的方方面面。"今内外上下，一事之小，一罪之微，皆先有法以待之"[17]，以致"细者愈细，密者愈密，摇手举足，辄有法禁"[18]。在颁布大量法典的同时，宋朝十分重视官吏的法制教育，在中央设律学，培育专业的法律人才，提高官吏的执法水平。同时，朝廷将官员的任用升迁与其法律水平的高低结合起来，神宗熙宁年间规定，凡进士及诸科出身之人都要先考试律令大义或断案，通过之后才能授予官职；选人改官之前也要进行法律考试，合格者才能得到升迁。这些措施充分表明，法制在两宋政治生活中具有特别重要的意义。

宋政府虽然重视法制在社会生活中的作用和官员法律素质的提高，但对法律在民间的传播和百姓习法予以严格限制。高宗绍兴七年（1137）下诏："访闻虔、吉等州专有家学教习词诉，积久成风，胁持州县，伤害善良，仰监司守令遍出文榜，常切禁止，犯者重置以法。"[19]宋朝之所以禁止法律在民间传播，一是担心百姓习法后会争讼不已，不利于社会稳定，二是认为法律作为一种维护统治的工具，"上执之可以御下，下持之可以犯上也"[20]，从"愚民"的角度出发，使民不知法，由官方垄断法律，以便凭统治者的意志运用法律。

尽管宋朝一再申严禁令，但依然遏制不住法律在民间广泛传播的趋势，这和当时的社会环境有直接的联系。宋代社会经济高度发展，人们之间的经济关系在各种社会关系中占据主导地位，各种经济纠纷显著增多，使得百姓迫切要求了解法律，以维护自己权益。此外，宋代法律繁琐详密，稍有不慎，就会触犯律条；宋朝又对民事诉讼做出了种种复杂的规定，稍不中规，就不予受理。因此，百姓必须对相关法律有所了解。

为了满足平民学习法律的需求，宋代民间兴起了私办讼学，并发展到了一个较高水平。江西是私办讼学较兴盛的地区，当时江西民间有一本名叫《邓思贤》的书，专讲讼法，许多学校都把这本书当作教材讲授。乡村一些学校专以教习法律、讼学为业，"编户之内学讼成风，乡校之中校律为业"[21]；"江西州县有号为教书夫子者，聚集儿童，授以非圣之书……皆词诉语"[22]。可见民间学习讼学的不仅是成人，甚至有儿童从小就开始接受讼学教育，这些人学成以后，"更相告语以及其父子兄弟"[23]，从而使法律知识得到广泛传播。

法律在民间的广泛传播，提高了人们的文明程度，在自身利益受到侵害时，人们不再用野蛮的武力行为来解决，而是倾向于用法律手段来维护自己的权益。两宋时期，民间诉讼空前增多，显现"尚讼"风气。江西人好讼在当时已是全国闻名。宁宗时，江西崇真观女道士王道存与熊氏等十数家争讼地界，声称数家所居之地、所葬之坟皆是观中土地。因不满县主簿的判决，王道存又上诉至转运司。转运司判定其中一家应拆毁房屋归还道观，其余数家付给王道存租钱，王道存竟还"恃其澜翻之口舌，奔走于贵要之门"，扬言要挖掘余登、谭太两家已葬数十年之祖坟。地方官黄斡书写判词时也不得不感慨："江西之俗，固号健讼，然亦未闻有老黠妇人如此之健讼者。"[24] 宋代其他地区的"健讼"之风也不逊于江西，如江南东路的歙州（今安徽歙县），"民习律令，性喜讼，家家自为簿书，凡闻人之阴私……皆记之，有讼则取以证。其视入狴牢、就桎梏犹冠带偃簪，恬如也"[25]。又如婺州东阳（今浙江金华），"习俗颓嚣，好斗兴讼，固其常也"[26]。可见宋代民间"尚讼"已不是一州一县的个别地区，而几乎是遍及全国的普遍现象。南宋开禧年间（1205—1207），"州县之间，顽民健讼，不顾三尺。稍不得志，以折角为耻，妄经翻诉，必欲侥幸一胜。则经州、经诸司、经台部，技穷则又敢轻易妄经朝省，无时肯止。甚至陈乞告中，惩赏未遂其意，亦敢辄然上渎天听，语言妄乱，触犯不一"[27]。

商品经济的发展使得人们的思想观念随之改变，"义利双行"甚至"重利轻义"的财富观取代了传统的"重义轻利"的观念，面对日益复杂和频繁的经济纠纷，人们更注重维护、争取自己的利益。从这个角度来看，宋代民间的"尚讼"之风是商品经济发展和社会关系、社会心理变动所带来的必然结果。然而，统治者并没有看到民间"尚讼"的真正原因，而把这种现象归结于顽劣之民的无事生非，或者是一些奸猾之徒的教唆挑拨。"大凡市井小民、乡村百姓，本无好讼之心，皆是奸猾之徒教唆所至。"民间诉讼之所以增多，"皆是把持人操执讼柄，使讼者欲去不得去，欲休不得休"。[28] 宋朝统治者受传统儒家思想的影响，把民间这种"尚讼"之风看作社会的不稳定因素，对此多持批判态度。

事实恰好相反，"尚讼"之风的出现反映出来的正是社会的进步和文明程度的提高。百姓遇到自身利益受到损害的情况，更多地求助于法律，这种意识的出现在古代是非常可贵的。百姓健讼并不会引起社会不安，引起社会不安的是官府有法不依、知法枉法的行为，"其由在上者自紊其法……政不廉，法不平"，百姓自然会"纷纭于下"，"口不可塞也"。[29]百姓知法懂法，就可以对官府的执法行为进行监督，官府也不敢再把民事诉讼视为"民间细故"[30]，而要精心审理，倍加关注，从而有利于促进整个社会司法公正的实现，有利于社会的进步。

综上所述，法律在宋代社会生活中占据着重要的地位，宋人陈亮总结宋朝与前朝法律之不同时说："汉，任人者也；唐，人法并行也；本朝，任法者也。"[31]把宋朝完全视为一个法治社会。这种说法当然是不合适的，宋朝毕竟仍然处于帝王时代，皇帝的意志凌驾于一切法律之上，"人治"的因素要远远大于"法治"的因素。但无论如何，两宋时期，法律在社会生活中所起作用是不可忽视的。

第六章

社会经济

第一节　经济制度与政策

一、土地制度

（一）土地政策的变化

后人概括宋朝的土地政策有两大特点：一是"田制不立"，二是"不抑兼并"。所谓"田制不立"，并不意味着宋代没有土地政策，未制定与土地相关的制度和法规，而是指宋政府对土地问题的干预远不如以前朝代那么严重，也没有普遍推行土地国有制。虽然宋代也存在国有土地，但所占比重非常小。由于土地私有观念已经深入人心，强行将私人土地收归国有的办法已完全行不通。北宋末年、南宋末年，政府强行掠夺民田为"公田"，也不是直接地强制征取，而是以索要民户田契和出钱购买限外之田的名义进行的。

所谓"不抑兼并"，是指宋政府对民间土地所有权的合法转移任由市场因素决定，而以行政权力处罚那些违犯法令的土地买卖和兼并活动。朝廷将大地主占有大量田地视为"为国守财"[1]，这是宋朝统治者对土地兼并的基本态度。然而，土地转移的自由与频繁，尤其是有钱有势者过多占有田地，势必在政治和经济等方面产生一系列问题，如官员可利用特权逃避赋税，国家财政因而受到损失，而大批农民失去土地，必然会增加社会不稳定因素。所以，两宋时期，政府屡次下令限田，规定官僚地主在多少顷缴亩内可以免差役、科配，实际上是既不限制也不阻止他们占田买地，但限外田地必须与普通民田一样缴纳赋税。即便是如此宽松的限田政策，一些特权阶层也要设法突破。他们往往将超出规定的田产寄置在他人名下，限田法令实际上成为一纸具文。

　　宋代土地买卖现象空前增多，当时的社会现实是"贫富无定势，田宅无定主，有钱则买，无钱则卖"[2]，著名词人辛弃疾也说"千年田换八百主"[3]。依据政府的相关规定，买卖土地双方必须签订契约，契约草本由州县统一印制，民户买契后规范填写，缴纳纸墨本钱。订立契约后，两月之内须到官府缴税，这笔钱称作"牙契钱"，按照田地买卖价钱总数征收，北宋时税率多为百分之四至百分之六，南宋时则超过百分之十。官府征税后盖上官印，办理土地及其赋税过户手续，这种合法契约被称为"红契"，但不按格式填写的红契，没有法律效力。没有缴税、盖红印的叫"白契"，白契基本上不具法律效力，官府甚至可以没收这种非法买卖的土地，一旦发生纠纷，原则上不予采信作判案证据。

　　宋代的土地转移主要是通过购买而得以实现，出卖土地者多为经济力量弱小的自耕农和半自耕农，他们在灾荒年份或婚丧嫁娶等开支困难之际，往往被迫出卖田宅渡过难关。另外，由于宋代社会财富转移频繁，民众地位变化比较剧烈，地主阶级的部分成员也会出卖土地，这反过来又加剧了社会阶层间的垂直流动。除了买卖方式外，有的地主还通过伪造卖田契约、诱骗欺诈等卑鄙手段，巧取豪夺他人田产，还有一些官僚及其亲属倚仗其权势，强行夺取。随着商品经济的发展，越来越多的商人、高利贷者也将部分资本投向土地，从而使地主、商人、高利贷者这几种身份集于一身，不易截然分开，这构成了宋代土地买卖的一大特色。

（二）土地所有制结构

中国古代社会的土地所有体系大体上可以视为由小农、国家和地主阶级这三种土地所有制组合而成的一种三级结构。中唐以前，历代王朝无不利用国家权力，对土地所有制结构进行频繁的干预，试图将所有权不同的各类官私田地，最大限度地纳入政府统一分配的范畴。而调整土地所有制的主要手段之一，就是设法限定私家地主的占田规模，抑制大土地所有制的膨胀。中唐以降，这种情况发生了根本性变化，最突出的标志就是两税法的推行，国家依据占有田地的数量征收赋税，行政权力由此逐渐失去了左右三种不同所有制比重升降的杠杆作用，土地所有制的总体结构因而开始出现了变动。

国有土地在宋代已经衰落，尽管宋朝仍有名目繁多的国有土地，但其所占比重呈大幅下降趋势。神宗熙宁年间（1068—1077），政府各部门拥有的官田面积只占垦田总数的百分之九点五。南宋从绍兴元年（1131）到淳熙元年（1174）的四十余年中，官田总数也只占垦田总数的百分之六点六左右。官田普遍经营不善，效益不高，因而宋代出现了官田私田化的现象。政府将大量官田或本应转化为官田的荒闲、无主田地，通过种种方式变为民田，交由私家地主和个体农户直接经营，以赋役征调代替官租课取。

宋朝政府逐渐淡化了对土地所有制结构的干预，使地主土地所有制空前膨胀起来。由于获得了合法扩张土地的权利，而且各类土地所有权之间的转换渠道基本上有法可依，地主阶级所占有的土地面积急剧扩展，尤其是官僚地主阶层，依仗其政治势力，兼并占田活动具有明显的优势。至北宋中叶，地主私有土地已经大大超过官田和小农私田而独占鳌头。南宋时期，地主土地所有制的比重又有所增大。绍兴二年（1132），右司谏方孟卿指出："今郡县之间，官户田居其半。"[4]再加上数量更为庞大的吏户和部分乡役户，官僚地主阶层占地约为全部耕地的百分之七十。到南宋中后期，官僚占田现象更加严重，"权贵之夺民田，有至数千万亩或绵亘数百里者"[5]，不仅占田数量巨大，而且所占多是膏腴肥沃之地，进一步显示出官僚地主土地所有制的优势地位。

在宋代，小农土地所有制摆脱了国家的严格控制，农民的依附地位逐渐削弱，相对独立的进程大大加速。中唐以前，小农的土地所有权受到极大的限制，即使是子孙相承的田产，也要由各级官府以桑田、永业田的名义进行"授受"。土地的处置权、收益权、买卖权、继承权等都要受到国家权力的种种干预，农民大体上只是拥有土地使用权。而到了宋代，国家已不再进行田地授受，比以往朝代更为维护各类民田的所有权。如在开垦屯田时，不准侵占民田。

在兴修水利工程时，政府会给予田地被占用的小农不同形式的补偿，或偿付地价，或以官田拨还小农。尽管如此，由于小农在政治、经济等方面处于弱势地位，其拥有的土地数量并不多，且在耕地总数中所占比例呈下降趋势。宋代农民占总人口的百分之八十以上，而占田总数只有垦田总数的百分之三四十，南宋时更降到百分之三十以下。

（三）租佃制的普及

宋代广南西路、荆湖南路西部、四川偏远山区的少数民族聚居地区经济相对落后，有的正在向先进体制过渡。海南岛黎族聚居的山区尚处于原始社会阶段。上述地区之外的绝大多数宋朝统治区，都是租佃制占主导地位，但各区域存在严重的不平衡性。以夔州路为中心，包括梓州路、利州路的许多山区和成都府路的个别地方，还处于农奴制阶段。另外，荆湖北路和两淮地区由于金军南侵而引起的严重战乱，社会生产遭到巨大破坏，生产关系也从北宋时的租佃制向农奴制倒退。在大多数地区，不仅占支配地位的地主土地所有制普遍实行租佃制，而且许多国有土地如学田、官庄、职田等的经营也多以租佃制为主。

两宋时期，出租土地者与租种土地者之间往往采取契约形式，前者多为地主和官府，后者多为无地或少地的农民。租地者主要以实物地租交给土地所有者，包括分成和定额两种方式。其中实行分成租较为普遍，比例多为对分，也有四六分或三七分。定额租数目固定，主要适用于土地产量比较稳定的地区，佃户在交纳完定额后，剩余产品可自由支配。与分成租相比，这种方式更有利于激发佃农的生产积极性。除实物地租外，货币地租在宋代得到了一定程度的发展。官府经营的国有土地，很多都采用货币地租，常熟县、无锡县、苏州、嵊县等地的学田租佃都数额不同地征收货币，有的甚至是全部收取数额固定的钱，而根本不交纳实物。地主私有土地也同样存在这种地租形态，王安石在上元县的田产，所收地租中除实物外，就有钱五十四贯多。南宋时，地主经常将实物地租折算成现钱征收，反映出实物地租向货币地租转化的趋势。

二、矿冶管理制度

（一）生产方式：从劳役制到招募制

在宋代，除了煤炭任人采掘、国家不加干预外，其他金属等的开采均由政府设专门机构负责。在矿产丰富、面积较大的矿区，宋廷设"监"。其中多数监是县级以下，部分监是与府、州、军平级的行政机构，不相统属。较小的矿山则设冶或坑、场，直属于各路提点坑冶公事。监和冶、场内的居民都从事采掘冶炼业，称为"冶户"，不属于州县，而由监冶统辖管理。

北宋初期，几乎所有矿冶都是官营性质，政府以征调劳役的方式加以经营。矿区内矿产的采掘和冶炼，由监冶主管官员根据民户资产高下，强制征发民夫承担，每人每日供应数升口粮，此外别无所偿。同时，指派乡村上等人户充当主吏、衙前等，负责定额上交矿课。由于当时科学技术尚欠发达，开采能力受到很大限制，无法进行深层采掘，加上劳役制下官吏的刁难勒索，因而冶户往往亏欠矿课，不少富裕的冶户无力赔付而倾家荡产。如兖州（今山东济宁兖州区）莱芜监道士冶，每年规定上交铁课二万余斤，大大超过了实际产量，尽管冶户尽力采炼，仍然不能达到定额。而冶户一旦承担采炼，即使"家产销折，无铁兴作"，官府也不会减少定额，依旧催逼交课。一些经济力量薄弱的冶户，因家贫无法完纳矿课，每年只有货卖田产，买铁入官，最后要求"依例开落姓名"，不再充任冶户。而富有冶户也因风险太大，得不偿失，不愿"兴创"。[6]在这种情况下，冶户破产逃亡者日多，许多矿冶不得不关闭。可见，劳役制已成为制约矿冶业发展的严重障碍，势必要被更为先进的生产方式取代。

北宋中叶以降，随着乡村户差役法被募役法逐渐取代，官营矿冶的招募制也日渐兴盛起来。江西信州铅山场铜矿的矿工就多系招募而来，一般采用按产量付给报酬的办法。兖州莱芜监也改变了以前征调劳役的做法，招募有经济实力的民户负责开采，并授予相应的官职，"于是冶无破户，而岁有羡铁百余万"[7]与劳役制相比，招募制是出于应募者自愿而非强迫，因而能够调动他们的主动性和积极性，神宗熙宁、元丰时期矿冶业的高度发展，与招募制的推广是密切相关的。

在官营矿冶从劳役制向招募制转化的同时，宋廷开始把部分坑冶发包给私人经营，承包者只要每年认纳一定数量的矿产品（即课利），即可取得矿冶经营权，叫做"买扑制"，又称"承买制"。仁宗至和二年（1055），诏命陕西同州（今陕西大荔）铁冶召人承买。嘉祐五年（1060），兴国军大姓程叔良买扑磁湖铁冶。最初，实行买扑制的主要是开采已久的旧矿及不堪置监的小矿、贫矿，由所隶属的监司规定每年交纳的课利钱数，召人买扑。成效显著后，一些新发现的坑冶也采取买扑方式，因而民营矿冶逐步增多。

买扑制

买扑制是指政府向商人、民户出卖某种物品经营权或某种利入收税权的制度。大致可分两种类型：一是承包税额，如买扑墟市、买扑税场、买扑江河津渡、买扑祠庙、买扑陂塘等，均属于包税型买扑，官府总计该项收入的年额，让承买者预先纳钱于官府，即可听任他们自行收税。一般以三年为期，称为"一界"，到期可续订承包合同。二是承包经营型，如买扑盐井、买扑坑冶、买扑醋坊、买扑酒务等，除承包税收外，还兼及包产或包销，经营者成为官营禁榷制度中的一个参与环节。

哲宗元祐五年（1090），宋廷对矿冶承包租赁做出更为详细的规定：原地主如果愿意承包，其家财所值相当于或超过每年的额定课利，即可与官府签订承包合同；否则就由当地官员公开立价发包，招人"承买"。直至南宋，此法令依然有效。为了使国家在采冶中获得更多的矿产品，元符三年（1100）又规定，矿冶承包户如开凿资金不足，事先可向官府借支，待开采成功后，除按数偿还所借官钱外，其余矿产品出卖后的收入也不能全部归己所有，官府要分享一部分。如果日后矿苗枯竭，承买者也可申请关闭，如徽宗政和四年（1114），东南诸路就有"或因人户自陈，便行停闭"[8]的情况。买扑制使民户取得了矿冶经营权，相对于完全官营的矿冶来说，这种"官督民营"的企业有了更多的自主权，是矿冶业内部生产关系的巨大进步。

（二）产品分配：从课额制到二八抽分制

随着劳役制逐渐被招募制所取代，课额制也必然要发生相应的变革。王安石变法期间，产生了适应招募制的新的矿产品分配制度，这就是"二八抽分制"。该制度规定，冶户将矿产品的二成作为矿税上缴国家，其余八成的产品由冶户自主处理。这样，冶户根据实际产量向国家缴纳矿税，就避免了因产量变化而导致冶户折抵家产赔纳定额矿课的弊端，冶户的再生产得到了初步保证。缴税后的剩余产品可以自由出售，极大地调动了冶户的生产积极性，也向社会提供了更多的商品，有利于商品经济的发展。实行二八抽分制以后，矿冶业内部的生产关系完成了一次重大变革，进而使熙丰时期的矿冶生产达到了两宋的顶峰。

徽宗政和以来，二八抽分制又有了一些变化，"抽收拘买立数之外，民得烹炼"[9]。这是综合了北宋初到熙宁年间的课额制和二八抽分制，即确定的课额低于北宋初年，使冶户生产可以完成定额，课额中的二分为税、八分拘买，而冶户在此课额外还可烹炼，所得归己，这种制度一直延续到南宋。

三、禁榷体制

（一）榷茶

中唐以后，茶成为人们的日常饮品，消费量激增，史称"茶之为利甚博，商贾转致于西北，利尝至数倍"[10]。因其在人们生活中的重要性和高额利润，遂被纳入国家专卖范围。两宋时期的榷茶法因空间和时间的不同而有所变化。

从区域来看，广南东西路因茶叶产量不高，一直允许自由贸易，唯不许出境。四川地区则在神宗熙宁七年（1074）才开始榷茶，此前也允许商人自由贩卖。而在茶叶的重要产地淮南路，从宋初开始，一直就实行禁榷政策。淮南地区设有十三个"山场"，官府每年向种茶的园户预先支付"茶本钱"，来年加息百分之二十，由园户用茶叶偿还。此外，园户还要以茶叶缴纳赋税，称为"折税茶"。在上缴这两项后所剩余的茶叶，园户也要卖给山场。这样，园户生产的全部茶叶都为国家所有，商人若要贩卖茶叶，必须先到设于京师的榷货务缴纳茶价，领取"茶引"，凭茶引再到某一山场取茶，园户与商人不能直接交易，违者将受到处罚。

从时间上来看，自太祖乾德二年（964）开始榷茶以来，宋朝的茶法屡经变更，但大抵可归纳为两种，一是交引榷茶，一是贴射通商，它们在不同的时期轮流交替，构成了宋代榷茶制度。

所谓交引榷茶，就是商人向京师榷货务入纳金、帛等，取得交引，持引到产茶地取茶。这种办法切断了商人同园户的联系，由国家相关机构直接与商人进行交易，保证了国家对茶利的垄断。官府以低价收购园户的茶叶，再以高价出售给商人，一买一卖之间，国家就获得了高额利润，而园户和商人的利益受到极大损害，引起他们强烈的不满。太宗淳化三年（992），在薛映和刘式的提议下，宋廷将交引法变更为贴射法，在淮南茶场，让商人直接到产茶地区同园户进行交易，国家不再干预，实际上即为通商法。但这一办法尚未全面施行就被废罢，淳化四年（993）又恢复了交引法。这一方面是因为行贴射法后，商人为了获得高额茶利，在出售的茶中新陈相杂，损害了消费者的权益，国家也不甘心将茶利都让给商人。另一方面，此时北部边防用兵，急需粮草供应，政府要用茶来招诱商人，使其运输粮草至边境，称为"沿边入中"。于是，淳化四年的交引法就与边境军需供给紧密联系了起来。商人输送粮草或钱货于北部沿边州军者，官府发给交引，持引者可至京师榷货务取得一定的报酬，官府用现钱、香药犀象和茶三种物品折付给商人，故称之为"三说法"。为了鼓励商人运粮草到沿边，除了粮草价格、运费之外，还有一定数量的额外利润，称为"加抬"或"虚估"，也是入中价格的重要组成部分，"如粟价当得七百五十钱者，交引给以千钱，又倍之为二千"[11]。

由于当时边境军需浩繁，边地官员迫于压力，大幅提高入中价格以招徕商人。于是给商人的加抬越来越多，滥发交引，大大超过了东南茶叶的实际产量。商人所持交引无法兑现到茶叶，引起交引贬值，持引的商人无利可图，自然不愿再去入中，交引法面临着难以为继的困境。针对这种情况，真宗景德二年（1005），宋廷调整了交引法，取消边地官员对入中粮草进行估价的权力，改由中央政府对茶叶和入中粮草间的折换比率做出统一规定。但为了吸引商人入中，虚估仍然普遍存在，因而并未从根本上解决滥发交引的问题，引值贬低的趋势依然无法得到有效遏制。据景德年间担任三司使的丁谓估算，沿边地区"边籴才五十万，而东南三百六十万茶利尽归商贾"[12]，也就是说，国家为商人入中付出了六倍的利润，这严重影响了国家的财政收入。

仁宗天圣元年（1023），宋廷废除了淳化四年以来的交引榷茶法，恢复了淳化三年的贴射法。商人可以到东南产茶地区与园户自相交易，官府只收净利（官府收购价与售出价之间的差额），商人买茶后要挈至官场，领取茶券以为凭证，防止私售，这一手续即是"贴射"。园户也可贴射茶货，到通商地分货卖。这种办法使国家净收茶利，而园户与商人直接交易，也能争取比国家征购更合理的价格，有利于改善园户的生产生活条件，推动他们走上商品生产的道路。同时，针对商人利用入中来垄断茶利的弊端，宋廷还实行了"见钱法"，规定商人在沿边入中粮草者，按粮草价格再加百分之三至百分之七的浮动额，一律凭券到京师领取报酬，全部偿以现钱；愿得茶货者，要在京师榷货务缴纳现钱后，持茶引到东南州军领茶。这样就把入中与茶叶贸易分别开来，矫正了过去虚估之弊，较为有效地保障了国家的茶利收入。

贴射法的实行使宋代茶法由完全禁榷过渡到部分禁榷，出现了通商的趋向。至嘉祐四年（1059），通商法最终取代禁榷法，根据规定，"园户之种茶者，官收租钱；商贾之贩茶者，官收征算"[13]，即取消了茶本钱和山场制度，茶商可以直接向园户买茶，并可随处贩易，政府只收商税；园户也可自行出卖茶叶，政府只收茶税。这是完全意义上的通商政策，多数地方实行至北宋晚期哲宗、徽宗之际。在这四五十年中，园户生产的茶叶不再由官府强制低价征购，而是进入了市场，因而园户可以增加收入，这有利于茶叶经济的长期发展。只有福建腊茶因系皇家专用的贡品，仍然实行禁榷。

宋徽宗统治时期，为了增加政府茶利，在蔡京集团的主持下，先后于崇宁元年（1102）、崇宁四年（1105）和政和二年（1112）对茶法进行了三次大规模调整，其中尤以最后一次的"政和茶法"影响最为深远。其基本规定是，园户可与茶商直接交易，但必须自赴所属州县登记备案，否则不得买卖；茶商应先于京师都茶务购买茶引，持引到指定州县向园户买茶；茶引有长、短两种，持长引者支茶后可运往他路贩易，限期为一年，持短引者只许在本路出卖，限期为一季，到期必须将茶叶售完；官府对园户与商人的交易过程进行管理与监督，园户所产茶叶根据产地、质量分出等级，各有限价，不得以次充好，也不得任意抬高茶价，商人买茶，必须由园户在茶引上注明茶叶的名色、重量、价钱，茶叶不得用私人的笼篰装盛，必须用官府特制的笼篰，并要到所在州县市易税务点检封记，封好后不得私自开拆。

实际上，"政和茶法"综合了宋初以来的征榷法和通商法，进一步加强了国家对茶叶经济的监控。它以"引"（或"钞"）为标志，因而又称引法或钞法。它继承了通商法，既不干预茶的生产过程，又不切断商人同茶叶生产者之间的贸易联系，这是对禁榷法的否定。但同时它又继承和进一步发挥了禁榷法，一方面加紧了对园户的控制，从固定的专业化户籍管理，到每家园户茶产量和质量的登录，将所有园户都纳入到国家专权的范围，从而有利于官府攫取和占有园户的剩余劳动；另一方面又制定了一整套严密的制度，加强对商人的管理和约束，不仅将茶引细分为长、短两种，甚至连盛茶的笼篰都有相应规定，以便更为有效地控制商人，保证官府在茶利的分配上获得最大份额。宋廷南渡后，"政和茶法"得到继承，并有所发展，对后代的榷茶制度产生了深远影响。

（二）榷盐

在宋代，食盐也属于禁榷商品之列。根据生产方法的不同，食盐大致分为池盐、井盐和海盐。池盐靠结晶而成，呈颗粒状，故又称为颗盐，以解州解县、安邑两池（今山西）所产解盐最为有名。井盐产于四川地区，以煮井卤而成，它的生产历史悠久，宋代的盐井有官井、私井之分。海盐产于淮南、两浙、两广等沿海州县，其中以淮南产量最多，也最有名。海盐是煮波熬海而成，呈粉末状，因而谓之末盐。

由于生产、销售等诸多环节存在差异，宋朝对上述各地区食盐的管理方式也不尽相同。解盐由国家直接组织生产，从事这一行业的民户称为畦户，每户出二人，一年给钱四十贯，每人每日给米二升，生产的盐全部上缴官府，这是典型的劳役制。在四川地区的官盐井中，也存在这种劳役制，官府强制差发百姓充当盐工，同时还根据民户资产，征调民户运输井盐，称为"盐井役"。而私盐井则由井户经营，他们都是一些经济力量雄厚的富豪，他们雇用盐工进行生产，于是盐工和盐井主之间就形成了一种雇主与雇工关系。两浙路的海盐生产主要由生产者"亭户"来组织和承担，他们与国家结成赋税制而非劳役制的关系。亭户除缴纳盐税外，其余产品则由国家全部收购。此外还役使军士，如台州杜渎盐场，徽宗崇宁（1102—1106）以前有盐军八十人从事海盐生产，这也是劳役制的一种表现形式。

不仅盐的生产环节因地而异，其供应、运销方式也存在差别。宋政府大体上将全国食盐消费区划分为两类：一类是由官府直接运输销售食盐的地区，谓之禁榷区，其食盐市场几乎完全由官府垄断经营；另一类地区则允许商人自由贩卖，谓之通商区。商人通过各种途径，或到京师榷货务缴纳现钱，或到边地入中粮草，然后获准取得解盐或淮盐，到指定的通商地区进行贩卖。宋朝官府为了同商人争夺盐利，多次变更盐法，其核心在于钞盐法。

与茶法一样，宋代盐法变更的直接原因也是战争，与招徕商人到边地入中粮草密切相关。仁宗天圣五年（1027），食盐被确定为支付商人入中粮草的物资之一，它也就同茶一样，存在虚估、加抬之弊。至庆历年间（1041—1048），官府支付给商人的"加抬则例价率三倍，茶、盐、矾缘此法贱，货利流散，弊悉归官"[14]。按照当时"三说法"的规定，盐占的比重在三分之一以上，以一百贯为例，"三十贯支见钱，三十五贯支向南州军末盐，三十五贯支香药、茶交引"[15]，其中盐利大部分被豪商巨贾所攫取，国家为此付出了高昂代价，这就促使宋政府不得不对盐法进行变革。

庆历八年（1048），由制置解盐使范祥提议，废除官运官卖法，开放商旅贸易，允许食盐通商。具体而言，商人于沿边州军入纳现钱（此钱由沿边州军筹买军储粮草），政府偿以盐钞。商人持钞赴解州支盐，然后运到指定区域销售。出钞多寡以解州年产池盐三十七万五千席（此为小席，重一百一十六斤）为准，京师由都盐院（设于宋初，为中央盐务官署）负责调节盐价与钞价，钞价低则买入，高则卖出，因而又称"钞盐制"，或被称为"范祥盐法"。其特点是官制、官收、商运、商销，已不完全是政府专卖性质。"范祥盐法"以通商代替官榷，借此克服官运官卖过程中侵害百姓的种种弊端；以现钱法代替入中粮草，从而遏止人为的虚估、加抬等，限制商人获取盐利。同时，尽可能保持盐钞发行量和解盐产量的平衡，避免因钞多盐少而引起盐钞贬值，以便维持钞价和盐价的相对稳定。这些措施收到了良好的效果，对消费者和贩盐的商人都有好处，也使国家获得了相当可观的盐利收入。

然而，至宋神宗时期，由于频繁地对西夏作战，边防费用激增，政府为筹措军费，大量发行盐钞，折兑粮草，导致盐钞过多而贬值，范祥的盐钞法遭到了严重破坏。尽管官府通过收购旧钞来控制钞价，但终因滥发盐钞的问题未能解决而无法挽救钞值下降。

徽宗统治期间，蔡京集团在变更茶法的同时，对盐法也进行了重大变革。崇宁四年（1105），盐钞法实行"贴纳法"和"对带法"。所谓贴纳法，即用旧钞领取食盐时，必须贴纳三分现钱，如不贴纳现钱，则原钞值将按八折计算，也就是要白白损失百分之二十。对带法是在贴纳法的基础上形成的，它规定用旧钞贴纳现钱领盐，凡贴纳百分之四十的现钱超过旧钞额百分之三十以上、百分之五十的现钱超过旧钞额百分之四十以上者，可以带旧钞请盐；输纳百分之四十的现钱，可以带旧钞额的百分之五十，输纳百分之五十可以带旧钞额的百分之六十，以新钞带旧钞，因而称为"对带法"。通过贴纳、对带法，蔡京集团不断地发行盐钞，只要新钞出来，以前的盐钞就算旧钞，他们就可以利用贴纳、对带名目来掠夺百姓，牟取盐利。崇宁五年（1106），蔡京集团又扩大了贴纳、对带法，使旧钞进一步贬值，贴纳现钱多而所带旧钞少，官府由此获得暴利。

政和二年（1112），在加强对茶叶进行控制的同时，蔡京集团又加强了对盐的管控制度。盐商同茶商一样，其贸易运销过程都受到官府的严密控制，从钞引的缴纳期限到装盐的囊袋，都有具体的规定，从而确保国家的盐利收入。南宋政权建立后，盐法多次变更，但大致没有超出蔡京盐钞法的范围。

（三）榷酒

宋代榷酒制度以买扑制为主体。

北宋初年，榷酒的相关制度不甚完备，"陈、滑、蔡、颍、郢、邓、金、房州、信阳军皆不禁酒"[16]。至太宗太平兴国二年（977），朝廷采纳京西转运使程能的建议，在各路榷酒。首先于三京（东京开封府、西京河南府和南京应天府）分设都酒务，其下县、镇设酒务，墟市设坊场，形成一个严密的三级榷酒体系。酒务和榷场既是酿酒作坊，又是卖酒店铺，兼作税务机关，一机构而三任，这是完全意义上的禁榷制度。

然而，官营作坊由于种种原因，特别是严重的官僚作风，往往经营不善，酿酒质量低劣，加之"以官钱市樵薪及官吏、工人、役夫俸料"[17]，成本较高，因而获利不多。在这种情况下，宋廷开始改变经营方式，淳化二年（991）停罢四百七十二处榷酒机构，并在这些地方招募有资财的民户经营酒坊，优减原额课利的百分之二十。但当时应募之人很少，因而这一时期仍实行双轨制，民户买扑和官府自酿并存。此后，民户承包经营的优越性逐渐显现出来，买扑制在酿酒业中所占比重呈上升趋势。至神宗熙宁五年（1072），买扑制全面推向各路。州、县、镇市的酒坊全由民户承包经营，同时对承包价格实行"实封投状法"，即招标制，官府出榜招人出价，每人所出价钱均封好投诸官府，官府将酒坊经营权给予出价最高之人。此法始于大中祥符元年（1008），此时引入酒坊承包，政府获得了更多收入。熙宁十年（1077），各路买扑坊场总额达到一百七十六万贯，十年后增至四百二十万贯，增幅达两倍多。

南宋时期，各级财政更加依赖坊场收入，于是进一步放宽了对承包人身份的限制，除现欠官钱物、现职吏人、贴司、巡检司军员外，其余人员都可参加实封投状，这是绍兴二十七年（1157）的诏令。乾道二年（1166），朝廷再次下令所有坊场均可实行买扑之制，同时允许军队参与酒坊买扑。

第二节　部门经济

一、农业

（一）农具与耕作技术的进步

宋代冶铁技术的进步和铁产量的提高，使铁制农具的数量和质量都比前代有了显著的提高。唐代中后期在东南地区出现的曲辕犁在宋代得到广泛推广，使用地区遍及大江南北。这种犁起土省力，掉转灵活，还可调节犁铧入土的深度，是中国耕犁史上的一大突破，它的普及对农业生产有着巨大的推动作用。另外，宋代出现了新式农具"銐刀"，主要用于开荒时割除灌木、芦苇、茅草的盘错根系，在两浙、江淮地区广泛使用，对低洼沼泽之地的改造开垦起到了显著的功效。在缺乏耕牛或不宜使用牛耕的地区，农民则使用踏犁、铁搭、镢头等人力耕地农具。

除了耕地农具之外，用于播种、插秧、灌溉等农具在宋代也有不少改进和创新。前代创制的播种工具耧车，在宋代增添了伴种下

图6-1 龙骨水车

粪的装置，将下种和施肥合为一道工序，既提高了生产效率，又节省了肥料。在水田耕作中，宋代农民创造了一种新型插秧农具——秧马。苏轼曾经记载了湖北武昌农民使用秧马劳作的情形，这种农具可以减轻劳动强度，提高生产效率，后来秧马逐渐推广到广南、两浙、江西等地区。宋代主要的灌溉农具是水车，根据所用动力的不同，有利用水作动力的筒车，上面缚有汲水的竹筒，水流冲击车身使其旋转，竹筒便周而复始地将水输入田间。在无法借用水力的地方，较为普遍地使用龙骨水车，它一般以人踏为动力，也有用牲畜为动力的。由于各种水车的广泛使用，农民抵御自然灾害的能力有了很大提高。

在生产工具不断改进并推广的同时，宋代耕作技术也有显著的进步。集约化经营方式越来越受到重视，尤其是在南方的水田耕作地区，农民不仅大力垦荒、扩大耕地面积，而且把更多的注意力放在精耕细作、提高单位面积产量上。在翻耕土地方面，从前一年秋冬到来年开春，必须进行多次耕耙，使土壤细碎、松软、平整，尽可能达到土熟如面的程度，这样既能保持土壤肥力，增强抗旱保墒能力，又能提高种子的发芽率。耕作过程中，施肥对农作物产量具有至关重要的作用，因此宋人对这一技术十分重视。宋代肥料来源有所扩大，除了人畜的粪便外，农民还利用河塘沟渠中肥沃的淤泥以及草木灰等作肥料，并采取多种方法利用和积造绿肥。在肥料的应用上，宋人已经注意到应根据不同土壤、气候、季节、作物的具体情况，施用不同数量和不同种类的肥料，实行合理施肥。

宋代在农作物优良品种的引进、推广、交流以及选育方面，都取得了很大进展，其中以占城稻最为著名。北宋前期，福建引种了越南的占城稻，这一水稻品种既耐旱，又适于在肥力较差的田里生长。至真宗大中祥符五年（1012），宋政府针对两浙、江淮等地水稻多不耐旱、时常减产的问题，从福建调运占城稻种，分发到这些地区推广种植，取得了显著的经济效益。此后，占城稻又经过各地农民的不断改良和人工选择，培育出了适应不同气候、水利、土壤条件的许多品种。南北农作物的交流也出现了十分活跃的局面，宋政府为了克服各地农作物品种单一的弊端，在南方提倡种麦以及五谷杂粮，在北方推广种植水稻。随着农作物的大规模交流和优良品种的培育推广，耕作制度出现了重要变化，同一块土地上可以接续栽种不同作物。如在江南、淮南的一些地区，由于北方旱地农作物麦、豆的推广，逐渐形成了稻麦或稻豆连作制；两浙、福建沿海及广南等地区由于早稻品种的增加，开始实行稻稻连作制，也就是种植双季稻。这样，从战国以来延续了千余年的一年一熟的单作制，到宋代已经向一年两熟的复种制过渡，这实际上提高了单位面积产量，也增强了农民防灾抗灾的能力。

（二）农田水利的发展

在宋代，人们对水利的重要性有了新的认知，"水，稼之命也"[18]，这种观点代表了宋人的普遍看法。宋朝各级政府也十分重视水利建设，经常颁布有关农田水利的政策，倡导、鼓励各地兴修水利，并将水利设施兴建情况作为考核地方官员的重要指标。民间对兴修水利相当积极，往往自发联合起来出资出力，在当地进行水利建设。两宋三百余年间，各地根据自身的自然条件，因地制宜，修复和兴建了堤、塘、堰、陂、池、渠等各类水利工程，在防涝抗旱、改造田地等方面发挥了难以估量的作用。

宋代水利设施以灌溉工程数量最多，尤其是在干旱缺水的北方地区，这些工程的作用就更加突出。仁宗时，王沿为河北转运使，在相州（今河南安阳）、卫州（今河南卫辉）、邢州（今河北邢台）、赵州（今河北赵县）修天平、景祐等渠，引水溉田数万顷。在西北地区，徽宗时在湟州（今青海乐都）、西宁州（今青海西宁）修广利等渠，引黄河上游水，使万顷耕地由低产变为高产。宋政府还十分注意修复治理已废弃的前代水利设施。仁宗时，朝廷接受知唐州事赵尚宽的建议，修复了当地原有的三大陂和一条大渠，使万余顷田地得到灌溉。南宋时，兴元府（今陕西汉中）修复六堰，疏浚大小河渠六十五里，灌溉南郑、褒城田地二十三万三千多亩。这些新建和修复的引水、蓄水工程不仅解决了缺水地区田地的灌溉问题，而且使大面积旱田变为水田，为水稻在北方的推广种植创造了条件。

与北方相比，南方地区水资源丰富，农田水利建设成就也超过北方，其中取得成效最大的当属以太湖流域为中心的两浙路。这一地区地势低洼，容易积水，时常遭遇涝灾。因此，当地的水利建设以排涝疏导为主。两宋时期，两浙路历任转运使以及所辖州、县的地方官都积极组织人力物力，开浚港浦、河道、沟渠等疏导工程，泄积潦于江海，将大片低洼积水的低产田改造成了高产稳产的良田。在东南沿海地区，还有一种重要的水利工程，就是捍海堤堰。为了防止海潮对农田的侵袭，宋代修筑了不少规模较大的工程，如江北捍海堰，由通（今江苏南通）、泰（今江苏泰州）、楚（今江苏淮安）、海（今江苏连云港）四州民夫修成，全长五百多里。浙江捍海石塘始修于五代，北宋时重修，石塘高、宽各四丈，全长三百多里，由两千名士兵专门负责海塘的修缮维护。这些堤堰不仅使近海农田免遭海潮浸没之害，还改造了沿海碱卤地，开辟出大片海涂田、沙田，增加了耕地面积。

宋代水利建设进步的另一重要表现就是水利工程的复杂化、系统化，宋人已经开始注意发挥水利工程的综合功能，其典型例子就是在江东路和浙西路大量出现排灌结合的水利系统圩田。在江浙的一些地方，江河湖泊的水面高于耕地，耕地又高于海面或另一些江河湖泊的水面，于是，当地农民就利用这种地形条件，修筑环形堤坝，将耕地围在堤内，还设有沟渠、闸门，旱时开闸引水面高的江湖之水灌溉，涝时将水挡在堤外，并将堤内积水排入水面低的江河湖海。圩田集灌溉、排涝、造田于一身，能有效地抵御水旱自然灾害，因而它的经济效益十分可观。官府积极鼓励百姓兴造圩田，同时也直接组织人力、物力。官圩往往规模较大，如芜湖万春圩，堤长百余里，圩内耕地一千二百七十顷，年产稻米七八十万石。

（三）经济作物种植的专业化与商品化

在发展粮食生产的同时，宋代的桑、麻、棉、茶、甘蔗、果树、蔬菜、花卉、药材等经济作物种植逐渐形成专业化、商品化生产，这是宋代农业经济发展的重要特点之一。

宋代丝织业非常发达，这自然离不开为其提供原料的蚕桑业。宋政府非常重视桑树的种植和养护，屡次颁布相关法令，凡新植桑树，一律不计入本户财产，也就是不对桑树摊征税役，对私自砍伐桑树者处以刑罚，情节严重者可处死刑。宋代蚕桑业最发达的地区，北方有河北路和京东路，南方则集中在成都平原和太湖流域。在这些地区，桑叶已经成为一种商品，有些种桑农户不再从事粮食种植，而专以采卖桑叶为生，而以所得收入在市场上购买粮食等日用消费品，从而进入了专业的商品化生产轨道。

麻是中国古代传统的纺织原料，宋代麻的种植遍布全国，特别是广南西路和川峡路，种植面积最大，产量也最多。此外，棉花的种植范围扩大，先由海南岛渡海而北，在两广和福建诸路推广，闽广地区成为主要的产棉区。到南宋时，棉花的种植又向长江流域推进，两浙、江南地区陆续引种，棉花及棉纺织品逐渐成为当地的重要物产而被列入政府的税收项目。

唐宋时期，茶成为人们的主要饮料之一。王安石说："夫茶之为民用，等于米盐，不可一日以无。"[19]可知宋人已将茶作为一种生活必需品。在巨大的社会需求刺激下，宋代的种茶面积进一步扩大，淮河以南诸路都广泛种植，茶叶产量也随之大幅度提高，每年在四五千万斤上下，福建、两浙、四川、江东西、荆湖南北诸路是当时最重要的产茶区。宋代茶园分官茶园和私茶园两种，以民间经营的私茶园为主。经营茶园的园户已从粮食种植业中分离出来，正如神宗时吕陶所描述的那样："（茶园）不出五谷，只是种茶，税赋一例折科，役钱一例均出，自来采茶货卖，以充衣食。"[20]他们完全靠种茶为生，基本具备了商品生产者的特征。

宋代制糖业得到了较大的发展，这与甘蔗种植业的发展密不可分。甘蔗的种植区域主要分布在长江以南的江、浙、闽、广、湖南、四川等地，其中福唐（今福建福清）、四明（今浙江宁波）、番禺（今广东广州）、广汉（今四川广汉）和遂宁（今重庆潼南）都是宋代著名的甘蔗产区。据王灼《糖霜谱》记载，遂宁有百分之四十的农田种植甘蔗，百分之三十的百姓专以制糖为业，可见当地甘蔗种植业商品化、专业化已达到了相当高度。种植甘蔗比种植粮食费力费财，但是获得的收益远胜于粮食种植，因而在人多地狭的福建等地，百姓往往将粮田改为蔗田，因而种植面积逐步扩大，还培育出了不少优良品种。

水果生产在宋代也向专业化、商品化方向发展，逐渐成为农业领域的一个独立生产部门，这种趋势在柑橘和荔枝的生产中表现得尤为明显。宋代的柑橘产地集中在两浙、四川、江西、福建以及两广，其中如两浙路的温州（今浙江温州）、苏州和台州（今浙江临海）已成为柑橘生产的中心，这些地区柑橘产量大，质量好，在农业经济中占有很大比重。许多农户不再种植粮食，完全以栽培柑橘为业，所需粮食则依靠外地商品粮供给。荔枝生产也出现了类似的情况，在主要产区福建和四川，出现了拥有万株以上荔枝的农户，有些甚至是世代种植。每到荔枝开花时节，各地商人便来立券包买，预付定金，到收获季节按约取货，然后销往各地。荔枝不仅在宋朝统治区内销售，而且营销于辽、西夏、金统治区，还远销日本、新罗、大食等国。正是荔枝所具有的这种商品性质，反过来又极大地刺激了荔枝生产的发展，"故商人贩益广，而乡人种益多，一岁之出，不知几千万亿"[21]。

随着宋代城镇居民及其他非农业人口的增加，蔬菜需求量也大大增加。长期以来，农民种植蔬菜主要是为了满足自家消费，并不是为了交换。到了宋代，城市对蔬菜的需求激增，因而蔬菜种植商品化程度明显提高，在城镇附近出现了许多菜园，生产的蔬菜专门销售给城镇居民。北宋颍昌府（今河南许昌）城东北门内因多菜圃，俗称香菜门。南宋临安城东门也集中了大片菜园。一些人口众多的大城市，郊区所产蔬菜满足不了供应，还要从外地运来大量蔬菜补给。南宋建康府所需蔬菜大部分就来自位于长江中的丁家洲（今安徽铜陵北），杨万里曾在诗中写道："鸟居鱼笑三百里，菜把活他千万人。"[22] 由于种植蔬菜收益较高，所以各地都有一批蔬菜种植专业户，像北宋汴京的菜农纪生靠种菜养活了全家三十多口人。还有镇江府丹徒县（今江苏镇江市丹徒区）大港镇的孙家，几代种菜，因其所产蔬菜鲜美，远近闻名，菜贩慕名前来争相购买。

除了水果、蔬菜种植业之外，宋代的花卉种植也有了很大发展，很多人种花不单是自家观赏，同时也是为了出售盈利。由于花卉消费者主要集中于城市，所以在城市及其周边地区出现了众多花圃和养花专业户。当时著名的花卉产区有洛阳、陈州（今河南淮阳）、彭州（今四川彭县）、扬州、苏州、广州等地，这些地区的花卉种植面积很大。洛阳城中的天王院种植牡丹数十万株。扬州种花之家，园舍相望，多者至万株。每年花开时节，产花地区都有花市，园户们带着自家种养的花卉云集于此，进行买卖。名花每株价格不菲，彭州出产的牡丹新品种"双头红"，一株价格高达三十贯，稍次的品种"祥云"也达七八贯。花卉的商品化刺激着园户不断提高栽培技术，培育珍稀品种。据欧阳修《洛阳牡丹记》载，洛阳牡丹有九十多个品种，孔武仲《扬州芍药谱》记扬州芍药仅名贵品种就有三十三种，史正志《菊谱》记苏州的菊花有二十七个品种。养花业还带动了一些新的职业产生，如熟练掌握嫁接技术的接花工，由于这是人工培育花卉新品种的重要技术，所以接花工受到了园户和富家的欢迎。此外，在开封、临安等城市，还出现了专门靠卖花为生的卖花人。

　　宋代以前，人工种植药材的面积和数量几乎是微不足道的。到了宋代，一些地区开始大面积种植药材，所种药材也成为一种重要的商品进入市场。据北宋后期杨天惠的《附子记》记载，在四川绵州彰明县（今四川江油市南）的赤水等四个乡，有百分之二十的耕地被农民用来种植附子，种植面积共一百多顷，年产附子十六万斤以上，多销往陕西、福建、两浙等地，这表明当地的附子种植完全是一种商品生产。

（四）人口和垦田面积的增加

在以个体劳动和农业生产为基础的中国古代社会，人口和垦田的增加可以看作是经济发展最直接、最显著的标志。在经历了晚唐、五代的动荡之后，宋代社会相对稳定，经济得到了迅速的恢复和发展，人口数达到了有史以来的最高峰，生产力水平的提高使垦田面积大大增加，这也显示出宋代社会经济的繁荣昌盛。

宋太祖开宝九年（976），全国户籍只有三百零九万户，此后户数持续递增，到仁宗天圣年间（1023—1032），户数已经超过了一千万。徽宗大观四年（1110），全国总户数达到二千零八十八万余，几乎是汉唐盛世时的两倍，是中国历史上前所未有的，而北宋的疆土远远不及汉唐。按每户平均五口计算，人口已超过一亿。宋室南渡以后，领土面积进一步缩小，加之战争影响，人口相对减少。然而，随着北方人口大量南迁，社会渐趋稳定，到了南宋中期，户数和人口又有所回升。虽然南宋人口数不能与北宋相比，但在淮河以南有限的领土范围内，人口密度大为增加。两宋时期的这种人口状况不仅说明当时社会稳定，劳动力增加，而且还反映出土地承载人口能力的提高，标志着农业生产力的巨大进步和发展。

宋初，由于受到五代以来战乱的破坏，各地土地荒芜现象十分严重，政府采取了多种措施鼓励百姓开垦荒地。从太祖开宝末到真宗天禧五年（1021）的四十五年间，宋朝耕地就已从二百九十五万二千余顷增至五百二十四万七千余顷。宋代土地隐漏问题相当严重，因而官方登记在册的垦田数与实际垦田数量之间存在很大出入。有学者估算，宋代垦田最多时，约有七亿至十亿亩。

其中以两浙、江南、福建、成都等路开垦田地最多，这些地区大多人多地狭，人们便想方设法垦辟耕地，几乎达到了"无寸土不耕"的地步。宋代农业技术的进步和水利事业的发展，也为多种方式利用土地提供了有利条件。上文提到的圩田就是宋代农民与水争田的结果。

此外，在多山地区，人们开山为田，垦辟了大量梯田；沿海地区的百姓则与海争田，在海滨修筑堤坝，将退潮后沉积下来的泥沙之地围起来，开垦成耕地，称为"涂田"；在两浙、江南江湖密布的地区，农民们还创造了一种利用水面种植农作物的葑田，由于当地的江湖水面上常漂浮着厚达数尺的水生植物，于是人们便用这些植物缚绑住木制的框架，在木架上铺垫泥土来进行种植，"其木架田丘，随水高下浮泛，自不淹浸"[23]。

二、手工业

（一）矿冶业

宋代的矿冶业无论是在技术上还是在规模上，都比前代有了显著进步，在矿冶业内部还出现了一个新的部门煤炭采掘业。早在汉代，人们就已经认识到煤炭具有燃烧的功能，但是对煤炭进行规模开采是从北宋中期才开始的。煤炭主要分布在北方，据南宋初朱翌的记载，"石炭自本朝河北、山东、陕西方出"[24]，这些地区的煤炭采掘业迅速崛起。在河东路（今山西），由于当地"地寒民贫"，百姓只好靠挖煤来维持生计。在河北路磁州（今河北磁县）、相州（今河南安阳）一带，煤炭产量也较大，不仅供本地使用，还运销京畿开封等地。20世纪60年代，考古人员在河南鹤壁市发掘出了一座北宋时期的煤矿，矿井深达四十六米，井下巷道总长五百多米，可以容纳数百名矿工同时作业，其开采规模和技术都达到了当时世界的最高水平。

北宋中后期，在北方的一些地区，煤炭的使用已经十分普遍。都城开封"数百万家尽仰石炭，无一家燃薪者"[25]。徽宗时，开封城内外有二十多处官营卖炭场，可见该地区煤炭的使用量之大。除了用于日常生活之外，煤炭还广泛应用于冶铁、铸造、陶瓷等其他手工业部门。河东路铸造铁钱，就是以煤炭作为燃料，河北路磁州也用煤来冶铁，徐州在元丰元年（1078）苏轼任知州时发现了煤矿，于是当地冶铁作坊纷纷用煤炭代替薪柴作燃料，大大提高了炉温，冶铁质量也由此得到有效保障，用这样的铁铸造兵器，其锋利程度胜过一般兵器，从而又促进了兵器制造业的发展。

宋代是继战国秦汉后又一个冶铁业发展的高峰。首先，宋代铁产量大幅增加，这是冶铁业发展的重要表现。北宋初年的铁产地有五十一处，到英宗治平年间，铁产地增加到七十七处，采掘范围不断扩大。铁产地主要集中在北方，当时著名的冶铁中心有徐州利国监（今江苏徐州市铜山区）、兖州莱芜监（今山东莱芜）、河北邢州（今河北邢台）、磁州诸州铁冶等地。这些铁冶规模庞大，产量极高，如徐州利国监，神宗时共有三十六冶，每冶有工人一百多人，共计有近四千人。与其规模接近的河北邢州棋村冶务，元丰年间年产量达到二百一十七万斤。宋代铁产量大大超过了唐代，宋太宗时政府收入的铁课就有五百七十四万八千斤，到英宗治平中增至八百二十四万一千斤，达到了宋代铁课的最高峰，这相当于唐宪宗元和初年铁课的四倍，是唐宣宗大中年间（847—859）的十七倍。南宋由于北方产铁地区大部分被金朝占领，铁产量大幅度下降，但仍然与唐中后期相当。随着冶铁业的发展，各种铁器制造业也得到了相应的发展。除了官府经营的铁钱铸造和兵器生产外，各地还出现了大量个体冶铁户经营的铁器作坊，制造铁农具以及其他铁制日用品，铁制产品已广泛应用于普通百姓的日常生活。

在冶铁业发展的同时，宋代的金、银、铜、铅、锡等其他金属的采掘和冶炼也超过了前代。铜、铅、锡与铁一样，是宋代铸币的原料，宋代的钱币铸造量巨大，因而这三种金属的产量也不断增长。宋代著名的铜产地有韶州涔水场（今广东翁源境内）、信州铅山场（今江西铅山境内）、潭州永兴场（今湖南浏阳境内）等，其中涔水场和铅山场采矿、冶炼的工人最多时都达到十万人以上，年产量最高曾达数百万斤。宋代冶铜业的发展与当时冶铜技术的进步是分不开的，宋人已发明了胆水浸铜法，并在各个铜产地普遍采用，大大降低了冶铜成本，提高了经济效益。

铜及铅、锡产量的激增，为政府大铸铜钱和民间日用铜器的普及创造了条件。太宗至道年间，铜钱岁铸额为八十万贯，已经比唐代多出几倍；到神宗元丰时期，岁铸额上升到五百零六万贯，是宋初的六倍多，是唐代的几十倍，铸币量增长速度惊人。与此同时，民间铜器制造业也十分兴盛。尽管宋政府实行铜禁，严禁私人铸造铜器及贩运铜器出境，但私造铜器的现象屡禁不止，各地私营冶铜作坊和民间铜匠比比皆是，百姓日常生活所用的物品如火炉、帘钩、匙箸、瓶、罐等，都有用铜制作的。北宋的太原府（今山西太原）、南宋的泉州（今福建泉州）、抚州（今江西抚州）、隆兴府

（今江西南昌）、潭州等地还以出产精美铜器而闻名于世，不少铜制品更远销海外各国。

宋代的金产地有二十余处，以登州（今山东蓬莱）、莱州（今山东莱阳）为最重要的金矿区，年产量都曾超过四千两，二州合计，占全宋金产量的半数以上。产银州军到神宗时有六十六个，重要产地有湖南桂阳监（今湖南桂阳）、秦州太平监（今甘肃天水境内）、凤州（今陕西凤县）七房冶等。

（二）纺织业

宋代纺织业的主体仍然是丝织业，这一行业在全国各地都取得了较大的发展。北方的河北路、京东路丝织业一向发达，北宋时期还保持着繁荣的局面，是政府征收丝织品的重要地区。这两路的丝织品产量大，质量好，京东路的"东绢"被时人誉为天下第一，河北出产的"缣绮之美，不下齐鲁"[26]。四川地区丝织业历史也悠久，从汉唐以来就是著名的丝绸产地。这里生产的蜀锦远近驰名，在成都府、梓州（今四川三台）都设有官府经营的纺织机构，尤以成都锦院的规模最大，最兴盛时有军匠五百人，织机一百五十四张，房屋一百二十七间，每年用原料丝十二万五千两、染料二十一万一千斤。除了传统的丝织品产地外，长江下游，特别是太湖流域，作为新兴的丝织中心而迅速崛起。两浙路在北宋时丝绸的产量就已居全国最前列，到了南宋，北方地区的丝织业受到战争破坏而日益衰落，东南诸路的丝织业后来居上，不论在产量还是质量上都远远超过了北方。

与唐代相比，宋代丝织品普遍具有细密、轻薄的特点。如四川绵州（今四川绵阳）所产"巴西纱子"，一匹仅重二两。单州成武县（今山东成武）的薄缣，每匹长宽与别处所产无异，而重量仅四两多，望去如烟雾一般。扬州的縠和亳州的纱因其轻薄而受到士大夫的赞美，北宋张咏曾作诗描述道："维扬软縠如云英，亳郡轻纱若蝉翼。"[27]此外，宋代刺绣和刻丝工艺达到了令人惊叹的高超水平，明代书画收藏家张应文在其《清秘藏》中说："宋人之绣，针线细密，用绒止一二丝，用绒如发细者为之。设色精妙，光彩夺目。"刻丝是宋人创造的新工艺，其中以定州（今河北定州）刻丝最为著名，花草禽兽纹络如雕刻而成，极具立体感，现今存世的两宋时期刻丝珍品为后世叹为观止。

宋代丝织业之所以取得巨大成就，与专靠丝织为生的机户大批涌现有密切联系。在南方丝织业发达的一些地区，曾经依附于小农经济、仅为满足自家需要的家庭丝织业逐渐从一家一户的模式中脱离出来，一部分农户不再从事农业生产，而转变为专门的丝织手工业者——机户。虽然史书缺乏对宋代机户总数的明确记载，但根据仁宗景祐三年（1036）官员张逸的报告，仅四川梓州一地就有机织户数千家，若按比例推测，北宋全国的机户当在十万户上下。个体机户在经营过程中发生两极分化，经济条件较好的机户生产规模逐渐扩大，单靠家庭成员已不能满足生产需要，开始使用雇工劳动，而破产机户只能受雇于人。洪迈在其《夷坚志》里就记载了不少这样的雇工，像都昌妇人吴氏"为乡邻纺缉……日获数十百钱，悉以付姑为薪米费"，还有"白石村民，为人织纱于十里外，负机轴夜归"。这种雇佣关系是宋代纺织手工业中出现的一种新的经济因素。

和丝织业同为传统手工业的麻织业在宋代平稳发展。在适宜种麻的四川和广西地区，麻织业最为兴盛，当地的地方官员也采取措施推动麻织业的发展。陈尧叟任广西转运使时，官府提高麻布收购价格。薛奎知成都府时，春天付给百姓现钱，到了秋天收取麻布，这种征收方式称为"和买"。这些优惠政策使四川、广西两地的麻织业蒸蒸日上，每年官府科买的麻布达七十七万匹。除麻布外，各地还生产其他种类的麻织品，其中最著名的是花练，它纹络精美，色泽鲜艳，贵重的花练价格为普通绢帛的五倍以上。

除丝、麻以外，新的纺织原料棉花在宋代种植范围的扩大，带动了棉纺织业的进步。宋代以前，聚居海南岛的黎族就已从事棉织生产。随着棉花进入两广、福建，进而扩展到江浙地区，两宋开展棉纺织业的区域也越来越多，各地生产的棉纺织品种类多，工艺也达到了较高的水平。如南宋赵汝适记载广南的棉布有数种，最结实厚重的名兜罗锦，稍轻薄的叫木绵布，最轻薄的叫吉贝布。福建一些平原地区棉花的种植很普遍，棉纺织业也比较发达，刘弇曾作诗吟咏道："家家余岁计，吉贝与蒸纱。"1975年，浙江兰溪南宋墓中出土了一条棉花织成的毯子，经纬条干一致，两面拉毛均匀，细密厚暖，表明南宋中叶两浙地区的棉纺工艺已具有相当高的水平。

（三）制瓷业

制瓷业在宋代达到了一个新的高峰。瓷窑广泛分布于全国各地，不论是在经济发达地区，还是在相对落后的地区，都有规模不等的窑场，因而瓷窑数量比前代大为增加。制瓷工艺也不断进步和革新。宋代以前，瓷器的烧装采用匣钵法，是在一个匣钵正中放置一件瓷器烧制。北宋中期，定窑首先对这一烧装技术进行了变革，改用先进的覆烧法，即将瓷器反置于由垫圈组合而成的匣钵内进行烧制，一次可以烧若干件，大大提高了生产效率。此外，宋代工匠对炉温的合理调控以及坯泥和釉彩的巧妙配料，都大大提高了瓷器的质量。

在北方地区，瓷窑以官府经营者居多，其中定窑、钧窑、官窑、汝窑最为有名。定窑在今河北曲阳境内，其所产瓷器釉色润泽，有白、红、黑三种，尤以白瓷为上品，产品以日用器皿如碗、杯、碟、瓶、炉、枕为主，胎质细薄，造型丰富。南宋时，吉州（今江西吉安）永和镇瓷窑仿造定瓷，人称"南定"，但其质量已不如定瓷。钧窑因其坐落在河南禹县钧台村而得名，建于北宋初年，钧瓷以釉色见长，其所用瓷泥中含有铜、铁等元素，烧制过程中发生窑变，产生红、紫、黄、绿等色，绚丽多彩；又因窑中温度的变化，釉液流入瓷胎的裂纹之中，形成自然花纹，称为"蚯蚓走泥纹"，别具一格，赢得时人及后人的广泛赞誉。官窑特指宋朝官方设在都城的瓷窑，徽宗政和年间（1111—1118）初设于开封，南渡后迁到杭州，所产瓷器以青瓷为主，制坯选土精细，釉有开片（细纹）如蟹爪，瓷器往往上沿色紫、底部色黑，号称"紫口铁足"。汝窑的窑址直到1987年才被考古人员发现，在今河南宝丰县，北宋时属汝州，所产也以青瓷著称，釉莹厚如堆脂，并吸收了定窑的印花技术，把各种陶范制成的花纹图案印在瓷胎上烧制，从此青瓷也开始出现了印花。

南方瓷窑大多是民窑，著名者有江西景德镇窑、浙江龙泉窑和哥弟窑等。景德镇初名昌南，烧制瓷器始于东汉，到宋代制瓷业大盛。北宋真宗景德年间（1004—1007），此地为宫廷烧制瓷器，瓷器上都标写"景德"二字，由是景德镇名闻于天下。所产瓷器以青白瓷为主，由于善于学习和吸收其他瓷窑的先进技术，并在此基础上加以改进和创新，景德镇瓷器产品博采众长，展现出多种工艺技术和风格。龙泉窑位于浙东龙泉县，源于唐代的越窑，北宋末年到南宋时期达到鼎盛，成为南方的青瓷制造中心。其烧造的青瓷釉色独特，一种呈粉青色，如同青玉，一种呈梅子青色，宛似碧玉，为他窑所不能仿造。哥弟窑据说是由浙江的兄弟二人所建，也属于以龙泉窑为中心的青瓷系统，所产瓷器"质颇薄，色青"[28]龙泉窑因其地近沿海，故产品出口较多。

（四）造纸和印刷业

宋代文化教育事业的繁荣，推动了造纸业的巨大发展。宋朝境内纸张产地很多，几乎遍及各路。各地造纸大都就地取材，"蜀中多以麻为纸……江浙间多以嫩竹为纸，北土以桑皮为纸，剡溪以藤为纸，海人以苔为纸"[29]，加上各地造纸工艺存在差异，因而生产出的纸张也就各有特色，许多地方都形成了颇具影响的名牌产品。四川的蜀笺薄而清莹，彩色且有精美的砑花，在透光处观看，能显示出多种纹理、图案或文字，而平置时图案便隐而不现，体现出高超的纸张加工工艺，被视为纸中珍品。成都平原西南部的眉山，以生产专门印刷交子的楮纸著称，这种纸特别耐磨，因而除印刷交子外，凡是需要长久保存的公私簿书、契券、图籍、文牒等都会大量使用。竹纸主要产于两浙地区，尤以越州所产为上乘，南宋陈槱称"今越之竹纸，甲于他处"[30]，著名书画家米芾也对越州竹纸的晶洁光滑大加称赞。此外，徽州（今安徽黄山）的玉版纸色理腻白，温州的蠲纸洁白坚滑，抚州的藤纸坚滑不留墨，鄂州的蒲圻纸厚薄弹性适中，峡州（今湖北宜昌）的夷陵纸经久不变质，在当时都负有盛名。

宋代纸张用途广泛，不仅用来写字、作画、印刷书籍等，其他种类的纸制品也大大增加，如纸帐、纸被、纸衾等日常生活用品在士大夫间非常流行，有时他们还以这些纸制品作为礼物互赠，这在宋朝的一些诗歌作品中曾经述及。除此之外，宋人还有制作和穿着纸衣的情况，纸张甚至还被用来制作铠甲，这也从一个侧面反映出宋代纸张质量的提高。

在造纸业兴盛的同时，宋代的印刷业也迅速走向繁荣。作为中国古代四大发明之一的印刷术，此时进入了一个重要的发展阶段。文化教育事业的高度发展，使书籍的需求量激增，官、私刻书作坊如雨后春笋，遍及全国各地，刻书数量之多、内容之广、规模之大、印刷之精，都远远超过了前代。两宋的政治文化中心开封、临安，造纸业发达的四川成都、福建建阳（今福建南坪建阳区），是当时印刷业的中心。都城国子监既是全国最高的教育机构，也主持雕版印书，所刻书籍最为精美，称为监本。成都、建阳的刻书分别被称为蜀本、建本，印刷质量虽不如监本，但数量十分可观。其中成都曾在太祖开宝四年（971）被宋廷选中，承担雕印《大藏经》的任务，历时十二年，雕版十三万块。稍后，成都及与其相邻的眉山又刻成《太平御览》《册府元龟》两部大型书籍，可见官刻规模之盛。建阳刻书以内容广、数量多著称，当地书肆林立，所刻之书有经史子集、农医历算，几乎无所不

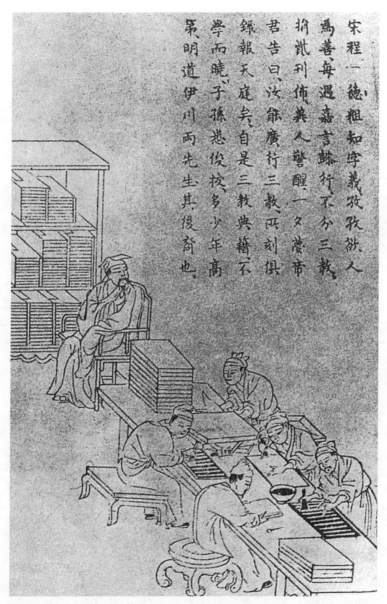

宋程一德粗知守义发发欲人为善，每遇嘉言善行不分三教，辄就刊布义人警醒，一夕梦帝君告曰：汝能广行三教，既刊俱录报天庭矣，自是三教典籍不学而晓，子孙悉俊，多少年高第明道伊川两先生其后裔也。

图 6-2　雕版印刷作坊的工作情形

包，所以宋人祝穆说："（建阳）麻沙、崇化两坊产书，号为图书之府。"[31] 虽然建本书质量不佳，但流传甚广，"福建本几遍天下"，对书籍的普及和知识的传播起到了极为重要的作用。

然而，雕版印刷术存在致命的弱点，就是整版文字无法单独或重复使用。宋仁宗庆历年间（1041—1048），布衣出身的毕昇经过反复实践，终于发明了以单字为主的活字印刷术。当时虽未受到重视，但毕昇死后，其活字却为科学家沈括发现，并将这一影响世界文明的创造发明记录下来，对其工艺流程做了十分详细的描述，从而使这一伟大发明得以公之于世，并传播开来。这不仅是宋代科学技术高度发达的证明，也为人类文明做出了难以估量的贡献。

三、商业

（一）城市的发展与繁荣

从先秦以来，中国古代的城市格局大体沿袭着条分块割的坊市结构。以汉唐都城长安为例，核心位置是皇宫和各种官署，外围是兵营和民居。商业活动被局限在固定的商业区"市"内进行，住宅区称"坊"，坊、市各自为封闭的单元，四周修筑围墙，设有坊门、市门，定时开启和关闭。市门有士兵把守，市内有官吏和士兵巡视，管理监察市内交易活动。城市居民的活动仅限于白天，夜间实行宵禁，日落后敲街鼓，坊门关闭，平民不许在大街上逗留，违者要受杖刑惩罚。

随着商品经济的发展，严格的坊市制度已经越来越不适应商业活动的进一步开展和城市居民的生活需要。从晚唐开始，商业活动逐渐突破了时间和空间的限制，出现了夜市和临街开设的店铺，但这些行为是受到官府禁止的。到了宋代，坊市格局最终被彻底打破。太祖乾德三年（965），官方取消了三更以后禁止夜市的规定；仁宗景祐年间，居民临街开设邸店得到官方的认可；神宗时，开封城内已经很久听不到宵禁的街鼓声了。种种记载表明，宋代城市的商业活动可以合法地随时随地进行，这大大改变了城市的生活风貌。当时的一些大都市，如北宋的开封、南宋的临安，居民面街而居，街道两旁店铺林立。有的店铺为了扩大店面，竟然侵占了街道，以致原本宽广的街道不断变窄，官府不得不征收"侵街房廊钱"。商业活动昼夜不绝，夜市和早市在都市里已十分普遍。夜市从入夜开始，多设在酒楼、饭店、茶馆、商店比较密集的街区，至三更鼓罢结束，有的闹市则通宵不绝，这极大地丰富了市民的夜生活。早市紧接夜市，有卖早点的，也有卖洗脸水的，主要为进城卖货的农民和上早朝的胥吏服务，因其凌晨营业，天明即散，故被时人形象地称为"鬼市"。这种早市不仅在都城里普遍存在，外地州县也是如此，陆游《避暑漫钞》里曾记述岭南沿海地区的鬼市"半夜而合，鸡鸣而散"，可见宋代城市商业的普遍繁荣。

宋代商业活动不仅突破了坊市和昼夜的限制，而且还打破了城郭的限制，在城市近郊发展起了定期的贸易场所草市。这种商业区无论是在内地还是在边境，都普遍存在，有些草市的规模相当可观。北宋开封城外近郊就有十二个草市，朝夕贸易，繁华喧闹。应天府城南郊区因为位于汴河河畔，"舟车所聚，四方商贾孔道也"[32]，为商业活动提供了便利的交通条件，草市便自然而然地兴起，被称为"河市"。即使在西北边境的秦州，城郊也有两个草市，居民和驻军有万余户人家，商业活动的兴盛可想而知。有的近郊草市在发展过程中逐渐成为新的区域性商业中心，繁华程度可与大都市媲美。如南宋时鄂州城外的南草市，位于长江岸边，是过往商船的重要停泊处，又是南北交通的重要枢纽，因而十分兴盛，"沿江数万家，廛闬甚盛，列肆如栉，酒垆楼栏尤壮丽，外郡未见其比。盖川、广、荆、襄、淮、浙贸迁之会，货物之至者无不售，且不问多少，一日可尽"[33]，市场规模之大，不难想见。不少草市与城市的联系日益密切，因而逐渐成为城市的重要组成部分，虽地处城外，但官府按照与城市相同的办法进行管理。

镇市的迅速发展是宋代商业繁荣的另一个重要表现。镇作为一级行政单位，在前代往往是带有军事性质的，多设在边境或战略要地。而在宋代，镇的设置不再单纯为了军事目的，更主要的是适应商业贸易的需要。宋代设镇的标准是"民聚不成县而有税课者，则为镇"[34]，所谓"有税"实际上指的是有商税收入，因此镇的分布与贸易活动的兴盛程度紧密相关。在交通要道、经济发达或手工业集中的地区，通常客商云集，镇的数量也就较其他地方更多。如北宋的三京（今河南开封、洛阳、商丘）附近，苏州、杭州附近，成都、梓州附近，都是镇分布最密集的地区。镇在商业发展和商税征收等方面占有重要地位，不少镇的人口数量、商税收入都超过了普通的县城，有的甚至超过了它们所属州军的治所城市。如湖州（今浙江湖州）的乌墩镇（今浙江嘉兴乌镇）、新市镇（时隶德清县），楚州（今江苏淮安）的洪泽镇（时隶淮阴县）就都超过了它们所隶属县的县城；蕲口镇、固镇、池口镇、海仓镇、宁海镇的商税岁额分别超过了它们所隶属的蕲州（今湖北蕲春）、凤州、池州（今安徽池州）、莱州、滨州（今山东滨州）的州城商税岁额。

在乡村，集市贸易也有了进一步的发展，穷乡僻壤之地都有集市。宋代对乡村集市称呼不一，北方多称集、场，岭南多称墟，江南和四川的一些地区则称为疾市。集市贸易定期举行，或三五日一次，或隔日一次。这里是农民和乡村手工业者进行产品交换最直接的场所，农民用粮食、柴草、布帛等产品换取茶、盐、农具、生活用品等，脱离了农业劳动的手工业者则在集市上购买所需衣食等物品。一些集市散市后就成了人烟稀少之地，而另外一些贸易繁盛的集市逐渐出现了小酒店、茶馆等商铺，满足往来贸易的人们的需要，成为集市上的定居人口。随着商铺的增加，人口和商税收入也相应增加，于是，集市就逐渐上升为镇。在经济发达地区这种情况较多，常熟的六个镇中有两个就是由乡村集市发展而来的。

（二）对外贸易

在国内市场和商业贸易发展繁荣的同时，宋朝同周边少数民族政权和海外诸国的贸易往来也日益频繁，对外贸易收入在国家财政中的地位不断提高。

两宋时期，先后有辽、西夏、女真等少数民族政权与宋并立，尽管它们与宋朝时战时和，但经济交流活动从未中断。在和平时期，宋朝和各少数民族政权在各自边境上设立榷场，商人们可以在此进行交易，但榷场贸易活动受到官方的严格监管，还常常因战事而被迫中断，不能完全满足各民族间的经济交往需要。相反，所谓的民间"非法"贸易是官方行政命令所无法控制的，不仅屡禁不止，而且还有不断扩大的趋势，从经济上将各民族更紧密地联系起来。在与周边少数民族的贸易中，宋朝输出的商品主要有香药、漆器、瓷器、缯帛、茶，用来换取少数民族的羊、马、驼、盐等。

宋代海外贸易范围比唐代又有所扩大。据周去非《岭外代答》、赵汝适《诸蕃志》以及《宋史·外国传》等记载，宋朝同海外五十多个国家有贸易往来，其中不但包括自汉唐以来一直与中国通商的国家和地区，还包括了前代没有建立直接经济联系的国家和地区。如北非的勿斯里、陁盘地、遏根陀（三地均在今埃及境内）等，宋代以前同中国只有间接的贸易关系，从宋代才开始与中国进行直接的、较大规模的贸易。自西太平洋到印度洋、波斯湾，东亚日本、朝鲜、东南亚诸国、南亚诸国、大食和非洲东海岸诸国都是宋朝的贸易伙伴。

宋代海外贸易中出口商品主要是瓷器、陶器、漆器、药材、茶叶、各类丝织品等，印本书籍也大量营销海外。输入品主要有日本的沙金、木材、宝刀、扇子以及其他手工艺品，高丽的人参、药材，南亚和阿拉伯的药材、香料、象牙、珠宝等。海外贸易的发展对国内商业发展起到了一定的促进作用。在海外商船经常停泊的海港，进出口贸易刺激了当地市场的活跃，广州、泉州、明州、温州等港口城市的繁华以及沿海板桥镇（今山东胶州境内）、青龙镇（今上海青浦北）、澉浦镇（今浙江海盐）等一批城镇的兴起，都与海外贸易有着直接的联系。一些商品的大量出口也刺激了这些商品的生产。如瓷器在海外大受欢迎，所以在浙江、福建等沿海地区，制瓷业的发展后来居上，超过了内地。

在宋代的对外贸易中，铜钱外流是始终存在的严重问题。周边各少数民族政权以及海外一些国家，都是铜钱外流的主要目的地。虽然宋廷一再下令，严禁铜钱走私，但铜钱仍以惊人的速度流向境外，这对宋朝的社会经济产生了极为不利的影响，但另一方面，也推动铜钱流向地商品经济的发展。

第三节　区域经济

一、区域经济

（一）中原经济

宋代的中原经济区通常包括京畿、河北、京东、河东、陕西、京西六路。这一地区经济基础较好，但从中唐安史之乱开始，历经五代割据混战，社会经济饱受战争破坏。宋朝结束了五代分裂局面之后，中原经济得到了不同程度的发展。

陕西在汉唐时期曾经有过雄厚的经济实力，尤其是陇西和关中地区。然而，由于连年战争，人口已丧失大半，如京兆府（今陕西西安），宋初的户口只有唐代天宝年间的四分之一。尽管北宋统一了中原，但陕西面临的战争威胁并没有随之结束，党项势力步步进逼，使该地区又成为宋夏战争的前沿，"自陕以西，民力伤残，人不聊生"[35]。就是在这种困境中，陕西经济依然顽强地恢复发展起来。首先是水利建设，官府不仅修复了郑白渠，还兴建了三白渠和丰利渠，到北宋末年，关中地区的灌溉面积达到三四万顷。陕西的毛纺织业极为发达，靴毡、紫茸毡、毛毡、白毡等都是作为土贡上供的毛织品。此外，陕西每年造漕船六百艘，仅次于两浙，名列第二。由于战事需要，陕西驻扎着数十万军队，他们的消费需求带动了酿酒业等产业的发展，使陕西酒税收入在北宋各路中名列第一。

河东路的经济发展也受到一些不利因素的制约，除汾州（今山西汾阳）、晋州（今山西临汾）、绛州（今山西新绛）位于汾河谷地外，大部分地区山多水少，土地贫瘠，自然条件欠佳；北宋灭北汉后又将河东百姓大批迁往内地，造成当地劳动力严重不足；再加上地处宋辽对峙的前沿，时时笼罩在战争的阴影之中，军费消耗是河东经济的沉重负担。但是，河东经济也有自己独具特色之处：一是采煤业的发达为其他诸路所不及，这里煤炭开采比较普遍，一些民户已经以挖煤为生；另一优势经济是畜牧业，河东盛产羊、驼，"家家资以为利"[36]，熙宁六年（1073），官方一次在河东就购买骆驼三百峰，用来运送军用物资。

河北路地处华北平原，地势平坦，土壤深厚，自然资源丰富，经济很早就得到开发，基础雄厚。但是与陕西、河东路一样，长期处在以契丹为首的少数民族政权威胁之下，经济发展因此受到一定的阻碍。北宋初期，为了阻挡契丹骑兵的南下，河北沿边大修塘泊，在宋辽边境上修筑了一条"水长城"，至少占据了数万顷耕地。虽然宋廷利用这些塘泊大兴屯田，种植水稻，解决了数十万河北驻军的部分口粮，但实际上，官营屯田耗费巨大，收入却不多，往往得不偿失，不利于农业生产的发展。除了战争，黄河水患也是制约河北经济的一大不利因素。北宋时期，黄河决口危害到河北，仅《宋史·河渠志》记载的就有二三十次，给河北地区带来的灾难可想而知。庆历八年（1048），河北、京东西大水为灾，经富弼赈济的灾民就有五十余万。战争和水患使河北长期存在着大量弃耕荒地，欧阳修曾对河北的土地状况有过这样的描述："河北之地，四方不及千里，而缘边广信、安肃、顺安、雄、霸之间，尽为塘水，民不得耕者十八九。澶、卫、德、博、滨、通利、大名之界东与南，岁岁河灾，民不得耕者十八九。"[37] 这些荒地逐渐转变为牧场，大量养马以供战争需要，河北因而成了北宋最大的养马基地，畜牧业在河北经济中所占的比重大幅上升。庆历年间，官方在河北大量征购马匹，即便如此，征购后河北还余二万零七百匹马，可见民间养马之普遍。官营养马机构牧马监也多设于河北，北宋中叶，河北的牧马监多达十所，以致洺（今河北曲周境内）、卫（今河南卫辉市）、相、澶、瀛、定等州和大名府一带（今河北中南部），"相望皆是棚基草地"[38]。

在单一的农业经济向农业、畜牧业并重转化的同时，河北的手工业在原有的基础上继续发展，取得的成就引人注目。河北的丝织业历史悠久，该地又是当时蚕桑业最发达的地区之一，为丝织业提供了丰富的原料，所以河北的丝织业在北宋享有盛誉，有"河北衣被天下"之称。河北丝织品不仅产量大，而且工艺精湛，质量上乘，定州刻丝、单州（今山东单县）薄缣闻名遐迩。河北路的煤炭资源也十分丰富，相、磁、邢、怀（今河南沁阳）等州及真定府都是重要的煤炭产地。在采煤业的带动下，以煤炭为燃料的冶铁、制瓷业也兴盛起来。邢、磁二州的铁冶规模庞大，所产铁器不仅满足宋境的大部分需要，而且北输辽朝境内。中原四大名窑中的定窑和磁窑也都在河北路。

京东路的经济基础也比较好，到了宋代又有了新的发展，尤其是中部地区青（今山东青州市）、沂（今山东临沂）、潍（今山东潍坊）、密（今山东诸城）、齐（今山东济南）、徐（今江苏徐州）等州，土地肥沃，水源充足，温度适宜，农业、手工业都很繁荣。京东路还是除河东、河北之外又一重要的煤铁生产基地，宋廷在徐州设利国监，在兖州设莱芜监。此外，京东路的商品经济发达程度在北方位于前列，仅次于开封府。地处胶州湾的密州板桥镇是北方唯一的外贸港口，来自海外的商人在此登陆，将香药等货物贩至河北、河东等路，再收买河北、京东所产的精美丝织品，因而这一地区的商贸活动十分繁盛。

北宋首都开封府所在的京畿路，自然条件并不算好，"土薄水浅"，农业并不发达。但作为全国的政治中心，这一地区享有便利的水陆交通优势，数目庞大的皇室、官僚和军队聚居于此，形成了巨大的消费市场，因而手工业和商业极为繁荣。首都东京有着规模最大的各类官营手工业工场，如纺织作坊绫锦院，真宗时拥有织机四百余张，织工和染匠达两三千人。军器监下属的南北作坊有兵校工匠七千九百三十一人，分工细密。开封地区交错纵横的水道网络，又为水磨加工业的兴盛提供了条件，仅东水门外就有水磨百盘，长葛（今河南长葛）、郑州（今河南郑州）等地有磨坊各二百六十所，这些磨坊磨面、磨茶，以满足首都地区的日常消费。此外，酿酒业也十分发达，东京的大酒户有七十二家，每年造酒用米三十万石，熙宁年间每年售酒一百八十万斤。商品经济的发展更为城市带来了全新的风貌。

总体来看，中原经济区自然条件适宜，经济基础较好，因而在北宋统一中原、社会秩序相对稳定后，经济有了一定程度的发展。

但陕西、河东、河北三路长期处于战争的威胁之下，河北又受到黄河水患频繁的严重危害，使得北方大部分地区的经济发展面临劳动力流失、土地大面积荒芜等不利因素，发展的速度明显放慢。

（二）东南经济

东南经济以太湖流域的两浙路为典型代表，包括淮南东、西和江南东、西四路以及福建沿海地区。从晚唐到南宋，随着北方移民不断迁入，这一地区人口激增，"地狭人众"成为东南经济发展必须解决的首要问题。一方面，扩大耕地面积，与水争地，与山争地，开辟出大量圩田、葑田、海田、梯田，进行精耕细作，提高土地复种指数，最大限度地发挥土地效率。另一方面，大力种植经济作物，提高农业的商品化程度，寻求最大效益。如茶叶的种植在东南地区十分普遍，据绍兴三十二年（1162）的各路州军产茶数额，江西产茶五百三十八万余斤，位居第一，占总产量的百分之三十；紧随其后的三路分别是浙西、江东、浙东，都属东南地区，这四路合计产茶一千四百六十八万余斤，占总额的百分之八十以上。水果种植业在东南地区也十分发达，福建的荔枝种植就是典型代表。蔡襄说福州荔枝"水浮陆转以入京师，外至北漠、西夏，其东南舟行新罗、日本、琉球、大食之属，莫不爱好，重利以酬之"[39]，可见荔枝种植已经走上了商品化的道路，获得了可观的经济效益。此外，东南地区种植的经济作物还有花卉、木材等，农业发展呈现多种经营的趋势，当地的自然资源得到了充分的利用。

东南地区手工业的发展也令人瞩目。江西信州（今江西上饶）铅山务是宋代三大铜务之一，每年炼铜三十八万斤，最盛时"常募集十余万人，昼夜采凿"[40]，而且炼铜技术进步。著名的龙泉窑和景德镇窑也位于东南地区，前者以浙江南部龙泉县为中心，窑址遍布龙泉、云和、丽水、遂昌、永嘉等县，形成长达五六百里的瓷业地带，规模极为可观；后者制瓷历史悠久，影响及于江西、广东、福建、安徽等广大地区，形成独具特色的青白瓷系。在纺织业方面，江南地区后来居上，已经超过了有着悠久纺织传统的北方，丝织品产量和质量都有了极大提高。此外，东南地区的造纸业、印刷业、造船业等的成就也在全国首屈一指。

东南地区地处沿海，拥有众多的优良海港，因而从汉晋以来，与海外的联系逐渐增多，这便形成了东南与内地商业迥异的发展趋势，即东南商业呈现外向型特点。中唐以后，东南地区的海外贸易以前所未有的速度成长起来，到宋元两朝进入鼎盛时期。两浙、江西、福建的许多农产品和手工业品，如荔枝、丝织品、瓷器等，都是向海外出口的大宗商品，高额的利润反过来又进一步刺激了这些商品的生产。生产者不断改进技术，并扩大生产规模，从这种意义上说，海外贸易实际上成了拉动东南经济增长的重要外在动力。

在地狭人众这一内在压力和海外贸易这一外在动力的共同作用下，东南经济走上了一条商品化的多种经营发展的道路。这使得东南和中原之间的经济差距在发展速度、经济类型等方面也开始表现出来。中原经济区的农业仍为传统的耕战模式，未能突破单一粮食种植的束缚，商品经济虽然也在发展，却是内向型的，海外贸易远不如东南发达。而东南经济的发展，首先是经济作物的广泛种植，大大提高了农业的商品化程度；在此基础上，手工业和商业取得飞速发展，其中商品经济的外向型特征，使东南经济在质上有了新的变化。

（三）西川经济

西川地区包括成都府、梓州、利州和夔州四路。由于受到自然条件的影响，这一地区经济呈现出严重的发展不平衡的特征：川西成都平原的农业、手工业、商业都很发达，与两浙路同属国内最发达的经济区域；川东地区却因处于崇山峻岭之中，土地贫瘠，资源贫乏，人口稀少，再加上耕作技术落后，经济停滞不前，是当时最不发达的地区之一。

成都府位于四川盆地中，"平原沃壤，桑麻遍野"，自然条件优越，大部分州县都处在有都江堰灌溉的方圆一百多公里的平原上，十分有利于农业的发展，西川四路中将近一半的户口都集中在成都府路。成都府路的手工业也非常发达，是全国纺织、造纸、印刷等行业的中心地区之一。由于地处内陆，无法开展海外贸易，这是成都府路商业发展的一大局限，但成都在国内贸易中具有重要地位，作为西川四路的交通枢纽和区域性经济中心，成都平原及其四周地区所产的粮食、纺织品、陶瓷、纸张、书籍等都集散于此。同时，成都还是宋朝与吐蕃、大理进行茶马贸易的重要商埠，中国最早的纸币交子也诞生在此，这里无疑又是西南地区的金融中心。史称其繁华景象："万井云错，百货川委，高车大马，决骤乎通途，层楼复阁，荡摩乎半空。"[41] 是名副其实的西南大都会。

梓州路的大部分州县也处在四川盆地之中，因此自然和经济条件要略优于利、夔两路，在西川四路中仅次于成都府路。梓州、果州（今四川南充）、遂州（今四川遂宁）一带还是继成都之后兴起的又一个丝织中心，梓州路上供的绢、绸、绫等丝织品数量已超过成都府路，而位居西川四路第一。此外，梓州路拥有丰富的盐业资源，井盐的产量高于其余三路。加上有嘉陵江、涪江、长江横贯境内，既为农业生产提供了丰富的水源，也形成了纵横交错的水路交通网。这些有利因素使梓州路具备相当的经济实力，在宋代各路中经济处于中上等水平。

相比川西，位于川东的利州路和夔州路经济要落后得多。这两路大部分是山区，自然条件恶劣，交通不便。除了利州路所辖的兴元府和洋州（今陕西洋县）位于汉中盆地，"平陆延袤，凡数百里，壤土演沃"[42]，除自然条件稍好，农业有所发展外，其他地区都土瘠民贫，耕作方式也极为落后，刀耕火种，粗放经营，与川西的经济状况形成了强烈的反差。

（四）中南经济

中南地区主要指京西南、北路和荆湖南、北路，但京西北路的西京洛阳府地区历来是中原经济区的核心组成部分之一，因此不包括在中南区域内。两宋时期，中南地区的经济发展速度缓慢，究其原因，一是人口密度不高，劳动力不足；二是水利建设不力，导致京西南路和荆湖北路的一些地区深受水患之害；三是战争的影响，这一地区在宋金战争中是双方争夺的焦点，人口进一步减少，经济变得更加落后。

中南四路中自然条件较好的是京西北路，蔡（今河南汝南）、汝（今河南临汝）、颍（今安徽阜阳）等州地处黄淮平原，地势平坦，水源充足，是理想的农耕区域。而京西南路的情况总体上不如京西北路。该路南部只有汉水流域的均州（今湖北十堰东北）、襄州（今湖北襄阳）以及郢州（今湖北钟祥）土壤肥沃，农业生产较为发达，其余大部分地区土地瘠薄，不利于农业生产。北部陈州一带地势卑下，每年夏秋之际，雨水就汇集于此，直到北宋末年修建了相关水利设施，情况才有所改观。而唐、邓、蔡等州（今河南泌阳、邓县、临汝、汝南一带）虽然生产条件不错，但直到北宋中叶仍然人口稀少，大量土地得不到开垦。

荆湖北路的东部和西部，自然条件截然不同，东部位于江汉平原，西部地处山区，但农业生产都十分落后，一个共同的原因就是耕作技术的原始。该路首府鄂州一带尚停留在"火耕水耨"的阶段，少数民族聚居的荆湖北路西部地区，耕作鲁莽灭裂的情况就更为普遍。此外，东部地区湖泽密布，地势低洼，许多州县又位于长江沿岸，每逢江水泛滥，便深受其害。而长江两岸堤防的兴修是在北宋末年以后，水利建设的滞后大大妨碍了荆湖北路东部经济的恢复和发展。

荆湖南路的情况略强于荆湖北路。潭（今湖南长沙）、衡（今湖南衡阳）二州地势平坦，具备较好的农业生产条件。其余地区则多属山区，土地贫瘠。值得注意的是，在中南地区其他三路人口不断迁出，劳动力缺乏，制约经济发展的时候，荆湖南路却有大量人口流入。虽然其人口密度依然不能与发达地区相比，但较之其他三路，毕竟在劳动力资源上略为占有优势。据《宋史·地理志》记载，与该路相邻的江西袁（今江西宜春）、吉（今江西吉安）二州居民，往往迁入湖南中部，占荒自耕，因而致富，这无疑促进了当地农业的发展。进入南宋后，位于宋金交界地带的湖北百姓为躲避兵火，也大量流入湖南，湖南人口密度因而大大上升，使当地经济发展的速度也快于北宋时期。

（五）广南经济

广南东、西二路在两宋时期属于经济最落后的地区之一，那里大部分地区土旷人稀，自古以来就是谪遣罪徒的瘴疠之地。其中广东的经济状况要比广西稍好，虽然该路北部是山区，但南部拥有珠江三角洲冲积平原，人口和耕地面积都要高于广西。此外，广东北部的韶州（今广东韶关）是宋代的冶铜基地之一，南部广州是重要的外贸港口，这两地带动了周边地区的经济发展。广西则绝大部分是山区，到处都是未经开发的蛮荒之地，史称"广西州县，例皆荒瘠之所"[43]。不过，由于地处沿海，广西的渔业比较发达。钦州（今广西钦州）居民就多靠入海捕鱼为生。

应该说，广南经济在宋代还是取得了一定的发展，但终因开发时间晚，起点过低，故未能摆脱落后状态。

二、经济重心的南移

从先秦到隋唐，中原地区一直是中国经济、政治重心所在。无论是农业和手工业的发展水平，还是人口和耕地比重，北方都领先于南方。然而中唐安史之乱以后，这种情况发生了变化。北方经济区在战祸蹂躏、垦殖过度、气候变化、黄河泛滥和水旱灾害频率上升等因素的影响下，发展速度明显放慢；而南方，尤其是东南地区，人口激增，农业生产率提高，手工业发达，镇市网络初步形成，商品经济繁盛，经济实力开始赶上并日渐超过北方，成为新的经济重心。

先看人口。据《元丰九域志》统计，神宗元丰年间北方九路共四百七十六万两千零二十六户，南方十五路共一千一百二十万八千零四十六户，即在当时的总户数中，南方人户所占比例达到了百分之七十，劳动力资源显然集中于南方。其中户数最多的四路依次是两浙路一百七十七万余户，江南西路一百二十八万余户，江南东路一百一十二万余户，福建路一百零四万余户，都位于宋代经济最发达的东南地区。南宋时期，南方户数继续增长，其中江南东路、江南西路和福建路嘉定十六年（1223）的户数较元丰时分别增长了百分之二十六、百分之六十一和百分之五十八，增幅仍然不小。

再看耕地面积和农业生产率。据《文献通考》卷四《田赋考》记载，元丰年间，北方开封府、京东、京西、河北、陕西、河东六路耕地合计一百四十三万余顷，南方各路（缺梓州路）耕地合计三百一十五万余顷，也就是说，北宋境内三分之二的耕地都在南方。以农业生产率而言，南方水稻亩产大多高于北方麦豆一倍以上，加之南方普遍实行的是一年两熟的耕作制度，北方则是两年三熟制，因而单位面积产量高于北方。在此基础上，南方农业经济超越了北方，因而当时有"苏常熟，天下足"[44]之说。

就手工业生产而言，由于南方许多地区都种植茶树、桑麻、棉花、甘蔗等经济作物，以此为原料的制茶、纺织、榨糖等行业在南方地区自然更加发达。北宋时年产布帛五十万匹以上的地区，江南有两浙、江南东、江南西三路，北方有河北东、京东东、河北西三路，而南北相较，南方三路总产量比北方三路多一百多万匹。南方纺织业不仅在数量上超过了北方，在质量方面也后来居上，纺织业重心已转移到了江南地区。其他行业如印刷业，宋朝四大印刷中心有三个（杭州、成都、建阳）都在南方，造纸业中质量上乘的纸产品也多产于南方，造船业南方更是具有绝对优势。同时由于海外贸易的拉动作用，东南地区的制瓷、日用器皿制造业等因拥有广阔的海外市场而更加具有活力，这也是北方手工业发展所缺乏的。

在农业与手工业发达的基础上，南方商品经济的发展程度也明显高于北方。太湖流域镇市网络体系的初步形成，纸币交子首先在四川诞生，以及东南海外贸易的兴盛，都表明了这一点。

随着经济重心的南移，宋朝的财赋征收基地也开始移向南方。东南六路每年六百万石漕粮不仅是东京开封，也是河北、河东和陕西驻军的生存之必需品。除漕粮之外，各路上供钱物也以南方诸路居多。《文献通考》卷二三《国用考》中记载宣和元年（1119）上供钱物共计一千五百零三万（贯匹两），其中北方诸路只占六分之一，南方占六分之五，仅两浙一路就占总额的百分之二十九，若加上江东、江西、淮南东、淮南西、福建这五路，共达一千一百四十六万多，占总额的百分之七十六。由此可以看出，至北宋末年，中央财政收入无论是漕粮还是钱物，都已依靠南方，东南财赋构成了宋朝财政收入的基础。

第七章

国计民生与货币金融

第一节　财政管理体制

一、中央财政管理机构

（一）三司

宋初，为了消除藩镇割据的经济基础，在财政上积极加强中央集权。措施之一就是在中央设立三司，以总揽全国财政。三司由盐铁、户部、度支三部组成：盐铁、户部主要负责财赋征收，前者偏重于征商和禁榷收入，后者偏重于田赋和酒税收入；度支则主要负责财政支出。根据财政事务的具体执掌，三司设有二十余案，如商税案、赏给案、钱帛案、粮料案、发运案、两税案、上供案、衣粮案等，分隶三部。各案名称及数目时有变动，但主要部门变化不大。三司理财体制的突出特点在于它的高度统一性，三司不仅能统一管理赋税征收，而且能在一定限度内支配财政支出，同时还拥有财政监察权，能够有效地贯彻统一调度财计的意图。它的职权显然超出了单纯财政的范围，而是变成了国家总理经济事务的最高机构，其长官三司使也因而"位亚执政，目为'计相'"[1]，成为北宋前期与宰相、枢密使并列的三巨头之一。

作为中央财政机构，三司对地方财政收支具有相当强的约束力。尽管各路转运司、府州军监并非三司的下级机构，更不存在严格的隶属关系，但按照制度，地方凡有关财计的事务，都须听命于三司。三司对地方财政的统辖权主要体现在财政决策权和考课制度等层面。各地要向三司申报财赋收支账目，三司原则上对地方所有赋入都有支配权，地方如支出钱物，也须得到三司的审核批准。三司还通过考课制度来控制地方财政。太祖开宝七年（974），规定州县长官对其所掌管的盐曲、征商、地税等，须亲自过问，每月将账目呈报三司，任期满后考校其优劣，如有欺瞒将受到严惩。仁宗时制定了三司考核转运司官员的五条标准，包括户口、垦田、盐茶酒税、上供与和籴和买、申报文书帐籍等内容，据此对相关官员进行奖惩。

以三司为中心的理财体制保证了国家财政管理的高度统一，有利于巩固中央集权，缓解战争和募兵制造成的巨大财政压力。然而，三司体制的弊病也正在于财权之过度集中。三司于财计之事无所不统，不仅掌管朝廷财计，而且管理地方财计，还负责财务监察；既主管钱物出纳，也负责土木建筑、兵器制造、水利工程以及一些民政事务。这样就使得三司各部门事务繁杂，责任重大，即便有足够的官吏，也难以有效行使各种职能，三司文牒帐籍积压日益严重，办公效率大大降低。真宗咸平四年（1001），有人指出，"三司官吏积习依违，天下文牒有经五七岁不为裁决者"[2]。至仁宗嘉祐时期（1056—1063），三司自天禧年间（1017—1021）以来积压的帐簿已达六百零四册，明道（1032—1033）以来未处理的大小事务二百一十二万件。为了清理积压帐籍，神宗时特别成立了三司帐司，调集数百人，结果因成效甚微而停止。分散三司过于集中的财权，建立新的财政管理体制已经势在必行。

（二）户部

神宗元丰三年（1080）官制改革以后，户部取代了三司，成为中央财政管理机构。户部下统左曹、右曹、度支、金部、仓部五司。左曹掌管日常赋役，右曹掌管当时新法的实行，度支掌管计度支出，金部掌管金帛入库，仓部掌管粮食贮藏。与三司相比，户部的职权范围缩小。首先，原来三司所掌的部分事务分割给了户部以外的一些机构，如修造事务划归工部下属部门以及都水监、军器监、将作监、少府监等，财政监察事务划归刑部和大理寺下属部门。其次，户部对财政收支的管理权削弱，各项非经常性开支，如赈恤、战争费用等，主要由内藏库和朝廷封桩财赋支付；而隶属于内藏库或朝廷封桩库的各种收入，户部也无权管辖；尚书省其他五部和各寺、监有权支用钱物，不必经过户部审核。再次，户部长官权力被分割。原本由左右曹分管一部分赋入，而为了确保新法的顺利推行，右曹事务由一名户部侍郎专领，直属宰执，户部长官不得过问。这些制度变更使户部的地位无论如何都不能与三司同日而语，也不能与宰相并立，它只是尚书省六部之一，上受制于宰相，旁掣肘于五部，内分权于右曹。

户部理财体制从某种程度上矫正了三司体制中财权过分集中的弊端，但也出现了新问题。作为中央财政管理的首脑机构，户部控制财政能力的过分弱化，势必会影响国家财政的统筹安排。哲宗初年，司马光针对新体制的弊病，提出新的建议，使朝廷扩大了户部理财职权，主要措施包括：（1）户部尚书兼领左右曹，设都拘辖司总领财赋，凡钱谷帐籍之事，由户部长官选定官吏具体负责。户部尚书必要时可不经由宰相而直接上奏皇帝；（2）将在京库务财务帐籍和诸路州郡财务帐籍收归户部审核；（3）尚书诸部和各寺、监支用钱物须关报户部，由户部裁定可否支用及相应数额；（4）添改军俸须申报户部；（5）置户部推勘检法官，治理在京有关财务的案件，部分收回了大理寺的财政监察权。这些措施在一定程度上改变了户部取代三司后财无专主的局面。然而，绍圣（1094—1098）以后，上述措施均被废罢，直至北宋灭亡，户部的实际地位并未得到有效提高。

鉴于户部地位和权力难以有效统管国家财政，南宋政府采取了以执政大臣直接负责财计的办法。高宗建炎初，曾以同知枢密院事张悫兼提领措置户部财用，但不久这一职事就被撤销。孝宗和度宗时还曾先后设立国用司和国用所，分别委派宰相和宗室成员为制置国用使，借此统筹安排财计。宋廷试图以重臣主财来集中财权，结果却使理财机构多元化，最终造成了财政管理体制的混乱。

（三）库藏系统

1. 内藏库：这是直接受皇帝控制的贮财之所，史书称为"天子之别藏"³。元丰官制改革后，内藏库名义上隶属于户部下属的金部右曹案和太府寺，但实际上金部、太府寺无权过问内藏库的收支，也不得稽查审核其账目，因而根本无法进行有效管理和监督。徽宗时以内侍总领内藏，皇帝更可随意支用内藏钱物。宋高宗绍兴十三年（1143），朝廷明确规定内藏库不隶户部、太府寺，如有干涉内藏库事务者，要受到惩办。至此，内藏库与金部、太府寺名义上的隶属关系也被切断了。

内藏库的收入来源大致有三：一是金银坑冶。神宗熙宁二年（1069）十月，诏令江南等路金银场冶所收金银课利，按照惯例尽数入内藏库。随后朝廷又确定了左藏库每年拨给内藏库金三百两、银五十万两的定额。二是钱监每年铸造的新钱。神宗时，饶（今江西鄱阳）、池（今安徽贵池）、江（今江西九江市）、建（今福建建瓯）四州钱监每年铸新钱一百零五万贯，其中十一万余贯加上额外所铸新钱，都纳入内藏库。三是榷货务、店宅务、市舶司等收入以及诸路坊场钱。真宗景德二年（1005），诏令榷货务上缴中央的金银现钱，一并纳入内藏。大中祥符年间（1008—1016），店宅务每年纳课利十四万零一百九十七贯送内藏库。内藏库中的珠宝香药则主要来自市舶司，景德四年（1007）就曾诏令杭（今浙江杭州）、明（今浙江宁波）、广州市舶司运输犀牙、珠玉、香药等到京城，纳入内藏。元丰之后，诸路坊场钱入内藏库也成为定制，每年共计达百万贯。

宋代内藏库除了满足皇室消费需要外，用于国家事务的支出比重逐渐增加。一是支付军费。仁宗宝元元年（1038），朝廷曾出内藏库锦绮绫罗一百万，拨给陕西路购买军需物资。二是救灾赈济。

仁宗嘉祐元年（1056），河北灾荒，朝廷出内藏银绢三十万赈济灾民。以内藏库财物代替灾区赋税也是赈恤的一种方式。明道二年（1033），朝廷拨内藏库绢二十万给三司，以代替受灾的京东路上供赋税。三是赏赐，尤以庆典赏赐数额为巨。天圣（1023—1031）以后，三年一次的南郊祀典要花费内藏钱百万贯。四是补助朝廷财政经费。北宋三司入不敷出时，常常向内藏库借贷。仁宗明道二年至景祐三年（1036），三司共向内藏库借贷钱帛九百七十多万。这种借贷三司有时无力偿还，拖延日久，最后就会不了了之。

2.外廷府库：宋代外廷所掌财赋，北宋时主要贮于左藏、元丰、元祐等库，南宋时主要贮于左藏南库、左藏封桩库等库。这些外廷府库与内藏库的不同之处在于，它们主要由尚书省管辖，其财物支用须经过宰执大臣们集体讨论通过，原则上皇帝不能随意支配，而且一般只作国家非常之用，很少用于皇室消费。

左藏库设于宋初。在三司体制下，地方输送京师而不入内藏的财赋皆纳于左藏库，主要供给京师官吏薪俸和军队粮饷。太宗时，曾将左藏库分为左、右，不久即废右藏库，分左藏为四库：钱、金银、丝绵、匹帛。真宗大中祥符年间（1008—1016），又并为左藏南、北库。元丰改制后，左藏库隶属于太府寺。徽宗政和六年（1116）修建新库，改称左藏东、西库。南宋因之，东库储币帛绸绢，西库储金银泉券丝纩。

元丰库创建于神宗元丰三年（1080）。当时的新法各项收入，如青苗、常平、坊场、免役宽剩钱等，输入该库。哲宗元祐三年（1088）正月，改封桩钱物库为元祐库，隶尚书省左右司。三月，改元丰、元祐库为元丰南、北库。五月，又将元丰北库改作他用，而以南库专主朝廷封桩钱物。元丰库的财物来源也不再限于青苗等几项，还包括了除河北、陕西、河东三路外各地的禁军阙额钱、贴输东北盐钱、鬻卖在官田屋钱等。徽宗崇宁元年（1102），命各路各司将各县现管金帛全部送纳元丰库。崇宁三年（1104），又命户部将增铸新钱中的一百万贯输元丰库。大观（1107—1110）初，置大观库，分东、西两库，管理制度与元丰库相同。

左藏南库由南宋初的激赏库演变而来。激赏库原为外廷财赋，秦桧为相时将其中财物不断拨入内藏库。秦桧死后，激赏库即改称御前激赏库，变为内廷府库。孝宗即位，将此库改为左藏南库，隶属朝廷，不再由皇帝控制。淳熙十年（1183），名义上将左藏南库拨归户部，但实际控制权仍掌握在宰执之手。孝宗时还创设了左藏封桩库，分上下两库，归尚书省都司提领。其财物主要来源于户部剩余经费，积贮颇多。淳熙六年（1179）有现钱五百三十万余贯，淳熙十年增至三千余万贯，淳熙十三年（1186），上库储金八十万两、银一百八十六万余两，以及籴本钱、度牒钱，下库常储现钱五六百万贯。这些财物除用作军费以外，有不少转输内藏，或直接用于皇室消费，使得外廷财赋与内藏财赋的界限渐趋模糊。

二、地方财政管理体制

（一）路级财政

路是宋代的一级特殊行政单位，与财政相关的有转运司、提点刑狱司、提举司以及总领所等。转运司并非专门的财政机构，理财却是其最主要的职能之一。作为中央财政管理机构在地方的代表，转运司要监管所属州郡场务、财务。按规定，转运使每年或每两年巡历所辖地区一次，平时还要经常派员到州郡场务进行临时检查。州郡财务帐籍要按时申报转运司，由转运司分类汇总上呈中央，由此转运司亦可了解州郡财务状况，行使其监察权。此外，转运司要催督下属州郡征收赋税，足额保证上供朝廷钱物。州郡常例之外的财政开支，也须申报转运司，经过审核上报朝廷。转运司有时还要增输上供财赋或额外调拨州郡财赋，以供朝廷非常之用。同时，转运司对辖内州郡也负有计度出入、调剂余缺的重要职责。转运使要掌握本路收支状况，当本路赋入减少，或开支增加，转运使就须向朝廷请求蠲免或缓缴赋税，或申请调拨外地钱物支持。当辖内各州郡收支盈亏不等时，转运司须统筹调配，取盈补亏。

宋初，各路转运使权力很大，以皇帝为首的朝廷担心出现新的威胁中央的地方势力。真宗时于各路设提点刑狱司，目的就在于分割转运司之权，但当时提刑司主要掌管本路刑法诉讼之事，并不涉足财计。元丰初年以后，朝廷逐渐赋予并扩大了提刑司主管钱财的权力，不仅负责拘催各州郡输纳内藏库的钱物，复审各州郡通判厅申报的无额上供钱账目，申报户部，而且本路诸作院修造军器事务也由提刑司兼管，提刑官任满替罢时，要将任内修造过的军器件数申报工部。

提举司包括常平司和茶盐司。神宗初年，创设提举常平司，是新法在各路的主要执行机构，掌管凡与青苗、免役、市易、农田水利等新法有关的财计事务。哲宗绍圣二年（1095），又将免夫钱的征收划归提举常平司。常平司的设立进一步削弱了转运司的职权，它与转运司之间在理财方面存在区别。首先，转运司的赋入隶属于户部左曹，常平司的赋入隶属于户部右曹；其次，转运司要承担本路财政开支，常平司除免役宽剩钱外，各种收入都上缴朝廷，一般不负担本路经费支出。提举茶盐司设于徽宗政和年间（1111—1118），主要掌管茶盐禁榷课利。南宋绍兴和议后，东南诸路的常平、茶盐二司合并，称提举常平茶盐司，而四川不设提举茶盐，常平司事则由提刑司兼理。由于南宋不实行青苗、市易法，役法也有不小变化，因而提举常平茶盐司与北宋的提举常平、提举茶盐两司职掌已有所不同。

除了转运司、提刑司、提举司外，南宋时还设置了专门提供军需的财政机构总领所。东南地区有淮东、淮西、湖广三总领所，其所管财物主要来自隶属于朝廷或户部的州郡上供财赋和禁榷收入等，每年由中央按定额调拨，总领所"但能拘收出纳而已"[4]。相比之下，四川总领所则有较大独立性，它不但有计度本地区财政收支的职能，且对本地区有关财计的重大政策有决定权或向中央政府提出规划的权力，还掌握铁钱、纸币的铸造和发行权。

（二）州级财政

州在宋代财政管理上是一级颇为重要的层级。地方上缴朝廷的上供财赋一般按定额直接分派给州，再由州分派给县具体负责征收。所征财赋也由州转输朝廷，县级以下行政机构不经州直输朝廷的财赋较少。地方经费主要也以州为中心，负责人有知州、通判、户曹参军，他们不仅要负担本州及下属各县的经费，而且要负担本路的各项费用。

州的财赋来源主要有田赋、财产和身丁杂税、禁榷及其他官营赢利性收入。按照朝廷规定，州每年将所收财赋大部分上供朝廷，一部分作为地方支用。后者包括以下四方面。（1）本州官吏、军兵俸饷，该项支出占了地方财政的大部分。以南宋中期的临江军为例，苗米岁入约十二万五千余石，上供十一万余石，本军官兵合支三万四千余石，本州官兵支用占岁入的将近四分之一。（2）本州杂项开支，如购买贡品支费、赡学费、宗室养赡费、军器修造费、漕船修造费等。（3）本州公使钱，该项定额在赋入总额中所占比例很小。南宋宝庆年间（1225—1227），庆元府（今浙江宁波）岁入总额近百万贯石匹两，而公使钱额不过六千余贯。（4）本路各监司官吏、军兵俸饷和公使钱的一部分。各州要按定额向转运、提举等司输送财赋，有些较为富庶或本州财政负担较轻的州，还要输给本路其他州郡一定数量的财赋。除了上述几项外，州的赋入还要输给沿边或总领所一部分，以供军需。北宋时，西北沿边及四川州郡多有输送财赋供军的任务，南宋时，州郡向总领所输纳供军财赋已经成为普遍的制度。

北宋前期，由于上供制度执行得并不严格，所以州级财政有着相当大的独立性。从神宗时开始，州级财权受到了本路监司的种种限制：州的赋入中只有公使钱等少数可以自主支配，其余赋入原则上所有权都属于中央，称为"系省财赋"，由各路转运司监管其收支，州既无支配权，也无移用权；上供、供军、上缴本路财赋以及输往别州财赋都有定额，本州官吏、宗室等人数和应支俸禄也由上司决定，本州无权变更。这样，留给各州斡旋财计的余地就非常有限。北宋中叶以后，地方财计已渐趋困窘。到南宋时，由于领土缩小与战争破坏，田赋、榷酒、商税等收入受到严重影响，而战争状态下朝廷征调大大增加，加上大批离军将佐、宗室、金国投归人员被分散到各州居住，其俸饷都需要州来负担，因此大部分州的财政都捉襟见肘，难以应付。南宋前期，广西州郡就因财计不足，通过减少本州军兵来节省开支，这尚是在制度许可的范围之内。随着州郡财政状况日益恶化，法外敛财成为各州维持财计的主要手段。

（三）县级财政

县是宋代行政与财政的最基层。所有主要财赋，尤其是向农民征收的田赋及杂税，都是由州分派数额，县级政府具体负责催征。县财政的主管官员是县令、县丞和主簿，其中县令全面负责，县丞起监督作用，主簿负责收支账簿。

与州一样，县的财赋支出主要也包括上供朝廷、供给军需、供本路本州本县经费等几项内容，收支数额大都固定，因此县亦须在此之外想方设法平衡财计，主要途径有商税、榷酒、苗米加耗和地方性杂税。商税、榷酒收入，县只能支配其中的一部分，但由于其上缴数额和比例相对稳定，县可以通过增加总收入额来补充本县财计。在粮米方面，县政府多倚赖加耗，有时甚至在朝廷、路、州征粮已有加耗的情况下再征加耗。此外，各种合法或非法杂税，如牛验、醋息、茶、麦、牙契、免丁、房赁、卖官纸、科罚钱等，也是各县财计的重要来源。南宋时各级财政拮据，位于最基层的县级财政自然面临更大的压力。范成大描述当时的情况是："户部督州郡，不问额之虚实，州郡督县道，不问力之有无。县道无所分责，凡可凿空掠剩，贼民而害农，无所不用。"[5]由于县级财政窘迫，难以维持，南宋后期的士大夫们都将出任县级长官视作赴汤蹈火一般，难度之大，可以想见。

三、财赋的运输

（一）水运和陆运

各路收纳的财赋不仅要输送京师，满足京师的皇室、中央官僚机构以及军队所需，还要调往沿边，以供养庞大的驻军。因此，财赋转输对整个财政体系的运转有着举足轻重的作用。

宋太祖定都开封，一个重要原因就是开封东临汴河，利于东南财赋的漕运。太宗时大臣张洎曾说："汴水横亘中国，首承大河，漕引江、湖，利尽南海，半天下之财赋，并山泽之百货，悉由此路而进。"[6]汴河每年运送东南漕粮六百万石入京，这一数目不仅超过唐代，而且达到了中国古代的最高水平。除汴河外，各地漕运入京路线还有陕西诸州财赋由黄河入汴至京，京西地区财赋由惠民河至京，京东地区财赋由广济河至京。其中黄河漕运庆历中（1041—1048）每年才三十万石，且劳费甚广，嘉祐四年（1059）停罢；惠民河岁运六十万石，物资仅供太康、咸平、尉氏等县军粮；广济河岁运六十二万石，所运多为杂色粟豆，大多只能充马料，庆历中减二十万石，元丰五年（1082）停罢。相比之下，汴河实为北宋朝廷的生命线。除河运之外，宋代的海运也有一定的规模。天禧中（1017—1021），曾令江淮发运司漕米三万石由海路运至登州、密州（今山东诸城）等地。南宋初也曾由海路转输财赋。

南宋都城临安位于当时经济最发达的地区，因此京师所费可以就近获取，而不必再仰给于外路，漕运入都城的物资就会相对减少，运输路程也大为缩短。各路财赋多数就近调拨给沿江各处屯驻大军。南宋的漕运线路主要是长江及连接长江与临安府的运河，此运河始自镇江府，经平江府（今江苏苏州）到达临安。

宋代陆路运输较重要的是四川和广南诸州物资的外运。四川陆运有三条路线，或自剑门运送至京，或转输至陕西、河东沿边供军，或由荆襄转供京西诸军。广南陆运则自桂州经由荆湖南北江陵（今湖北江陵）、荆门（今湖北荆门）至京，主要运送香药等，其运输在相当长时期内由沿途专设的香药递铺承担。此外，向西北沿边运输军用物资也多由陆运，运输手段原多为人背、驴驮，真宗时杨允恭建议仿诸葛亮木牛之法制小车，每车四人，沿途设铺递运，再后又曾用大车和骆驼队。

宋沿唐制，将所运物资分为若干纲，由下级官吏及军兵若干人押送。每纲数量依物品种类而异，南宋时盐每纲为五千袋，现钱为二万贯等。运输工具也有定额，北宋汴河漕船以三十艘为一纲。宋代运送官物之人主要有两类：一是军兵，包括递铺兵、杂役厢兵；二是雇夫，即官府雇募来承担运输的百姓。与前代相比，百姓以劳役形式充当运夫的情况在宋代较少，宋廷曾多次明令禁止差役百姓运输官物。但在战争时期，还是往往采取差雇结合或差役百姓的办法转输物资。

（二）漕运管理体制

由于京师物资供应主要仰仗东南诸路财赋，所以宋代最重要的漕运管理机构设在淮南，即淮南江浙荆湖（路）都大发运使司，简称发运司。发运司在真（今江苏仪征）、扬（今江苏扬州）、楚（今江苏淮安）、泗（今江苏盱眙）四州设转般仓，分别收纳东南诸路上供财物，再由此转运至京师。江南各路船只在真州等地转般仓卸下上供粮帛后，可顺道将储存在真州等地的政府专卖盐运回销售，这样往返都能满载货物，因而大大提高了运输效率。

与此同时，宋廷在各转般仓中储备相当一年漕粮数量的粮食，还拨给发运司一定数额的本钱。这样，在东南部分地区受灾时，发运司便可预先在丰熟州县籴买粮食，或直接以转般仓粮输送京师，从而保证都城的物资供应。正因为如此，南宋王应麟称发运"权六路丰凶，而行平籴之法"[7]，就是将财赋转输和平籴措施有机结合起来。然而，到徽宗时，曾废除转般法，行直达法，后数经反复。东南诸路数千艘漕船直抵京师，必然造成管理困难。发运司存粮、籴本也被移用，东南一旦出现变故，京师供应难以保障，直接威胁到中央财政。因此，南渡后，宋廷又恢复了转般法。

南宋绍兴二年（1132）正月，发运司被废罢。此后，朝廷虽于绍兴八年（1138）和乾道六年（1170）两次复置发运司，但此时都城临安的经费开支可就近取于两浙和福建，实际上已不需设立专门机构负责漕运事务，因而发运司旋即又废罢。南宋在长江、江南运河沿岸（镇江、苏州、杭州）分设转般仓，又在平江府设百万仓，在各总领所和屯驻大军的供给线上设大军转般仓，大体上变通地沿用了北宋的转般法。

第二节　财政收入

一、赋役收入

（一）田赋

田赋收入在宋代财政收入中仍占主导地位，主要包括两税及其附加税。两税沿袭唐代而来，分夏、秋两季征收。税额根据占地多寡，同时参考土质肥瘠，分为数等。各地税额轻重自唐以来就参差不齐，宋初也并未统一土地税率，因而税额的地区差异在两宋一直存在。宋代两税收纳的物品种类繁多，宋人将其分为谷、帛、金铁、物产四大类。其中谷、帛作为小农经济的基本农产品和手工业品，是传统的税收实物，也是宋代两税的主体。被划入金铁类的现钱，从唐代中后期以来在税收中的比例开始增大，至宋代已成为两税中的重要内容，尤其在南方地区，夏税较为普遍地以钱折纳税物。除此之外，还有数量不大却品种繁杂的土特产品。总体而言，宋代夏税的物品以丝、丝织品及现钱为主，粮食较少，而秋税则以粮谷为主。

两税征收既然以田地的数量和质量为主要衡量指标，那么记载人、户田产多寡的税籍就成了征税的基本依据。宋政府规定，每三年检查一次民户占有的田亩实数，改定税籍，升降户等，以保证赋役均平。但在实际操作过程中，富家豪族贿赂地方官员、胥吏，上下其手，隐瞒田产，使税籍所登载的田亩数严重失真，将偷漏税额转嫁于贫苦百姓，造成田赋不均，国家田赋收入也因此大量流失。从景德年间（1004—1007）到皇祐（1049—1053）中期，宋境内登记在册的垦田总数增加了四十点七万顷，税粮收入反而减少了七十一点八万余石。

为了确保国家的田赋收入，也为了缓和田赋不均带来的社会矛盾，宋政府曾多次清理田赋。规模较大的有北宋推行的方田均税法和南宋推行的经界法，此外还有一些范围较小或时间较短的整顿，如北宋真宗以前的清查田亩、南宋后期的自实法等。这些均税措施对安定社会、维持宋朝统治起到过一定的作用，但也产生了种种弊端。均税过程中，贪官污吏趁机暗增税额，敲诈勒索，广大农民往往得不到实惠，反而增加了负担；均税还触犯了地主等富裕阶层的利益，他们便勾结各种地方势力极力反对，同时千方百计隐漏田产。因此，在当时的社会条件下，田赋负担不合理的问题完全不可能得到彻底解决。

在两税征收过程中，包括了名目繁多的手续费和附加费，它们实为各地法外聚敛所致，并无律令依据，却逐渐转变为合情合理的额外税收，成为田赋增收的重要手段。其中在各地比较普遍存在的包括：（1）沿纳。唐末五代时，两税之外的苛捐杂税层出不穷，它们随两税起纳，大体上亦按亩征收，种类有农器钱、曲钱、牛死后所缴之税、蚕盐钱、供军需之税等。宋初曾废除了一些，但仍然承袭了其中的绝大部分。仁宗明道年间（1032—1033），三司将这些杂税按类合并，统称沿纳，随夏税缴纳。（2）支移、脚钱。宋代民户通常就近在本州县纳税，再由官府对税入按官府需求进行调拨转输。但有时某些地区的赋入不足以应付需要，如沿边地区长期驻扎大军，财政开支庞大，政府为了减省官方运费，命令内地民户直接将税粮运输到边境地区缴纳，人畜盘餐等费用全须自备，这种纳税方法称为支移。支移的距离依民户的户等高低而定。不愿支移的民户，须按照税粮数量每斗加纳"脚钱"。本来，支移是由民户根据自己的经济能力自愿选择，而地方官吏往往不管民户是否有能力承担，强迫输粮，支移的耗费有时数倍于应缴的赋税额。脚钱也逐渐变成与支移无关的附加税，民户既已支移税粮，还得缴纳脚钱。（3）折变。两税税物品种本有规定，但各地可根据实际情况，令民户将一物折换成他物缴纳，称为折变。折变依法当以市价为准，而实际上各地大多高估，重复折纳，增加了民户负担，折变因而也演变为一种附加税。（4）加耗。为弥补税物在运输和保管过程中的损耗，征收两税时在正额之外按比例加征一定数量，叫加耗。宋代多头征收，使加耗比例大大增加，超出法定的数倍乃至数十倍，有些地方加耗数额甚至超过了两税正额。（5）义仓税、头子钱。建隆四年（963），宋政府规定，每正税一石，别输一斗，建立义仓，以备灾荒。但后来义仓之粮被挪作他用，逐渐失去了赈济的本意，成为一项附加税。此外，各仓场在受纳钱谷时，又令百姓输头子钱，用于补充仓耗或作为手续费，以供征税官吏支用，后也变为附加税之一。（6）斛面。官府用量器斛或斗收纳税粮时，将粮食平面堆高于斛、斗的口沿，以增加数量。有的地区还擅行制造大于标准的量器。这些本是地方政府征收两税时的作弊现象，但在某些地区已经演变成固定的附加税，且定额很高。（7）预借。政府提前征收赋税，这种情况唐末五代时就已出现，但并不普遍，且预借的时间较短。而在南宋，由于军费开支浩大，赋入有限，政府不得不借助于预借维持财计。南宋时的预借已经成为一种普遍实行的制度，且预借时间不再只有一年半载，常常至四五年，甚至更长。

（二）口赋

口赋即人头税，宋代称之为丁口之赋或身丁钱米，是由五代十国沿袭而来。它以人丁为征收依据，不论主户、客户，男子年二十岁至六十岁为丁，须缴纳钱物，征收区域多在南方。宋初曾对丁口之赋进行过局部减免和调整。真宗大中祥符四年（1011），宋廷下诏停征两浙、福建、荆湖、广南等南方六路身丁钱米，总额四十五万零四百零六贯。但此次蠲免并不彻底，南方各路征收身丁钱米的记载，仍屡屡见诸文献。如两浙路原有的丁盐钱米，本是由政府将食盐按人口支给，民户再计丁纳钱或米的一种制度，后来政府不再俵散食盐，但并未免除所征钱米，几经演变，又直接称"身丁钱"，继续存在。由于身丁钱米的征收没有统一标准，各地征收的数额、物品种类各不相同，对地方财政而言，这无疑是补充财计的重要途径。南宋时，丁钱盛行折纳，地方官吏趁机暗增税额，民间不胜其苦。在两广、福建的穷僻之地，因为田税不足，州县赋入只有依赖身丁钱米来补充，以致未成丁的儿童和年过六十岁的老人也要出钱，称"挂丁钱"，甚至有已经死亡而丁钱不予豁除者。身丁钱米的繁重，使闽广百姓以有子为累，往往溺杀新生婴儿，这是造成当地"不举子"之风的原因之一。

两税法所确立的"唯以资产为宗，不以身丁为本"[8]的原则代表了中国古代赋税体制的发展趋势，虽然宋代仍然承袭了相对落后的人头税制度，但是这种制度实行范围正在逐渐缩小，宋政府在其统治期间也一直在逐步除放丁口之赋。如湖南路到绍兴二十八年（1158），两浙路到开禧元年（1205），福建路到端平元年（1234），广西路到嘉熙元年（1237），都已将残存的身丁钱米除放完毕。广南东路虽到南宋末还未见除放身丁钱米的明确记载，但从北宋熙宁三年（1070）起，该地区实行按户等征收丁米，在人头税制中渗入了财产税制的先进因素。

（三）免夫钱与免役钱

前代的徭役，宋代称为夫役，指定期或临时征发丁夫承担中央或地方力役。从北宋初年起，宋政府陆续差派厢兵取代民夫承担各种劳役，如修建城池、运送粮草、兴建水利工程等，使百姓的劳役负担明显减轻。不过，在特定地区和时期内，政府仍会大范围地差调夫役。如在黄河中下游地区，为了防范黄河决口、淤塞所引起的水患，宋政府每年春季都要征调大批民夫，疏浚河道，修筑堤防，称为"春夫"。一旦出现洪水，政府紧急征调民夫抢险，则称"急夫"。此外，运送军用物资、营建宫殿、架桥铺路等，有时也会征发丁夫。

宋代夫役与前代相比，主要变化就是出现了雇佣制的因素。一方面，民夫服役期间由官府供给口粮，每日二升；另一方面，各类夫役逐步开始实行纳钱代役制度。神宗熙宁十年（1077）规定，凡纳夫钱的民夫可免服实役，由官府雇人承担，夫役转变为雇役。但由于官府雇人出价不公，常常以权势抑勒，实际形成"差雇"兼有的状态。到北宋末年，免夫钱成为一种与夫役没有什么联系的新杂税名目，在全国范围内征收，数额浩大。直至南宋，还有部分地区偶尔仍有免夫钱之敛。

除了夫役外，宋代役制中最为重要的是差役，也称为职役，就是征发民户来承担地方政府的一些基本职责，以及到州县衙门当差杂使。差役主要分为乡役和州县役。前者是指在乡村基层组织"乡""管"或"耆"中担任头目或办事人员，包括督催赋役的里正、户长、乡书手和逐捕盗贼的耆长、弓手、壮丁等。后者是指在州县官府中担任公吏，包括主管官物的衙前，供州县衙门奔走驱使的承符、散从、人力、手力，管理仓库的斗子、库子、秤子、拣揣，在津渡、关卡收纳商税的拦头等。差役的差派以民户资产为依据，按户等高低轮番差充，主要承担者为乡村上三等户，乡村下户的差役较少，官户、坊郭户、未成丁户、单丁户、女户、寺观户免役。由于上户的差役较多较重，上户普遍以服役为苦。尤其是衙前役，服役者多因赔偿损失官物和官吏刁难敲诈而倾家荡产，以致"富者反不如贫，贫者不敢求富"[9]，甚至有人为了逃避服役而自杀。

差役之弊引起了种种社会问题，从仁宗朝起，朝野上下改革役法的呼声日益高涨。到神宗熙宁五年（1072），王安石开始在全国推行免役法，改差役为雇役。具体办法是，衙前、户长等役不再差派，而是招募第三等以上税户充当，应募之人以相应财产作抵押品，服役期间，官府给予雇值。而诸州县须预计职役一年的雇用费用，由当地原来承担差役的诸色民户依据户等高低分别缴纳，称为"免役钱"。过去不当差役的官户、坊郭、女户、僧尼等也要按户等或田产数量减半出钱，作为雇人充役之用，称为"助役钱"。在足用的雇值以外，为防备灾荒或拖欠，征收役钱时多收两成，称为"免役宽剩钱"。

免役法以财产为标准，让所有民户分担差役费用，体现了赋役均平的原则，也扩大了役钱征收范围，有利于增加国家收入；以雇代差，减轻了役户的负担，很大程度上放松了官府对役户的人身束缚，应该说是适应当时社会经济发展趋势的一种变革。然而，在实施过程中，免役法也出现了一些问题。首先是户等的评定，在实际操作中很难做到合理公平。有的州县以田产多寡定户等高下，有的州县则依据两税数额确定，各地标准不一。加上有的地方官急功近利，草率定等或任意提升户等，进而导致役钱不均。其次，部分地区的民户并不具备纳钱代役的条件。尤其是经济相对欠发达的区域，上三等户出力比出钱更适合他们的承受能力，强制纳钱代役实际增加了他们的负担。再次，包括免役法在内的新法实施目的，是为了解决当时宋朝面临的十分紧迫的财政危机，这一动机使免役法不可避免地变成为国家敛财的一项制度，很多地区免役宽剩钱的征收大大超过了原定的二分额度。熙宁七年（1074），宋政府又恢复了乡役的差法，并与保甲法相结合，形成了"保役法"，以保甲人员充任乡役，结果造成民户既出钱又应役的现象，免役法敛财的作用更加突出。熙宁九年（1076），全国免役钱收入一千零四十一余万贯石匹两，支出六百四十八余万贯石匹两，剩余额百分之四十。神宗在位期间，全国役钱剩余高达数千万贯。

元祐年间（1086—1093），免役法一度废罢，复行差役。元祐以后，免役法又重新施行，但具体措施多次变更，免役钱征收额不断增加，官府用于雇人代役的份额却逐渐减少。南宋时差、雇并行，免役钱仍然征收，而又大量差发乡户应役，免役钱实际上已演化为了一项新的赋税。

二、工商税与专卖

（一）商税

宋代商品经济的繁荣，使商税数额大幅度增加，在国家财政收入中所占比重也日益提高。太宗至道年间（995—997），岁入商税约四百万贯，至神宗熙宁十年（1077），已达七百二十五万余贯，增幅为百分之五十五。宋代商税主要有过税和住税两种，前者相当于商品流通税，由贩运货物的行商缴纳，税率百分之二；后者相当于商品销售税，由在固定地点出售货物的坐贾缴纳，税率百分之三。须纳税的商品种类十分繁杂，且各地不尽相同。太祖时期，政府颁布商税条例，其中不仅包括课税的物品种类，还对征收的数量、方法等做出了详细规定，严令不得擅自更改增损。

宋朝在州县关镇普遍设置税务，派人具体负责征收商税。北宋开封府、河南府、应天府、大名府四京以及南宋行都临安所设的税务称都商税院，各州、府称都税务，各军、县、镇称税务或税场。除征收商税外，各地税务还要负责稽查私贩茶盐等国家禁榷的商品。在一些僻远的村墟市集，因交易规模小，商税数额少，政府并不设官置务，而是招募人户承包商税，称作"买扑"。太祖开宝三年（970）颁布的买扑办法规定，政府估定税钱总额，承买人以家产抵押，或请富户担保，先向官府缴纳一年商税，取得在税场自行收税的权力，所收税额如超过定额，超出部分归承买人所有，不足则要以家产抵充，每界（承买期限）为三年。真宗时买扑制发生了一些变化，开始实行实封买扑，即投标制，由出钱多者承买。

在商税征收中，契税比较特殊，它主要针对田宅等不动产及耕作田地的牲畜等大宗商品的交易，买卖双方须填写官府印制的契书，加盖官印，方为合法。政府在办理手续时征收契税，又称田契钱或印契钱，税率以典卖钱额为依据，比普通商税要高，仁宗嘉祐三年（1058）规定为百分之四，南宋初年增至百分之十以上。民间因税费过重，往往隐匿契约，不去官府盖印，以逃避契税。南宋时财计紧张，甚至出现了按民户财力强行派征契税的现象，称为"预借契钱"。

（二）榷场税和市舶税

两宋时期，宋朝与周边民族政权辽、西夏、金的民间贸易非常活跃。政府在特定的地点设立贸易场所，称为榷场，对边境贸易进行严格管理，并对商人征收榷场税。榷场税的税率较低，据记载，南宋与金国贸易的榷场税率仅为百分之零点五，因而榷场税的收入无法与宋朝境内商税相比，但这部分收入对国家财政也能起到一定的补充作用，北宋与辽朝之间贸易的榷场税入每年达四十余万贯，基本上弥补了当时宋廷向辽输纳岁币的开支。

宋代的海外贸易比前代要发达得多，政府设有专门管理机构，称为市舶司。宋初仅在广州一地设置，其后宋政府又相继在杭州、明州、泉州、密州、秀州（今浙江嘉兴）等沿海城市设立市舶司，在温州、江阴、华亭、青龙镇、板桥镇等地设立市舶务。来华商船到港后，市舶机构要对输入商品进行查验，并征收市舶税，相当于近代的关税。宋代的市舶税有两种形式：一为抽解，指市舶机构抽取进口商品的一部分，税率往往因时因地和物品的不同而有所差异，一般在百分之十至百分之四十。二为博买，即由政府按官价收买。博买比例依据商品的种类而定，珍珠、龙脑等称为细色的贵重商品，博买比例较高，而玳瑁、苏木等称为粗色的一般商品，博买比例较低。博买的商品运至京师，除一部分直接供皇室消费外，绝大部分在京师榷易务增价出卖，政府从中赚取商业利润。

宋代进口商品的种类和数量激增，有贸易往来的国家从东南亚远及西亚、东非等地，因而市舶税收入不断增加，北宋时常在五十万至六十万贯之间，南宋绍兴年间（1131—1162）一度达到二百万贯，已经成为国家的重要财源。

（三）矿税

宋代有金、银、铜、铁、铅、锡、水银、朱砂等各类矿藏，政府以定额或分成的形式，向矿冶业者征收产品，类似于市舶税中的抽解部分。抽解所剩产品再由政府按官价收买，称为和买或拘买。和买官价通常低于市价，政府就通过差价来赢利。神宗时，矿业政策有所变革，国家在对矿产品征取百分之二十的矿业税后，一般允许冶户将产品自由贸易，称为"二八抽分制"，进而刺激了矿冶业的发展。北宋的矿业收入十分可观。太宗至道末（997），天下岁课银十四万五千两、铜四百一十二万余斤、铁五百七十四万八千余斤、铅七十九万三千余斤、锡二十六万九千余斤。仁宗皇祐年间（1049—1053），银二十一万九千八百二十九两、铜五百一十万零八百三十四斤、铁七百二十四万一千斤、铅九万八千一百五十一斤、锡三十三万零六百九十五斤。神宗元丰元年（1078），铜课所入突破千万，铅、锡课入亦有大幅增长。然而，南渡后，由于国土面积大大缩小，加上老矿开采过久，产量下降，有的逐渐凋敝废绝，南宋的矿业收入也就相应锐减了。

（四）专卖收入

宋政府对一些重要的消费品，如茶、盐、酒等实行垄断经营，形成了禁榷专卖制度，尽管这些制度不断变化（具体变迁参见本书第167—176页），但专卖收入在国家财政收入中始终占有十分重要的地位，成为宋朝财政最大的收入来源。

两宋榷茶制度的变迁大致经历了这样一个过程：在北宋初是禁榷法；其后经过禁榷法与通商法的多次轮流交替，终于在嘉祐时期实施了通商法；到宋徽宗时期，经过蔡京的三次变更，终于颁布了以钞引为特点、以加强制度管理为核心的政和茶法，并在南宋得到继承和进一步发展。伴随着宋代茶法的曲折变化，宋朝国家的茶利收入也呈现出这样的变化趋势，即从国初禁榷到嘉祐通商之间茶利自高而低，自政和改茶法以后茶利又自低而高的过程。茶利自高而低，显然是实行禁榷法的结果，在禁榷法下，豪商巨贾获得大部分茶利；而蔡京改行茶引法亦即新的通商法后，茶利则从富商巨贾手中更多地转入国家财政，因而政府茶利又不断增加。两宋茶法变革的实质，就是国家、商人与种植茶树的园户三者之间利益关系的不断改变和调整，而这种变革最终的结果是国家获得了更多的茶利。

食盐专卖制度的变迁也体现出相似的趋势。在许可商人贩卖食盐的通商区，为了压低商人的利润，将盐利最大限度地归入国库，宋政府一再变更盐法。至徽宗政和二年（1112），政府在扩大通商范围的基础上，将各地所有食盐批发权集中于中央主管部门榷货务，这意味着将原来属于各地的那些盐利全部收归了朝廷，并大幅度提高食盐批发价，进一步夺取了商人的盐利。如此一来，国家的盐利收入遽增，当年收入即达两千余万贯。而在官府垄断食盐运销的禁榷区，为了取得更多的盐利，官府经常采取抑配的方法，把食盐强行配卖给百姓。在东南的两浙路，强制性地"每丁给盐一斗，输钱百六十六文，谓之丁盐钱"[10]。除了按户丁配卖的盐，还有按田亩配卖的"蚕盐"。京东路淄（今山东淄博淄川区）、潍、青、齐等桑蚕业发达的地区，原来为禁榷地区，官府于蚕事前，按每户田亩多少预借官盐，令百姓输纳绢帛偿还，后来这些地区改为通商区，官府不再预借官盐，而百姓仍须依旧输纳绢帛，实际上已经成了一种变相征敛。

宋朝榷酒制度与榷茶、榷盐制度有所不同，是以买扑制为主体，因而酒课的变化趋势也有自身的特点。从北宋初到宋仁宗庆历年间，酒课额由低到高，逐年增加，此后开始下降，到宋神宗熙宁十年（1077）降到最低点，到宋徽宗时期又再度激增，自此至南宋，酒课一直保持上升势头。这一变化趋势同两宋赋税增长是基本一致的。此外，从酒课的地区分布来看，有几个值得注意的特点：其一，在一些大城市中酒课额最高，北宋开封卖曲钱高达五十万贯以上，杭州在北宋时期酒课也达二十余万贯，酒课集中于城市，反映了宋代城市经济的发展及其消费性特征；其二，酒课在经济发达地区明显呈现强劲增长势头，这表明酒的消费依赖于经济基础；其三，酒课在边防地区也大幅增长，北宋的秦凤路、熙河路作为西北边防重地，屯驻着几十万大军，酒的消费量很大，酒税收入也因而激增，成为全国酒课额最高的地区之一。

三、其他收入

（一）和买绢与折帛钱

和买本是政府向民户购买绢帛的一项制度。各地官府每年春天将绢价预先借贷给民户，民户于秋税之时向官府缴纳相应数量的绢帛，因而和买也称预买或和预买。这一措施具有救济春荒和低息贷款的性质，民户自愿请钱，政府从优给价，因而实行初期受到了百姓的广泛欢迎。但后来官府给钱不断减少，民户要输纳的绢帛反而增加了，也不再遵照自愿的原则，而是按家资摊派抑配。神宗熙宁中（1068—1077），京东路民户于春季预领一千文和买钱，入秋后却须缴纳价值一千五百文的绢帛，官府从中取息高达百分之五十。到了徽宗时，官府和买分文不给，却仍然强迫民户按定额纳绢，许多地区还将和买绢的征敛范围从乡户扩大到根本不产绢的坊郭户，和买基本上变成了一种摊派。

折帛钱实际上源于和买之法。南宋建炎三年（1129），两浙路转运副使王琼建议将本路的和买绢折纳为现钱征收，东南折帛钱即始于此。以后江浙、闽广、荆湖等地区均推行折帛钱，诸路民户把和买绢按比例或全部折纳现钱，折价的变化趋势与和买价恰恰相反，政府和买绢帛的价钱越来越低，最后不出分文而白取绢帛；折帛钱则折价越来越高，政府由此增加现钱收入。绍兴元年（1131），每匹帛折钱二千，至绍兴四年（1134）提高一倍，以后十数年间增至数倍，虽然政府屡有减价的诏令，但地方官员往往阳奉阴违，暗中增价。孝宗乾道二年（1166），折价曾达每匹二十一贯。除折帛钱之外，征收实物的和买制度实际上还不同程度地在南宋各地继续实施，官府既向百姓征敛折帛钱，又凭空科取和买绢，实际上是双重剥削。

（二）经总制钱

北宋末至南宋，中央为了筹措军费而向地方征调若干项财赋和杂税，称为"经制钱"或"总制钱"。其中经制钱于北宋徽宗宣和三年（1121）创立，当时宋政府刚刚平定方腊起义，用度不足，命陈遘以发运使经度东南七路财赋，陈遘乃奏请增价卖酒卖糟、官私出纳增收头子钱等，分十数项，州军别立账目收管，供朝廷调用，统称经制钱。先行于东南七路，后推行于河北、京东、京西路，靖康时（1126）废除。南宋建炎三年（1129）恢复实行，包括权添酒钱、量添卖糟钱、增添田宅牙税钱、官员等请俸头子钱、楼店务增添三分房钱等五项。绍兴元年（1131）又增加了诸路无额上供钱、钞旁定帖钱两种，合前共为七项。从这些名目可以看出，经制钱的征收并不是另起炉灶，而是将原有税种的税额略增其数，单列收缴，且不是直接课之于民，而主要以商贾为征收对象。

总制钱为北宋末总制使翁彦国仿经制钱所创。南宋绍兴五年（1135），参知政事孟庾主管财政，设总制司，复行总制钱。首先增收头子钱为三十文，其中十五文充经制钱，七文充总制钱，六文分属诸司，二文由地方公使支用。此外，总制钱还包括拘收者户长雇钱等二十余项。经制钱、总制钱后合而为一，称"经总制钱"。乾道元年（1165），经总制钱为每千钱收五十六文。北宋时经总制钱岁入约为二百万贯，南宋绍兴十九年（1149）岁入曾高达一千四百四十余万贯。

(三)经营性收入

除了征收赋税外,宋政府还通过与民户形成借贷租赁等经济关系取得经营收入,重要的有国有土地出租收入、城镇官有房地产出租收入、青苗钱借贷等项。

宋代国有土地的数量较前代大幅度缩减,且经营方式也有了新的变化,或者采用租佃制,或者逐渐转化为私有。宋朝国有土地类型很多,有营田、屯田、职田、学田、官庄、监牧地等。其中营田和屯田最初均靠兵士或当地百姓无偿劳役来耕垦,经济效益不高,后来官府将这些土地召人承佃,收取地租,经营方式转变为租佃制。南宋时期,江西、两浙的屯田及四川的营田不断民田化,其岁入基本上也从田租演化为田赋。职田、学田、官庄、监牧地,以及其他类型的国有土地的经营方式大都是租佃制。宋代地方官员按品阶高低可占有数量不等的职田,职田原则上只允许客户承佃,收入作为地方官官俸的补充。学田出租制度类似于职田,租入专门供各级官学开支。监牧地是宋代饲养军马的土地,全盛时面积达十万顷左右,熙宁年间废监牧,将牧地出租。宋代各种类型的国有土地,其地租形态主要是实物地租,租率以对分制最为普遍,也有一些实行四六分或三七分。从北宋末至南宋,国有土地又逐步采用定额地租,如官庄、营田、沙田芦场以及其他形式的官田,大多征收定额地租。定额租主要有两种形式:一种是根据田地的好坏,预先确定当年或每年的地租数量,不论丰歉,必须按规定缴纳。福州官庄就把田地分为上、中、下三等,"中田亩钱四文、米八升,下田亩三文七分、米七升四勺"[11]。另一种是依据某一地区或一定数量的土地面积,规定总的地租数,每年按数征收。南宋初,永丰圩九百六十顷官田定租为三万斛，之后国家每年即按此定额总数征收。

宋政府在城郭中还拥有不少房地产，包括官邸店和官地，由专门机构楼店务管理，楼店务将其出租，定期收租金。这种官有房地产的租入只占宋代财政收入很少的一部分，却从一个侧面反映出当时城市经济的发展。

青苗钱是政府的一种高利贷收入，只实行于北宋中后期。王安石变法期间，于熙宁二年（1069）九月推行青苗法，以诸路常平、广惠仓钱谷为本钱，听民户自愿请贷，按户等限制最高贷款数额，每年春荒时放款，秋收之后偿还，年息四至六分。相比于民间高利贷一倍的利息，青苗钱利息较低，同时对于豪强大户，虽然他们不需借贷，也要强制抑配。所以青苗法既在一定程度上抑制了豪强，又增加了国家的财政收入。当时年收入青苗息钱估计在三百万至四百万贯之间。元祐年间（1086—1093）曾废青苗法，绍圣时（1094—1097）恢复实行，直至北宋末。但在此期间，青苗钱的放散弊病百出，有的地方不论民户愿意与否，强行俵散，有的地方放款过程中官吏百般敲诈勒索，还有的地方甚至不散本钱而只收息钱，使青苗钱完全演化成一种新的赋税。到南宋绍兴九年（1139）重新建立常平仓，才废止此法。

第三节　财政支出

一、军费支出

军费是宋代财政支出中最大的项目，通常占财政开支的半数以上，战争时期则高达十分之七八，甚至更多。军费开支浩大的根本原因在于宋朝实行募兵制。与唐代府兵制寓兵于农、兵费不由政府负担不同，募兵制是兵农分离，士兵所有费用都依靠国家财政。同时，由于宋朝始终处于与周边少数民族政权对峙的状态之中，战事频繁，必须维持相当规模的常备军。加上政府常于灾荒之年大批招募饥民为兵，以防止其铤而走险，所以宋代军队数量庞大。从仁宗康定、庆历年间起，禁军和厢军总数在一百万人上下，南宋虽然偏安一隅，但乾道年间直属朝廷的御前大军也在四十万人以上。供养如此规模的一支军队，所费甚巨不难想见。

宋代军费开支主要是养兵费和装备费。养兵费包括士兵正式的军俸以及名目繁多的补贴和赏赐。宋代军兵的月俸中有俸钱、给粮、春冬服、傔人衣粮、食盐和酱菜钱等项，数量不仅依军阶分为数等，而且还因军队番号、隶属及驻地的不同而有所差别。北宋时禁军将官月俸最高为钱一百贯，普通兵士月俸大体在一贯以下，最低者为三百文。南渡后，将官待遇优厚，御前军都统制月俸钱达二百贯，是兵士月俸的数十倍。除正式的军俸之外，士兵还有各种固定或临时性的补助，其中比较重要的有每三年一次的郊赏，每年寒食、端午、冬至等重大节日的特支，因临时屯戍、调发而给予的津贴等。这些额外支出的数额相当大，尤其是郊赏，士卒一次郊赏所得约等于其平时一两个月的俸钱，将官所得就更为丰厚。为了展示皇恩、激励将士，对在大小战役中立有战功者，以及军事训练中表现优秀者，朝廷还给予物质奖励。元丰四年（1081），神宗亲自签发赏功格，对斩杀俘获敌人各级首领制定了详细的奖赏办法，战斗负伤者也能获得相应赏赐。军事训练中的赏赐则往往属于临时性的，并没有固定的数额，如庆历中（1041—1048），仁宗校阅骑兵射箭，根据训练成绩赏钱。除了上述三项，宋代招募新兵还要支给衣履、缗钱，称为"招刺例物"，阵亡将士子弟入伍，可加倍支给。但由于招刺例物是一次性支出，因而在军费中所占比重不大。

宋代军事装备费用浩大，其中战马的养殖与购买是一项重要的支出。与契丹、党项、女真、蒙古等北方民族对抗，骑兵具有举足轻重的作用。然而，宋朝境内极少出产马匹，骑兵配备常不足数，相反，辽、夏、金、蒙（元）等少数民族聚居区畜牧业发达，战马充足。为扭转这种劣势，宋廷每年花费巨资从境外购买马匹，包括用茶绢等物资交换。当时马匹价格较高，加上路途遥远，转运之费常与马价相等或超过马价，因此宋朝每年买马的费用就达上百万贯。买来马匹后通常在政府设立的马监牧养，同样要耗费大量的人力物力。据王安石估算，官监每繁殖一匹马耗资五百贯，大大超过了买马费用，而官马的繁殖却不成功，所需战马依然多依赖外购。

宋代武器装备的优势主要在于火器。南宋后期，"荆淮之铁火炮动十数万只"，荆州"一月制造一二千只"[12]，虽然没有火炮造价的记载，但是具有这样生产能力的工场花费应该不小。南宋的水军也在抵御金人的战斗中屡有胜绩，其装备的战船有铁头船、海鹘船、车船等多种。自淳祐九年（1249）至景定年中（1260—1264），仅建康府就造新船八百五十只，修旧船二千六百九十三只，依此而论，南宋花费在战船修造上的开支总数亦应不少。至于宋兵的一般装备如兵刃、盾甲、弓箭等，也较为精良，造价颇高。

二、官俸与行政支出

宋代官吏之冗滥史无前例，给国家财政带来了沉重负担。"冗官"问题的形成一方面是因为宋代官吏的来源比前代更广，不仅科举入仕人数较唐代成倍增加，而且中高级官员子弟亲属荫补授官呈泛滥之势，加上国家有时卖官鬻爵以补贴财用，因而官吏人数日增。另一方面，宋代官制的不合理之处，也使"冗官"的出现成为可能。官吏的职务与级别分开，导致官吏的实际人数与客观需要脱节，官员多而职位少，为此，宋廷往往增设许多有名无实的职务，以安排有官之人。宋代对犯有过失的官员处罚较轻，犯罪情节严重者仍会保留低品阶官，因而除了自然死亡，官员很少离开官僚队伍。官场有进无出，更加剧了"冗官"问题。

宋代官员俸禄优厚，不仅本人有俸钱、绫绢、禄粟，随从仆役亦有衣粮。地方官于廪禄之外，还可获得国家划拨的职田的租税。对于差遣和贴职者，除俸禄之外，国家还通过添支进行补助。徽宗时，现任官员可身兼数职，凡兼一职即多得一份供给、食钱等津贴，于是有"一身而兼十余俸者"[13]。后虽废兼职之制，但额外津贴并未完全废除。北宋中期，仅官员俸钱一项，岁支就达二百七十七万余贯。除入品官员之外，还有为数更多的不入品的吏人。他们本来并无固定俸禄，专靠受贿等各种非正常途径谋生。神宗时对此进行了改革，熙宁六年（1073），京师增加吏禄开支四十一万三千四百余贯，监司、诸州六十八万九千八百余贯。宋廷试图通过提高俸禄来杜绝吏人受贿，但此举收效甚微，胥吏们往往互相勾结，营私舞弊，吏治黑暗的状况并无根本好转。

宋代的行政支出称为公用钱，后又称公使钱，主要用于官员送往迎来的宴设、供馈之费，犒赏军队、修缮公廨、置办器具等。公用钱分朝廷支给的正赐钱与当地自筹的非正赐钱，其中朝廷支给的数额根据官署级别、所在地区及特殊需要而存在差异。虽然名为公用，但当官吏经济困难时，往往支用部分公用钱作为补助。皇亲、国戚、勋臣出外任官时，公用钱则可按照惯例作为私用。北宋时，公用钱正赐额最多年份当在百万贯以上。

三、皇室支出

在中国古代，皇室位于整个社会结构的最顶层，其日常生活奢侈豪华，费用之浩繁可想而知。北宋时，为皇室服务的御厨就有一千五百二十一人，可见皇室日常饮食的铺张。建州（今福建建瓯）特设的官营焙茶机构，每年所产茶叶专供皇室，其中最精致的龙凤茶价比黄金。除了日常用度，皇室的其他享乐活动也要耗费巨资。高宗时设置御前甲库，其中钱财专门用于购置书画玩物，每年花费在十万贯以上。高宗退位后，每年除定额支用三四十万贯之外，孝宗还时有进奉，以供其挥霍。

后宫支费是皇室支费中的重要部分，皇后、嫔妃享有丰厚的俸禄。南宋宁宗时，太皇太后月俸二万贯，皇太后一万五千贯。即便是品级较低的才人，月俸也相当于中等民户百家的租赋。宋朝后宫嫔妃人数众多，加上提供日常服务的普通宫女，俸禄开支总数无疑是相当庞大的。此外，后宫凡有皇子、公主降生，亦须支费财物。南宋时规定，皇子、皇女临产前两个月，于内藏库支领赏赐，其中包括罗二百匹、绢四千六百七十余匹、金二十两余、银四千四百四十两等，额外赏赐尚未包括在内。

皇室费用的另一项目是婚丧支出，尤以丧葬费用更为惊人。仁宗下葬时，动用人工四万六千七百人，支费钱一百五十万贯、绸绢二百五十万匹、银五十万两，如此浩大的支出给财政带来的负担可想而知。中国历代帝王都重视修建陵墓，宋朝皇帝也不例外，宋朝诸陵内部结构复杂，俨然一座座地下宫殿。皇帝下葬以后，每年还要支用大量钱财维修陵园。元祐六年（1091），京西提刑司就曾出资二十万贯修缮陵寝。不但皇帝本人的陵墓耗资巨大，皇后的陵墓也支费不少。北宋绍圣元年（1094），元丰库支钱十万贯、绢七万匹，应付宣仁皇后陵墓修缮之费。至于宋朝皇室成员的婚嫁费用，具体数字史多失载，然据宋神宗所言，"嫁一公主至费七十万缗"[14]，其耗费之巨也可见一斑。

四、岁币支出

宋朝自立国以来，一直与周边少数民族政权并立，战事频仍。在与邻国的战争中，无论胜负，宋朝往往以输纳岁币的手段来换取和平，岁币支出在国家财政支出中占了不小的份额。澶渊之盟后，宋朝向辽国每年贡岁币银十万两、绢二十万匹，后又增至银二十万两、绢三十万匹。西夏起兵反宋后，宋廷因屡战屡败，也不得不以财物来"安抚"夏人。庆历中与西夏订立和约，以"岁赐"为名每年向西夏输送银七万两、绢十五万匹、茶三万斤。南宋朝廷为了维持偏安局面，更是不惜割地赔款。绍兴十一年（1141）宋金达成绍兴和议，规定宋朝每年向金国进贡银二十五万两、绢二十五万匹。到嘉定元年（1208）再次订立和议时，岁币增至每年三十万两，另贡犒军费银三百万两。对于宋朝困窘的财计来说，岁币支出无疑是雪上加霜。

五、公共事业支出

宋朝政府重视教育，官办学校发展迅速。朝廷拨给学田作为办学之资，官学所费钱粮大部分来自学田的田租收入。据崇宁三年（1104）的统计，全国官学有学舍九万二千余间，用钱三百四十万贯、米五十五万余石，教育经费相当可观。除了教育支出，朝廷还往往投入大量人力物力兴修水利。北宋时黄河经常泛滥成灾，政府每年都要进行大规模的修治。元丰五年（1082），仅修治广武、鱼池两处河堤，就动用兵卒一万一千余人、民夫五万四千余人、物料二百零三万二千条束。治理其他河流也耗费颇多，元丰六年（1083）治理淮河水系的洪泽河，计人工二百五十九万七千人，支费麦米十一万斛、钱十万贯。此外，两宋时期的农田水利建设取得了突出成就，兴修农田水利设施所需人力财物，主要由受益农田所有者均摊，政府有时也承担部分费用。南宋绍熙四年（1193），太平州（今安徽当涂）于本州收入中划拨米三千石、钱一千贯，专充兴修圩田之用。

要之，宋代财政体制多有变化，从中央到地方都形成了一套较为成型的财经系统，负责管理整个国家的收支状况。

第四节　货币制度

宋代商品经济的繁荣，促使货币制度较前代有了飞速发展。货币流通仍然以钱为主，包括铜钱和铁钱，二者的使用具有极强的地域性。绢帛逐渐退回到日用品的地位，白银在流通中的重要性大大增加。北宋时四川地区产生了世界上最早的纸币交子，南宋进而推行于东南诸路。

一、钱币

（一）宋钱的种类和流通的区域性

宋代货币体系是中国钱币史上最复杂的。按铸币材料分，铜钱和铁钱是正规的钱币，此外还有主要作为礼品和纪念品的金银钱。按面额分，一般有小平、折二、折三、折五和当十钱等，南宋还铸造过当百钱，这几种钱有些是足值的，也有不少是贬值的虚价货币。按钱名分，宋代实行年号钱，自太宗太平兴国年间（976—983）铸"太平通宝"钱开始，差不多每改一次年号就铸一种钱。而宋代更改年号又特别频繁，兼之钱名或称通宝，或称元宝，南宋嘉定年号的铜铁钱甚至有珍宝、正宝等二十二种不同的称谓，因而钱名也极为繁复。按钱文书法分，则真、草、隶、篆皆备，一般来说，每种年号钱至少有两种书体，有时甚至有三种，称为"对钱"。不过，这种多书体及对钱形式，到南宋孝宗淳熙七年（1180）发生了变化，钱文书体统一为宋体，并在钱币的背面铸明年份，有的铁钱还铸明钱监名称。如"绍熙元宝"背文"元"的铜钱，就是绍熙元年（1190）所铸。"嘉泰通宝"背文"汉二"的铁钱，就是嘉泰二年（1202）湖北汉阳监（今湖北汉阳）所铸。

宋朝是一个高度中央集权的帝国，但货币流通呈现出一种区域分割的态势，铜钱与铁钱的使用有着严格的地域限制，这也是宋代货币制度复杂性的又一重要表现。早在五代十国时期，江南、四川等地政权就已铸行铁钱，目的在于控制本地区的金、银、铜钱等财货，免致外流。宋朝陆续平定各割据政权后，在境内大部分地区使用铜钱，只有四川地区铜价昂贵，政府无力增铸，继续使用铁钱，因此北宋前期的铁钱流通仅限于四川。其后，由于对西夏用兵，军费开支浩大，为了满足财政需要，宋政府先后在北方的晋州等地铸造小平铁钱及当十大铁钱，甚至还在南方江（今江西九江）、池、饶等州铸造铁钱，输往陕西以充军费，因而铁钱流通区域遂扩大到陕西、河东地区。至此，北宋的货币流通格局基本固定，铜钱流通区包括开封府、京东西两路、河北路、淮南路、江南东西两路、两浙路、荆湖南北两路、福建路、广南东西两路等十三路，成都府路、梓州路、利州路、夔州路等四路专用铁钱，陕西、河东则铜铁钱兼用。

宋室南渡以后，长期与金南北对峙，南宋在淮、楚地区屯驻重兵，军费居高不下。同时，宋金之间的经济交流非常活跃，大量宋钱通过榷场贸易及非法走私流向金国，或是流入日本等国，而南宋由于国土缩小，铜产量大幅下降，钱币铸造量日益减少。基于财政需要以及防止铜钱外流出境，除四川外，南宋在两淮、京西及湖北荆门地区也禁用铜钱，改用铁钱和纸币。这样，铁钱流通区域又有所扩大，而铜钱流通则只限于东南了。

（二）铸钱业

宋太祖即位当年（960）就开始铸造"宋通元宝"，但由于客观条件的限制，宋初铸钱数量不大。其后宋政府不断在各地增设钱监，铜钱铸造量也呈上升趋势。到神宗时期，北宋的铜钱监已有十七处，熙宁末年（1077）的铜钱铸造额为三百七十三万贯，元丰三年（1080）增至五百零六万贯，这是两宋时期岁铸铜钱的最高额。哲宗即位后，裁撤了许多钱监，铜钱岁铸额有所下降，元祐六年（1091）岁铸铜钱二百七十五万贯。直到徽宗朝，这种情况也没有大的变化，年铸钱量大致维持在这一水平。

北宋小平铜钱用料为每千钱用铜三斤十两，铅一斤八两，锡八两，成钱重五斤。整个北宋时期，这个比例得到了较为严格的执行，因而北宋小平钱成色足，质量优良。但至仁宗时期，西北地区铸币出现了严重问题。当时北宋为了抵御西夏的进攻，在西北地区集结了大量军队，最多时达三十余万。为解决军需供给，宋政府在西北的河东和陕西铸造流通了大铜钱和铁钱。大铜钱以一当十，而其实际重量只有小平钱的三倍，名实之间存在很大差距。铁钱又分大、小两种，大铁钱以一当十枚小铜钱，官府铸造可获二十多倍的利润；小铁钱以一当一枚小铜钱，铁贱铜贵，官府也有三倍之利。大铜钱、大小铁钱的名义价格与其实际价值严重不符，造成了西北地区货币的混乱局面。

由于铸钱有厚利可图，所以民间盗铸十分严重，虽死刑不能禁绝。结果质量低劣的钱币流行，大量优良的小平钱却被排挤，退出了流通领域，导致通货膨胀，军民生活因此极为困难。于是，宋政府对西北的货币制度进行了一些调整。嘉祐四年（1059）将大铜钱由以一当十降为以一当二，这样，它的实际价值与名义价格就基本相符，折二钱也由此定型，并于熙宁以后通行全国；大铁钱也降为以一当二，小铁钱则改为以三当一。经过调整，西北地区的货币制度趋于合理，货币体系维持了较长时期的稳定，这既有助于解决军需问题，也促进了西北商品经济的发展。

然而，徽宗时期推行的政策再一次打乱了西北地区的货币体系，造成全国性的货币混乱。崇宁二年（1103），蔡京等人下令铸造当十大铜钱（一枚大铜钱当十文钱），最初只在陕西铸造，而在其他铜钱流通地区使用，但不久陕西、河东也开始使用。直到政和元年（1111），当十钱才改为当三。与此同时，蔡京集团又铸造了夹锡钱，即在铸造铁钱时加入一定比例的铅、锡。最初只在西北流通，以一当小平钱二，后来又在全国流通，由于比价远远高于它的实际价值，所以很快就开始贬值，"其行未久，轻于铜钱三之一"[15]。夹锡钱在关中地区流通的时间最长，造成的危害也最严重，"物价日增，患甚于当十"[16]。北宋末年的货币政策给经济带来了严重的混乱，加深了百姓的苦难，社会矛盾也因而更加激化。

南宋时期，经过宋金战争的破坏，铸钱业一蹶不振。供给原料的冶铜业未能恢复，且钱监管理混乱，因此南宋的铸钱业远远不能与北宋相比。除了产量之外，南宋铜钱的质量也不如北宋。不仅官铸铜钱质量低劣，而且自南宋初年以来，民间还大量改铸北宋铜钱，夹以沙土，称为"沙毛钱"。劣质钱币的流行，使北宋以来质量较好的铜钱逐渐退出了流通领域。南宋铸币量本就很少，难以满足流通需要，在劣币驱逐良币规律的作用下，铜钱的供需矛盾进一步凸显出来。

（三）宋钱的外流

由于宋代采铜能力的提高，铜钱的铸造量有了较大的增加，至神宗元丰时达到顶峰，每年为五百多万贯，是盛唐时期的二十倍。铜钱外流的数量也远超唐代，流出的方向首先是北方的辽、金、西夏等少数民族统治地区。这些政权本身开始铸钱的时间晚，且铸造数量少，因而商品流通过程中主要使用宋钱。针对这种情况，宋初设立了所谓的"铜禁"。仁宗庆历元年（1041）规定，携带一贯以上铜钱出境，为首者就要处死。王安石变法期间，曾于熙宁七年（1074）一度解除了铜禁，北方沿边州军对铜钱出境只论贯收税。"元祐更化"后，恢复铜禁。南宋政府于禁令之外，还通过在两淮边境使用铁钱和纸币，从而在使用铜钱的江南地区和金国之间造成一个人为的隔离带，以阻止铜钱北流。尽管宋政府采取了种种措施，但终宋之世，铜钱私入北方的情况一直存在。

其次，随着对外贸易的发展，铜钱还不断流向海外。宋人从海外进口香药、宝货等物品，除用丝、绢、瓷器等偿付外，还要输出金、银、铜钱。特别是在南宋，通过陆路的对外贸易几乎闭塞，因而海外贸易日益发达，且海舶的载重量远超陆上的驼马，所以流出的铜钱为数尤多。当时主要是流向日本和东南亚地区，甚至还有远至东非沿海国家的。虽然南宋政府一再严申铜钱入海之禁，还是无法完全遏止铜钱的外流。

二、白银货币性的增强

铜铁钱面额低而笨重，不便携带，加上铜铁钱分区流通，不利于商业的发展和各地物资交流。而隋唐时作为实物货币的绢帛本身不具备良好的材质，容易污损朽败，在宋代逐步退出了流通领域。在这种情况下，贵金属白银的货币化倾向日益增强，使用数量较前代大为增加，使用范围也显著扩大。

国家财政支出使用白银的数量一直在增长。具体而言，白银的用途主要有两大项，一是赏赐，一是军费。对文武官员的例行赏赐，如郊祀大礼、圣节（皇帝的生日）等，都要颁赐大量金、银、钱及丝、帛等。至于对官员军功、政绩及其他各种理由的临时赏赐，一次用白银也往往数百数千两。军费用银更是数额浩大。北宋西北边境对辽、西夏用兵，大批驻军所需粮草仅靠本地赋税无法满足，必须依赖中央政府的财政支持，但如果从京师搬运铜钱到沿边，不仅费用大，运输也极困难，而用银则便于运输，因此宋政府常常拨给边地白银来籴买粮草。南宋军费中的白银主要用于支给兵券，也就是军士俸饷，兵券按比例以银、钱、会子发放，根据乾道八年（1172）枢密院所定诸军支给之例，白银所占比重约为百分之三四十。

财政收入方面，大凡商税、盐茶等专卖收入缴纳现钱者，政府允许部分输纳白银，所占比例为百分之四五十。真宗景德年间（1004—1007），东西川商税、盐酒税的一半都可用银缴纳。仁宗景祐年间（1034—1037），商人买茶，每百贯茶价中，六十贯用现钱，其余四十贯允许折纳金银等。不仅如此，在四川、浙江、安徽等地，由于不通漕运水路，交通不便，运输粮食、布帛到京师很困难，正税田赋也可以用银折纳。南宋孝宗隆兴二年（1164）五月就曾诏令"温、台、处、徽不通水路，其二税物帛，许依折法，以银折输"[17]。

　　民间经济活动如馈赠、贿赂、借贷等用银的现象也较为普遍。此外，购买宅院、田地以及珠玉珍奇之物等大额交易，也常常用白银来支付。不过，在宋代，物价还都是用钱来衡定，人们使用银时要先兑换成钱，然后才能使用。人们日常生活中用白银表示物价或者直接用白银购买日用商品的情况还很少见，这说明白银尚未充分获得价值尺度和流通手段这两种基本功能，因而它还不是真正的货币。

　　宋代白银形制最普通的是铤形。大银铤重五十两，两端多呈弧状，束腰形，上面多有各样文字，记载着地名、用途、重量、经办官吏和工匠姓名等。小银铤则重量不等，有二十五两、十二两许、七两许、三两许等。宋代的"铤"也叫"锭"，大概因为两字读音相近，后来民间口语中常称"锭"，而很少用"铤"了。

三、纸币的产生和发展

（一）北宋的交子

　　早在 10 世纪末，四川地区就产生了世界上最早的纸币交子，它的出现和铁钱的使用有着直接关系。北宋四川的成都府路经济、贸易都相当发达，商品交换的媒介却是笨重而面额小的铁钱。按照政府的规定，重六十五斤的十贯小铁钱，其购买力才相当于重五斤的一贯小铜钱，如果要买一匹丝罗，铜钱只要两贯，铁钱却要二十贯，重达一百三十斤。购买力的低下使铁钱在贸易过程中显得十分不便，无法适应商业的发展，交子就在这一背景下应运而生。

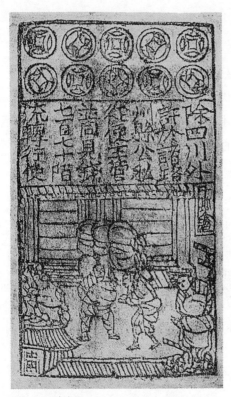

图 7-1 北宋交子

　　北宋交子的形成和发展大致可分为三个时期。第一，自由发行时期。太宗时，政府在四川停铸铜钱，改用铁钱。为了克服流通的不便，一些富裕的商人自己发行了一种类似收据的楮券，两面都有发行商家的印记，有密码花押，朱墨间错。券上并没有"交子"的字样，式样也不统一。票面金额是临时填写的，领用者交来多少现钱，便给他开出同样数额的交子。整体说来，其本质与兑换票据没有什么差别，只是在民间经济交往中可以用它来代替铁钱流通。

第二，商人联合发行时期，这一时期的交子得到了政府的许可。至迟在大中祥符年间（1008—1016），可能还要早，因为当时发行交子的十六家富商已经衰落，出现了交子不能兑现的情况。发行交子的富商称为交子铺或交子户，他们取得交子发行权要付出一定代价，比如每年为官府负担盘量仓库、修理塘堰等出夫出料的费用。此时的交子用统一的纸张印造，票面上印有屋木人物的图案，仍保留了密码、花押、图章等，票面金额仍是临时应领用人的请求填写，不限多少，只要交付现钱，便发给交子，随时可以兑现。不过，兑现时要收百分之三的手续费。除成都外，四川各地还设有交子铺分店，因而交子的流通更加广泛。每年丝蚕米麦将要收获之际，商人和普通百姓都急需流通和支付手段的货币，这时交子的发行量也最多。然而，发行交子的富商往往将收进的现钱挪作他用，一旦经营不善，资产亏损，交子就不能保证及时兑现，从而破坏了交子的信用，以致挤兑、争讼数起，最后只好由官府出面干预。由于私人经营的种种弊端，从仁宗天圣元年（1023）起，交子便收归官营了。

第三，官办时期。天圣元年十一月，宋政府设置益州交子务，第二年二月开始发行官交子，发行与流通都有相应的规范。（1）票面金额：与私人交子一样，官交子也是临时填写金额，但数额有规定的等级。起初自一贯到十贯；仁宗宝元二年（1039）改为五贯和十贯两种；神宗熙宁元年（1068）又改为五百文和一贯两种。（2）流通期限：官交子分界发行，所谓"界"就是一期，界满后持旧交子换新交子。关于官交子的界分，史书记载不一，或说三年一界，或说两年一界。因为古人按农历计算，所以实际上每界交子的流通时间是三年不到而两年有余。（3）发行额和准备金：每界交子发行限额为一百二十五万六千三百四十缗，这是最高额，并不是每界实际的发行数量。官交子的发行准备金是用四川通行的铁钱，大凡每造一界须三十六万缗，相当于发行限额的百分之二十八强。

交子的流通原来仅限于四川地区。仁宗庆历年间（1041—1048），因西北边防吃紧，曾先后两次发行交子六十万贯，借支给秦州充作军费，交子的使用范围首次扩至四川以外的地区。神宗熙宁年间（1068—1077），为了解决西北用兵带来的财政困难，宋政府又在河东和陕西发行交子，但因为缺乏足够的准备金，最后都停罢了。

（二）徽宗时的钱引

交子改为官办以后，在仁宗、英宗、神宗三朝大体上是稳定的，一贯交子能保持足价或九百数十文的价格。从哲宗绍圣年间（1094—1097）开始，随着四川交子供应给陕西的数额日益增加，交子的发行量也不断扩大，增发数额少则数十万贯，多则至数百万贯，导致交子价格大跌。徽宗崇宁、大观间（1102—1110），交子制度出现了重大变化。崇宁三年（1104），京西路也开始使用交子，崇宁四年（1105）改为钱引，通行范围更广，除闽、浙、湖广、东京开封府外，其余各路差不多都可以使用。河湟用兵费用至此基本全靠纸币解决，因而发行额陡增。通货膨胀造成了纸币的严重贬值，后来政府发行纸币不再有准备金，一贯钱引只值几十甚至十几个钱。

（三）南宋的纸币

南宋时纸币已经成为一种普遍使用的通货，不仅流通范围遍及东南、两淮、荆湖及四川各地，且种类繁多，最初使用关子，后一度改为交子，但最通行的是会子。

宋朝南渡之初，已经有关子流通。高宗绍兴元年（1131），因婺州（今浙江金华）屯兵，交通不便，难以运输现钱，于是政府让商人出钱，在婺州换领关子，商人持关子可以到杭州榷货务领钱或茶、盐、香货钞引。因此，关子最初带有汇票的性质。政府常发行关子用于籴买米粟，民间也效仿官府使用关子，因而关子在流通领域中实际已与纸币无异。

绍兴年间（1131—1162），南宋也曾发行过交子，在杭州设置交子务，试图在东南各路流通，但因缺乏准备金，不久就停止了。

会子原来也起源于民间，称为"便钱会子"，仍带有汇票的性质。从绍兴三十年（1160）开始，会子收归官营。其流通范围最初限于两浙，后来遍及东南各路，并扩展到两淮、湖北、京西等地，纳税和交易多可使用，成为流通中最主要的货币。会子的面额最初为一贯，后来又增发了二百、三百和五百文三种面额。从绍兴三十年到乾道二年（1166），会子的实际流通额为九百八十万贯，数量还不算大。但在当时的战争状态下，加之南宋铜钱减少，会子带来通货膨胀已在所难免。南宋发行额超过北宋数倍，会子的价格也一路下跌，而且往往离都城杭州距离越远，会子的价格越低，在江西、福建的一些偏远地区，会子贬值更加严重。

除了会子，南宋还有许多地方性的纸币，如盛行于四川的川引、通行于陕西的关外银会子等。

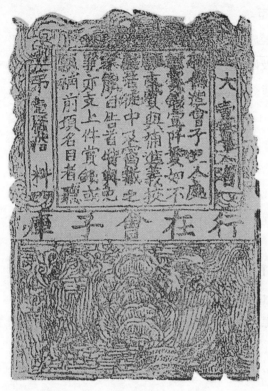

图7-2 南宋会子

　　理宗年间，蒙古进逼，端平元年（1234）蒙古灭金后，南宋面临亡国危机，通货膨胀也日益恶化。及至贾似道独揽朝政，于景定五年（1264）发行所谓"金银现钱关子"，或称"铜钱关子""银关"，一贯抵旧会子三贯，废会子不用。然而新关子发行以后，物价飞涨，二百贯关子还不够买一双草鞋，南宋经济此时已经到了崩溃的边缘。

第五节　信用业与金融业

在货币制度快速发展的同时，宋代的信用业与金融业亦有相应的成长，各种官营和私营的汇兑业务、信用贷款十分兴盛，表现出商业资本规模的扩大和经营方式的多元化。

一、便钱汇兑

随着商品经济的发展，地区间的资金转移调拨日益频繁，而金属货币又不便携带，于是唐朝中期出现了类似于现代现钱汇兑性质的"飞钱"，宋代继承并发展了这种汇兑业务。太祖开宝三年（970），宋政府在东京开封府和西京河南府分别设立便钱务，专门办理汇兑业务。从事长途贩运的商人先将现钱交给便钱务，换取书填现金数额的"引据"，然后凭引据到指定州县即可取出现钱使用。这种便钱汇兑方式受到商人的广泛欢迎，因而得以稳定发展。除了官营便钱，民间还存在私营便钱，但官府为了垄断汇兑业务，对私营便钱采取了压制政策，真宗景德二年（1005），诏令商人只能到官营汇兑机构榷货务便钱，禁止私下便换，这对民间便钱的发展无疑产生了极为不利的影响。

仁宗以后，边防吃紧，沿边诸州军费开支浩瀚，因而现金汇兑方向发生转变，之前商人入钱于京师，再到其他各州领取现钱，此后变为入钱于沿边，而于京师领取现钱。

在代替便钱务继续负责现金汇兑业务的同时，榷货务还承担着兑付各种信用证券和向地方政府拨款的任务。太宗雍熙二年（985）

以后，为了满足边防军费需要，开始实行入中法，商人将粮草等军需物资运到边地后，由当地官府开具交引，商人持引到京师，由榷货务兑付现钱。榷货务还多次拨款给地方购买军需粮草。此外，榷货务还负责货币兑换和回笼业务。

二、有价证券买卖

除了汇兑业务，宋代以赊买赊卖为主的商业信用行为也越来越多，与之相关的各种有价证券也因此产生并发展起来。证券作为信用凭证，能够得到偿付，因而可以进行买卖、抵押，甚至进入流通领域。在宋代的各种证券中，流通最广、影响最大的是交引。

交引的产生与宋代的禁榷制度密切相关（可参看本书第148—155页）。政府向商人赊购军需粮草后，给商人开具交引，商人可凭交引领取禁榷商品茶、盐或现钱，交引实际上发挥了商业信用中介物的作用。为了鼓励商人入中粮草，宋政府采取优惠政策，即以高于市场的价格进行支付，这不仅促进了入中贸易的发展，也使交引买卖活动更加活跃。

最初，从事交引买卖的是都城开封的一些金银铺、彩帛铺、停塌（即贸易货栈）、质库（即当铺）等资本雄厚的商铺。由于向边地入中粮草有利可图，除了一些富商大贾外，还有大量中、小商人及本地居民，他们经济力量较弱，领到交引后无力到千里之外的东南一带领取茶、盐等物进行贩卖，加上对这些禁榷品的市场行情又不太了解，只好将手中的交引卖掉，换取现钱。随着交引的大量发行并逐渐集中于金银铺等大商铺手中，经营交引买卖的交引铺逐渐形成。交引铺低价购买交引，然后再转手倒卖给茶盐商人，或在政府为稳定引价收购交引时，转卖给政府。买卖之间利润丰厚，因此交引买卖十分兴盛，南宋都城临安的交引铺多达一百多家，明州有六所，税收达一万零九百余贯，在当地商税收入中所占比重最大。

三、高利贷的活跃

在宋代，人们的生产、生活与货币的关系越来越密切，对货币的需求量增加，因而高利贷资本得以快速发展。

宋代商人往往将一部分资本投入借贷经营，如南宋绍兴年间的商人裴老，既经营各种商业，又开设质库谋利。地主在收取地租的同时，也进行高利贷经营。北宋中期，韩琦指出，乡村上三等主户中许多都开设质库，放贷给佃户。放债取利之风在官僚和军队将领中也十分盛行。北宋开国功臣石守信之子石保吉，"好治生射利"[18]，有人借了他的债，因还不起利息，只得以女儿为质。军队将领则多在士兵中放债，北宋初，定州禁军大多饥寒贫困，原因就在于将校放债盈利，习以成风。南宋一些将领甚至假冒百姓名义，私放军债，危害军政。高利贷的厚利还吸引了出家的僧侣，许多寺院都经营高利贷，他们开设的质库通常被称为"长生库"，在南宋鄱阳等地，寺院放债现象非常普遍。

宋代还有大量专门的高利贷者，称为"库户"或"钱民"，他们以放债取利为生，其中不乏资本雄厚者。北宋青龙镇的陈晸靠经营高利贷发家，积累资本后勾结官府，连家中的奴仆也十分凶悍刁蛮。可以肯定，多数高利贷从业者不具备雄厚的实力，他们属于中、小型放债者，著名诗人贺铸晚年退居吴下，就靠放贷谋生。

除了民间放债，宋朝政府也从事高利贷经营。王安石变法期间实行的青苗法和市易法，本质上就是政府贷款行为。青苗法是一种农业信用。每年夏秋两熟之前，普通民众青黄不接，由各州县地方政府两次发放现钱或实物给农民，等到收获之后，分别随同夏秋两税还款，利率为百分之四十。市易法则是在城市中对商贩的贷款，属于抵押信用，办法是商人以田宅或金帛为抵押，如无抵押就要有三个保人，向政府的市易务请求贷款，利率为百分之二十，过期不输息，每月罚钱百分之二，称为"保贷法"。

宋代的高利贷资本，一方面由于其高昂的利息，对小生产者必然会有冲击和破坏作用；而另一方面，也应该看到，宋代许多小农、小手工业者在一定程度上，是通过借贷来实现其再生产。北宋哲宗时，浙西一带春夏之际，几乎家家"举债出息以事田作"[19]。开封的花灯生产者也是靠借贷来购买生产资料进行生产。因此，高利贷资本对社会再生产也有其积极意义。

第八章

繁荣的城镇与城市化进程

随着社会经济的高速发展和市场的日趋活跃，宋代城镇出现了明显的变化。首先，由于消费性经济更加市场化，使城市工商业得到前所未有的发展；其次，坊市制度彻底崩溃，城市规划布局突破了前代的传统模式，由封闭走向全面开放；再次，大众娱乐登上文化舞台，动摇了"高雅"文化一统江山的局面，使城市文化更加丰富多彩；最后，广袤的乡间市镇蓬勃兴起，标志着古代城市化进程加快，为后世城镇的发展奠定了坚实的基础。这些现象引起了当代学者的关注，以致有人认为，宋代中国发生了一场"城市革命"。

第一节　城市与行政中心

与前代一样，宋代各级行政中心的形成及行政层级高低的确定，大体上是以当地的人口数量、经济发展水平及其地域环境、交通条件等作为衡量标准，由此限定了城市的规模及其所具有的政治、经济、文化等方面的功能。因此，县级以上的行政中心成为认识和了解宋代城市的重要窗口。

一、城市等级的划分

宋代城市是在行政区划及其中心地的基础上建立的。在《元丰九域志》中，北宋从京城到地方的行政建制为二十三路、四京府、十次府、二百四十二州、三十七军、四监、一千一百三十五县。而在《方舆胜览》中，南宋有路十七、府州一百九十七、县七百一十四。据此，除北宋京府和南宋行在所的特殊地位外，宋代地方基本上是路、府州和县三级行政区[1]，而城市又以各级行政区的官署衙门为核心，形成一个个实体，在文献中被称为"州治""县治"或"附郭"。更为重要的是，依据府州、县的行政层级所建成的府城、州城和县城，在全国各地自上而下地形成了相应的城市等级。

在以行政治所形成的宋代城市中，县一级的城市相对稳定，而府和路的情况比较复杂，其实际地位的差异直接影响着城市的等级。

府是唐代开始将其作为州级行政建制的，地位较高，如唐开元元年（713）升首都雍州为"京兆府"，以后又陆续将陪都或皇帝驻跸过的地方升为府。入宋以后，府有"京府"和"次府"的差别，首都、陪都称为京府，始终保持着崇高的地位。北宋有四京府，即东京开封府（治开封、祥符二县，在今河南开封）、西京河南府（治河南县，在今河南洛阳）、南京应天府（治宋城县，在今河南商丘）、北京大名府（治元城县，在今河北大名）。[2] 其中，东京的政治地位最重要，且经济水平及文化繁荣的程度都居全国首位，故地位最为崇高。1127 年"靖康之难"后，在南京应天府匆匆成立的南宋赵构政权颠沛流离，直到绍兴八年（1138）才正式定都临安（治杭州，今浙江杭州），为表示不忘北方沦陷的汴京，称临安为"行在所"，临安府遂成为南宋时期全国最高等级的城市。

随着社会的发展，宋代各地升州为府的情况逐渐增多，称为"次府"，其实际地位在京府之下，但又在普通的州之上，如成都府（今四川成都）、太原府（今山西太原）、真定府（今河北正定）等。

宋代路的情况最为复杂。第一，路的设置多有变化，以致路的数量并不固定，北宋就有十五路、十八路、二十三路、二十四路、二十六路之差别。不过，宋神宗元丰年间（1078—1085）的二十三路是宋代最有代表性的路制。南宋时期，疆域大大缩小，各路时有分合，名称略有变化。嘉定元年（1208）时，全国共有十七路。

第二，各路所辖的区域及权限所及的范围包含若干府州和县，明显具有高于府州的行政职能。然而，各路监司所辖的地区和范围却不一致，因而官衙所在地并不完全相同，或位于同路的府州治所，或分处于不同路的府州治所。因此，在理解路与城市的关系，特别是在统计城市数量时，基本上可以忽略路级治所。

需要注意的是，路在宋代行政管理体制中具有举足轻重的地位，凡是分布有路级监司治所，尤其是转运司衙门所在地，一定是某府治或某州治，都是路级辖区内经济发展水平较高的重要城市。

如北宋两浙转运使司衙门设在杭州城，"旧在双门北"，"今迁丰豫门南"。[3] 南宋建康府有江南路转运司衙[4]，高宗绍兴三年（1133）时曾经改转运司衙为建康府府署。这些都说明临安府、建康府等城市地位的重要程度。

此外，两宋路级政区的地理分布呈南方密而北方疏的格局。北宋二十三路，北方有八路，南方有十五路，这是南方人口增长、社会经济发展的表现，也是南北方城市发展的重要标志。

根据路、府州、县行政中心的层级差别，大体上可以了解宋代路以下各地方府州、县级城市的数量和基本发展状况。通常而言，行政中心的级差大致相当于城市发展水平的高低，其数量基本上与当时的城市数量相近，分布密度大致代表宋代中国城市分布的状况。不过，也有些情况是较为特殊的：（1）虽然府（京府不在其列）与州同级，但其地位及重要性远远高于州。（2）州、县也分等级，即州有雄、望、紧、上、中、中下、下七等之别，县也有赤、次赤、畿、次畿、望、紧、上、中、下、下下十等之差。这些差别取决于州县人口与赋税的多寡、政治军事地位的重要程度以及交通状况的优劣，其等级也会随前述条件的变化而变动。无论如何，这种级差是了解宋代城市发展水平的参考依据。（3）府或州的治所通常设在某县治，即"附郭县"，这样，就会出现不同行政层级的衙署同处于一个城市的情况。如北宋河中府"治河东县"；京兆府"治长安、万年二县"等[5]，使得城市的数量往往低于实际的府州县数。（4）宋代军或监这样的建制要做具体分析，据其内涵来确定它们是否属于城市的范畴。

二、城市规划布局

行政中心与城市之间的关系决定着城市等级的高低，也限定了城市的规模和布局。

首先，行政层级的高低限定了城市规模。通常而言，行政级别高的城市，其城墙的周长较长，城市规模明显更大。宋代城池建设以首都和陪都最为重要，都有两重或三重城墙，由外而里依次称为外郭城（又称大城、郭城、罗城、京城或外城）、皇城（南宋叫大内）和宫城（又叫子城、内城、大内、皇城）。在北宋四京中，地位重要的往往建城墙三重，如东京和西京；次为两重，如南京和北京。一座城市的范围大致也由外城墙的周长来确定，北宋首都东京由里向外依次为：宫城，周五里；旧城，周二十里；新城，周五十里。西京：宫城，周九里；皇城，周十八里；京城，周五十二里。南京：宫城，周二里；京城，周十五里。北京：宫城，周三里；京城，周四十八里。[6]

作为地方城市，城郭有的分子城、郭城两重，有的则只有一道城墙；大部分城市的外城城墙的周长未超过四京。北宋苏州是一个发达的城市，"大城周四十里，小城周十里"[7]，城池规模可以与都城媲美；南宋的歙州大城七里多，小城一里多[8]；明州罗城周十八里，子城周长约三里[9]；剡县（又名嵊县，今浙江嵊州）没有子城，其城郭仅十二里[10]。这些均为宋代较为普通的城市，可代表当时地方城池建筑的状况。

其次，受前朝都城以皇宫建筑为核心、中轴对称以及棋盘式街区布局模式影响，宋代城市布局也体现出以官署为核心、力求中轴对称的风格。

两宋都城都以皇宫为全城的核心，坐落在北宋开封城中央而略偏西北的大内，即宫殿区所在。由宫城南门、宣德门一直向南，直至外城南门南熏门的御街，就是全城的南北向主干道。南宋临安的宫城虽然坐落在城南，但以之为核心的御街，自宫城的北门、和宁门向北延伸约四公里，也是全城南北向主干道。此外，城市街道以宫城为核心向外延伸，再与外城的东西南北城门相通，于是呈现出东西南北向纵横交错的特点。尽管宋代都城因社会经济的发展、坊市制度的崩溃等，全城的布局不如唐都长安城那样整齐划一，形似棋盘，但城池方矩和街道笔直有序依然是其追求的目标之一。

都城的布局模式也影响到各地的城市，即各级地方行政中心城市大多以官署衙门为中心展开全城的规划布局。一般情况下，各级官署衙门就是当地城市的中心，《咸淳临安志》中的各县境图较真实地反映出当时县级城市的情况。而且，官署衙门正门面对的往往是全城的纵向或横向的主街。在那些比较发达的城市内，以官衙为中心的街道纵横交错，如南宋苏州、歙州等；在不发达城市，如剡县，其城仅有四门，故街道可能就是以十字街为主干；更小的城市可能仅是一字街而已。

再次，通过纵横交错的街道划分，宋代各级城市也形成一个个区域，谓之"厢坊"。这种布局与逐步完善的宋代城市行政管理制度厢坊制相表里，共同推动着城市的发展。

坊，是汉唐以来城市管理的最基层组织，由先秦的"里"制演变而来。作为城邑百姓居住的地方，曾设专职管理人员"坊正"（以前叫"里正"），负责坊门启闭等事务。坊的布局主要有正方

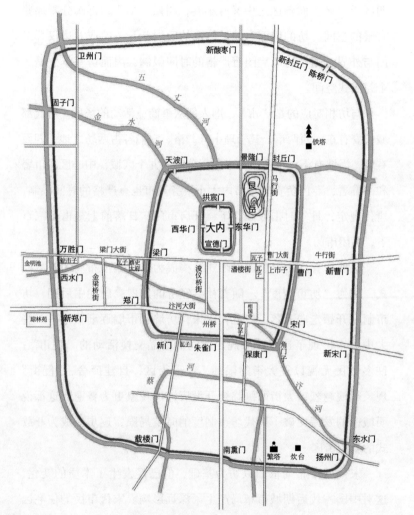

图 8-1　东京开封（汴京）结构图

形和长方形两种，其中有十字街或一字街。这些街道将坊分割成四区或二区，而各区之中又有小巷，叫做"曲"，再次分割那些有限的空间。坊的四面有墙，坊墙的四周各开一门或对边仅开二门与外界相通，坊门启闭有严格的时间限制，因而坊基本上是一个封闭式空间。

与坊相对应的是"市"，即人们从事商业活动的场所。唐代都城长安有东、西两市，其管理十分严格。它们各占两坊之地，四面有墙，沿墙有街；市内被井字形街分割成九个区域，中心区即市署和平准署，专门负责管理市内大小事务。市也有严格的时间限制，唐代规定，日午时击鼓二百下，开启市门；日落前七刻击钲三百下，关闭市门。

这种具有严格限制的封闭式结构成为汉唐城市布局的基本模式，称为"坊市制度"。随着社会经济的发展，唐代中后期，坊市制度开始走向衰落。经五代入宋，坊墙和市墙逐渐毁圮；一些大中城市出现了违反政府规定时间的商品交换活动的"夜市"；许多市民无视以往大街的限制，侵占街区，自建庐舍，"侵街"现象越演越烈；大街两侧临街开设店铺的现象更为普遍。这都说明城市的发展突破了唐代坊市制度的时空局限，逐步形成为开放式的新型街区。

宋代城市布局依旧以坊为基础，但已经发生了本质的变化，这对中国古代后期城市布局产生了深远影响。宋代市民的住宅区仍然以"××坊"为名，但它不再是唐代那种方矩有序的封闭式空间。坊内的小街巷与坊外的大街相连通，形成为一个崭新的开放式街区。在更多场合，坊是指低于厢一级的城市基层组织。到了南宋，坊同时又有街巷的意思，现存文献中屡屡出现"坊巷"合一的记载，如临安有"天井坊，即天井巷"，"吴山坊，即吴山井巷"等。[11]

宋代还出现了"厢"这一新的建制。厢在唐末五代时与驻军划分防区有关，作为军事长官的厢使掌管城郭烟火、盗贼等事务。[12]随着社会的发展，这种带有军事性质的厢逐渐民政化，其官吏也渐由文臣担任。至宋代，厢成为城市布局和管理的重要组成部分。厢是坊之上的一级行政单位，它将全城划分成若干片区，各厢之下又有若干坊。从现有的资料来看，并非每座城市都有厢的建制，往往是规模较大的都市设厢，如两宋都城、南宋建康等地，而许多州县级城市还没有厢，如歙州等。在城市布局中，宋代的"××厢"多是依据其在城区的方位来命名的，如北宋开封的"旧城左军第一厢""新城城东厢""京西第二厢"等。[13]

最后，城市发展到一定程度，官府又尽可能地延续了前朝都城内道路有等级差别和美化城市的传统，在条件允许的情况下注重城市交通的等级规范和绿化作用。北宋徽宗时期，开封城内的御街宽"二百余步"，两侧有御廊，一度"许市人买卖于其间"。[14]自政和（1111—1117）以来，官府着力整顿市容，首先禁止在御廊内进行商品交易活动；其次，恢复了前朝御道为君主专用道路的规矩，再度规范了君主和普通人车马的行走线路。官府在御廊处竖立黑漆杈子作为标识；又在御街的中间区竖立两排朱漆杈子，用砖石甃砌成两条御沟，以它们为界线，形成一条具有君臣等级差别、其内"不得人马行往"的"中心御道"[15]，普通人则需在朱漆杈子标识之外行走。

宣和初年，开封官府"大兴园圃"，这应当是一次规模较大的美化城区的活动。[16]据文献记载，在御沟的河渠内"尽植莲荷"，其两岸又栽种桃、李、梨、杏等果树，并有各种花草相杂其间。春夏时节放眼望去，花红草绿，"望之如绣"。[17]地处江南的临安山水秀美，花红柳绿，后经能工巧匠的修饰后更是美不胜收。西湖经唐、北宋的治理后已有"淡妆浓抹总相宜"的美称。南宋又在其周边栽种植物，兴建各式建筑，如孝宗时期在西湖东面兴建园圃，清波门外有聚景园，其间塔、桥、苑、亭等错落有致，红梅绽放，苍松婆娑，"每盛夏，芙蕖弥望"，"游人舣舫绕堤外"[18]，形成令人赏心悦目的景色。自然与人工奠定了杭州延续至今的"人间天堂"的地位。

三、城市管理体制

城市是一个综合性强、聚集度高、事务繁杂的实体，因而宋代城市管理主要依靠各级政府部门和官员，而政务的具体执行则依靠专门的机构和那些地位不高的基层小吏。

京城是宋朝的统治中心所在，中央机构在此行使全国最高的政治职能。但作为一座城市，都城的行政事务就由府直接管辖。在北宋都城开封，设权知开封府事（又称知开封府、知府等）一人，作为开封的最高行政长官，总领开封府境的民事、诉讼、户口、赋役、道释、治安、大礼等事务。不过，城内的治安、市场等由专门的行政部门掌管，如神宗熙宁年间设置的市易务，是主管京城市场交换和税收的机构。

在地方城市，行政长官如知州、知府、县令等都是总领一方民事的官员，而处理具体事务主要依靠其僚属。然而，宋朝各地方行政长官所掌职事是针对所辖州、县城乡百姓，并非仅限于城市。对城市百姓事务的具体管理是随着厢坊制的建立逐步完善起来。

以东京开封府为例，其主城区（即新城内）的事务由开封府管辖，新城外治安、烟火等事务则由赤县县尉主管。随着人口增长和经济的发展，真宗大中祥符元年（1008），朝廷在新城外设八厢，特置专门的、由开封府所辖的厢吏掌其事，取代了赤县县尉管理开封新城外居民事务的权力。[19] 这样，新城外八厢事务就纳入了城区管辖的范围，这是宋代以厢制为核心的城市管理制度开始确立的标志。哲宗元祐元年（1086）又在新城内左右各置两厢。[20] 由此，城内外诸厢一体化，基本完成了军政管理向民政管理的转化。具体说来，生活在厢、坊中的城市居民的生活琐事，由厢、坊基层官吏"左右厢勾当公事""厢界都所由"和"坊正"等人负责管理。

京城设置的"左右厢勾当公事"亦称"厢使"，他们有断决杖六十以下的刑责以及拖欠公私债务、婚姻、刑事和民事等诉讼的权力。由于厢使直接面对的是居住在王朝心脏的芸芸众生，故他们又是关乎国家安定重中之重的亲民官，因此朝廷对这些官员的选拔十分审慎。神宗时期，应开封府尹的请求，朝廷同意由四人分治开封府新、旧城左、右厢事务。这四名官员不仅是"京朝官"，而且要求他们都必须有"曾历通判、知县"[21] 的阅历，以保证政府对城市社会基层组织最有效的控制，因而厢官制度的完善也是城市管理逐步健全的重要表现。

在厢官之下，有厢吏若干，有事无权。五百户以上设"所由"

四人，五百户以下为三人，其中一人为"都所由"，是所由的负责人，地位比较重要，专门负责厢界内巡警烟火、盗窃等事务。而所由的具体职事主要是捉拿盗贼，或在京城失火的情况下，负责封锁火区，捉拿放火人，防止有人趁火打劫。

在宋朝，厢吏之下仍然有坊正，但其地位已远不如唐代。在唐代，坊是封闭之地，而坊正掌管坊门的钥匙，督察奸宄，享有免课役等特权[22]，表明其有一定的权力和地位。至宋代，坊正仍然是选拔具有一定资产、精明能干的市民充当，但其面对的是城市最基层的民众"坊郭户"，其职事主要是代官府向坊内居民催督税钱，成为一种职役。由于追缴税赋存在风险，一旦坊郭户有所拖欠，他们就得用自家的钱财赔纳。这样，市民不再重视坊正这种下层小吏的荣耀头衔，而是纷纷析户避役，以免担当这一职务。宋代坊正地位卑微至此，其对城市管理所起的作用可想而知。但对官府而言，坊正依然是其收取城市居民税钱的主要力量。

由于城内人口密集，排放污水、处理垃圾、下水道的疏通治理和火灾防范与救助等事务较乡村更为繁杂，故官府设有专门机构。如北宋就设置有街道司，辖街道指挥使五百兵士，主管修治京师道路，河埽司专管河堤的维护和治理。[23]在开封城中，每坊巷三百步就设置一个军巡铺，有铺兵三至五人，专门负责夜间巡逻、扑救火灾等事宜。为了防止火灾，还设有专门的望火楼，楼中屯驻军士百余人。一旦出现火情，负责人必须立刻派骑兵通报厢主，同时组织士兵带上水桶、梯子等救火用具奔赴火场，及时救险。

在南宋，临安城设有防隅巡警；在瞭望楼上，有士兵守望，一旦遇到火警，会用专门的旗帜指明灾患所在方位；到了夜晚，则以灯为号。在一些距水源较远的地方，官府专门设置有防虞水池，临安城内外就有二十二个，"以便民之利"[24]。可见，宋代城市已经形成一套行之有效的防火预警和救助措施。因此，有人认为宋代出现了中国最早的消防队。

除此之外，官府还专门雇人疏通渠道，清扫并运送垃圾，还要对他们的工作进行严格监督。如雇人清除河渠淤泥，一般要另挖一个坑用作堆放污泥之用，其工作完成后，一定要等官府差人检验属实，才能将泥坑覆盖。通过这样的管理，广大市民拥有了一个洁净美好的环境。

第二节　以都城为代表的城市经济与文化

宋代的城市管理逐步完善，以开封、临安为代表的城市汇聚了那一时代城市的各种优势要素，其人口、经济、文化可以说处于当时世界的最前列，是发展水平最高的城市。

一、两宋都城是当时世界人口最多、最密集的城市

在中国古代，城市人口的数量和密集程度是体现城市规模和经济发展水平的重要标志。

关于北宋都城开封的人口，文献记载的大多是概约数字，用以表示北宋都城人口众多，城市繁荣。宋太宗曾经说过，开封有甲兵数十万之众，"居人百万"[25]，这是宋初京城人口数量的笼统说法。

宋神宗时期，有人说开封是"天下辐辏，人物之众，车甲之饶，不知几百万数"，且"以数百万之众而仰给于东南千里之外"[26]；还有人说"国家太平日久，生齿增息，京师至三百万家"[27]；至金朝攻破东京并向开封府尹索要人户数时，李若水等人夸大其词地说京城有七百万户之多[28]。这些大致代表了北宋中后期人们对东京人口的看法，显然都不是准确数字，且各种说法差距过大。有学者对这一问题进行深入研究后认为，东京开封府最盛时期约为十三万七千户，一百五十万人。[29]

关于南宋临安城的人口数量，文献记载不同，学者的研究结果差异更大。[30] 但可以肯定，南宋都城"人烟稠密，城内外不下数十万户，百十万口"[31]。而且由于"户口繁夥，民居屋宇高森，接栋连檐，寸尺无空"，导致城区内"巷陌壅塞，街道狭小，不堪其行"[32]，都能说明其城市人口的密度超越了以往，城市的发展速度极快。

二、两宋都城是当时世界上经济最繁盛的城市之一

（一）商业活动的繁盛

坊市制度崩溃后，临街开设店铺已成为宋代城市的普遍现象，城市商业活动不再局限在方矩有度的"市"内。无论是北宋的开封城，还是南宋的临安城，大街小巷遍布各色店铺，林林总总，接栋连檐。在汴京，"东华门外市井最盛"；在宣德楼至州桥一带，金银铺、漆器店、珠宝店、药店、果子行、花果铺席和大小酒店、饮食店等鳞次栉比，交相杂错；皇城东南角的东角楼一带"最是铺席

要闹"，金银彩帛交易的场所多是"屋宇雄壮，门面广阔，望之森然"[33]，最为豪华；那些不见记录的小店铺则是数不胜数。北宋著名画家张择端的《清明上河图》形象生动地表现了北宋都城汴河两岸店铺绵延、人头攒动的商业活动情景。

南宋临安城延续了北宋都城的经济繁盛，仅《梦粱录》中记录的各色名店有一百二十多家，全城到处都有茶坊、酒肆、面店、果子、彩帛、绒线、香烛、油酱、食米等店铺，"自大街及诸坊巷，大小铺席，连门俱是，即无虚空之屋"[34]，几乎各大街小巷都是商铺林立。较之北宋都城更有特色的是，南宋临安城内同类商品的经营有了更多相对集中的区域，或一处或数处，称之为"团""行"或"市"。北宋开封已经有纱行、果子行、姜行、肉行等。南宋临安有花团、青果团、柑子团、鲞团（水产团体）；梳行、销金行（熔金行团）、冠子行、鱼行、姜行、猪行、菜行、布行；米市、药市、珠子市、肉市、花市等。虽然"团""行"名称的出现最初与方便官府差役有直接关系，但事实上，这种以行业而聚集的商业模式早已存在，它是商品经济发展的结果。毫无疑问，这种集中商品、技艺和集中销售的方式大大方便了商旅和市民，在都城经济活动中发挥了重要的作用。南宋临安城因"是行都之处，万物所聚，诸行百市，自和宁门权子外至观桥下，无一家不买卖者，行分最多"[35]，从而表明"行"越多，商品交换就越活跃。

两宋都城商品交易不仅空间范围大大拓展，而且交换的时间也大幅度延长。唐代是夜市处于萌芽并逐渐成长的时期，是突破坊市制度的新生事物。在宋代，夜市已非常普遍，并直接影响市民生活。北宋开封有州桥夜市，每天直至夜里三更才结束，至五更时，各店铺又重新开张，开始第二天的交易。都城内各色人群的夜生活极其丰富，常常"夜深方归"，因而在三更时分仍"有提瓶卖茶者"。在隆冬时节，"虽大风雪阴雨，亦有夜市"。[36]南宋虽然偏安一隅，但临安城延续北宋故都遗风，也是"买卖昼夜不绝，夜交三四鼓，游人始稀；五鼓钟鸣，卖早市者又开店矣"[37]。由此可见，两宋都城的每一天除了短暂时间外，都可以从事商业活动，几乎可以说是不夜之城！

由于都城是宋代人口最多最集中的城市，也是全国最大的经济中心，更是中国与世界交往最重要的场所，所以，都城一方面汇聚了当时最为丰富多样和最大量的各式商品，从生产资料到生活必需品，从奢侈品到普通商品，从舶来品到国内自产商品，无所不有。另一方面，各种商品在这里汇集、交流、中转，不仅销往国内各地，且可以远销至国外市场。因此，宋代都城各种商品及其商业资本的流通量之大，已大大超越当时世界的任何一座城市。

以北宋开封的大相国寺为例，该寺每月有五个开放日，"万姓交易"[38]，"伎巧百工列肆，罔有不集。四方珍异之物，悉萃其间"[39]。这一记载表明，数以万计来自不同区域之人到此从事商业活动；同时该寺集中了各式各样的珍稀异物，可以满足各种人的不同需求。它之所以能够形成如此巨大的市场规模，一个重要原因就是，"四方趋京师以货物求售、转售他物者，必由于此"[40]。由此可见，相国寺内的市场交换所发挥的经济功能颇似现代的万国博览会、交易会。

资本雄厚是宋代都城商业繁荣的另一重要表现。在各色商品交易中，交换价值高、数额大的当属金银、彩帛之类。在开封，金银彩帛铺席"每一交易,动即千万,骇人闻见"[41]。南宋临安作为都城一百余年,故"商贾买卖者十倍于昔,往来辐辏,非他郡比也",城内的珠子市,"如遇买卖,动以万数"。[42]尽管这类商业活动确实体现出经济繁盛的一面,但因其多属于奢侈品交易,能够经营这类商品的都是拥有巨额资产的大商人,而能够享受这类商品的群体毕竟是那些为数不多的权贵和富有阶层,因而这样的商业活动是有一定局限的。

更能说明商品经济发展水平的莫过于普通民众(既有官贵,也有平民)参与的交换。在农村,主要是依据农产品商品化以及农民卷入市场的程度;在城市,则要重点关注城市居民与商品市场联系的密度。在两宋都城,广大市民的日常生活用品皆来自市场,虽然是油、盐、柴、米、鱼、肉、布帛之类,但它们与都城百万之众的生活密切相关,不仅涉及面广,交易量大,而且其交换价值的总额也因积零为整、积少成多而不可估量。文献记载清晰地表明,都城居民食用的各种物品每日都会源源不断地涌入城内,像开封的鲜鱼主要从新郑门、西水门和万胜门进入城市销售,每日"有数千担入门";民间所宰生猪,南熏门是唯一进入京城的人口,"每日至晚,每群万数",屠宰作坊和人担车贩的猪羊数量"动即百数",分布于大街小巷的肉铺每天卖出的猪肉各有十余边;车拉船载、骡马驮的麦面等粮食每日五更起就由城外运入城中,"至天明不绝"。[43]临安城内外百姓每日的大米消费,"不下一二千余石";售卖各类水鲜的鲞铺"不下一二百余家"。[44]由于生活必需品的需求量巨大,城内商铺与各种物产的产地相联系,在商品流入临安城时形成相对固定的通道,故有"东门菜,西门水,南门柴,北门米"[45]的谚语。

两宋都城同时也是中外经济交流的中心，在中外贸易方面，一是贡赐贸易非常活跃，二是呈现出海路贸易兴盛的特点。在北宋时期，高丽、日本、交趾（今越南北部）、占城（今越南中部）、三佛齐（今印度尼西亚苏门答腊岛）、阇婆（今爪哇岛）、注辇（今印度泰米尔纳德邦）、蒲端（今菲律宾西部）、渤泥（今印度尼西亚加里曼丹岛北部）、蒲甘（今缅甸）、真腊（今柬埔寨）、大食（阿拉伯）、拂菻（东罗马帝国，宋代指塞尔柱土耳其统治下的小亚细亚一带）、印度以及中亚等国，都派使臣、商人以及宗教人士至宋。外国使节不仅代表国家向宋朝贡奉本国特产，而且还以个人的身份携带私物到东京货卖或赠予他人。外国人带入东京的物品主要有香药、犀象、珠宝、金银器、丝织物以及其他的高级手工艺品，当宋廷以"估价酬值"的方式回赐其钱物后，他们有的通过交换在东京购买大量商品，有的将大批赐品带回本国，由此在京城出现贡赐贸易的盛况。

南宋临安的地理环境和经济发展本来就具有较强的优势，成为都城以后，不仅延续了北宋都城贡赐贸易繁荣的局面，而且有更多中外商人在此从事商贸活动，尤其是海商。早在北宋，杭州就是两浙路最早的海外贸易中心，为管理对外贸易事务，朝廷专门设有市舶司。南宋以后，泉州、广州、明州等国际性港口的贸易日益兴盛，杭州在两浙地区贸易中心的位置也逐渐为明州所取代。但作为一个对外贸易的重要港口，临安依然发挥着不可忽视的重要作用，其市舶务原来在保安门外，淳祐八年（1248）于浙江清水闸河岸新建，称为"行在市舶务"。《咸淳临安志》进一步记载说，临安市舶"又有新务，在梅家桥之北，以受舶纲"[46]业务。杭州市舶务的设立主要是针对"海商之自外舶至京者",专门"受其券而考验之"。[47]可以肯定,南宋临安海外贸易的发达极大地促进了城市经济的繁荣。

宋代是一个商品经济迅速发展的时代,卷入并参与交换的人群除了专职大商小贩外,还有皇室成员、官吏、军士、僧侣等各色群体和官府衙门,呈现出"全民经商"的趋势。在开封宫城内"诸司人自卖饮食珍奇之物,市井之间未有也"。宫城的东门东华门外"市井最盛",因"禁中买卖在此"。[48]在相国寺那种万众交易的场合下,"诸寺师姑"的各式手工绣作摆满走廊;官吏和军士则大多是凭借权力和纲船运输等便利谋取商业利润。到了南宋,仍然保持了这种"全民经商"的强劲势头。

(二)都城手工业经济的发展

两宋都城的手工业主要包括官营和私营手工业,其中官府作坊仍然居于主导地位,但私营手工业也有所发展。

官营手工业主要集中在兵器制造、织染、印刷、酿酒、陶瓷业等,大致由少府监、将作监、军器监以及后苑造作所等管辖。其产品基本上不进入市场,主要是为满足皇室及官府的需要,它们的生产规模、组织分工和技术水平都优于私营手工业。如少府监所属绫锦院有"锦绮机四百余"张,可见其生产规模之大。[49]学者研究的结果表明,北宋都城官营手工业中仅是以"作"命名的行业就达数百种,分工十分细密,这是当时手工业发展的重要表现。[50]南宋临安是中国的丝织业中心之一,官府生产的绫、锦、绣等皆属同类产品中最为精良的,专供皇室使用;印刷业的规模和质量在全国也是首屈一指。

两宋都城的官营手工业虽然十分发达，但其产品及其服务对象主要是皇室、官府和军队等政府部门，与都城市民的经济生活并无广泛联系。随着雇佣劳作形式的发展，官营手工业向民间摊派工役的同时，也采用了计直付酬的方式，如东京绣作"每遇造作皆委之闾巷市井妇人之手，或付之尼寺，而使取直焉"[51]。这种相对按劳取酬的办法调动了手工业者的劳动积极性，较之纯粹无偿的劳役，无疑是宋代社会进步的重要表现。同时，在一定程度上也缓解了百姓与官府的矛盾，有利于社会稳定。

　　私营手工业虽然是商品生产，但生产者主要以个体经营为主，间或有规模不等的作坊式生产。与官营手工业生产活动最大的差异在于，私营手工业属于小商品生产或服务性劳动，其服务对象是都城中不同阶层的广大市民。他们辛勤劳作，丰富和方便了广大市民的生活。开封城"杨楼以北穿马行街，东西两巷谓之大小货行，皆工作伎巧所居"[52]。清晨，杂货工匠如木竹匠人、杂作人夫都会聚到桥市街巷的入口处，"候人请唤"[53]。显然，他们的活动更多地带有服务性质。

　　就现存资料来看，宋代都城私营商品生产似乎主要都集中在文化用品、市民生活品等领域。北宋末年，开封墨工有张孜、陈昱、关珪、关瑱、郭遇明等，他们"精于样制"，故成为"皆有声称"的名家。[54]大相国寺中货卖的"动用什物"，如"蒲合、簟席、屏帏、洗漱、鞍辔、弓剑、时果、脯腊"之类以及"诸寺师姑卖绣作、领抹、花朵、珠翠、头面、生色销金花样幞头、帽子、特髻、冠子、绦线之类"[55]，应当多是小手工业者的产品。南宋临安的私营手工业较北宋有了更明显的行业集中和行业分工，如有"碾玉作、钻卷作、篦刀作、腰带行、金银打钑作、裹贴作、铺翠作、褾褙作、装銮作、油作、木作、砖瓦作、泥水作、石作、竹作、漆作、钉铰作、箍桶作、裁缝作、修香浇烛作、打纸作、冥器等作分；又有异名'行'者，如买卖七宝者谓之骨董行，钻珠子者名曰散儿行，作靴鞋者名双线行、开浴堂者名香水行"[56]等。有的行业制作技术为世人称道，如"官巷花作，所聚奇异飞鸾走凤，七宝珠翠，首饰花朵，冠梳及锦绣罗帛，销金衣裙，描画领抹，极其工巧，前所罕有者悉皆有之"[57]。这样的制作技艺，与后面提到宋人服饰有奢靡之倾向是相适应的。正因为出现了巨大的社会需求，才会有相关的手工业生产；有了相应的手工业生产，又必然会推动民众的消费需求。

（三）城市消费的市场化、大众化和舒适化

随着商品经济向纵深发展，城市居民的消费呈现出市场化、大众化、舒适化的趋向，步入一个可以称之为"享受生活"的时代。以饮食为例，市民食物品种多样，名目繁多，从山珍海味到时令果蔬，从高档盛宴到各色小吃，几乎无所不有。都城中的饮食店数不胜数，张择端《清明上河图》中描绘出来的酒肆、茶坊、食店绵延数里。据文献记载，开封城内有豪华大酒楼，即"正店"七十二处，其余无名小酒店"不可遍数"。而且，凡是酒楼都有豪华装修，其门面"皆缚彩楼欢门"，"向晚灯烛荧煌，上下相照"以吸引顾客。其中尤以因矾的买卖兴旺发达而建起的"白矾楼"最为著名，它高有三层，其间"五楼相向，各有飞桥栏槛，明暗相通"，并有"珠帘绣额，灯烛晃耀"的装饰，成为北宋都城具有地标性的街景。[58]

图 8-2 《清明上河图》(局部)

宋朝都城不仅美味品种多样，就餐环境优美，且针对不同的消费者采取相应的营销策略。在开封的正店中，接待不同宾客，有数十上百的各式厅馆及小阁子。饮食器皿非常考究，"凡酒店中，不问何人，止两人对坐饮酒，亦须用注碗一副，盘盏两副，果菜楪各五片，水菜碗三五只"；即便是一人独饮，"亦用银盂之类"。为食客服务的伙计各有分工，顾客进入食店，就有人"称呼座次"，随后又有人提供"箸纸"，悉心询问顾客有何具体要求。顾客可根据自己的喜好"百端呼索"，各有不同。另有"行菜"（即跑堂）站立在一侧，根据顾客的需求随时传报，及时上菜，他们常常是"左手杈三碗，右臂自手至肩，驮迭约二十碗"，服务周到，不敢有丝毫懈怠和差错。[59]

在普通食店内，也有类似跑堂的"大伯"，有为酒客换汤斟酒的女子"焌糟"，有为食客使唤跑腿的"闲汉"，还有卖唱、为客斟酒、兜售小食品的"厮波"，还有一些不呼自来的歌女等。[60]这种饮食考究的风气也影响到街头那些车推担挑售卖食品的小贩，他们都自觉适应市场需求，"装鲜净盘合器皿"，其"车担动使，奇巧可爱"，"食味和羹，不敢草略"。[61]这种习俗还为南宋临安所仿效，目的即是为了"以耀人耳目"[62]。如"大酒店用银器"，"三盏后换菜，有三十般，支分不少"。即便是二人"买五十二钱酒"，也要用两只银盏，仍要上数道菜。[63]可以说，临安城饮食精细、碗盏精致和铺排有度的风气一直延续至今。

为了方便城市居民，都城中还有由官府或有钱人家开设的专门承办各种宴会的机构"四司六局"，即厨司、帐设司、茶酒司、台盘司和果子局、蜜煎局、菜蔬局、油烛局、香药局、排办局。[64]凡民间有吉凶礼席，从配菜及其上菜程序、杯盘摆设、环境布置、人员服务等都不必费心费力，人们只需交纳一定的现钱，委托四司六局，便"立可办集，皆能如仪"[65]。凡此种种，使都城居民的饮食就餐格外方便和舒适。

服饰方面，两宋都城出现了追求新异、奢华的趋向。在北宋，开封的"士农工商，诸行百户，衣装各有本色，不敢越外"[66]，衣帽冠带各有规格。南宋临安城虽然也继承了北宋时对各色人士衣巾着装"皆有差等"的规定，但随着社会的发展，其衣冠服饰规矩不断被打破，尤其是妇女和青年群体。早在北宋，民间已经有销金为衣饰、追求奢华的倾向。至南宋，这种社会风气越演越烈，时人曰："豪贵之家固习于此，而下至齐民稍稍有力者，无不竞以销金为饰。……今都人以销金为业者不下数十家，货卖充塞，相望于道。"[67]针对这种情况，统治集团高度重视，屡下禁令而不能禁止。南宋淳祐年间（1241—1252），临安城中的年轻人已经出现"不体旧规，裹奇巾异服"的群体，他们"三五为群，斗美夸丽"[68]，既引起人们的关注，当然也引起一些人的不满。

妇女服饰的变化也不断翻新花样，以冠为例，以前妇女之冠"以漆纱为之"，其上的装饰由金银珠翠、彩色花饰等制成，并无定制。北宋仁宗以后，"宫中以白角改造冠并梳，冠之长至三尺，有等肩者；梳至一尺，议者以为妖"[69]。显然，这种样式新颖的"内样冠"备受争议，而且因其尺寸超常，致使妇女"登车檐皆侧首而入"，多有不便，但它们仍然成为当时的时尚女装，"人争效之"。[70]随奢靡之风盛行，妇女"冠不特白角，又易以鱼魣；梳不特白角，又易以象牙、玳瑁矣"[71]，其奢侈倾向是不言而喻的。

由于都城流动人口较多，所以客店、塌房等房屋租赁和经营十分活跃，如开封城大保康门瓦子往东去，"沿城皆客店"。之所以如此，是因为"南方官员、商贾、兵级皆于此安泊"。[72] 在临安，又有"慈元殿及富豪内侍诸司等人家于水次起造塌房数十所，为屋数千间。专以假赁与市郭间铺席宅舍、及客旅寄藏货物并动具等物"[73]。房屋的租赁和经营无疑大大方便了过往的商旅、客官等流动群体。

就出行消费而言，古人多依靠车、船、马、轿等为代步工具。在开封城中，凡遇红白喜事、游玩等活动，那些檐子、车子、船等交通工具的租赁皆自有所在，且"皆有定价"。居民平日"出街市干事，稍似路远倦行，逐坊巷桥市，自有假赁鞍马者，不过百钱"。[74] 有人看到京师"涂之人相逢，无非驴也"[75]，说明开封赁驴业的发达。北宋末年，一些风景秀美的池苑内为方便士庶观光，又兴起租赁"大小船子"的业务，"其价有差"[76]。

不唯衣食住行的消费如此，都城居民追求精神愉悦和享乐的消费也是经由市场而实现。比如，鲜花消费在京城已是一种时尚，北宋开封的东华门外、州桥头街北以及大相国寺都有花卉市场。南宋临安地处南方具有良好的自然条件，气候、环境更加适宜花卉栽培生长，因而可以提供数量更多、品种更丰富的花卉，满足广大市民的需求。临安花卉的买卖较北宋更兴盛，并出现了相对集中而固定的市场，称之为花市、花团。养宠物也是都城生活的重要组成部分之一，已经有专门的服务人员，如养马有专人切草或供草料，养犬则有人专供饧糟，养猫则有人专供鱼鳅，养鱼则有人专供小虾等。

最有代表性的精神文化消费就是勾栏、瓦肆（又叫瓦子、瓦舍）中的大众性的娱乐消费。在北宋开封城里，勾栏、瓦子蓬勃发展，各项表演伎艺形式多样，内容丰富。南宋时期，勾栏、瓦子的表演形式传至临安，且发展很快，城内瓦子有十七家，城外有二十家之多，诸般伎艺更是名目繁多，不胜枚举。[77]（相关内容请见本书第293—296页）

三、丰富多彩的城市文化

由于文化的概念过于宽泛，故我们将"文化"局限在其表现形式、内容及风格方面，分为贵族、士大夫及市民文化。另一方面，文化以不同的社会群体为基础，因其各自的政治经济背景、生活方式、社会地位、受教育程度等都千差万别，故在思想观念、审美、价值取向和喜好等方面都呈现出较大差异。

贵族文化的主要载体是最高统治者以及皇亲国戚、王公贵族，其衣食住行和言行举止都有"权力至上"的特点。这种文化赖以生存的社会群体处于全社会中绝对优势的地位，优越的生活环境使其可以养尊处优地享受生活；良好的教育赋予他们丰富的知识，使其较具有认知社会和统领社会的能力；而且，他们是统治阶级，拥有政治、经济等各方面的巨大权力。因此，宋代的贵族文化常常呈现出一种气势宏大、高雅华丽、色彩斑斓、规范严谨、居高临下甚至是霸气横溢的文化气质。比如两宋都城中巍峨壮丽的座座宫殿无疑是都城之中最辉煌、最宏伟的建筑；北宋开封的金明池、琼林苑和南宋临安的御圃、聚景园等皇家园林，规模宏大，建筑精美，风景秀丽，成为都城中最引人注目的景观。这些是宋代贵

图 8-3 《芙蓉锦鸡图》

族文化的重要标志之一。在人文领域，帝王的绘画、书法等作品，如北宋亡国之君宋徽宗赵佶的"瘦金体"和他的《芙蓉锦鸡图》等，常常被视为两宋时期最具影响力的代表作之一。不过，这种文化虽然与政治和特权相伴而生，但其地位不像"统治权力"那样总是可以高高在上。随着社会的发展、等级制观念的逐步削弱，宋代贵族文化会与其他类型的文化相互融合，形成了各具特色而又相得益彰的文化格局。

士大夫文化有赖于知识分子群体"士人阶层"的形成，它大致形成于春秋战国时期。因社会剧烈变革，诸侯争霸需要人才，故为士人提供了展示自己才能、实现个人价值的广阔舞台。士人举办教育，著书立说，各种思想流派纷纷建立，在中国历史上创造了一个空前绝后的"百家争鸣，百花齐放"的文化高度发展的时代。此后，士人遂成为一种不可忽视的社会力量。但是，士人是一个较为复杂的群体。作为个体，其生活境遇各有差异，但受过良好的教育这一点是共同的。他们在知识的土壤里汲取养分，尤其是中国古代传统的儒家文化，有人也秉承老庄思想，后又融合禅学，以心灵去感悟世界，生成一种充分享受和领悟自然之美的情怀，或表现出飘逸和洒脱，或表现出宁静与淡泊。有的具有翱翔天际般的自由思维方式，表现出"天生我才必有用"的傲世和狂放不羁；有的则更多地秉承法家的冷峻、墨家的严谨、儒家的淳厚，大多参与时政，以哲人的理性、心智去探求和思考宇宙、社会和人生，充满了对国家和人民的历史使命感和对社会的忧患意识。"路漫漫其修远兮，吾将上下而求索"的精神使得他们的文化风格要么是一种"鲲鹏展翅九万里"、气壮山河、震天撼地，展现出他们具有远大抱负的豪放之气；要么是一种对现实思考后的凝重和敦实。由于士人阶层将人格的完善和自我价值的实现作为其毕生的追求，所以士大夫文化的风格常常因人而异，表现出极为强烈的个性。

"市民文化风格"源自城市中的市井小民。这些生活在城市之中的小人物，或许没有惊天动地的复杂人生，一辈子兢兢业业地从事着小商小贩、小手工等服务于他人的种种行业。早在城市形成之初，他们就零星地存在于都市，但直到春秋战国时期商人阶层的形成，市民阶层的构成才完善起来。然而，在相当长的历史时期内，特权阶层之外的城市居民地位卑下，因而市民文化在古代都市中并没有形成气候，更谈不上文化风格。

入宋以后，由于农业、手工业和商业的迅速发展，城市经济生活变得日益丰富起来，城市居民生活的商业化成分加重，市民的地位因而得到前所未有的提高。宋代以前，城市的消费对市场的需求有限，庞大的官僚集团往往依靠国家的实物俸禄就可以生存。而宋人对市场的渴望超越了此前任何一个时代，特别是上层社会群体，在衣、食、住、行等各个方面，对从事工、商、贩、服务、娱乐等职业的市井小民的依赖程度大大增强，使得市井小民的地位逐渐提高。在这种社会背景下，一种不同于贵族和士人文化的、迎合市井小民价值取向的文化蓬勃兴起，其中不乏由市井小民自行创作并享乐的。这种文化通俗易懂，有些甚至是庸俗的，但为广大城市居民所喜爱。

两宋都城中供大众娱乐的勾栏、瓦子及其形式多样的娱乐活动，成为市民文化最突出的表现。在北宋开封，大众的娱乐场所叫作瓦子、中瓦、里瓦、勾栏、棚，有桑家瓦子、中瓦、里瓦以及大小勾栏五十余座。其中中瓦子的莲花棚、牡丹棚，里瓦子的夜叉棚、象棚最大，可容纳数千人观看，这些场所规模不一，表演时间长。在南宋临安，初因驻军多为西北军士，留恋东京瓦子的热闹，遂建立瓦肆，"招集伎乐，以为军卒暇日娱戏之地"。到后来，成为贵家子弟、郎君等人的"荡游"之地，并有南瓦子、大瓦子、中瓦子、下瓦子、东瓦子、菜市瓦子、新门瓦子、荐桥门瓦子、赤山瓦子、北郭瓦子、旧瓦子等十七处。[78]后又增至二十三处，其中北瓦子最盛，内有勾栏十三座。还有一些演技不太高的艺人"不入勾栏，只在耍闹宽阔之处做场者"，谓之"打野呵"。[79]如此众多的娱乐场所，为市井小民享受城市生活提供了广阔的舞台。

由于瓦肆中向大众展演的内容有小唱、嘌唱、般杂剧、傀儡、讲史、小说、影戏、散乐、诸宫调、商谜、杂班、弄虫蚁、合声、说诨话、叫果子等，多贴近寻常百姓生活，轻松愉悦，为人们喜闻乐见，所以瓦肆能会聚众多的市民，他们"不以风雨寒暑，诸棚看人，日日如是"[80]。瓦肆在给人们以视觉、听觉、心情愉悦等多重享受的同时，其中"多有货药、卖卦、喝故衣、探搏、饮食、剃剪、纸画、令曲之类"的服务项目，以致人们"终日居此，不觉抵暮"。[81]

勾栏、瓦肆内的表演

小唱：宋代一种歌唱艺术。从已有的大型歌舞大曲中选取其慢曲、引、近、曲破等歌唱部分，进行清唱，唱时用板打着拍子，充分运用强弱的变化来加强抒情的效果。所以，在小唱中所选用的已是艺术性相当高的传统形式歌曲。

清唱：不化妆扮演的演唱形式。有的演员轮流独唱戏曲的精彩片段，有的集体坐唱整出戏。伴奏乐队的规模视演出场合而定。

嘌唱：宋代一种歌唱艺术。根据已有的小型歌曲，如令曲小词，在演唱中同时进行音乐上的变奏加工而成的歌唱方法，

图8-4 女艺人

并由此产生一种新的歌曲形式。

商谜：宋代以猜谜语为特征的说话技艺。宋灌圃耐得翁《都城纪胜·瓦舍众伎》载："商谜，旧用鼓板吹《贺圣朝》，聚人猜诗谜、字谜、戾谜、社谜，本是隐语。"

杂班：古代戏曲名词，即"杂扮"，又名"纽元子""技和"。宋灌圃耐得翁《都城纪胜·井市》载："杂扮，或名杂旺，又名纽元子，又名技和，乃杂剧之散段。在京师时，村人罕得入城，遂撰此端，多是借装为山东、河北村人以资笑。"宋金杂剧演出时分艳段、正杂剧、杂扮三个段落。

合声：周代礼乐活动中的一种排练形式，相对于合舞、合乐而言。郑康成解释为"各等其曲折使应节奏"，即在音乐的排练活动中使曲调进行、节拍、速度整齐一致。

勾栏、瓦肆之内，不仅表演形式多样，内容丰富，而且各种技艺都有了名角。北宋开封小唱有李师师、徐婆惜、封宜奴、孙三四等；嘌唱有张七七、王京奴、左小四、安娘、毛团等；般杂剧的杖头傀儡有任小三，悬丝傀儡有张金线和李外宁，药发傀儡有张臻妙、温奴哥、真个强等。至南宋临安，除保留北宋汴京瓦肆中的娱乐内容外，其百戏技艺更加丰富，有打筋斗、踢拳、踏跷、上索、打交辊、脱索、索上担水、索上走装鬼神、舞判官、斫刀、蛮牌、过刀门、过圈子，以及称之为杂手艺的踢瓶、弄碗、踢磬、踢缸、踢钟、弄花钱、花鼓槌、踢笔墨、壁上睡、虚空挂香炉、弄花球儿、捞筑球、弄斗、打硬、教虫蚁、弄熊、藏人、烧火、藏剑、吃针、射弩端、亲背、攒壶瓶等，且各有名角。[82]宋代丰富的瓦肆技艺开启了后代曲艺之滥觞。

瓦肆中的技艺从表现形式到具体内容都十分贴近寻常百姓的思想和情感，显现出热闹、繁杂、轻松、娱乐和亲近世人的特点，其表演者和观众也大多是身份卑微、社会地位不高的普通人，因此，瓦肆技艺充分体现了两宋市民文化的兴起和繁荣。当时尽管有人认为瓦肆是"士庶放荡不羁之所，亦为子弟流连破坏之门"，但是，从瓦肆数量的增加、表演内容的推陈出新、参与者的大众化，特别是那幅以表现市井小民的千姿百态而闻名的《清明上河图》的问世，都反映出宋代市民文化以其蓬勃的生命力向贵族文化和士大夫文化提出了挑战。长期以来，贵族文化与士大夫文化时或表现出引领时代的特征，但宋代市民文化的逐渐兴盛改变了这种文化格局。虽然市民文化的表现形式与内容会随着朝代和时尚的不同而有所变化，但在宋代以后，市民文化一直是可以同贵族文化、士大夫文化鼎足而立的力量。

第三节 宋代的城市化进程

关于城市化问题，学术界有诸多解释。但非农业经济和"人口集中到城市或城市地区的过程"[83]，应当是古今中外城市化的根本点。随着城市数量的增加、城区面积的扩展以及城市人口的不断增长，城市化进程就会加速发展。市镇的勃兴、发展以及旧城区的变化就是宋代城市化最重要的标志。

一、宋代市镇的勃兴与城市化

近代以来的市镇大体上就是在宋朝形成并发展起来的。宋代以前，市和镇有其自身的内涵和特点，其形成和发展也各有特殊的路径。宋代，特别是在南宋以后，随商品经济的深入发展，市或镇的数量大幅度增加，有的兴起于交通要冲，有的兴起于人口繁密的乡村聚落，有的兴起于某一产业等。尽管它们的发展速度有快慢之差，其分布密度在不同的区域也不尽一致，但它们都具有因市场而兴盛的共同特点。更重要的是，市镇以市场为核心的未来走向，使得市和镇的经济活动日趋活跃。正因为如此，两宋及其以后的文献常常是市镇或镇市联称。可见，市镇入宋以后开始跻身于城市的行列。

市，作为人们的交换场所早已出现，传说中的神农时代就已经有"日中为市，致天下之民，聚天下之货，交易而退，各得其所"[84]的经济活动。直至唐代中期以前，市大多指城中由官府管理的、有时空限制的交换场所。唐朝曾明确规定："诸非州县之所不得置市。

其市，当以午时击鼓二百下而众大会；日入前七刻击钲三百下散。其州县领务少处，不欲设钲鼓，听之。"[85] 长安城中的东市、西市就是这类市场的典型。

然而，大约自东晋以来（甚至更早）就有另外一种市悄然兴起，至唐中后期及入宋以后，特别是南宋，这类市场的数量越来越多，被称为"草市""集市""墟市""亥市""墟""步""市"等。它们或散布在广袤乡村，或在交通孔道，以农副产品诸如布、楮、丝、箕、帛、猪、鸡等物的集散贸易为主，交换十分细碎。在这类市场中参与交换的人除了人们熟知的商贩以外，更有大量的乡民。虽然大都还没有发展到镇一般的规模和经济水平，但它们作为一个个小型的乡村经济中心地，在以农业为本的古代中国，充分表明宋代商品经济发展到了较前代更高的水平。

镇，最初与军事有关，常泛指军事辖区；军事长官也会被泛称为某地"镇将"等。大约在北魏以后，镇或镇将渐有固定的含义，即特指边地的某个军镇和统领某地的军职。历北齐、北周和隋唐，镇依然是边疆的戍卫之地；镇将成为常设军职，但统领区逐渐缩小，其地位日趋衰落。也就是说，宋代以前的镇大体上是军镇，官员也主要是军事长官，与市场等经济因素的联系不甚密切。

入宋以后，随社会经济的发展，延续了数百年的军镇发生了巨大变化。镇的军事意义弱化，经济职能日渐凸显，且逐渐朝一级准行政建制的方向发展。宋朝规定："民聚不成县而有税课者则为镇，或以官监之。"[86] 无论边陲还是内地，"诸镇置于管下人烟繁盛处，设监官，管火禁或兼酒税之事"[87]。这些规定足以说明，宋代镇的设置大多是以经济发展为基本指标，是具有一定人口规模、有官员管理、可以为国家提供税收的地方。

据《元丰九域志》《宋会要辑稿》以及现存宋代的方志等文献资料统计，北宋镇的数量在宋神宗元丰年间达一千八百八十余处，而称之为市的地方却并不多。若将其与南宋方志所记相同地区的镇进行比较就会发现，南宋时期镇的数量较北宋明显减少，可知其发展趋于稳定；相反，南宋时期，市的数量明显增加，处于发展活跃的阶段。[88]这说明，南宋以来，市镇的发展更加遵循市场经济发展的规律，其形成和生存的前提也不再依靠官府的行政命令。随着市镇的兴起并稳定发展，中小型城市数量呈现出增长的态势，这是宋代城市化的重要标志。

多数市镇兴起的地方原本不属于城市，但人烟蕃阜，交换活跃，交通便利，或是手工业发展具有特色，市镇居民经历了由农而商或由农而工的变化，因此，市镇规模实际上从很大程度上反映出宋代城镇人口数量的变动。现存的文献资料表明，宋代和前朝一样，都会依据各地不同的人口、经济、地理和政治等因素，将县划分为赤、次赤、畿、次畿、望、紧、上、中、下、下下十等。[89]为适应社会发展、保证国家税收，朝廷也不断调整划分县等的基本条件。北宋政和五年（1115）就规定，一千五百户以上为最末等的下县。[90]据此，不到一千五百户就完全符合"民聚不成县"的标准，可以被视为设镇的人口上限。南宋绍兴年间，歙州新馆为商旅聚会之地，有地方官员提议设镇以收税，官府却以"本处不满百家"为由，不同意设镇。[91]这一记载可作为设镇人口的下限。

事实上，宋代有的镇的人口数量及建筑规模早已经超过了下县。南宋荆湖南路潭州的桥口镇有人户两千余，镇江府丹徒区江口镇有人户一千六百余，太平州当涂县采石镇居民"不啻数千家"等。[92] 这些镇的人口规模完全可以与当时许多县城甚至部分小的州城相匹敌。由此可见，宋代并未完全遵循"民聚不成县则为镇"的设镇原则。通常而言，宋代镇的人户数量远远高于市，乡村市的人口大多为数十、数百不等，如饶州余干县古步墟有人户"数百家"，淮西无为军庐江县金牛镇市"有居民二百余家"。[93] 可以肯定的是，这些市镇人口以从事工商业为主，并形成一定规模，这也是宋代城市化的标志之一。

二、市镇经济的发展与城市化

宋代市镇蓬勃兴起，数量迅速增加，并已聚集一定规模的人口。然而，只有市镇经济具有以市场为核心的特点，市镇才能被纳入城市的行列，这是宋代城市化最重要的标志。

首先，宋代市镇的形成和发展多与商人的聚集和商业的活跃密切相关。南宋严州淳安县（今浙江淳安西北）有云程墟市，因其是通往杭、越、衢（今浙江衢州）、建州等地的水陆要冲，而成为富者商者聚集之地，形成"凡舟车日夜之所奔走"[94] 的繁忙景象。沿海市镇海陆交通便利，商业更加繁盛，市镇数量也随之迅速增加。北宋密州高密县板桥镇"正居大海之滨"，是"人烟市井交易繁夥，商贾所聚"之地 [95]，"广南、福建、淮浙商旅乘海船贩到香药诸杂税物，乃至京东、河北、河东等路商客搬运见钱（铜钱）、丝绵、绫绢，往来交易，买卖极为繁盛"[96]。因此朝廷将密州市舶司设在板桥镇，后来又将该镇升为胶西县。南宋庆元府奉化县有鲒埼镇、袁村市,"皆濒大海,商舶往来,聚而成市,十余年来日益繁盛,邑人比之临安,谓'小江下'"[97]等。因此,从某种程度上说,宋代市镇大多因商业而兴盛。

其次,商业、手工业和服务业已经成为市镇经济的主要部门,而其中以商业最为重要,即市镇经济主要是商品运销城市、乡村、海外的中转贸易。不过,若从其商品种类、商品流量、商品的流通范围、商品成交额以及交换者双方的社会地位等方面看,市和镇的商品交换水平是有差别的。

通常而言,镇所流通的商品价值高,如香药、现钱、丝绵、绫绢以及各种珍宝异器等,再加上诸如粮食等大批生活必需品的流通,其成交量和流通量都远远大于乡村市。因此,镇级市场的交换水平较市要高得多,以致有些镇的商税收入不仅超过县治,而且超过部分州治、府治。沿海滨江以及发达地区的市镇尤其如此。长江岸边的池口镇(今安徽贵池境内),其雁汊(又作雁翅)税务专征过往商税,绍兴初年岁额为十八万余贯[98],至乾道年间增至二十六万贯[99]。江南地区的湖州乌墩镇和新市镇(皆在今浙江湖州境内),每年商税收入之多,"县道所不及也"[100]。而乡村市的交换以农副产品诸如布、楮、丝、箕、帛、猪、鸡等物的集散贸易为主,市中从事商业活动的多为小商小贩和村民,入市交易之人流动性大,交换量小,进而限制了市的发展。

市镇手工业大体上可分为两类:一是直接为市镇及其周边消费者服务的。从业者多依照消费者的要求制作产品,其制成品直接交付消费者而不进入市场。如市镇中的银匠、铁工之类,这类手工业活动的特点是不定期而且是没有固定场所的,业者通过出行服务来满足市镇及其周边居民的日常需求。二是如陶瓷、造纸、图书印刷、丝织等以商品生产为目的。后者逐渐成为一些市镇经济的重要支柱，进而形成独特的手工业市镇。南宋建康府白土市"俗织纱为业"[101]，就是一个初兴的丝织业市镇。北宋的景德镇则是闻名天下的瓷业中心，南宋后在其周围又兴起相关行业的市镇，如湖田市就是其中的一个"烧造陶器处"[102]。南宋建阳麻沙镇（今福建建阳县境内）书坊刊刻图书多，印刷业发达，遂成为颇具特色的手工业市镇[103]。这些手工业市镇的兴起，除了社会发展、市场需求等因素外，大都具有既是经济发达区又是原料产地的重要条件。更重要的是，这些市镇的生产者大都是由原来的农民转化成为专门的手工业者，这对古代中国社会发展的意义是非常深远的。

市镇的服务业主要有邸店、饮食、医药及其他各种行业。与具有政治中心职能的大中型城市比较，大中型城市的服务对象极其广泛，有达官贵人、士人、商旅及其他各色人群，其中官员占了相当大的比重。但市镇作为区域经济中心，其服务的对象主要是过往商旅、市镇居民和附近乡村的农民，因而更具有服务平民大众的色彩。

再次，之所以称宋代市镇是准行政设置，其重要的原因之一是市镇的行政管理职能还不够完善。在经济发达的地区，镇既设有监镇官，同时也设监税官。多数情况下，监镇官都是集行政、税收和治安管理于一身的，常称为"监××镇税兼烟火公事""监××镇酒税""监××镇""××监镇"等。官府对乡村市的管理则主要集中在税收方面，如洪州（今江西南昌）武宁县巾口市曾经派官监酒税[104]，庆元府鄞县下庄、林村、黄姑林、小溪等市都设酒务监官[105]等。这些事实表明，尽管宋代的镇有了一定规模的人口和较为发达的经济，但市镇官员的设置和配备始终未能达到县、州、府级行政管理那样的规范程度。

最后，宋代市镇建设逐渐改变原有缺少规划的状态，但在一些经济较为发达地区的市镇中，开始出现街区、坊巷等与州县治所同样的布局规划。海盐县（今浙江海盐）澉水镇，因海盐而兴盛，镇中有"阜民坊，在镇前街西；张家衖（弄），在镇市北；张搭衖，在镇市南；义井巷，在镇市南；塘门衖，在镇市南；广福坊，在镇前街东；马官人衖，在镇市南；海盐衖，在镇市北"[106]等。这种聚落形态的变化和街区布局的形成表明，宋代市镇逐渐从乡村聚落向小型城镇过渡。

三、宋代旧城区的变化与城市化

由于人口增长和商业活跃，城市空间严重不足，使原先以城墙为界线和范围的古代城市观念受到社会现实的严重挑战；城市居民及其商业经营越来越多地跨过城墙，散布于城外，逐渐形成城市郊区，这些事实意味着宋代城市区域和面积不断扩大，这也是宋代城市化的重要表现之一。

宋代旧城结构出现变化，其中一个引人注目的现象为"侵街"，即侵街占道，它同夜市一样，大体出现在唐代中后期，至宋代则更加突出。这是经济活跃、人口增长、城市发展的必然结果。它不仅直观地凸显出坊市制度的崩溃，使得宋代城市出现了居民住宅区与商业街区合二为一的新的街区布局。更重要的是，侵街的发展直逼古代牢固的城池，使城市居民的活动呈现出冲破城墙限制的趋势。在宋代，侵街直接影响到城市管理与社会治安状况等，因而朝廷屡发禁令加以禁止，或令缴纳租钱，或直接拆除，但这些措施始终未能有效地遏止侵街现象的发生。

就实际情况而言，北宋侵街主要集中在都城等大城市，到南宋则成为众多地方城市的普遍现象，城市居民不仅占用街道桥梁，甚至连河道也成为侵占的对象。明州经济发展迅速，城内居民侵街占道现象严重，以致遇到火灾却难以救助。[107] 在湖州，州城的子城城壕也已经被"民居浮檐所蔽"[108]。温州城内"市里充满，至于桥水堤岸而为屋"[109]，等等。事实上，侵街现象屡禁不止的一个重要原因就是宋代城市人口的迅速增长和城市经济的需求。这意味着原先由城墙限定的城区空间已经难以适应城市社会的发展，于是人们为了求得相应的生存空间，就只能越过城市高墙，在城墙以外的地方居住下来。随着城市周边人口不断增加，经济也迅速发展起来，从而进一步促成了附郭草市的出现和发展。

与旧城内的侵街互为表里的，是一些草市在旧城的周边逐渐兴起，成为旧城的拓展部分。草市大致可分为两类：一种在城郭附近，另一种则分布在乡村。唐、五代以来，草市主要分布在城市周边，成为城郭与乡村的结合部。至宋代，仍然存在大量乡村草市，但附郭草市越来越多，遍布南北。北宋真宗大中祥符元年（1008），因开封城外人口增长迅速，"都门之外，居民颇多"，故"置京新城外八厢"[110]，从而使城区的实际范围随八厢的设置而较旧城明显拓展。

在宋朝，其他地区的城市也存在诸多类似的情况。如京兆府东西门外有草市[111]，汾州有草市[112]，而"建康府南门之外有草市，谓之'城南厢'"[113]。宿州城也是因人口增长，罗城狭小使得"人户安堵"，以致"居民多在城外"草市中居住和生活。[114]更为重要的是，草市所占空间又呈现出逐渐扩大的趋势，如鄂州的南市绵延数里，"虽钱塘、建康不能过"[115]。从建康府城南门外地区被称为"厢"的情况来看，附郭草市已经从城乡之间的过渡带逐渐成为城市的组成部分。

事实证明，这类因人口增长和经济活跃而兴起的附郭草市，逐步削弱了城墙作为城乡界线的作用，加速了宋代城市进一步开放的步履。

附郭草市不仅在空间上是旧城的延展部分，更重要的是，草市居民的活动成为城市经济向城外扩张的象征。从文献记载来看，除了过往商旅之外，在附郭草市中活动有相当的部分是城中居民，他们"逐利去来"[116]，往返于城市和草市之间。这进一步说明，草市的经济活动与市场有着密切联系。鄂州地理环境和交通条件十分优越，所以其南草市发展尤其繁盛，南宋诗人范成大亲眼所见的情景是："沿江数万家，廛闬甚盛，列肆如栉，酒垆楼栏尤壮丽，外郡未见其比。盖川、广、荆、襄、淮、浙贸迁之会，货物之至者无不售，且不问多少，一日可尽，其盛壮如此。"[117]规模如此巨大的商贸活动，既说明草市经济的繁荣，更表现出草市为鄂州旧城注入了持续发展的新鲜血液。

宋代的城市化不仅改变了城乡空间、城乡人口的比例，而且改变着人们的生活、思维方式，对中国古代社会的发展有着重要的意义。

第九章

宋代的社会结构

　　两宋是中国古代社会结构发生重大变化的一个历史阶段。这一时期，社会等级界限逐渐弱化，不同阶层的升降变化也日趋频繁。特权阶层的主体品官不再世袭，使得这一集团的人员变换不定，同时与庶民之间的界限也逐步模糊起来。加之贱人数量减少，地位上升，整个社会呈现出一种等级界限松动、贫富更替加剧的态势。

第一节　特权阶层

一、皇帝

　　皇帝处于社会最高层，不仅是全国最高的统治者，也是享有最大特权的集团。他们拥有至高无上的权力，养尊处优。终宋一代，先后共出现了十八位皇帝，他们与自己的皇子、公主、妃嫔、亲戚以及宫女、内侍等组成了全国最庞大、最有威权的家族。

政治上，皇帝具有无边的权力，几乎不受任何限制，其他阶层则完全服从皇帝。宋朝法典《宋刑统》中几乎找不到一条限制皇帝权力的法律条文，相反却有许多保护皇帝的规定，例如"谋反""谋大逆""谋叛""大不敬"等属于"十恶"，要处以极刑。

经济上，宋朝皇帝拥有自己的庄园，名为御庄或奉宸庄。宋理宗在位时，曾用御庄米一万石修筑城池，又将华亭（今上海松江）奉宸庄的收入来资助军饷，可见御庄规模相当大。另外，在建州北苑还有皇帝的御茶园，总共有四十六所，广袤三十余里，专门制作龙凤茶等，以供宫廷享用。在财政体制上，皇室有自己的私藏财富，即"封桩""内藏"等库务，这些都是皇室的私人财产，但其中相当一部分来源于国家财政收入。另外，因为政治上的无限特权，国家的山川河流、宝藏财富，皇帝都可以用各种名义占为己有，或赐予他人。除了这些，皇室还有其他的财源。蔡京为了讨好徽宗，大肆收取茶利，每年向皇帝进贡一百万缗。后来各地争相向徽宗进献奇侈之物。直到金军大举南侵之际，徽宗才勉强将这些财物交付国家财政部门。

此外，各地还会将本地的土特产上供给皇帝，其数目也相当可观。宋朝土贡的种类和数量，各代略有变换。《宋会要辑稿》记录了神宗即位时，下令免除的一些贡物，部分内容如下：

　　（1）西京樱桃八百棵，紫樱桃三十斤，又内园司十六斤，笋两次，共九百条，紫姜一百斤。

（2）郓州阿胶一斤。

（3）大名府鹅梨一千颗，棠梨两千颗。

（4）成德军栗子一十五石。

（5）太原府葡萄三次，共一百三十罗，榛子仁二十袋，林檎钱五十袋。

（6）泽州人参一十八筒。

（7）永兴军新笋一百斤。

（8）虢州麝香五脐。

（9）淮南等路发运司海盐一千二百斤。

（10）扬州新茶一银合，藏姜五十罐。

（11）楚州糟藏淮白鱼三百斤。

（12）蕲州乌蛇一十条。

（13）鼎州柑子一万颗。

（14）处州白砂糖七百斤。

（15）宣州花木瓜三百枚。

……

这些只是土贡的一小部分，不难想见宋朝皇室物资供应之盛，其宫廷生活自然甚为奢侈。绍兴年间，宋高宗到大将张俊家做客，张俊大肆准备。除了大批的珍果佳肴，张俊还送给高宗大量的宝器、玉器、书画等，单单是犒劳随行的官员、禁卫，就用了三万贯钱、两万个炊饼、三千斤熟猪肉、两千瓶酒等。宋光宗时，一次为了给宋高宗吴后祝寿，就花费了两万两金、五万两银、一十万贯钱、两万匹绢、五十道度牒。这些事实表明，以皇帝为首的宋朝皇亲国戚享有至高无上的尊崇地位。

然而，随着时代的发展，宋代社会出现了相对宽松的政治、思想环境。皇权在很大程度上受到来自社会各阶层的制约，尤其是广大士大夫，他们敢于抵制皇帝的不当旨令，抨击皇帝的言行，并在许多情况下取得成功，从而逐渐形成了与皇帝共天下的士大夫政治。

二、官户

官户，指品官之家，就是一切有品级的职事官、散官等。官户在唐朝是贱民的组成部分，宋朝则成为官员之家的称谓。宋朝官员的入仕渠道很多，因为出身不同，官户范围也有所不同。《宋史》记载："进纳、军功、捕盗、宰执给使、减年补授，转至升朝官，即为官户。"[1] 宋神宗元丰年间（1078—1085），官户指的是正八品以上的文官和武官。宋哲宗时期，政府规定，宗室、阵亡之家授官等几类官员，自文官从八品宣教郎和武官从义郎，也就是朝官以下的官员，都要缴纳免役钱，从而限制了一些途径入仕者成为官户。宋徽宗时，无军功的捕盗之人必须升官至正七品武翼大夫以上才算是官户。南宋时期，沿用了北宋的相关规定，并做了一些补充。总体说来，宋朝对于官户的界定有着十分复杂的规定。

因为入仕途径不同，官员在官场上的地位高下、升迁快慢等都存在差别。科举入仕，特别是进士出身，宋时被认为是最光彩的仕途。武人可以凭军功、武艺、阵亡补授等途径入仕。宋时还有所谓的"进纳出身"，俗称"买官"，凡富人向官府捐献粮食、物料、钱财等，都可以按照规定入仕。北宋时期，"有出身"是指进士、明经等科举出身，通过其他途径入仕的官员称为"无出身者"。到南宋，"有出身"的含义变窄，仅指进士出身者。

随着官僚机构的膨胀，入仕途径增多，荫补泛滥，宋朝官员数量不断增加。宋真宗景德三年（1006），官户约为一万户，约占总户数的千分之一点三；宋英宗治平二年（1065）约为二点四万，约占千分之一点九；宋光宗绍熙元年（1190）约为三点四万，约占千分之二点八。大致说来，宋朝的官户约占总户数的千分之一到千分之二，某些时候甚至达到千分之三左右。作为统治阶级中地位最高的阶层，官户拥有以下几方面的特权。

（一）俸禄：宋朝官员的俸禄名目繁多，大体上可以分为请受和添给两类。前者又称请给、本俸，包括料钱和衣粮。后者是本俸之外的补贴，有职钱、禄粟、厨食钱、添支钱、茶汤钱、职田、公使钱等，按照地位高下、职务不同，随时而定、随分而给。宋朝政府本着优待士大夫的精神，官员的各种收入相当丰厚。如正一品宰相的俸禄，每月有料钱三百贯，每年春冬有绫四十匹、绢六十匹、冬绵一百两、春罗一匹，每月禄粟一百石，傔人衣粮七十人，每月薪柴一千二百束、炭一百秤，每年盐七石。当然，品级不同，其俸禄高低差距也很大。如武官最高等节度使的料钱为四百贯，最低等内侍只有三百文（零点三贯），相差了一千三百三十三倍之多。

（二）荫补：中高级官员享有荫补权，其子弟、亲戚、门客等可以不经过科举考试，直接入仕为官。通常情况下，达到一定级别的官员享有郊祀大礼荫补、圣节荫补、遗表荫补、致仕荫补、皇帝即位荫补等，官员子弟可以依据其父祖辈官位的高低得到相应的官职。另外，皇帝还会出于某些特殊情况而授予官员、宗室等临时性的恩荫特权，尤其是高级官员，他们得到皇帝特殊恩典的机会相当多，因而他们的亲属入官人数远远超过普通官员。除此之外，官员如因公殉职、武官战死沙场，其子孙均可以荫补入仕，成为官僚。虽然宋朝中高级官员享有荫补特权，但由于非科举出身官员的仕途受到诸多限制，即便是高官子弟，也不太可能世代为官。在这种情况下，宋朝官户往往处于流动状态，仕宦之家的子弟经常落魄败家，而那些考中科举的士子等又很快成为新的官户，这与魏晋南北朝以来的门阀士族制度形成了鲜明的对照。

（三）减免各种税役：两税是乡村中最重要、最基本的赋税，虽然法令明文规定官户不得豁免，但在实际生活中，经常会出现法外免税的现象。宋仁宗时期，王蒙正仗着是刘太后的亲戚，多占嘉州（今四川乐山）的田地，并请下诏免除这些田地的赋税。宋高宗赐大将李显忠田六十三顷，宋孝宗又赐田七十顷，两次赐田各"免纳十料租税"[2]，一共五年。尤其是到南宋后期，减免某些朝廷权贵田产两税的情况十分常见。如史弥远等免除的两税就有正麦五百二十二石余，折变糯米一千九百三十二石余，而当地夏税正麦一共有两千四百零四石，秋税折变糯米有九千五百四十八石左右，可见免税额所占比例之大。

助役钱是在宋神宗时全面推向全国的，开始规定官户等特殊户籍缴纳的助役钱比其他乡村户减半。宋哲宗时，在司马光的建议下，朝廷规定官户第三等以上役钱照旧输纳。南宋孝宗时，朝廷取消了官户的这项特权。科配是没有固定时间、种类和数量的临时摊派。宋神宗时，官户因为出身的不同，有免科配的特权。另外，官户在和买、和籴、夫役、职役、兵役等方面也有或多或少的特权。在司法方面，官户按照不同品级享有议、请、减、赎等法外优待。

宋朝给予官户特权的同时，也对官户做出了种种限制。按照政府规定，侍从官、待制以上的官员，不得广置产业，与民争利，但是并未明确规定具体的田产数量。事实上，这条禁令未能起到明显的限制作用，官户们置地买田的情况十分常见。沿袭前朝的制度，宋朝政府规定本地人不得任本地官，同时规定官员不得在任职州县从事私置田宅、邸店、质库以及兴贩营运等。禁止承买和租佃官田，禁止放债取息。宋朝场务、河渡、坑冶、酒坊等，允许私人经营，但是禁止官户经营。这些措施的实施，其目的是要维护国家的长治久安及社会的稳定，但在宋朝的现实生活中，上述禁约对官户未必有真正的约束作用。

三、吏户

吏是一个十分独特的群体，他们广泛分布在中央和地方各级官府之中，负责各种具体的事务。吏既不同于政府官员，也不同于平民百姓，而是介于官和民之间的"纽带"。他们受制于官，同时又是官对民实施统治的助手和直接参与者，因而也是统治集团不可缺少的组成部分。

作为各级官府的具体办事人员，吏大多来自社会底层，主要是市井平民、农民、地主等，其中也不乏低级官僚子弟，他们无能力在科举中及第而入仕为官，又无法靠父辈的恩泽荫补为官，只得屈而为吏。

入职为吏的途径主要有三种：（1）承袭，指胥吏因为年迈或去世，由其子孙继承；（2）保引，指官吏担保、引荐亲属充任吏职；（3）投充，这是一种面向社会各阶层的选任方式。无论是中央的官府，还是地方州县，通过投名自荐的方式，经过官府考察，合格者可以入役为吏。中央百司的胥吏经审核注籍后，虽然获得吏的身份，但只能担任私名之类的实习性吏职，随时面临被除名的危险。他们必须再参加一次考试，待合格之后才能升任正式吏员。

宋初，在吏部之外设置流外铨，专门负责在京百司胥吏的考试、附奏等事务。元丰改制后，由刑部负责胥吏的名籍以及增减、出职等事务。另外，各部门的长官也要参加胥吏的选任工作。

宋朝的官和吏有严格的身份差别，与官相比，胥吏的社会地位十分卑下。胥吏可以通过出职而成为官，但其要求十分严格。宋朝官员经常轮换任职地，新任官员不熟悉当地情况，因而必须依靠当地官府的胥吏。官员的依赖程度越高，胥吏在国家和地方政治生活中所发挥的作用就越重要。虽然在地位上卑贱如奴仆，但是胥吏往往能代官理政，越权行事，逐渐成为官府中的实权人物，很多地区出现了"吏强官弱，官不足以制吏"的局面，甚至有人把官府曹司形容为"公人世界"。

当然，胥吏的地位低下，是与政府官员相比较而言的。与广大的平民相比，胥吏绝不是低贱者，而往往是比官员更直接的统治者，他们能够利用手中的权力牟取私利。很多胥吏都参与田地兼并活动，伪造田契是胥吏经常使用的方法。南宋时，隅官黄宗智欺负阿宋一房孤寡，企图伪造契约而占有阿宋的田产。[3] 胥吏不仅对民田，还对官田进行请佃、承买，甚至强占。为了逃税，狡诈的胥吏会使出各种手段。如南宋时期，兼并隐寄之家与乡村的保正、乡司等胥吏联手作弊，隐匿家产，从而有千亩之田的家庭，每年只需缴两三项田地的赋税。一些不法胥吏经常欺压平民，勒索百姓。南宋时，有个农民拖欠租税，被胥吏们捆绑起来，不给饭吃，最后这个农民被这些胥吏折磨致死，他们反而诬告死者的妻子是凶手。这些形势之家，包括吏户，许多都私置牢狱，动不动就关押贫弱无辜之人，任意用刑拷问，经常造成惨剧，而被害的人家大多不敢上告。朝廷屡次下令禁止私刑，但禁而不止。

四、僧道户

佛教传入中国之后便迅速扎根于中国土壤，中国古代的统治阶级大力扶植佛教势力，给予寺院、僧人许多政治、经济等方面的特权，宋朝的统治者亦不例外。入宋以来，佛教思想早已深入人心，社会各阶层人士信仰佛教者比比皆是，上自皇室、公卿官僚，下至普通平民百姓，信仰佛教蔚然成风。随着社会经济的发展，来自各阶层的施舍也大量增加，有了雄厚的经济实力，兴建寺庙之风颇为盛行。就北宋各路僧尼人数而言，以福建、两浙最多，兹引《宋会要辑稿》的记载，宋真宗天禧五年（1021）各路僧尼人数如下：

路名	东京	京东	京西	河北	河东	淮南	合计
僧尼数	22941	18159	18219	39037	16832	15859	
路名	两浙	荆湖	福建	川陕	广南	江南	362322
僧尼数	2220[4]	22539	71080	56221	24899	54316	

由于宋代佛教发展的情况不同，不仅造成僧尼人数有很大差异，且各地寺院的数量也存在很大的差别。宋人吴潜曾经说："寺观所在不同，湖南不如江西，江西不如两浙，两浙不如闽中。"[5]福建路的寺院数量独占鳌头，居全国之冠。北宋时期，福州寺庙数量多达一千六百二十五所，到南宋时期尚有一千二百八十所，建州寺院达九百六十四所之多。总体而言，宋代僧尼、寺院分布极不均衡，各地寺庙数量多寡悬殊。具体言之，经济文化发达的地区寺庙、僧尼往往更为集中，交通便利的通都大邑和人口稠密的地区也是寺庙集中之处。宋朝道教的影响不及佛教，但道观和道士的数量亦十分可观。

　　寺观一般拥有或多或少的田产，以维持寺观正常的活动。这些田产的主要来源之一是施舍。以皇帝为首的皇室成员施舍田产入寺的事例很多，几乎每代皇帝都有布施田地的记录。另外，大小官员、商人等社会各个阶层的人都会施舍田产给寺院。普通百姓施舍田产给寺院的现象更是屡见不鲜，甚至可以说比较普遍。如一个叫德泅的和尚，不仅自己剃发为僧，而且全家人都随他一起出家。其家产全部捐给寺院，还向弟弟化缘得到五百贯钱，用于购买田产，以赡养僧尼。虽然宋朝政府只允许寺院租佃荒田，但是实际上，寺院租佃官田、学田等熟田的现象比较普遍。寺院开垦荒山、租佃田地的目的是为了满足僧人的生活需要，维持寺院的正常运转。另外寺院获得田产的另一种途径是利用手中雄厚的资金购置田地、山林，作大宗常住物，从而成为属于寺庙、僧人的私有财产。除了经营土地之外，不少寺观还经营手工业、商业和高利贷。

作为一个特殊群体，僧道户与世俗世界的其他人户不同。在宋朝的户口登记中是以寺观为单位，列入主户户数登记的，而僧道个人则列入主户人数登记。按照宋朝的相关规定，凡是拥有土地的主户都必须纳税；绝大多数寺观是占有土地的，作为土地税的征收对象，宋代将寺院、道观单列出来。两宋的僧道户同世俗土地所有者一样，必须向国家缴纳两税，即土地税。除此之外，还要承担官府的和籴、和买以及科配等苛捐杂税。但另一方面，宋廷特准寺观免税的记录也很多。如宋仁宗时，"免华州云灵台观田税"[6]。除了免除田税，还可以蠲免科敷、科买等。

总的说来，僧道户作为国家的编户齐民，也是宋代社会的一个特殊阶层。在宗教以及精神领域，僧道有着不可替代的特权。在现实生活中，寺观的影响也不容小觑。太祖、太宗及真宗皇帝十分尊崇道教，道士苏澄隐、张守真等人都成为皇帝的座上宾。徽宗时期大受宠信的林灵素，其势力可以与诸王分庭抗衡，甚至见了太子也不回避。这些虽然只是个别现象，但也从某种程度反映出僧尼、道士在宋代社会的特殊地位。

五、干人

干人，又称勾当人、干仆、干当人等，他们大多是属于地主阶级集团。宋朝官户和民户中的富豪往往豢养干人以经营田庄、收取地租、放高利贷、纳税、管理仓库、从事商业和海外贸易、办理刑事诉讼等。官户输纳赋税，多半由干人负责。按照法律规定，若品官之家输纳之物限满而没有上缴，就要追究干人的责任。这说明宋朝官户使用干人的普遍性。关于干人的记载很多，如太宗时，官员安守忠施舍给广慈禅院两处庄田，"到日请院主大师于勾当人张崇吉手中逐件分明点检收管"[7]。

干人作为仆人，他们与主人存在着明确的身份差别，尊卑之分甚严。按照规定，干人无权告发主人的某些犯罪行为。在士大夫心目中，干人地位十分卑微，如宋朝的官员黄震把牙侩、舡艄、妓乐、岐路、干人、僮仆等都归类为杂人。

虽然身为奴仆，干人的身份和地位却因为主人的地位而存在着极大差异。北宋末年，宠臣朱勔家的亲戚、勾当人等一百五十多人都被授予了官职。南宋权相秦桧的干人气势更加嚣张，秦家的干人李氏和姓陈的人家打官司，李氏仗着自己是秦府家奴，把责任都推给陈氏一家，结果使得陈翁死在狱中。在某种情况下，干人能左右主人的经济活动，侵占主人的某些利益。

作为官户和富豪家中的高级奴仆，干人在普通百姓面前充当着剥削者帮凶的角色。在某些地区，干人在收取地租的时候要向农民勒索固定的折扣。在吴兴（今浙江湖州吴兴）地区，习惯上每租一斗是一百十二合，田主取一百一十，而干仆得二。刘翰的诗："豪家征敛纵狩隶，单巾大帕如蛮兵。索钱沽酒不满欲，大者罗织小者惊。谷有扬簸实亦簸，巨斛凸概谋其赢。"[8]反映了干人收租时对农民的粗暴。另外，干人会帮主人放高利贷，代理诉讼，借助主人势力在地方上拥有独特的地位。

作为雇主，主家支付佣金的方式多种多样。有些坊郭户按月支付给干人"俸给"。有的干人依靠分成地租，或租佃官田、民田，再转租给农民为生。有的干人手下还有干人，称为"踏床儿"。

第二节　非特权阶层

与其他朝代一样，宋朝普通民众人数最多，构成了整个社会的基础。这个阶层最大的特点就是有身份而无特权。有身份，是相对贱民而言；无特权，则是相对于特权阶层而言的。通常而言，平民阶层相对稳定，一方面，他们不能轻易进入特权阶层，除非通过科举考试等途径上升为官户。一些大商人、大地主虽有万贯家财，但是在法律上没有任何特权。另一方面，政府也不允许平民轻易降为贱民。因为在国家赋税体系中，特权阶层和贱民阶层都不负担国家赋税或负担很少，为了获得稳定的赋税收入，国家必须保证一定的平民数量。

一、主户

主户，又称税户、编户，主要包括在乡村有田产或在城市有房产、为国家纳税服役的家庭。乡村主户按家产的多少分为五等，一般一、二、三等户称乡村上户，四、五等户称乡村下户。各地划分户等的标准不尽相同，大致说来，一、二等户是家产雄厚的地主，三等户比较复杂，有地主，也有自耕农和富裕农民。四、五等户是无地或少地的贫苦农民。宋代主户在总户数中的比例大体保持在百分之六十左右。

北宋主客户比例

年度	总户数	主户	客户	主户比例（%）
太宗（980—989）	6108635	3560797	2547838	58.3
天圣元年（1023）	9898121	6144983	3753138	62.1
景祐元年（1034）	10296565	6067583	4228982	58.9
庆历五年（1045）	10682947	6862889	3820058	64.2
皇祐五年（1053）	10792705	6937380	3855325	64.3
嘉祐六年（1061）	11091112	7209581	3881531	65.0
熙宁五年（1072）	15091560	10498869	4592691	69.6
元丰六年（1083）	17211713	11379174	5832539	66.1
元祐六年（1091）	18655093	12427111	6227982	66.6
元符二年（1099）	19715555	13276441	6439114	67.3

（根据梁方仲《中国历代户口、土地、田赋统计》甲表33略做修改。）

主户是国家赋役的主要承担者，政府按照户等高低摊派各种税役。一般说来，一个家庭的户等越高，负担的赋役也越重。按照规定，乡村上户须服职役，即担任州县衙门公吏或乡村基层政权头目。宋朝有不少乡村上户因轮充职役而倾家荡产，如北宋苏州的大财主曹氏，虽然拥有四百贯税钱的田产，其子弟都因为差充衙前役而受到徒刑的处罚。[9]

主户与官户、吏户相比，其社会地位自然是比较低的，但主户的身份并不是绝对不变的。主户提高自身社会地位的重要方式，就是子弟们读书应举，由科举入仕，上升为官户。此外，宋朝的进纳制度，即乡村上户通过向国家捐献钱粮之类，也可入仕。宋真宗时，有个叫卢澄的人，是陈留县（今河南陈留）的大富豪，因为向朝廷入粟，而得曹州（今山东定陶）助教一官。他善于经营，巴结权贵，在地方上横行霸道。

二、客户

客户，与主户相对应，指的是在城市没有房产和在乡村没有田产的人户。乡村客户的基本成分是佃农，他们一般没有自己的土地，靠租佃乡村上户、官户的田地、耕牛而生活。佃农形态多样，别名甚多，如浮客、分田客、小客、佃客、佃人、火客、田客、奴佃等。

作为国家的编户齐民，客户承担着国家的各种赋役。宋朝乡村各种苛捐杂税，主要以财产税为主，人丁税为辅。宋朝规定男子二十岁或二十一岁到五十岁为丁，要缴纳身丁钱米。在实际生活中，主户和客户缴纳的丁税数额存在很大差别。仁宗皇祐年间（1049—1053），福建路泉州、兴化军（今福建莆田）的丁米原来是七斗五升，后来朝廷下令减免丁米，主户可以减二斗五升，客户减四斗五升。漳州（今福建漳州）原来缴纳八斗八升八合，主户可以减免三斗八升八合，客户减免五斗八升八合。这三州军主户的丁米减至五斗，客户减至三斗。

食盐的摊派也是乡村客户的重要负担之一。宋朝实行榷盐制度，也就是由官府统一向老百姓出卖食盐。仁宗时，陈州客户一斤食盐一百文钱，但是经过小麦和钱币的反复折变，最后每斤食盐要三百五十文。[10] 这些官盐实际上成为摊派于乡村和坊郭客户的一种赋税。另外，乡村客户必须要承担夫役、职役和乡兵、保甲役等。

宋朝政府分摊这些赋役时，按照国家的相关规定，大体上是本着乡村上户从重、乡村下户和客户从轻的原则。然而，在现实生活中，处于弱势的乡村下户和客户不可能得到轻徭薄赋的优待，官户和乡村上户通过各种手段将赋役转嫁给乡村下户和客户，使他们成为赋役的主要承担者。例如诡名挟户、虚立户名、假报户籍，以便降低户等，冒充下户，逃避上户应该承担的某些税役。

客户的身份并非终身不可变更，在很多情况下，客户可以通过自己的努力，买田置业，发家致富，一旦拥有田产，他们就会变成主户或其他户籍。洪迈的《夷坚志》记载，台州仙居人郑四客，原是林通判家佃户，后来稍有积蓄，开始贩卖纱帛、海货。至南宋孝宗淳熙二年（1175），郑四客已经成为有仆役的商人，其身份显然与客户存在本质区别，完全不可同日而语。

三、商人

随着商业的繁荣，宋代商人的队伍有所壮大，尤其在繁华的城镇，聚集了较多数量的商人。由于城市商人由官府编入"行"的同行组织，所以又称为"行户"或"行人"。在商人中间，贫富差距十分明显，各类商人的生活状况和社会地位也存在着差别。

大商人处于商人群体的上层。按照宋朝的习惯，大商人和大地主被称为兼并之家，属于统治阶级的一部分。但是在实际生活中，他们往往是富者，而非贵者，其政治、社会地位根本不能与官员等集团相提并论。虽然宋代商人的地位比前代有所提高，但是在中国传统的"重农抑商"思想的影响下，商人仍会受到某些歧视。南宋初年，一些宗室成员从事商业活动，仍被视为赵家的耻辱。

宋代商人的同业组织称为"行"，各商行一般由大商人把持，他们可以从中渔利。宋神宗时，开封府的茶市由十来户大茶商控制。若是其他商人运茶叶来开封府贩卖，必须首先宴请这些大商人，由他们来定价。宋代的大商人拥有巨额财富，饶州的张霖以贩卖景德镇瓷器而成为富豪。他的二女儿出嫁，陪送的嫁妆就有两千缗之多。可是商业活动也存在着风险，破产的商人比比皆是，连大商人都难逃厄运。因此许多富商都会购买土地，收取地租，兼具大地主的身份。

宋代有一些出身商人的达官贵人。马季良本是位茶商，后来娶了宋真宗刘后哥哥刘美的女儿而成为显贵。苏州的大商人朱勔结交童贯、蔡京，从而得以授官，成为徽宗的宠臣。尽管如此，商人参加科举，入朝做官，特别是高官显贵之人，毕竟只是少数。宋朝法律对于商人仍有所歧视。事实上，商人入仕最重要、最便捷的途径，是向政府进纳财物，买到诸如助教、太庙斋郎、将仕郎之类的官职，进而逐渐改变其身份和地位。总的看来，宋代的商人，即使是大商人，并未形成独立的政治势力。

宋朝的中等商人在数量上多于大商人，但其资产在商业总资产中所占的比例未必多于大商人。中等商人的财产不多，其地位自然比不上大商人，入仕的机会也比大商人少。小商贩在商人中所占的比例最大，遍布城乡各地。他们本小利微，很难有机会发家致富，转变成为大中商人。除了个别人以外，大部分小商人的生活都比较困窘。作为宋代城市中各种商业的商人组织"行"，一些小商贩都没有资格参加。

四、奴婢

中国自秦汉以来，在社会生活中一直存在着奴婢。奴婢实际上是奴隶制度的残余，随着社会的发展，奴隶制逐渐向雇佣制发展，而宋朝是一个较重要和较快的演变阶段。

因为家境贫寒、债务等原因，许多人卖身为奴，以求温饱。宋朝常常使用"人力"和"女使"这两个词。女使一般用于私人家内劳动，包括绣工、厨娘、乳母之类。女使被雇用之后，往往在事实上成为主人的姬妾。人力是被雇男性仆役的专称，作为私家男性仆役，其服役的范围比女使更为广泛。

与前朝的奴婢不同，宋朝的奴婢与主人是雇佣与契约关系。双方通过牙人作媒介，订立契约，雇主支付所谓的"身子钱"。另外，法律还规定雇用奴婢是有年限的。宋真宗天禧年间规定："自今人家佣赁，当明设要契及五年。"[11] 南宋时规定，雇人为奴婢的年限为十年。在雇用期间，奴婢的人身自由很大程度上受制于主人。但是雇用期结束后，主仆名分也相应中止，世袭的奴婢不复存在，表明宋朝奴婢社会地位得到很大提高，这是一种历史的进步。

同时，宋朝法律还规定，禁止官吏利用职权强雇民为奴，也严禁债主强索负债之家的男女为奴，更禁止强掠良人为奴仆，严禁主人私自惩罚或虐杀奴仆。奴仆不再与主人家的资财同等处理，这与唐律"奴婢贱人，律比畜产"的条文存在本质上的差别。宋朝法律一直禁止掠卖奴婢，然而，与其他国家法禁一样，多是一纸空文，社会上仍有大量掠卖奴婢的记录。北宋时，江州（今江西九江）、湖州地区的不法之人诱骗当地百姓，然后贩卖到岭外为奴婢，例如周湛任提点广南东路刑狱时，把两千六百多名奴婢送回原籍。

在民间契约奴仆大量存在的同时，宋朝的官府中也存在着一定数量的奴婢。宋真宗时规定，逃入辽境的军士，其妻子要没入官府为婢。这种罪犯奴婢一直存在，他们往往被刺字，在身上留下永久的耻辱记号。这些官府奴婢有的还被刺配到军营，有些用于官营手工业生产等。总体而言，宋代奴婢的数量较前代已经大为减少，尤其是官府的奴婢数量大减。奴婢的身份和地位也有了较大的提高。

五、士兵

（参见本书第 118—121 页。）

第十章

宋人的社会生活及习俗

　　宋人的社会生活及习俗表面上反映的是两宋时期人们的精神生活层面，然而，推动宋人生活变化的动力却是人们物质生活的变迁。随着两宋社会的演进，宋人在衣食住行、婚丧嫁娶、宗教信仰等方面虽然有很多是继承了宋朝以前的传统，但也呈现出诸多不同于前代的特点。而正是这些平淡的日常生活构成了两宋时期丰富的社会内涵，也形象而直观地展示出宋人真实的生活状态。

第一节　婚丧嫁娶

一、婚嫁

　　在人类历史上，随着时代的变迁，婚姻观念、婚嫁习俗等都有着与之相应的形态。经过唐宋变革以后，宋人的婚嫁习俗呈现出许多与前代不同的特色。

（一）婚姻观念

1. 门当户对：这种观念对中国古代婚姻形态无疑有着巨大而深远的影响，也成为古人婚嫁最为传统的价值取向。"人各有耦，色类须同"，[1] 意思是人在择偶之时必须考虑自身的条件，即什么类型的家庭只能与其相匹配的家庭通婚。宋初，《宋刑统》便继承了唐律良贱不婚的条文。可知门当户对观念在宋代社会依然存在，直到南宋后期，仍旧如此，以致当时官员蔡杭在审理案件时，对当时士人娶官妓为妻的事实大加批判。然而，随着社会现实的变化，门第思想呈现出逐渐淡化的趋势，因而宋代婚嫁观念有了很大变化，"婚姻不问阀阅"[2]，已经成为不少家庭恪守和遵从的信条。在当时的现实生活中，嫁娶不重门户的现象并不少见。

2. 求财：随着社会经济的发展，宋人缔结婚姻关系时更加注重双方家庭的财产。确如司马光所言，当时人们受世俗影响，嫁娶之时先问对方嫁妆、聘礼之多寡。这种嫁女娶妇只求资财的现象极为普遍，在百姓中间流行。为了钱财，民间还有不少男子违背自古以来的传统，不惜到女方家做赘婿。川陕富商多招赘婿，富人死后，由于赘婿能"分其财产"，很多人都选择出赘为婿，而且，在官僚士大夫中也相当普遍。庆历中，召试馆阁清贵之职的凌景阳与酒店富户孙氏女联姻[3]，遭到欧阳修的抨击。这些官僚将娶富人为妻当作谋财的快捷方式，甚至到了不择手段的程度。真宗时期，已故宰相薛居正之子惟吉的遗孀柴氏携带大量资产再嫁，当朝宰相向敏中和张齐贤为了娶到柴氏而展开激烈的争夺，直到惊动了皇帝，最后通过司法才得以解决。

这种嫁娶求资财的现象，就连赵宋皇室也不例外。宋初以来，朝廷对宗室女下嫁有一定的规定，要求"寻访衣冠士族"，且"非工商杂类及曾犯罪恶之家"[4]，看来很重视书香门第。然而，为了多得聘财，很多宗室之家根本不顾朝廷的规定，将宗室女嫁于豪族大姓，有些甚至与社会地位低下、出身卑贱却富有资财的工商"杂类"通婚，京师富豪家族大桶张家就娶了三十余名县主。

3. 求官：以求官为目的的婚嫁，本质上是政治地位和经济利益相结合的一种婚嫁心态。对于不同的社会集团而言，他们之所以热衷于与世宦之家联姻，除了考虑经济因素外，更多的恐怕是追求对社会、政治等方面的影响力。如赵宋宗室之女乃金枝玉叶，属于皇帝或远或近的直系亲属。虽然宋代从开国以后严格控制宗室，以防止他们危及皇权，就连男性宗室成员亦很难掌握实际权力，更何况是女流之辈，但是很多富人宁愿行贿也要找一个宗室女为媳妇，无非是想为儿孙辈谋得一官半职。因为宗室女出嫁之时，其夫婿及其亲属便可通过荫补获得相应级别的官职。

在中国古代官本位的社会条件下，官位最为炙手可热，它能够带来多种多样的实际利益。在宋代，重文轻武是传统国策，文官，尤其是进士出身者，更是受到整个社会的关注。许多贫寒子弟金榜题名后便可平步青云，官职逐渐高升。受到这种社会风气的影响，宋人便以子为进士而女嫁士大夫为荣耀，于是榜下捉婿逐渐成为宋代一个极有趣的社会现象。考生冯京自乡举、礼部以至廷试皆考取第一，宰相富弼立即招他为女婿。《邵氏闻见录》记录了一件趣事，欧阳修原配夫人胥氏死后，参知政事薛奎将其第四女嫁与欧阳修。在此之前，薛奎的第三女嫁给了欧阳修同榜的进士王拱辰，后王拱辰妻子病逝，又娶了欧阳修夫人的妹妹，欧阳修戏谑道："旧女婿为新女婿，大姨夫作小姨夫。"

与女子求官相对，不少未婚男子坚持获得功名以后再娶妻，这样就带来了许多社会问题。孙复考进士一直未中，一直到四十岁未娶妻，后来，宰相李迪将其弟弟之女嫁给他，若非如此，孙复可能会终身单身。同样，若女子非进士不嫁，或者对男性的要求过高，必然也会对家庭和社会产生巨大影响。程颢的女儿贤淑庄重，趣向高洁，素来为人称道，但她择配目标较高，访求很长时间，一直未找到合适夫婿，于是终身未嫁。

4. 重人品：南宋大儒朱熹在《家礼》中引用司马光的话说："凡议婚姻，当先察其婿与妇之性行及家法何如。"可知宋人在考虑婚嫁时非常重视双方的人品，而人品优劣与家庭教育有着直接关系，因而对方"家法"亦成为重点考察的事项。其中尤其强调女性的品性，因为这直接关系到家庭的兴衰。虽然宋儒的这些见解未必正确，却是与其时代相适应的。

（二）婚姻仪礼

1. 纳采：通常情况下，宋代男子十五岁、女子十三岁以上就可以考虑婚嫁。[5] 大体说来，"父母之命，媒妁之言"乃宋代谈婚论嫁的主要形式，在男女双方父母都有初步意向后，女方以"草贴子"通知男家，中国古代盛行阴阳之说，因而在婚嫁之际男方家庭通常会拿女方贴子去占卜或求签，依据相生相克理论决定是否有意。男方家如同意，便会回帖子。在此期间，双方若一方不同意，均可以各种借口回绝该门亲事。

宋代婚嫁的第二步是交换定贴，又称为"细贴"，多数情况下，由男方派子弟、亲属或由媒人为使者将定贴交到女方家。贴子内容相当具体，可以说是男方家庭地位、状况、财产的清单，还要介绍当事人的情况。北宋时期，都城汴京还有"缴檐红"的习俗，在媒婆的撮合下，男女双方家庭有了初步了解后，男方以八朵花或八枚绢制的装饰品放入一个酒瓶，女方家收到酒瓶后，"女家以淡水二瓶、活鱼三五个、箸一双，悉送在元酒瓶内，谓之'回鱼箸'"[6]，以示喜庆、祝贺之意，似乎也有如鱼得水、成双成对的寓意。接到男方的定贴后，女方也回贴，同时开列陪嫁物品细目，如房奁、首饰、金银、珠翠、宝器、屋业等。男女双方家庭交换定贴以后，婚嫁关系就基本成立。为了防止出现意外或变故，宋代民间有时还会通过公证机构书铺[7]书写定贴，双方家庭派人签字画押。如双方接受定贴以后有一方反悔，不仅要受到道德的谴责，还要负法律责任。按照宋代法律规定，若有毁婚约者要受杖刑或徒刑。

第三步是相媳妇，或叫"相亲"。男女双方交换定贴以后，由男方家出面准备礼物，选定适当的日子直接到女方家拜访，或在其他地方。"男家择日备酒礼诣女家，或借园圃，或湖舫内，两亲相见，谓之'相亲'。男以酒四杯，女则添备双杯，此礼取男强女弱之意。如新人中意，即以金钗插于冠髻中，名曰'插钗'。若不如意，则送彩缎二匹，谓之'压惊'，则姻事不谐矣。"[8]看来南宋时期通常是当事人双方见面，大体上都城的相亲是如此。从而表明，宋代都市年轻人择偶相对还是较为自由，虽然要听"父母之命，媒妁之言"，但最后还得"新人中意"，才能将婚事确定下来。而北宋时期，婚姻当事人参与自己终身大事的程度比南宋要低得多："若相媳妇，即男家亲人或婆往女家，看中，即以钗子插冠中，谓之'插钗子'。"[9] 即由男方家派人去相媳妇，但多非本人，而是"亲人或婆"。在这种情况下，男方当事人对婚事很难有发言权，只能听命于父母和尊长。然而，无论采取哪种形式，女方当事人都处于被动状态，选择权几乎完全控制在男方，女方几乎无权决定任何事情，当然也就谈不上婚姻自由了。然而，女方若未被相中，也可以通过法律途径状告男方。

宋人将以上三阶段称之为"纳采"，纳采之后，婚事基本上就确定下来。需要说明的是，上述事实大致都是城市商谈婚嫁的情形，在广大的乡村地区，还是存在细节上的差异。从朱熹的《家礼》来看，乡村地区商讨婚嫁过程中，几乎每个步骤都要到祠堂去加以说明。[10] 宋人婚嫁之所以要告知祠堂，是因为婚嫁已非个人或单个家庭之事，而是整个家族的大事，表面上是要得到列祖列宗对婚嫁的认可，祈求祖先神灵庇佑。而实际上则反映族权日益广泛地渗透到了社会的各个层面，可以肯定族权对个体自由的控制加强了，而代表家族的家长、尊长等由此而拥有了更大的发言权，甚至是决定权。

2.纳币：宋人将婚嫁的第二阶段称为"纳币"。纳采仅仅是口头或文字的约定，并未付诸实施，纳币是实质性的进展。首先需要下定礼，插钗结束以后，通常由媒人穿针引线，商定礼品的多寡，男方家依据家境状况送给女方家一份礼物，女方接受男方定礼当天，也要回赠礼品一份。而且，女方大体上只能收取男方家定礼的一半，另一半同女方家的回赠礼品一起送回男方家，南宋称之为"回鱼箸"。富人、官户家回赠给男家的回鱼箸多用金银制作，其价值无疑远远超过普通市民所得到的真正意义的回鱼箸。

纳币的第二步是下聘礼。交换定礼以后，遇到岁时节日时都会派人互送礼物，这段时间内，双方家庭商谈聘礼的相关事宜。送聘礼之前，要选择黄道吉日，聘礼的多寡并无固定数目，往往是根据家庭经济状况而定。女方也要准备嫁妆，不少穷苦人家父母无力为女儿购置嫁妆，只能靠男方家送来物品充数，谓之"兜裹"。[11]此后，女方因为需要举办出嫁仪式，所需钱物通常由男方支付，宋代称为"下财礼"。

3.亲迎：宋代嫁娶的最后程序称为"亲迎"，即迎娶新人。亲迎的前一天，女方要派人到男家整理新人的卧房，"世俗谓之铺房"[12]。按照朱熹的礼法，铺房应该只是布置褥子、毡子、帐子、帷幔等日常应用之物。宋代的现实却是女方将铺房作为炫耀嫁妆、财富的手段。新房收拾停当以后，通常禁止他人出入，女方甚至为此专门派从嫁女使等看守新房。

新婚当日，男家派出迎亲队伍在鼓乐的伴奏下前往女家，女家设宴款待。而新人恋恋不舍，要装出不愿离开父母家的样子，于是"作乐催妆"，就是奏乐催促新人尽快化妆。而且，负责司茶司酒之人还会"互念诗词"，敦促新人出阁登车。迎亲队伍回到男方家门口时，婚礼进入又一个高潮。宋代婚礼盛行"栏门"之风，这是婚礼不可缺少的环节，也是宋代婚嫁活动的重要习俗。新人乘坐的轿子被男方亲属和其他人堵在门口，要新人给"市利""花红"。新人下轿的同时，进行"撒谷豆"的仪式："新妇下车子，有阴阳人执斗，内盛谷豆钱果草节等，咒祝，望门而撒，小儿辈争拾之，谓之'撒谷豆'。"[13] 传说这一习俗源于汉代，是为了躲避"三煞"之神（青羊、乌鸡、青牛），若不撒谷豆，会祸及尊长并无子嗣。

新人下车后，地上要铺上布条或席子，新人的脚不能沾地，由一人捧着镜子倒行，另两人挽扶新人，先要跨过马鞍。[14] 进入男家正门时，新郎在距离新娘一丈左右的地方迎接，并以一锦牵引新娘，称为"通心锦"。婚后三日，用通心锦做成两件裤子，夫妇各穿一件，意味着夫妻永远和谐。此后，新人到屋中歇息，当中悬帐，称为"坐虚帐"。"或径迎入房室内，坐于床上，谓之'坐床富贵'。"[15] 安顿好新妇后，男方家大宴宾客，负责送新妇的女方家人等草草饮食后便离开男家，号称"走送"。北宋时期，新郎有"高坐"的民俗。按照孟元老的说法："众客就筵三杯之后，婿具公裳花胜簇面，于中堂升一榻，上置椅子，谓之'高坐'，先媒氏请，次姨氏或妗氏请，各斟一杯饮之，次丈母请，方下坐。"[16] 不仅普通百姓家举行高坐仪式，且士大夫家庭也循此风俗，可见"上高坐"乃北宋时期婚礼中最为隆重的程序之一，参加婚礼的宾客亦将这一仪式视为"盛礼"。新郎高高在上，需女方家派人请才下得坐来，大体说来，这是一种显示男权意识的民俗现象。至南宋以后，这种习俗逐渐被抛弃了。

之后是参拜仪式。宋代婚礼过程中主要有三种参拜仪式：一是拜家庙。北宋时期，新郎从高坐上下来后，"婿于床前请新妇出，二家各出彩缎，绾一同心，谓之'牵巾'。男挂于笏，女搭于手，男倒行出，面皆相向，至家庙前参拜毕，女复倒行，扶入房讲拜"[17]，即首先参拜家庙，向列祖列宗的神灵叩拜。二是拜公婆。

三是新人交拜。

参拜仪式结束后，新人回到新房，此后各种民俗活动大体上都在新房中进行。"男女各争先后对拜毕，就床，女向左，男向右坐，妇女以金钱彩果散掷，谓之'撒帐'。男左女右，留少头发，二家出匹段、钗子、木梳、头须之类，谓之'合髻'。然后用两盏，以彩结连之，互饮一盏，谓之'交杯酒'。饮讫，掷盏并花冠子于床下，盏一仰一合，俗云'大吉'，则众喜贺。"[18] 所谓"撒帐"，是宋代婚礼必不可少的内容。传说始于汉武帝，他在与李夫人饮酒之时，让宫女从远处撒五色同心花果，"得多，得子多也"[19]。可知撒帐民俗的目的之一是祝愿新人多生子嗣。另一重要目的是祝新人百年好合，此外撒帐还有祝福新人家人和子孙的意义。"合髻"又称结发，就是剪下新郎、新娘的少许头发，同男女两家各自出的匹段、钗子、木梳等物件放到一起，合梳为髻，成为结发夫妻，并表示夫妻白头偕老。结发之后新婚夫妻喝交杯酒，然后将酒杯子扔到床底下，婚礼至此基本结束。

总体说来，宋代的婚嫁民俗还是丰富多彩的。宋代士大夫们也非常关注婚礼仪式，司马光的《司马氏家仪》和朱熹的《家礼》都有专门的婚仪内容。相对而言，宋代婚姻仪式省略了不少繁文缛节，同时也增加了一些新的内容。然而，并非所有的婚嫁都能严格按照礼仪的规定进行，只能量力而行，尤其是对那些贫苦人家而言，家人的基本生活都很难以保障，婚嫁礼仪自然也就不能讲究了。

还需要指出的是，上述婚嫁习俗主要在汉人聚居区或汉化程度很深的少数民族中实行，而在许多少数民族地区，婚嫁程序非常简单，甚至连"父母之命，媒妁之言"都不需要。如在广南西路邕州的峒人，"婿来就亲，女家于所居五里之外，结草屋百余间与居，谓之入寮"[20]。夫妇在此共同生活半年以后，新媳妇才能回到夫君家。再如南方的傜人，每年十月初一，在举办祭祀"都贝大王"仪式之后，尚未婚配的青年分男女一起跳舞，男女相中对方之后，男子便可背走所爱的女子，夫妻由此而定。婚嫁之俗相当简便，根本没有前面所叙述的那一套繁复的礼仪。

二、丧葬礼俗

自古以来，丧礼就是中国最为重要的礼节之一。宋代社会亦极其重视丧葬礼仪，宋人司马光著有《书仪》一书，共十卷，其中六卷是丧仪，足见丧葬礼仪所占比重之大。中国古代的伦理道德体系中，"孝道"乃人伦之根本行为规范之一。"孝莫大于安亲"[21]，这也是宋代士大夫的一种普遍看法。"安亲"包括的范围很广，在中国古代，绝大多数人都将死亡视为人生旅程的一种转换，常用的一种说法是从阳世到了阴间。因而亲人，尤其是长辈，无论是在世，还是去世，都应该竭尽全力尽孝。

大体说来，宋代丧礼可以分为丧和葬两大部分。"丧"之最初阶段称为"初终"，是指弥留之际，要将人迁入正房，使房屋内外安静，以俟病人气绝。按照朱熹的说法，宋代招魂是人刚咽气时，由专门的人或亲属拿着死者穿过的衣服爬到房顶上，或在死者居住的房屋南面，挥舞死者的衣服，大喊三次："某人复。"[22]而妇女则呼出生时的"号"，然后用挥舞过的衣服覆盖死者，这大概就是借尸还魂之意。接着是"立丧主"等仪式。通常是以丧者的长子为主丧之人。同时决定一个"护丧"之人，可以是家长，也可以是能干而又知晓礼法的子孙，丧礼的大小环节都由他来组织。

其次是易服报丧。死者的内外有服亲属及在丧礼中服务的人员都要去冠易服，通常情况下，死者的妻、子、儿媳、妾等去冠和上衣，披头散发，男子则脱得更多，且要赤脚，妇女不赤脚等。报丧一般由护丧者在丧主的授意下进行，通知远近的亲戚、朋友、同事等，这些人得报后陆续前来吊丧。再接下来先在屋里布置帷幔，由专人为死者沐浴更衣，梳理清洁。此后为"饭含"仪式，这一程序通常由丧主完成，就是用小勺子舀洗净的米灌入死者嘴角，同时放入一枚钱，以此祝愿死者黄泉路上衣食无忧。同时还要设灵座、魂帛、铭旌。在遗体之南设灵座，前置香炉、香盒，摆放酒、果等祭品。以白色的绢做成魂帛，死者生前有画像，便可悬挂于灵座上，颇为类似现代的遗像。

小殓是相当重要的丧礼程序。通常是在死者去世的第二天举行，将死者生前穿过的衣服安放在遗体的周围，用麻绳系牢，然后大家一起将遗体抬到小殓床上。死者的亲属等睹物思人，十分悲痛，自然又要进行祭奠。接下来便是大殓，通常是在小殓的次日早晨，先准备好入殓的衣衾，把棺材放在堂屋正中偏西的位置，然后将死者从小殓床上移到棺材里面，开始大殓仪式。大殓仪式有几个要点：一是死者的子孙等一起将遗体抬入棺中，这是家属与死者之间亲情的表现；二是要用衣物填满棺材的缝隙，但不要将金玉等贵重物品装入棺材，以免盗贼发现而挖掘坟墓；三是死者的亲人凭吊，与死者遗体做最后道别；四是盖上棺材盖，并以钉子钉牢；五是派两名妇女看守灵座。

葬礼是丧葬礼仪的后期过程。宋朝政府以法令形式对丧葬时间做了相应的规定,几乎所有死者都要求在三个月内下葬。葬礼之中,"卜宅兆、葬日"是最为重要的环节,也是宋代民间最受重视的民俗之一,实际上就是选择墓地和下葬的时日,这些在宋代都是由葬师来完成。葬师逐渐变成为一种职业,这些人专门为他人看风水,他们主要依据墓地、宅地的地势及方位、周边环境来决定墓地的具体位置。随着印刷技术的进步,宋代还出现了非常专业的书籍"葬书"。宋代风水之术大行其道,从一个重要侧面反映出当时人们对美好生活的追求与向往,至少是人们希望通过殡葬这种形式来求得实实在在的利益,虽然这些愿望仅仅是镜花水月,但能使人得到莫大的心理安慰。

在选定墓地后就开始挖墓穴,宋代大体上有两种办法:一种是垂直下挖,然后直接将棺材纳入其中;另一种是从坟墓侧面挖出一条巷道,然后挖墓室,最后将棺材推入墓穴。在下葬之前,还要准备好碑志、明器等物件。"志"要较为详细地叙述死者的生平、家族等内容。刻写志文的石头的高度存在差别,一品官一丈八尺,按照官品递减二尺,如二品就是一丈六尺。另外在坟墓前立一块高二尺的碑,上大写死者姓名。所谓"明器",就是随葬物品,宋代通常是用木料雕刻成日常生活用品或人物形象,按照官品的高低在墓室中放入数量不等的木雕随葬物品,使死者能在阴间享受到同人间一样的生活。

宋代通常是在下葬的前一天举行"启殡"仪式,必须选择吉时。在此之前,死者的五服亲集中到棺材前痛哭致哀。主持者连呼三声"谨以吉辰启殡",大概是因为屋内要进来不少陌生男性,所以在场的妇女全部退出，男性亲属则无须回避，之后众人便将棺材从屋内抬到灵堂。

次日出殡。出殡之前，先将下葬所用之物依照顺序排列，先陈列"方相"，次为志石，次为椁，"次明器，次下帐，次上服"[23]等，然后是装尸体的棺材。送葬的亲属、宾客依次排在棺材后面。

在宋代，多数死者实行传统的土葬，其丧葬礼仪如前所述。同时也盛行火葬[24]，大体说来，宋朝是中国历史上火葬最为兴盛的时代。火葬之流行固然有其深刻的社会背景，这种丧葬形式严格说来要比土葬更为文明，也是宋代社会进步的表现，至少它表明越来越多的宋人理解并逐渐接受了这种丧葬习俗。还有所谓"塔葬"，多数情况下，宋代的高僧都采用这种下葬方式。民间亦受到佛教的影响，逐渐采用塔葬，但与僧人的塔葬存在一些区别。因此，葬俗的多元化是宋代丧葬礼仪的重要特点。

需要特别指出的是，不同民族存在迥然异趣的丧葬习俗，尤其是宋朝周边的各个少数民族，其丧葬民俗更是非常独特，往往能够体现出其民族特有的性格，也从很大程度上反映了这些少数民族与宋人不同的生产、生活方式。如在饮食礼仪方面，儒家学说对丧葬期间及其之后的饮食做了相当严格的规定，从初丧、大殓到下葬以及下葬以后，不同服属的人在每个阶段都有着完全不同的饮食要求，尽管宋人未必完全按照这些礼仪认真执行，但这些习俗毕竟是长期以来人们约定俗成的惯例，通常还具有道德约束力。而在广西钦州、海南黎族聚居区，亲人去世之后，却是另外一种饮食习惯："钦人亲死，不食鱼肉，而食螃蟹、车螯、蚝螺之属，谓之斋素，以其无血也。海南黎人亲死，不食粥饭，唯饮酒，食生牛肉，以为至孝在是。"[25]可见钦州人在亲人去世后是吃无血的动物。海南黎族则是吃生牛肉，喝酒，并以为这是对亲人"至孝"的最佳表现，这大概与黎族人的生产、生活方式有着极为密切的关系。此外，黎族人似乎并无看风水的习惯，下葬之时用扔鸡蛋的方式来决定墓地位置。

再如女真人在亲人去世后，还要用刀刃割开额头，女真人称之为"送血泪"，其血腥残酷令人难以理解。更不可思议的是，地位身份高贵之人死后，还要将其生前宠幸的奴婢、钟爱的马匹活活烧死以殉葬，称之为"烧饭"。对于女真族的这些丧葬民俗，宋人无论如何是不能接受的。但女真人长期以来就已经形成了这种丧葬礼仪，在他们看来，这些都是天经地义，也是女真民族特有的传统习惯，并无不可理喻之处。

不仅不同民族之间有着颇具民族特色的丧葬礼俗，即便是在宋朝境内，不同的区域亦存在差别甚大的丧葬民俗。宋代有些地方极度恐惧伤寒疾病，患伤寒而死的人的遗体绝对不能停在家中，必须立即抬到荒郊野外，这无疑是极为卫生的处理方式。而在邕州（今广西南宁），亲人死后，"邕州溪峒，则男女群浴于川，号泣而归"[26]。宋代其他地区似乎并无这种奇特的风俗。男男女女在河里群浴，其他地区的人大致会将这种行为视为伤风败俗的举动，但对溪峒人而言，这是一种表达无限悲痛的方式。

在宋代，丧葬民俗又体现出了"礼"与"俗"之间的矛盾，同时也展示了二者之间的相互协调与包容。一般情况下，中国古代的礼似乎更多地体现统治阶级的意志，所谓"礼不下庶人"，就说明庶人以下是不具备讲礼资格的。随着时间的推移，统治阶层的礼逐渐下移，并为普通百姓接受，进而成为约束整个社会的某种规范。而俗则是更多地表现为普通百姓的言行习惯，是民间长期以来为大多数人所共同遵守的约定。自古以来，礼与俗就存在矛盾，宋朝也不例外，尤其在丧葬民俗中，表现得更加明显。宋朝统治阶级颁布了《丧葬令》，这是具有法律效力的条令，同时也试图将各种礼推广到民间，要求普通百姓依礼行事。然而，民间未必理会朝廷的这些礼，依然我行我素。

总之，宋代丧葬民俗中礼与俗的矛盾相当突出，宋朝廷多是依据儒家的伦理道德来规范世人的言行，从一定程度上约束宋人违礼之举。但现实生活中，俗的力量非常强大，且有根深蒂固的存在基础。二者同时并存于宋代社会，在相互协调的过程中各自发挥其相应的功能，这也是宋代丧葬礼仪的特色所在。

第二节　宋人的衣食住行

一、服饰

在中国古代，衣物不仅仅是遮身蔽体、防暑防寒的工具，也是生产、生活需要的结果，同时还是社会角色和等级身份的标志。因此，服饰制度便成为古代礼制的重要组成部分。就宋代而言，统治者格外重视礼范畴内的服饰，朝廷对皇帝、后妃、皇室成员、外戚、各级官员、命妇、宦官等特殊人士在不同场合的穿着做出了具体规定。即便都是官，官品不同，服饰亦不一致。"宋因唐制，三品以上服紫，五品以上服朱，七品以上服绿，九品以上服青。"[27]紫、朱、绿、青不只是衣服的颜色，更是官位高低的标志，官员不能随意选择，只能根据规定穿着。

宋廷对普通百姓的服饰也同样做了原则性的规定。首先是衣物的颜色。太平兴国七年（982）以前，普通百姓着白色的服装，之后皇帝接受翰林学士李昉的建议，允许庶人穿黑色的衣服。其次是衣服的装饰。自宋太宗以后，政府逐步推行政策，禁止用贵重的金、珍珠等装饰衣物。

宋代服饰礼制的主要目的是为了防范百姓穿着的僭越行为，维护上下尊卑的等级秩序，进而巩固赵宋朝的统治。事实上，宋朝政府对民间服饰相当重视，不同时期实行过不同的服饰政策。然而，普通人的服饰问题并不是依靠行政命令就可以解决的，禁令往往是在不得已的情况下才会采用。而且，老百姓的穿着习惯与其生产、生活息息相关，政府想用法令强行加以改变是难以奏效的。

（一）男子服饰

宋代男子服饰从头到脚大体上有头饰、衣衫、鞋履、腰配等四大类。

1. 头饰：宋朝初年基本上继承唐代的制度，官员通行五、三、二梁冠三等。至宋神宗元丰二年（1079）以后，冠分为六种七等，从七梁到二梁，六梁以下均各为一等，唯有七梁分为两等。另外，制作冠的布料存在很大差别，七梁冠用最好的锦绶。

除了冠以外，宋代更为盛行戴帽之风。帽无贵贱之分，这是帽与冠最本质的区别。因而帽是大众化的头饰，冠是特权阶层独

图 10-1　头戴幞头的宋太宗像

有的；帽的形制不是固定的，而是随着时尚的变化而变化。民间流行圆顶圆檐的翠纱帽。至北宋末，逐渐演变为四方形的帽子。可知宋代帽子的形制随着时间的推移而几经变迁。此外，读书人似乎有意或无意之间充当了引领时尚的群体，这是宋代文人特殊地位的反映。

宋人普遍戴的另一种头饰是幞头。沈括对幞头做了这样的描述："幞头，一谓之'四脚'，乃四带也。二带系脑后垂之，二带反系头上，令曲折附顶，故亦谓之'折上巾'。"[28] 幞头有四条带子，形制多种多样，大多是以藤或铁丝为衬子，且被纳入了官方的礼仪服饰，得到了统治者的认同，将其作为"国朝之制"之一，凸显了幞头在宋代社会生活中的位置。随着时代的变化，幞头的外观、质地不断改进，以适应社会各阶层人的实际需要。

宋代民间非常流行的头饰还有头巾。在很多士大夫看来，头巾乃社会下层的头饰，宋代著名画家米芾曾说，宋朝初年的士子"犹不敢习庶人头巾"，亦可知士庶之间头饰存在差异。随着时代的变化，头巾以其方便逐渐得到士大夫的认同，至南宋时期，头巾成为男性较为普遍的头饰。头巾与紫衫相配，成为南宋时期男性的重要服饰。

2.衣衫：古代人将上身穿着称为衣，下身称为裳。就宋代来说，首先，宋代衣服种类繁多，衣料质地差别甚大。宋朝初年，人们的衣服基本上继承唐代以来的传统，"有官者服皂袍，无官者白袍，庶人布袍"。袍是外衣的一种，为长大衣。无论贵贱均可穿着，但庶民阶层只能穿布袍。

其次，宋朝不同时期，人们有着相应的穿着习俗。南宋时期，流行穿着背子，这大体是从北宋后期流行起来的。关于背子，宋人有不少不同的说法，这大概与背子的流行有密切关系。正因为这种服装形制、质地有较多变化，有长袖、短袖、无袖之别，引得很多士大夫去探究背子的源流、变迁等情况。

再次，两宋不同阶层人的着装是相互影响的，这从一定程度上淡化了穿着的等级色彩。仁宗之前，官员一般只是公服、重戴，不披毛凉衫。而在神宗以后，就连士兵也披毛凉衫、重戴，与官员基本没有差别。貉袖本来是养马人常穿的短而厚的袄，便于在马背上穿着，且易于驾驭马匹。后来，因为貉袖穿、脱方便，且便于行动，尤其可以使两只手活动自如，所以男女老少天气寒冷之时都在衣服上套穿貉袖。

最后，宋代服装存在十分明显的地域差别。如北方人穿窄袖的衣物，显然是为了防寒保暖；南方人则是衣袖内外都宽大。

3. 特殊服饰：宋代男性在特殊的日子，如婚姻、丧葬、冠礼等，穿戴均与平时着装不同，存在诸多相应的礼节。例如，冠礼是宋代男性的成人仪式，南宋时期，朝廷根据大儒朱熹的建议，颁布了一套着装礼仪。

（二）妇女服饰

1. 头饰：宋太宗时期，为了维护上下尊卑的等级秩序，政府颁布法令，禁止妇女假发、高冠、高髻，尽管如此，并未起到相应的作用。无论是城市，还是乡村，妇女高冠、大髻、长梳的现象非常普遍。至仁宗时期，由于宫廷妇女的示范效应，民间纷纷仿效，甚至冠长三尺，梳长过一尺。针对如此高的冠和长梳，仁宗皇祐元年（1049）下达诏令规定，冠高四寸以下、冠的宽度在一尺以下、冠梳长四寸以下。但至南宋时期，妇女依旧是高髻、长梳。

宋代很盛行花冠，敦煌莫高窟第九十八窟中就有宋朝初年头戴花冠的妇女形象。花冠有多种形制，如莲花冠[29]、杏花冠[30]等。花冠所用的花大致不是鲜花，而是以绢帛等丝织品或其他材料制作的

图 10-2　头戴花冠的宋代宫女

专门用于装饰的花。妇女新婚之时，花冠也是不可或缺的饰物，在新婚夫妇掩帐之前，要将花冠扔到床底下，以求吉祥。

　　宋代妇女另一种非常盛行的头饰是盖头。通常妇女外出时要戴盖头遮住面额，盖头既是头巾，亦为披巾。盖头能遮风蔽日，也可部分或全部地覆盖面容，可谓一举多得。北宋时期，盖头就已经相当普遍，多用于室外，室内通常不戴。另外一种盖头是新婚之时使用的，这是具有特定含义的盖头，与妇女平时在室外戴的盖头存在差别。总体说来，盖头是大户人家妇女使用的头饰，而对平民妇女而言，盖头显然极不实用，因而宋代多数妇女使用各式各样的头巾作头饰，如宋代南方多以白纻为头巾。

2. 上衣：宋代妇女的上衣主要包括襦、袄襦、背子、半臂、背心等。襦是一种短上衣，有长袖、短袖之分。袄襦是宋代普通妇女常穿着的衣服，腰身和袖口都较为宽松，颜色多样。如前所述，宋时男女都穿背子，室内、室外均可穿着。南宋孝宗淳熙年间（1174—1189），朝廷颁布了一套服饰礼仪，其中，"妇人则假髻、大衣、长裙。女子在室者冠子、背子。众妾则假纻、背子"[31]。这是妇女在祭祀、冠婚等正式场合穿着的衣服，可知对妇女而言，背子也是很常见的服饰。此外，按照规定，已婚妇女、未婚女子的服饰是有差别的，这也是宋代妇女服饰的重要特征之一。

3. 裙子：宋代妇女服饰中占有重要位置的是裙子。妇女在正式场合都穿长裙，按照朱熹制定的礼仪规范，妇女参加祭祀等活动时要穿长裙，以示庄重。长裙盛行于唐代，宋代继承了这一衣着传统。就连后妃也是如此，可见长裙是常服中必备的衣物。通常而言，宋代妇女的裙子都穿在衣服之内，但也有一些地区妇女的裙子似乎是作外套穿的，如宋时海南岛黎族妇女衣裙都是以吉贝制作的，妇女不穿裤襦，只穿裙子。

二、食俗

宋代饮食业取得了巨大成就，人们的食物越来越丰富，烹调方式也越发高明。随着时代的推移，各个不同的历史时期存在独特的饮食习俗，宋代也不例外。另外，饮食的好坏、精粗程度通常体现着人们的地位和身份，食不厌精，绝大多数情况下，都是有权有势者的特权，对于普通百姓而言，能填饱肚子已经是万幸了。还需要注意的是，宋代民间在某些日子有着特殊的饮食习惯等。这些共同构成了宋代丰富多彩的饮食文化。

（一）日常饮食

1. 主食：在宋代，人们的主食基本上是五谷杂粮，所谓五谷，是指稻、黍、稷、麦、豆。通常而言，北方人以黍、麦为主，南方人则以稻米为主。宋人似乎有一种基本认识，五谷之中，稻米最为贵重，从饮食的角度看，稻米无疑也是人们最为常见的食物。

稻米的制作方法多种多样，但一般是蒸、煮而食。宋代饭食种类甚为丰富，有麦饭、粟饭、米饭、黍饭等。从这些名称来看，饭食的制作原料很多不是单一的稻米，而是掺和了其他种类的粮食。从现代营养学的角度看，这种多种粮食混在一起制作的饭食应该更能有效地维持人体的机能，对人的健康是有益的。

麦饭在宋代是民间较为普及的食物，南宋诗人杨万里与朋友一起登天柱山，"下得山来饥更渴，也无麦饭也无茶"[32]。宋高宗赵构从相州渡过黄河后生火做饭，所食者即为麦饭，此事一直为宋朝士大夫津津乐道。此外也有做白米饭的，就是单用稻米，不加其他粮食。宋代南方很多地区流行这种饭食，老百姓习惯吃白米饭，厌恶吃麦饭，这大概与南北饮食习惯有相当密切的关系。

宋代面食的做法非常丰富。除了传统的蒸、煮以外，还可以采用烧、烤等方式。而且，面食品种繁多，据吴自牧记载，南宋都城临安饭店具备的面食食谱有猪羊庵生面、丝鸡面、三鲜面、鱼桐皮面、盐煎面、笋泼肉面、炒鸡面、大熬面。宋代民间非常流行的面食有蒸饼，但为了避宋仁宗赵祯的名讳，改为炊饼。蒸饼似乎为蒸笼蒸熟的一种面食，更类似于面饼，圆形，似较薄。另一种是馒头，但与现代的馒头存在很大差异，宋代馒头通常是夹馅儿的。《东京梦华录》和《梦粱录》中均有记载当时有名的馒头店铺的名称，如万家馒头铺[33]、朱家馒头铺[34]等，实际上都是包子铺。宋代乡村大体也是如此。

宋代也有包子的记载。南宋都城临安就有包子酒店，主要以卖包子为主，可见包子也是非常流行的面食。更多的场合，宋人将包子称为"包儿"。罗大经的《鹤林玉露》中有这样一个故事：有人在京师买了一个女子为妾，这女子自称是太师蔡京家做包子的。有一天，这个人让女子做包子，女子却说自己不会，此人不悦，责备她说："你以前说是做包子的，怎么可能不会呢？"那女子却说："妾乃包子厨子缕葱丝者也。"这条材料虽然讽刺蔡京奢侈之极，但也说明了当时包子制作技术的水平极高。

北宋时期，南北之间的饮食习惯似乎还存在相当的差距。北宋都城汴京就有专门供南方人就餐的饭店，在相国寺北小甜水巷，"南食甚盛"[35]。可知南食集中的街区在北宋都城还是很有名的。到南宋以后，随着北方移民的大量南迁，人口流动越加频繁，使南北饮食的交流更加深入，因而南北饮食差距逐渐缩小。南宋"饮食混淆"的情况非常严重，饮食风俗的南北差异已经不是那么明显了。当然，这些大体上只是反映宋代城市的实际状况，而在广大农村，尤其是在较为偏远的地区，由于受到北方人的饮食影响较少，南北之间饮食习惯依然存在相当大的差别。

2. 副食：宋代副食大体可以分为几类：一是肉食类。宋代肉食以猪、羊、牛[36]、家禽为主。以猪肉为例，在北宋都城汴京，南熏门是专门供被屠宰的猪进入城区的大门，汴京每天被宰杀的生猪多达一万余头，如果每头猪以得肉六十斤计算，可以达到六十万斤左右。张择端的名画《清明上河图》中还画了一群猪，可知猪肉应该在宋代肉食品种中占有非常重要的位置。在广大的乡村，猪肉也是重要的副食。羊肉也是较为普遍的食物。不仅民间喜欢吃羊肉，皇室也喜爱。北宋时期，皇宫御厨只用羊肉，原则上不用猪肉。陕西冯翊县出产的羊肉被称为"膏嫩第一"。只是羊肉价格较猪肉为贵，因而普通百姓很难吃得起羊肉。

宋代肉食除了驯养的动物、家禽等人工养殖的动物以外，还包括野生的动物。南宋都城临安市民喜欢食田鸡。青蛙是益虫，宋人早已认识到这一点，因而禁止捕捉。但临安人特别嗜好田鸡肉，商人为了牟利并逃避惩罚，只好将田鸡装入冬瓜腹中，送到食蛙者家中。而广西地区的人喜欢吃蟒蛇肉。又如宋代江西的一些地区盛行吃穿山甲肉，且将它作为商品出售，穿山甲无疑属于野生动物。

总的说来，宋代肉食还是相当丰富的。但由于全国各地风俗习惯、地理环境、气候条件的差异，肉食也存在相当突出的地域性特征。如在汉阳、武昌等地，百姓将鱼从江河中打捞上来后，晾晒成鱼干，除了自己食用以外，还出卖到饶州、信州等地。

二是蔬菜类。宋代蔬菜种类繁多，据《梦粱录》记载，临安市民日常生活所吃的蔬菜包括苔心野菜、大白头、芥菜、生菜、莴苣、葱、韭、大蒜、黄瓜、葫芦、冬瓜等，种类繁多，且与现代的蔬菜名称极为近似，有些甚至完全同名。但其中有一部分我们很难完全认识，或许是现代依然存在，不过是称谓出现了变化。

三是水果类。宋代水果品种极多，就是同一类型的水果也存在不同的品种，如荔枝，在《淳熙三山志》所罗列的就达到二十八种之多，其中以江家绿质量最为上乘。各地几乎都有自己的特产水果，如北京大名府压沙寺的梨，就是远近闻名的优良品种。梨枝实际上生长在枣树之上，味"甘而美"，其原因是利用嫁接技术，经过几次反复嫁接。这种梨质量极佳，故压沙寺梨园有"御园"之称。于此也可以看出宋代栽植技术已经达到了相当高的水平，否则培育不出如此美味之梨。

四是饮品类。在宋代，汤是最为常见的饮品之一。宋代的汤大体上可以分为几类：一是待客所用的汤。通常而言，客人来时喝茶，离开之时则喝汤，上到官府，下到普通百姓，这种习惯已经成为一种礼节。二是饭食时饮用的汤。宋代通常将这类汤称之为羹，兼作菜肴，如撺肉羹、骨头羹、蹄子清羹、鱼辣羹、鸡羹等，这些羹既可作汤饮用，也可作为菜肴食用。三是类似现代饮料的汤。宋代称之为"凉水"。《武林旧事》记载了以下各种名称：甘豆汤、椰子酒、鹿梨汤、豆儿水、卤梅水、姜蜜水、木瓜汁、茶水、沉香水、荔枝膏水、苦水、金橘团、雪泡缩脾饮、梅花酒、五苓大顺散、紫苏饮、香薷饮。[37] 显而易见，这些不是单纯的水，而是添加了其他各种不同的原料制作而成的，而且是在街面上出售，这与现代的饮料颇为相似。宋代的饮品，最为大宗的是茶和酒两类。宋代饮茶风气甚盛，无论身份、地位如何，茶皆为不可或缺的饮品。

五为其他类。宋代副食之中最为常见的是各种糕点，宋人称之为"从食"，南宋都城临安就有很多这样的店铺。这类食物的花色品种繁多，极大地丰富了广大市民的物质生活。

（二）节日食俗

宋代的节日食俗颇具特色。不同的节日，民间食俗存在很大的差别。以下以几个节日的饮食习俗来加以说明。

1. 元旦：每年农历正月初一为元旦，是新的一年的第一天，民间通常称为"新年"，也被称为正旦、元日、旦日等。这是宋朝最为隆重的几个节日之一，上自皇帝，下到普通百姓，无不热烈庆祝。新年的饮食相当讲究，这些饮食习惯是民间长期以来形成的。元旦京城人要吃素饼，此外还有"年馎饦"，实际上就是类似长寿面的食物。第二种食俗是喝中草药制成的屠苏酒，屠苏酒的制作、饮用都有着较为严格的规定，药滓的处理也很讲究。据说饮过此酒后，能够保证一家人全年不得瘟疫，显然存在夸大药效之嫌疑。通常情况下，年节屠苏酒是按照年龄从小到大依次而饮，大体上能反映古人爱护幼小的传统。第三种饮食习俗是饮桃汤、苍术水等。传说桃为五行之精，能压制邪气，制伏百鬼，因而古代有饮桃汤、喝柏叶酒的传统，宋代亦如此。

2. 上元日：宋代开封元宵节的食品相当特别。京城市民吃馄（一种蒸饼）之风非常流行，且持续的时间相当长，街头巷尾到处都可听见卖馄的鼓声，盛馄的竹制架子上面装饰灯球、灯笼等元宵节特有的物品。而且，卖馄者在有节奏地敲鼓的同时，还会将竹架子团团转，很是引人注目。宋代元宵节"节食"还有"圆子"等，似乎与现代的汤圆很相近，不过是用绿豆汤煮圆子而已。农历正月初七"人日"和正月十五"灯夕"，还会制作称作"探官玺"的面点，而且市场上有专门出卖"探官币"的商贩，看来已经形成为一种颇具规模的产业。探官币上的文字除了赤裸裸的"官"字之外，还会刻写名人警句，以表达吉祥如意之意。这种习俗源于唐代，是官僚社会中人们格外重视官品的反映。[38] 宋代京城元宵节食物还有宵夜果子、下酒果子，品种繁多，此不一一列举。元宵节水果是必不可少的，商人们亦投其所好，预先准备好全国各地的"珍果"，至元宵节出售。

3. 端午：孟元老罗列了"端午节物"，"百索、艾花、银样鼓儿、花花巧画扇，香糖、果子、粽子、白团"[39] 等。前四种东西是装饰品，后四种是食物，这些都是端午必备之物。香糖又称"稀饧""稀糖"，是人们寒食节时制作的一种食品，"自寒食时，晒枣糕及藏稀饧，至端午日食之，云治口疮，并以稀饧食粽子"[40]。可知香糖就是稀糖，寒食节就要储藏，到端午节时配粽子食用。果子似乎也是端午节的特殊食品，端午果子包括多种，其中最具代表性的百头草，就是将菖蒲、生姜、杏、梅、李、紫苏等切成细丝，加入食盐后晾干，或用糖蜜浸渍，制成甜味的"酿梅"。很显然，百头草具有益寿延年的寓意，同时也含有吉祥之意。宋代端午粽子品种繁多，形制不一。做粽子的原料益加丰富，以栗子、胡桃等食物加入粽子，这也是宋代烹饪技术进步的重要表现之一。白团又称为

"水团"。水团是颇为类似汤圆的食物，是用较具黏性的高粱米做成汤圆，这大概是北方地区的水团。在宋代，水团和粽子是端午不可或缺的节日食物。宋代端午另一种有代表性的节物是酒。应该说，酒是宋代社会最为流行的饮品之一。在端午节人们会饮用菖蒲酒，即将菖蒲切成丝放入酒中，有些地方则喝艾酒。

4. 寒食节、清明节：寒食节在冬至节后一百零五天，宋人又称为"百五节""禁烟节"或"一百五日""一月节"。[41] 宋代寒食时间为三天，且为全国性的节日，只不过隆重程度不一样而已。据史料记载，宋代河东地区（相当于现在的山西省）最为盛行。清明节在寒食节的第三天，这一天最重要的是煮新茶，且为寒食"禁烟"后开始生火，因而有"乞火"之俗，苏轼《望江南》词中有"且将新火试新茶"[42] 一句，其所表现的就是这种情况。

以上简单介绍了几个重要节日的饮食习俗，可见不同的节日有着迥然异趣的节日食俗，而且存在相当程度的地域差别。不同的地区制作节日食物的原料并不完全一样，加之风俗习惯的差异，因而各地的节日食物具有浓厚的地方特色。节日食俗似乎仅仅是一种象征性和外在的表现形式，事实上，食俗背后所反映的更多的是丰富多彩的社会和文化等诸多方面的内涵。

三、住宅建筑

居住环境是人类文明进步的重要表现。在中国古代，房屋建筑基本上是由政治、经济和环境三个因素决定的。宋朝政府对不同利益集团的住房建筑做了具体的规定。首先是称谓的差别。宋代皇帝居住的地方称为殿，皇宫称为大内；中央和地方行政机关所在地则仍然称为衙，如县衙、州衙、府衙等。宋代私人住所则是如此称谓："执政、亲王曰府，余官曰宅，庶民曰家。"[43] 从宋代官方建筑和民居的各种称谓中不难发现，宋代建筑物大体上都有其特定含义，其中自然是以庶民之"家"最为普遍，府、宅毕竟只是少数人才有权拥有的。这种较为分明的称谓体系既是等级观念的反映，也是人与人之间社会地位和身份的象征。其次是建筑式样。官方建筑是一种式样，六品以上官员的宅子可以做"乌头门"（宋亦称棂星门，有三种不同的规格，双扇双腰构成，参见《营造法式》卷六），而普通百姓之家，无论贫富，均不得拥有藻井（宋又称"斗八藻井"，指天花板上的彩色装饰，多为方格形）等设施。再次，还有其他相关规定。宋真宗大中祥符元年（1008），皇帝颁布诏令，禁止将住房装饰得花花绿绿。还规定普通百姓不得盖门楼。虽然宋朝政府颁布实施了这些规定，但现实生活中，建筑房屋时违反国家政策的现象屡见不鲜。

在中国古代，房屋建筑的选址至关重要。与丧葬择地一样，"卜居"亦关乎家族的兴衰、家人甚至是后代子孙的命运，因而格外受到重视。因此，宋人在建房之前，通常会邀请阴阳师占卜，查验风水。苏轼在黄州（今湖北黄冈）建有东坡雪堂便是依据风水理论而定的。又如欧阳修在滁州任职，"自号醉翁，作亭琅邪山，以醉翁名之"。醉翁亭于两宋时期声名显赫，自不待言，其建筑在琅邪山上显然有其特别的意义。欧阳修离职后并未回故乡安度晚年，而是"卜居"颍州。著名画家范宽、南宋大儒朱熹都对卜居之说深信不疑。

于宋人而言，房屋建筑是人生的重大事项之一，因而建筑之前还要选择黄道吉日，这已经成为当时重要的习俗。宋代民间盛行择日建房，从事这种行业之人遍布城乡，或称巫者，或称术者等，人数相当多。宋仁宗时期，江西洪州就有巫师"一千九百余户"[44]。除选择黄道吉日外，宋人绝大多数还要考虑住宅的位置和环境。姑且不论风水之说的迷信成分，房屋建筑之所以要衡量山水，其重要原因是生活的方便与否。若地势低洼，容易为水灾所害；若地势过于高仰，则用水等都不便。

宋人住宅建筑坐北朝南，开间宽阔，大门朝南，其余三面为窗，窗户开在北、东、西三个方向。这样的房屋结构大体可以保证冬暖夏凉，从而使人们的家居生活更舒适一些。从住房的位置来看，地势的高低走向、房屋的方位及朝向也同样重要，这不仅是人们生活的需要，同时也是民间约定俗成的民俗习惯之重要环节。宋代房屋的朝向相当讲究，住宅都是西北高，东南低。

房屋主体建成以后，有所谓上梁的仪式。宋代士大夫留下的上梁文最多，不少成为脍炙人口的佳作。既有书院、寺庙、道观等公共建筑，也有县衙、府衙等官僚机构的建筑，还有私人住宅建筑等。上梁之后就是覆盖瓦或茅草。瓦房较草房更能经得起风雨的侵蚀，也更结实耐用，但所用原料造价较高。因此，无论城乡，大致只有相对富裕的人户才能盖建瓦房。唐代著名诗人杜甫留下了脍炙人口的《茅屋为秋风所破歌》："八月秋高风怒号，卷我屋上三重茅。"[45] 可见茅屋抵御风雨的能力相当差。事实上，宋代屋顶覆盖茅草是较为普遍的现象。茅舍虽然造价低廉，但存在巨大隐患，最为严重的就是容易导致火灾，茅草房一旦起火，火势蔓延极快，对人民的生命财产造成的威胁更大，因而很多地方官大力提倡百姓修建瓦房。总体而言，宋代是中国古代建筑史上的重要阶段，尤其是民间住宅，由茅草屋逐渐转变成瓦屋，这是民用住宅建筑发展的趋势，也是两宋时期社会经济繁荣的缩影。

人们居住环境的变迁从很大程度上反映出社会文明的进步，宋代瓦房逐渐取代茅草房，也使当时的居住民俗出现了显著变化。当然，这一过程非常漫长，很多宋人依旧居住在茅草屋中。宋代乡村绝大多数的民居依然是茅草屋。相反，在城市，尤其是大中型城市，由于人口密度极高，居民住房鳞次栉比，为了安全，建筑多用瓦覆盖。

由于自然环境、气候等因素的影响，宋代各地住房多因地制宜，就地取材，住宅的地域性特色相当浓烈。在与北方少数民族接壤的地区，汉人和少数民族杂居相处，房屋结构简单实用。如北宋麟州（今陕西神木北）的官府机构、寺庙等以瓦覆盖，而民居则是用土，外形类似棚子。而在城市之外，多是"穹庐窟室"，大概就是窑洞之类的建筑。南方很多地方盛产竹子，因而以竹为材料的建筑很多，住宅当然也不例外。在荆襄地区，竹楼似乎是较为普遍的民用住宅，即便是较为富裕的人户也建竹楼居住。竹子容易栽植，且生长速度极快，因而取材方便，房屋造价自然很低。黄冈地区（今湖北黄冈）竹工已经成为一种专门的职业匠人，几乎家家住房都是以竹盖建的。其实，南方气候闷热潮湿，竹楼透气性较好，因而室内相对干燥凉爽，更适于居住。

宋代居住民俗呈现出其时代风貌的一些特征。其一，官衙建筑通常豪华，远远超过普通民宅。这种现象无疑是官本位社会的表现，官衙的雄壮气势自然成为权力和地位的外在表征。其二，乡村民居依然以茅草房为主，大中型城市则是以瓦屋为主，因而居民住房的城乡差异甚大。其三，有权有势者的住宅较普通民居阔绰、气派，如范成大的"石湖"宅第占地面积宽，宅中有很多亭台楼阁。其四，瓦房以其自身的优势逐渐增多，这也是中国古代社会住宅建筑发展的趋势，宋代正处于从茅草房到瓦房的重要过渡阶段，因而民居亦颇具特色。其五，居住民俗的多元化是宋代住宅建筑的重要特点。无论是房屋结构，还是建筑材料，不同区域存在明显的差异。其六，无论是官衙还是私人住宅，迷信因素始终贯穿于住房建筑过程之中，尤其是形形色色的"相地""相时"术。

四、出行

（一）出行习俗

尽管宋代社会经济高度发达，但农业依然占据主导地位，自给自足成为当时普通百姓最为普遍的生活状态，因而除非严重的自然灾害，宋人大体上可以不离开乡里便可满足其基本的生存需求。加之中国自古以来就有安土重迁的传统，绝大多数宋人不会离乡背井，外出谋生。然而，无论出于何种目的，离家出行却是每个人都无法避免的，无非是距离远近、次数多寡的区别而已。不仅男性，就连受到诸多限制的女性也同样如此。司马光闲居洛阳时，"上元节夫人欲出看灯。公曰：家中点灯，何必出看。夫人曰：兼欲看游人。公曰：某是鬼耶？"[46] 由此可见，宋人离家出行是司空见惯的现象。

在宋代，身份不同的社会群体出行目的、过程等存在很大差异。通常说来，士大夫阶层及其家属、士兵、商人、僧人、道士等离家出行的机会要多一些，而普通农民、手工业者忙于生计，外出的时间相对少一些。以僧人为例，一般情况下，僧人剃度之后，便可自由行走，游方各地寺庙，或参见高僧，究悟佛理。如"蜀僧普首座，自号性空庵主，参见死心禅师。居华亭最久，雅好吹铁笛，放旷自乐，凡圣莫测，亦善为偈句开导人"[47]。很显然，普首座是蜀僧，即四川地区的和尚，当他千里迢迢来到江南地区后，在华亭（今上海松江）居住的时间最长，姑且不管他是如何历经艰辛来到了江南，这一路云游，距离之远，不难想见。就现存的宋代佛教史料来看，宋代游方僧人几乎可以说是随处可见。

对于所有出行之人而言，路途上生命、财产安全最为重要，而事实上却是很难预料和控制的。大体说来，宋人出行之难主要包括两个层面：一是自然条件的制约，如险山恶水、毒蛇猛兽等；二是人为因素的影响，如强盗劫匪、旅途生病等。在这种情况下，出行之人的安全很难有保障。因此，绝大多数外出之人都要选择适当的方式祭祀神灵，尤其是那些即将踏上长途行程的士大夫、商人等，希望得到超自然力量的庇佑。为了达成这样的目的，人们往往会在出行前祭祀神灵，以求平安，宋代将这种在出行前祭祀神灵的习俗称为"祖道"。

在宋人心目中，万物有灵，整个世间似乎都由神灵主宰，无论陆地、天空，还是江河、湖泊、海洋，都相应地存在分管的神。因此，宋人外出之前及途中祭神的现象极为普遍。宋朝的陆路行神有梓潼君等。梓潼君是蜀道行神，传说唐玄宗、唐僖宗逃往四川时曾经得到其护佑。而蜀道之难，世人皆知。因此，在过蜀道时，无论如何都要求得梓潼君神灵的庇佑。更重要的是，道教还将梓潼君视为文昌司禄帝君，奉为主宰功名、禄位之神，因而文人士大夫也将其供在家中，于是祭祀梓潼君的庙宇得以逐渐普及开来。

在宋代，水上行神主要是龙王神、天妃（妈祖）等。传说天妃原本是莆田湄州人林愿的第六女，少能言人祸福，能乘席渡海，被称为龙女，后升化为仙。北宋宣和年间，路允迪奉命出使高丽，中途遭遇大风，八艘船中有七艘沉没，唯有路允迪舟上因为有"湄州神女"保佑而完好无损。于是，路允迪出使回来后便上报朝廷，朝廷赐庙额为"顺济"，正式列入国家祀典。庆元二年（1196），泉州首建天妃宫，即妈祖庙。于是天妃信仰在民间迅速盛行起来，无论是官员奉命出使海外，还是商人出洋经商，或是渔民出海捕鱼，在船启动之前，总会到天妃庙祭祀，祈求吉祥。

宋人出行之时似乎并无整齐划一的神灵崇拜，而是根据个人的好恶或是极具功利性的动机来选择祭祀对象。陆游乘船到达镇江后，"以一豨、壶酒，谒英灵助顺王祠，所谓下元水府也。祠属金山寺，寺常以二僧守之，无他祝史，然牓云：'赛祭猪头，例归本庙。'观者无不笑"[48]。姑且不管寺庙僧人坐收祭祀所用猪头之可笑情节，陆游等人拜祭的"下元水府"是五代时期地方割据势力赐给金山龙王的封号，据说即便洪水泛滥，也不能淹没此山。陆游一行基本上沿着水路前往夔州（今重庆奉节）上任，此时他们虽然已经在路途之中，但毕竟仍在长江中下游，真正的急流险滩尚未出现，陆游等人之祭祀下元水府无疑有着祈求水府神保佑此行平安的寓意。

除了祭祀神灵，宋人出行前还会选择吉日。《马可·波罗行纪》

记载，南宋都城临安人出行之前，"有一人欲旅行时，则往询星者，告以生辰，卜其是否有利出行，星者若答以不宜，则罢其行，待至适宜之日"[49]。可知占卜是否适宜出门已经成为民间常见的现象。

（二）交通设施的管理

自秦汉以来，每个朝代都很重视道路的修建。北宋陆路交通以汴京为中心，修建了抵达各县各州的"官道"。为了给行人创造一个良好的交通环境，官府往往命令各地在道路旁种植树木。大中祥符年间（1008—1016），朝廷曾下诏河北沿边官道两侧种植榆、柳等，各地官员大体上也大力加以倡导，投入人力、物力在道路两旁植树。陶弼在广西阳朔为官时，发动民众在境内长达数百里的官道旁种下了大量的树，附近州县纷纷效仿，从而改善了当地的道路交通条件。然而，即便如此，官道有时还是很难承受大自然的巨大冲击，如雨水的冲洗、风沙的侵袭，这对当时道路的不良影响非常大。

宋政府非常重视官道的建设和修缮，其中最重要的措施之一就是将泥土路改建为石板路或石子路。庆元府慈溪县驿路于宝祐六年至开庆元年（1258—1259）两年之间，由地方官府主持，用石板铺路十五里。地方官也会修整一些险阻的山路，使其畅通无阻。如归州（今湖北秭归）、峡州间的陆路，原来是"极天下之艰险"，范成大担任四川安抚使兼知成都府期间，指示两州地方官以盐米招募村夫凿石治梯级，使商旅得以通行。除了地方官外，民间人士也纷纷出资出力治路。吉州人邹仲翔，乐善好施，曾捐资修筑道路七十里。与此同时，宋朝政府和民间逐渐新开辟出偏远地区和崇山峻岭之间的道路，方便往来行人、车马，进而改善了宋代的陆路交通条件。

（三）交通路线及工具

1. 陆路交通路线

北宋陆路交通路线以东京开封为中心，南宋以首都临安为中心。东京开封位于中原，陆路交通四通八达。据文献记载，当时从开封出发的主要路线包括：西路从开封向西，经洛阳到长安，再向西可到秦州，西南可到四川；北路从开封渡河，经滑（今河南滑县）、澶（今河南濮阳）等州可达大名府，在此往东北可到河间府（今河北河间），进而到辽的南京（今北京），往北可到真定府，西北可到太原府；东路经过曹（今山东菏泽）、齐（今山东济南）等州可到山东半岛，经过南京和徐州等地到海州（今江苏连云港）；南路可远至安化（今湖南安化）、新化（今湖南新化）、邵州（今湖南邵阳）、桂林、广州等地。南宋陆路交通以临安为中心，因为地理位置的原因，临安的陆路交通似乎比水路交通显得慢些，但仍十分重要。从临安出发，可经过睦州（今浙江建德）、处州（今浙江丽水）、温州等地到达建州、福州、泉州和岭南等地。

2. 陆路交通工具

宋代在陆路行驶的主要有车、轿、马、驴等，其中车是最常见的交通工具。北宋京城贵族出行的时候还有一种习俗叫"水路"，即贵族出行时，有数十人在前洒水。东京贵族宅眷坐的车子称为独牛厢车，《东京梦华录》中提到："有宅眷坐车子，与平头车大抵相似，但棕作盖，及前后有构栏门，垂帘。"宋代的货车有一种叫作"太平车"，是种载物重量极大的四轮大车，在《清明上河图》中就能看到这种车的具体形象，驾车的车夫手持鞭子把辕，在骡马旁边步行。宋代的轿俗称"肩舆""檐子"，民间还称为"担子""篮舆"等。有种暖轿，四周垂帷，坐在轿子中间比较暖和。还有一种用竹编制的轿子叫"竹舆"，其使用者不仅是官僚，还有普通百姓。此外，宋代举子乘马之风非常盛行，后来，开封的妓女们也骑马出行。和骑马相比，骑骡、驴出行的人则身份地位一般要低些。

3. 水上交通路线

宋代水上交通可以分为江河路和海路。前者主要是指以长江、黄河、淮河、大运河等大江大河为主干，以各水系支流通往各地，分别以开封和临安为中心。以开封为中心的主要有汴河、黄河、惠民河、广济河四条。汴河是开封通往江淮和东南地区的运河，地位最为重要。广济河通往山东地区，惠民河通往颍昌府。南宋时期，以临安为中心，沿着江南运河经过秀州、平江等地到达长江干流，经建康、江州等地往上可到达成都，而经平江府、常州、扬州到楚州后，沿着大运河往北，则能到达金的中都大兴府（今北京）。此外，临安沿着浙西运河和钱塘江都能到达周围地区。

宋代海上交通极为发达，尤其是伴随着海外贸易的发展，海路的重要性就更加突出了。据文献记载，当时的海路可分几个区域，长江口外海道的主要目的地是山东的莱州（今山东莱阳）和登州等地，也可南下入南海；钱塘江外海道主要以临安府和明州为中心；闽江口外海道则以福州和泉州为中心；珠江口外海道以广州为中心。这些航道不仅可以抵达沿海各地，还可以前往海外各国。在海外航线方面，宋代主要有对日本、高丽的东洋航线和东南亚、阿拉伯以及非洲东岸的西洋航线。

4. 水上交通工具

水上唯一的交通工具是船只，而船又有海船、江河船和湖船之分。海船中的远洋船是一种载重量极大的海船，北宋神宗时期，明州制造出神舟，或称为"万斛船"，其规模之大，在当时世界上是独一无二的。近海的船有三板船，又称作"舢板"，是内河或沿海地区最为普遍使用的船只，主要用来打鱼或载客。

江河船有货船、客船、家船、贩米船和渔船等。宋代江河中运行的客船颇具特色，除了遍设客舱之外，在船的两舷设甲板作走廊。客舱两舷还有许多面积比较大的窗子，使客舱内的通风和采光都很充分，此外，在遇到风雨时，还能用木板将大窗子关起来。家船一般指私人拥有的船只。湖船主要行驶于湖泊，如北宋京城的金明池中就有数百艘之多，是统治者用来玩乐的，大多来自江南。除了皇家的湖船外，湖上还有许多供游人使用的船，其中有头船、楼船、大舫，这些是比较大的船，游船服务十分周到，船中所需物品——具备，早出晚归，价格便宜，颇受游人的欢迎。

第三节　宋代的民间信仰

一、佛教信仰

宋人之宗教信仰包括多种，其中以佛教最为流行，也最具影响力。就宋朝政府而言，佛教是可以善加利用的一种精神工具。除了宋真宗和宋徽宗时代出现过短暂崇奉道教、抑制佛教的政策之外，宋代统治者几乎都是采取两手并重的策略，既严厉抑制佛教势力的过度膨胀，同时也将佛教视为"有裨政治"的意识形态而加以适当扶植。

在中国古代社会，佛教思想对普通人影响最大的莫过于"业报轮回"说，即所谓因果报应。翻开洪迈的《夷坚志》，随处可以发现这样的记载。在宋人看来，似乎万物都有可能遭到报应；尽管报应的方式、程度等各有不同，但善有善报，恶有恶报，最终会有报则是不变的法则。因此，佛教对人和社会之影响愈益深远。由于佛教更加广泛深入地渗透到社会生活的各个领域，无论是高高在上的皇帝、拥有巨大特权的官僚士大夫，还是普通百姓，不信佛教之人越来越少，即便是那些猛烈抨击佛教的士大夫，也与佛教有着千丝万缕的联系。在宋代，无论城市还是乡村，信奉佛教者大有人在，全国大约有百分之九十的家庭信奉佛教[50]，所占比例之高可见一斑。这种说法虽有夸大之嫌，但表明宋代佛教信仰具备深厚的群众基础。

正是基于对佛教"业报轮回"的认识，宋人通常以实际行动实践佛教教义，为了求得善报，信徒们有着各种各样的信奉行为。

1. 写经和念经：写经通常是手抄佛教经文，可以亲自动手，也可请人或雇人代为抄写。在宋人看来，写经能够得到福佑，就连皇帝也不例外，宋哲宗于元丰八年（1085）"手写佛经三卷"为宋神宗"祈福"。[51]官僚士大夫也同样如此，尽管抄写佛经的目的不尽完全一致，但抄经之风相当盛行。大文豪苏轼"居黄州时，手抄《金刚经》，笔力遒劲"，至南宋绍兴初年，经过收藏家之手终于将苏轼所抄的《金刚经》合成全本。孝子查道"奉养以孝"，当他母亲生病之际，"刲臂血写佛经"[52]，以祈祷母亲身体康复。可见抄写佛经乃信佛之人表达虔诚之心的一种重要方式，在两宋社会依然较为常见。

在宋代，诵念经文已经成为较为普遍的现象，也成为不少人日常生活的重要组成部分。徐熙载的母亲程氏，虽年过七十，鸡鸣而起，炷香持诵，"不以寒暑易节"。在不少宋人看来，念经不仅可以消灾避祸，还能够治愈疾病。此外，宋人还认为，人生前念经在死后还能出现各种意想不到的吉祥或福瑞。大凡对那些不能理解的迹象或征候，都可以归入佛教的报应。对于信奉佛教的人来说，念经可以说是不可或缺的功课。

2. 放生与戒杀：佛教教义主张以慈悲为本，因而严禁杀生。这是佛教最重要的戒律，杀生乃最为罪孽深重的行为，因而杀业也会招致最严厉的报应。正因为存在这样的信条，宋代民间盛行戒杀之风气。与戒杀相应的是放生，在佛教看来，放生与戒杀同样重要，实际上也是为了保护生灵之生命。在宋代，各地似乎都设有放生池，宋真宗曾下诏令，修建各地废弃的放生池，同时，原来没有放生池的地方要在合适的地方兴建，并且放生池周围禁止捕猎、采樵。不但官方设有放生池，佛教寺院也设有数量众多的放生池，规模相当大。放生池既是放生祈福之所，也是人们从事佛教活动、休闲娱乐的场所，具有多种功能。

3. 施佛饭僧：佛家倡导出世，即断绝尘世的一切诱惑，摒弃所有物质与精神的欲望。宋代民间施舍佛与佛门子弟可谓不遗余力，大凡佛教所需之物，都能得到来自社会的捐施。南宋都城临安天竺寺举办的光明会，"浙江诸富家舍钱作会，烧大烛数条如柱，大小烛一二千条，香纸不计数目。米面、碗碟、匙箸、扇子、蒲鞋、筷帚、扫帚、灯心、油盏之类俱备，斋僧数日，满散出山"[53]。宋人施舍寺庙、僧人乃行善祈福的重要表现方式，于宋人的日常生活中占有重要位置。

4. 斋会：大体说来，斋会可以分为两类：一类是寺庙举办的，场所通常在寺庙，其目的之一是为了弘扬佛法。一般而言，在各种传统节日之际，宋代各寺庙都要举行多种形式的斋会。在北宋都城开封，重阳节时开宝寺、仁王寺举办的狮子会最为吸引游客。二是民间举行的斋会，通常要邀请僧人参加，并进行各种佛事活动。大凡庆祝活动，抑或祭祀、丧事等，多要举行斋会。根据孟元老记载，市民"生辰忌日"之际，如果想要"设斋"，可以到较为固定的地方去，"道士、僧人罗立会聚，候人请唤，谓之'罗斋'"。[54]所谓"罗斋"，就是邀请僧人或道士去做法事。显然，按斋会内容分有生辰斋、忌日斋等，可知宋代民间以各种名目举办斋会应该是相当普遍的现象，甚而至于已经成为僧人、道士的一种职业。

5. 追荐与丧葬：在中国古代，人们普遍认为，人死以后灵魂不灭。自从佛教传入以后，将人的前世、今世、来世联系起来，形成一个完整而严密的转化链条，环环相扣。随着这种思想的渗透，逐渐与中国传统的灵魂不灭说结合起来。因此，人死以后，需要超度亡灵，这样死亡之人就可以在阴间获得荣华富贵，抑或转世"往好处托生"[55]。一般说来，宋代追荐仪式有官方主办的，主要是为战死或为国捐躯者举行法事，或是为地位崇高之人的亡灵等，如宋哲宗时期熙河路（今甘肃临洮）每年都要为阵亡的宋军将士举行追荐活动。另外，天子宗庙每年也举行追荐活动，不仅京城有规模很大的祭祀仪式，而且要求各地也要组织类似的斋荐，所需资金由国家支出。另外一种追荐则是民间自发性质的，其中较为常见的就是忌日追荐。按照宋朝政府的规定，官员家庭忌日可以休假一天。除了忌日追荐以外，宋人在丧葬过程中大多依据佛教教义、教规的规定做各种法事。对于僧人而言，出席各种法事活动似乎变成了一种商业行为。僧人、尼姑通过这些做法可以获得相应的报酬，而且，身价越高的僧人被邀请的机会就越多，那些得到民众信任或是精于法术的僧人也同样如此。

6. 供奉佛神：在宋代，无论是佛教信徒，还是民间人士，供奉佛神者比比皆是。佛教神名目繁多，如佛、观世音、菩萨、罗汉等。宋人信仰的佛神五花八门，但其供奉方式不外乎两类：一是在家设神主，稍微富裕一些的人家还会专门设置安放佛神的佛堂。二是到佛教寺庙去拜佛神。宋人笔记小说中多有向佛神祈求生子以继香火者，也有妇女难产而向佛神祈求。总之，宋人之信奉佛神，有着相当明显的功利目的，当他们遭遇苦难或不幸之时，只能祈求各种神灵的庇佑。另一方面，为了躲避某些灾难，人们也会预先祈祷神灵的帮助。

总而言之，宋代的佛教信仰几乎渗透到了社会的各个层面，对宋人有着巨大的影响力。宋朝民间对佛教的接受程度非常高，除了僧人的影响以外，更重要的是佛教本身的世俗化、民间化，伴随着这一进程的深入，宋人对佛教有了更为深刻的认识，进而付诸实践。另一方面，人们面对世界的种种现实情况，总是需要寻找某种精神寄托，佛教诱人的说教无疑适应了人们追求理想未来的种种美好愿望和憧憬，因而愈益得到人们的广泛认同，这也是宋代佛教深入人心的根本原因。

二、道教信仰

　　道教是中国土生土长的宗教，自从佛法传入中国后，儒、道、佛三家之间的派系论争不绝于史书。就整个中国古代社会来说，虽然道教之影响远远不及儒教、佛教。然而，道教自成体系的学说依然占有极为重要的地位。

　　在宋朝，除了宋真宗和宋徽宗在位时期曾短暂地格外崇奉道教以外，以皇帝为首的朝廷大体上采取两手政策：一方面，逐渐加强对道教的有效控制和管理，消除道教势力对朝廷的潜在威胁；另一方面，从宋朝开国以后，历代君主又适当地利用道教来为专制政权服务，充分发挥其神权的作用，进而从精神上束缚甚至消弭百姓的反抗意志。宋代道教在前代的基础上有所发展，其影响力在民间逐步扩大。因此，道教在民间信仰中也同样具有非同寻常的意义，与人们的日常生活息息相关。

　　1. 供奉道家神像：在信奉道教之人看来，谨慎侍奉道家神像会带来好运，或是可以逢凶化吉，或是能出现意想不到的结果。玄武系掌管北方天庭之神，乃道教极为重要的神，道观通常都设有供奉其神灵的真武殿。宋真宗崇奉道教，为避讳而将玄武改为真武，加号"真武将军曰真武灵应真君"[56]，成为官方认可的正神。相传真武君出生于阴历三月初三，每年这一天，各道观都要举行纪念仪式。南宋时期，陈淳描述的民间真武形象居然是披头散发之人，"画真武作一人，散发握剑，足踏龟蛇"[57]。正因为真武在道教中享有崇高的地位，所以宋代民间才供奉其像。

　　事实上，宋代民间供奉的道教神灵多种多样，并不是单一的。

其中供奉吕洞宾神像者不乏其人，甚至包括少不更事的孩童。除了吕洞宾外，也有供奉何仙姑神像的。在信奉道教之人心目中，供奉道教神灵或神像是能够得到回报的。毫无疑问，这是吸收了佛教之因果报应学说，并将其与道教教义结合起来，形成道教式的报应。

2. 治病与驱鬼：在中国古代，由于人们对某些疾病的认识水平极为有限，加之古人对多数疾病的病因完全不了解，于是恶鬼邪神便成为导致人类生病的最重要原因。宋代不少道士精于医术，尤其在某些疾病方面有着过人之处，但他们所使用的药物及其配制方法往往被蒙上一层神秘的色彩。曾有典籍记载，南城毛道人者，背井离乡三十年，掌握了治疗"传尸瘵瘵"的方法。而且，其炼制药物的手法颇类似于道教传统，是以丹药的形式出现的，这大概是为了契合其道士出身的背景。应该说，宋代巫医是一种职业，而道士则是其中重要的组成部分，民间也有学习道教法术替人驱鬼治病的。

3. 斋醮仪式：虽然宋代信仰道教的人数远远不及信奉佛教的多，道教势力绝大多数时候不如佛教强大，但大体说来，佛教、道教两种不同的宗教并存于民间。因此，宋代民间道教仪式也相当流行。宋代社会盛行各种类型的"醮"，又称为"斋醮"，既有佛教的，也有道教的，实际上就是举办斋会、法事。通常而言，官方主办的斋醮是僧人和道士混在一起[58]，以各自的方式念经作法。而民间则通常是分开的，也有混合的。就斋醮场所来看，既有各道观主办的，"七月十五日，道家谓之中元节，各有斋醮等会"[59]，也有在民间举办的。

4. 丹药与长生：宋代炼丹术相当发达，从事这个行业者多为世俗之人，通常被称为方士或术士。宋徽宗曾邀请"异人"炼制丹砂以求长生，北宋一代名臣寇准年轻时曾经延请方士为其炼制丹药，普通人家同样存在不少类似的现象。更有甚者，一些富人为了获得长生之灵丹妙药而倾家荡产，贵溪（今江西贵溪）人桂缜对洪迈谈过，其叔祖就因雇人炼丹而家产耗尽。除民间方士等以外，道士从事这一行当者更为常见。既然宋朝社会盛行炼丹之风，自然是因为存在社会需求，至少需要有相当的市场空间，即有很多人服食丹药，否则炼丹术是难以维持下去的。如张悫为宋哲宗元祐六年（1091）进士，宋高宗赵构在位时期官至中书侍郎[60]，他壮年时期每天都要服用丹砂，以致到晚年仍然胃口奇好，居然将侍奉他的侄子家吃亏空了，这大概与张悫本人身体强壮有关。

严格说来，炼丹术在某种程度上对中国古代科技的发展起到了积极的推动作用，尤其在化学、医学等方面。因此，丹药对某些疾病应该还是有治疗作用的。然而，道教炼丹术也有其弊端，由于道家的最终目的是追求长生，他们往往会用非常手段或奇特的物质等来研制新的丹药，而且他们多是通过自己的想法去制作。限于当时的科技水平，所有这些都不可能得到科学的验证，因而炼制出来的药品具有相当的危险性，服用之后会对人体产生危害。宋人也似乎认识到了这样的事实，很多人因误服丹药而导致身体出现各种不适症状，或严重损害身体机能，甚至于危及性命，叶梦得就曾经亲眼见到两位士大夫因服用丹药而送命。

5. 符水与咒术：符水、咒术是道教最重要的外在表现形式之一，早期道教即以此为病人治疗疾病，进而赢得民众的支持。在宋代，无论是道教本身还是民间，通常都相信符咒的神奇功效。在道教教义中，道士或其他人依据道教所画的符能够克制邪气、恶鬼等，而正是这些人想象出来的因素影响抑或决定着人的生老病死。除了普通百姓之外，不少官僚也学习道教的符咒法术。陈楠"天资好道"，仕途上为秦桧排挤，遂无意为官，于是在句容（今江苏句容）之大茅峰买田筑庐，传说在吕洞宾的指导下学习符水技术。实际上，符水、咒术对疾病是不太可能起到治疗作用的，于病人而言，无非是心理慰藉而已。

三、自然神崇拜

宋代民间信仰纷繁复杂，各路神仙似乎都有其相应的地位，很多百姓对这些神灵敬畏有加，"事神"已然成为普通人生活不可或缺的重要组成部分，自然神无疑也是民间信仰的对象。

一类是天体，包括天神、日神、月神、星神等。其中天神最为尊贵，宋人通常将天神称为"昊天上帝""天皇大帝"等。依据宋代礼法之规定，每年要举行四次祭天仪式，春天祈求五谷丰登，夏天乞雨，秋天祭于明堂，冬至的郊祀大礼一般三年举行一次。宋代民间对天神敬畏有加，有挂天灯、点天香的习俗，通常情况下，每天清晨，很多百姓就要举行这样的活动。官僚士大夫阶层中也同样存在烧天香的现象。仁宗时的朝廷重臣赵抃（1008—1084），每天夜里都要烧天香，捧着香炉将自己白天的所作所为告知天帝，且这样的习惯是从小养成的，可见坚持的时间已经相当长了。更有甚者，就连皇帝都有烧天香的。宋哲宗每天清晨上朝之前，要在尼姑、女冠的引导之下烧香拜佛，拜道家的神灵，同时烧天香拜天，从礼拜的次数来看，佛道神才两拜，而天神要四拜，从而表明天神的地位在皇帝心目中远远高于佛道之神。可见，在宋人看来，天神无所不在，法力无边，无疑是最为尊贵的神灵。更为重要的是，天与民间的皇帝及其所统治的臣民有着直接关系，冥冥之中主宰着天界和人世，因而人们对天无比尊崇，无限虔诚。

第二类是自然现象人格化的神灵，如风雨雷电、日月星辰等神。在"天人感应""天人合一"思想指导下，这些神灵都是天的使者，一旦触怒某位神灵，人间便会出现干旱、雨涝、雷电伤害人、月晦暗等不正常的天象。面对如此恶劣的自然灾害，百姓只能祈求相关的神灵。在宋代，掌管风的神被称为风伯、风师，宋初以来，各地统一祭祀风师，县级以上行政单位都要建立风师坛，即祭祀风师的场所。

雷师与风师几乎属于同类神灵，在政府加以祭祀的诸神中地位并不算高。然而，在普通人心目中，雷神为惩恶扬善的神灵，因而其在民间的地位相当特殊，凡是做了坏事或是不道德的人，均有可能被雷神劈死，宋人笔记小说中多有此类记载。宋人认为，雷神是匡扶正义的神，那些不忠不孝、不仁不义之人最终会遭到雷神的惩罚。但实际上，这无非是人们善良而美好的愿望而已。

除了风神、雨神、雷神以外，还有月神、星神。以星神为例，宋朝在都城南郊设坛祭祀寿星等七种星宿，无非是继承前代以来的传统而已。有趣的是，宋人崇拜星神有着浓厚的功利性，例如宋代存在祈祷北斗星求子的现象。更为重要的是，宋代的寿星逐渐与人的诞辰结合起来，成为民间祝贺生日的重要形式，这就赋予了寿星特别的意蕴，从而为寿星的民间化、普及化奠定了基础，使其演变成一种常见的民俗。

风雨之外，还有很多自然灾害威胁到人民的生命财产安全，因而相应地会举行祭祀或祈祷仪式，如沿海地区的风灾、北方地区的雪灾等。

第三类是无生物崇拜，包括山川神、土地神、水神、石神、海神等。从祭祀的角度来看，这些神大致可以分为两个层级：一是国家派代表进行祭祀的神，宋代的五岳神就是其中典型的代表。按照宋朝政府的规定，立春日祭东岳泰山，立夏日祭南岳衡山，立秋日祭西岳华山，立冬日祭北岳恒山，土王日祭中岳嵩山。[61] 至宋真宗祭祀汾阴后，更加封五岳以帝号，东岳为天齐仁圣帝，南岳为司天昭圣帝，西岳为金天顺圣帝，北岳为安天元圣帝，中岳为中天崇圣帝。[62] 此后，五岳的地位更加巩固，且更为神圣。另一方面，地方官作为中央派出的代表，也要祭祀辖区内的各路神灵，而且，皇帝颁布大赦令之时，州级行政官员也同样要祭祀辖区内的名山大川，以显示皇恩浩荡等。

二是较为纯粹的民间行为，多是老百姓自发组织的朝拜与祭祀活动。自从宋真宗封禅泰山以后，人为地抬高了泰山神的地位，因而很多人从四面八方前往朝拜。与此同时，各地亦陆续模仿泰山东岳庙，在当地建立类似的庙宇。至北宋中叶，很多州县都有了东岳庙。南宋时期，全国各地几乎都有了东岳庙。

按照宋朝礼制的规定，凡是有功于百姓的各种神灵均可纳入官方认可的祭祀范畴。宋真宗大中祥符七年（1014），封焦山神为"明应公"；南宋绍兴二十一年（1151），朝廷加封巫山神女为"妙用真人"。诸如此类的事例在宋朝历史上司空见惯，很多原本鲜为人知的山神、水神等都被加封，进而纳入朝廷祀典。

总而言之，宋代的无生物崇拜非常盛行，大凡世间土地、河流、山川、大海、龙神等，都被赋予了神性，对这些神的祭祀与崇奉成为宋人生活不可或缺的重要组成部分。

第四类是生物崇拜。大体说来，生物崇拜包括动物神和植物神。首先是动物神。在宋人看来，动物是有灵性的，因而可以幻化成为各种神灵，要么给人带来灾难，要么给人带来幸福，这是宋代动物崇拜的前提条件之一。洪迈在《夷坚志》中记录了诸多这类故事，举凡动物，如虎、狼、鹿、豹、猴等，都可能变成精灵来到人世间。宋人有一种看法认为，北方多狐狸精，南方则盛行木石之怪。宋真宗时期，邠州（今陕西彬县）狐仙作祟，凡是到此担任行政长官的朝廷官员都要先去拜庙，然后才能治理政事，足见"狐仙"在当地威力之大。而南方的五通神"大抵与北方狐魅相似"。所谓五通神，各地有不同的称谓，但基本上是由动物幻化而来。在宋人心目中，这些精怪从很大程度上掌握着民间休咎。

其次是植物神。在中国古人看来，各种植物似乎都是神异之物，树有树神，谷有谷神，草有草神，花有花神等，不一而足。"润州鹤林寺有杜鹃花……或见女子红裳艳妆游于花下，俗传花神也。"[63] 又如，"旧传蜀州州治有所谓红梅仙者"，可知当地早已将州衙内的红梅视为神仙了。另一方面，宋人对植物的认识水平有限，他们完全不理解植物变异的事实。绍兴二十一年（1151）四月，池州建德县定林寺桑树生李，栗树生桃，甘美异常。鄱阳石门人张二公的仆人家中竹篱上长出牡丹一枝。显然，两者可能为植物变异所致，而民众只能将这些植物视为神的造化。

四、灵魂崇拜及其他

人类对灵魂的崇拜起源于万物有灵的观念。限于认知水平，人们无法解释万物的生老病死，更无法对诸多自然现象做出理性的判断。诚然，人们试图努力解开这些谜底，因而提出了各种各样的见解。

在宋代，掌管生死的神似乎不止一位，而是多神一起控制生杀大权。通常情况下，宋人相信，佛教的阎王（梵文译音，意为地狱的统治者）总管生死，因而成为当时人们最为崇拜的对象之一。宋人洪迈在《夷坚志》中著录了许多关于"幽冥之王"的故事，在他的描述里，阎王殿里不仅有人世间的各色人等，还有各种动物，看来宋人心目中的阎王几乎是无所不管。阎王及其手下判官掌握有生死簿，他们依据此簿判生死。凡是在人间不做善事之人，阎王会派小鬼将该死之人抓到地狱，然后宣判其死刑，并在阎王殿里忍受无边痛苦。这些故事充斥着大量佛教信仰的因素，这无疑是佛教思想深入民间的一种表现。

先秦以来，中国就已经有了这样的说法，"魂气归于天，形魄归于地"[64]，魂归于天，成为所谓游魂，尸体则要葬入地下。在宋人看来，魂飘忽不定，来去无踪。此外，也有很多地方的人都认为，人死后要魂归故里。尽管这是美丽动人的传说，但当时人们对此深信不疑。这种民俗传统影响极为深远，直至今日，魂归故里依然是漂泊在外、尤其是移居海外的中国人，较为共同的心愿。既然人死后阴魂不散，于是便衍生出来很多有关灵魂的民俗活动。在宋人心目中，祖先的灵魂可"阴相"在世子孙平安富贵，保佑家族繁衍壮大等，几乎无所不能。因此，祭祀祖先神灵就成为宋人日常生活中极其庄严而神圣的内容，受到社会各阶层人的高度重视。上自天下一人的皇帝，下到庶民百姓，几乎没有不祭祖先的。

然而，由于各方面的原因，如经济基础、信仰、身份、地位等存在差异，祭拜仪式、隆重程度、使用物品等方面都不可能完全一致。以士大夫家庭的家祭为例。首先，士大夫家庭的家祭不是整齐划一的，而是各不相同。其原因是各地风俗习惯存在巨大差别，同时士大夫的家法由来已久，而其后世子孙多奉行并恪守祖宗以来的祭祀方式和传统，虽然这些并不完全符合朝廷的礼仪规范，但为了顺应人情，只能礼与俗二者并重。

其次，宋代士大夫们十分重视祭祀祖先的礼节，他们不断探索，并依据流传下来的有关祭祀的书籍和宋代社会的实际情况制定出更为适合宋人的规范礼仪。如北宋著名政治家韩琦就著有《祭仪》一卷，"最为得中"，得到广泛的认同，具有极高声誉，因而颇受欢迎，有不少人在实践中加以应用。

再次，宋代社会所表现出来的现实却是诸多层面的差异性，如有人在早晨祭祖，而有人却在晚上，从而表明宋代拜祭祖先灵魂具有多元化特征。

灵魂崇拜的直接后果是各种鬼神之泛滥，宋人甚至有这样的说法：普天之下到处都有鬼，所有空间满满充塞的都是鬼，完全没有了缝隙。基于这种认识，宋代描写鬼的文字可谓多如牛毛，以洪迈的《夷坚志》为例，书中大部分故事与鬼神有关。在宋人看来，大凡人之不幸都与鬼神相关。即便是官方记录，也少不了鬼神的踪影。

五、民间巫术

严格说来，巫术是一种最为古老的信仰之一，也是人类希望借助超自然的神秘力量来达成某种目的的手段。在古人心目中，人类与未知世界之间有许多沟通的渠道，可谓五花八门，无奇不有。尤其是面对令人既恐惧而又神往的鬼神世界，人们自然格外重视。因此，巫术便成为人与神秘世界进行交流的重要媒介。为了求得鬼神的庇佑，宋人不遗余力地敬奉鬼神，这也是宋代民间信仰最具特色之处。

事实上，在中国古代，人们普遍认为，人与鬼神之间是完全可以沟通的，而且有着多种渠道，其中最为常见的就是梦幻。人们普遍认为，擅长巫术的人能与鬼神相通，这些巫者几乎专门与鬼神打交道，要么捉拿鬼，要么侍奉鬼，可以说是与鬼为伍，他们凭借鬼的魔力愚弄百姓，并从中牟取利益。《夷坚志》曾有这样一个故事：钱塘有一个叫四娘的女巫，她能驱使一个名叫五郎的鬼，抗金名将韩世忠在其兄长韩世良的劝导之下，将此巫召入府中，但鬼五郎被门神挡住，不能随女巫一起来到韩家。这个故事表明，鬼是听巫师使唤的，他们可以凭借法力控制鬼，使其为人服务。同时也说明，即便是很有权势地位的宋人也对通鬼的巫师青睐有加，千方百计将其召入门下。普通人自然不可能做到这些，但相信巫师则是相同的。

因此，在宋代，从事巫术似乎已经成为一种职业，很多巫者都是家族成员之间世代传承，江西洪州有巫师一千九百多户。值得注意的是，官方既然是以"户"来标明该户人家的身份，无疑是将其作为特殊的户籍加以处理的，显然具有"专业户"的性质，这与中国古代其他职业的传承方式大致是吻合的，多数为家族世袭。宋代巫师之家有着独特的传承传统。当然，也有很多巫师是通过其他途径传授的，如在洪州，巫师们通常把小孩留在身边，随着小孩年龄的增长，逐渐传授其巫术。另外，巫术师徒相传的事实也不在少数，更有一些自学成才的巫师，在他们出道之时，总会杜撰出很多得到世外高人或其他神仙指点之类的故事，以取得人们的信任。虽然朝廷采取了不少措施限制巫师的行为，如宋仁宗天圣年间，曾对江南东西路、福建等路的"邪神""妖法"等巫术加以禁止，但巫术仍然非常盛行。

在宋代，巫术的表现形式多种多样，不仅巫师们有着各种不同的称谓，而且巫师们祭祀的神灵、举办的仪式等也存在极大差异。大略而言之，宋代巫术有以下几类。

一是驱鬼巫术，这是巫师利用各种法事驱赶危害人类的恶鬼、瘟疫、灾难等的一种手段或仪式。福州永福县出现过一种古怪的疾病，人们无法认识并加以治疗，于是便谣传是猴精作祟。虽然每天祭祀，依然不得安宁，只好请来巫觋作法，但仍是毫无成效，最后还是由佛教长老宗演"诵梵语大悲咒"超度了猴王。巫觋们用锣鼓、号角等工具在寺庙前驱赶危害居民的猕猴精，可知巫觋的重要作用之一就是驱逐恶鬼凶神。尽管掌握巫术的巫师完全不可能做到这些，但普通百姓为了求得心理安慰，对巫术却是深信不疑的。

二是放蛊巫术。这是用某种毒物害人的巫术，具有极为浓烈的神秘性和极大的危害性。巫蛊种类繁多，据洪迈记载，宋代福建路常见的蛊毒有四种：蛇蛊、金蚕蛊、蜈蚣蛊、蝦蟆蛊，这些

图 10-3 《大傩图》（"傩"即为祭神驱鬼疫。宋代民间流行驱除疫疬的风俗，画中人物有的戴面具，有的手持法器，有的击鼓，手舞足蹈）

被列举出来的动物大体都是有毒的，只要加以提炼，可能害人，甚至致人死命。在现实生活中，宋朝的确有不少人研制毒药，巫师们秘密地利用人们根本不了解的某些药物，而自己则可能掌握解毒的办法，进而增强了蛊毒的神秘性。

三是招魂巫术。这种巫术通常应用于生病或死亡等诸多场合，宋代从事这一行业之人似乎并不在少数，招魂者有巫师、僧人、道士之类。如利州（今四川广元）某知县在自己的女儿坠崖死后，利用佛教寺庙的僧人进行招魂的事情。[65]再如宋代陈子辉之女突然不省人事，陈子辉便请来一道士为其招魂。由此可见，招魂巫术是与宋人生活联系较为紧密的一种巫术。除此之外，还有辟邪巫术、占卜术、符咒术、预测术等。

第十一章

教育与科举

两宋时期，先后有三次大规模兴学之举：庆历、熙宁和崇宁兴学（参见本书第52—53页、第67—70页）。崇宁兴学是徽宗时期在蔡京等人主持下进行的。一是扩建太学，使太学教育得到前所未有的改善和扩充，当时有人赞誉："太学养士，最盛于崇（宁）、（大）观间。"[1]二是兴建地方州县学，形成了遍布全国州县的学校网络。三是在实行三舍升级制度的基础上，取代科举，由学校升补取士。与前两次兴学高潮相比，改革力度更大。在三次兴学浪潮的推动下，宋代教育事业得到了空前的发展。

第一节　官学的渐次普及与发展

一、中央官学

宋代官学分为中央和地方两级，中央官学按其性质来分，大致可分为以下四类。

（一）国子学和太学

1. 国子学

国子学又称国子监，是宋代最高的学府，太祖建隆三年（962）在后周天福普利禅院的基础上建成。国子生人数无定员，后来以二百人为额，招收七品以上官员子弟入学，因而学生享受优厚的物质待遇。但这些官员子弟多是挂名学籍，不务正业，真正在国子监学习的人并不多。因此，国子学地位虽高，却徒具虚名。太学建成之后，国子监成为管理全国学校的机构，负责训导学生、荐送学生应举、修建校舍、建阁藏书、刻印书籍等事务，其所刻书称为"监本"，刻印精美，居全国之冠。元丰三年（1080），国子监内分立厨库、学、知杂三案，分管太学钱粮、文武学生升补考选、监学杂务事务。

2. 太学

宋代太学初创于庆历四年（1044），是中央官学的主体。庆历新政推行过程中，宋廷应国子监王拱辰、田况等人的要求，以锡庆院为太学，借鉴胡瑗的湖州教法，邀请石介、孙复等大儒讲学。大体而言，太学学生分为两类：一为八品以下官员子弟，二为庶人之俊秀者。太学教学内容以儒经为主，但也有几次调整。熙宁时，统习王安石的《三经新义》；徽宗时，蔡京当政，将黄老之学列为太学教材；南宋时期，仍习《五经》。孝宗时，曾经将骑射、斗力等作为考试内容，这是为应付外患而推行的措施。宋代太学的发展大体上可分为三个阶段。

（1）发展期——熙丰变法时期：太学建筑规模扩大，已经具备容纳二千四百人就读的能力；三舍升试法创建后，使太学具有一套严密的成绩评定和奖惩制度；王安石改革太学教学课程与内容，明经以试大义为主，诸科仍试帖经、墨义，注重教学内容的实用性。

（2）鼎盛期——徽宗时代：崇宁元年（1102），在蔡京的建议下，建立外学。由著名建筑家李诚负责在京城南门外营建房屋建学，称为"辟雍"。太学专设内舍、上舍，由辟雍招收外舍生。学生皆先入外学，经试补入内舍、上舍，之后方能入太学。辟雍的建成使太学办学规模扩大，上舍生已达二百人，内舍六百人，外舍三千人。其次，罢科举，专以学校取士，使太学成为士人及第的唯一途径，太学教育盛极一时。

（3）停滞期——南渡以后：宋室南渡后，太学一度停办，附于国子监，至绍兴十二年（1142），才以临安府学为太学，招收生员。但朝廷的内忧外患直接影响了太学的发展，加之宣和三年（1121）恢复科举考试后，太学已不是唯一的求仕之途，世人对太学的兴趣大为下降，因而南宋太学并没有北宋那样大的影响力。

(二)专科性质的学校

1. 武学

武学是专门培养军事人才的专科学校。始建于仁宗庆历三年（1043）五月，但不久即行废止，其后时废时兴。神宗熙宁五年（1072）六月于武成王庙设武学，选文武官员知兵者为教授，教以诸家兵法及历代用兵成败之道，生员以百人为限。凡未参班的使臣、恩荫子弟及"草泽人"（平民），只要应试合格，即可入学。三年之后经考试合格，按其出身经历给予相应的职位。崇宁三年（1104），仿照太学实行三舍法，立考选升贡法，其武艺绝伦且具有文采者，用文士上舍法。同时，令地方诸州开始兴置武学，宣和二年（1120）罢。南宋绍兴十六年（1146），重建武学。宋代对武学的重视，很大程度上是因为边患频繁，朝廷迫切需要高素质的军事人才。通过兴办武学，宋朝政府积累了培养军事人才的经验。但毕竟宋朝为重文的时代，因而武学发展受到了很大限制。

2. 律学

律学是古代培养法律人才的专门学校。北宋初年，即于国子监置律学博士，教授法律。熙宁六年（1073），始置律学，以朝集院为校舍，赐钱以养生徒，置律学教授四人，专任教职，学生以命官或举人为之。举人入学须命官两人保荐，并须先听讲，而后试补。考试合格后，才能成为正式生员，分习断案和律令。每月各以所习公试一次、私试三次。凡朝廷新颁法令，即由刑部颁发，令学生研习。学成后从政，应试不及格者，罚以重金。两宋设置律学，体现了政府培养实用法律人才的现实需要。

3. 医学

宋代医学初隶太常寺，分设三科，即方脉科、针科（针灸）、疡科。每科置博士一人，教学内容为《素问》《难经》《脉经》《巢氏病源》《千金翼方》《伤寒论》等经典著作。徽宗时改归国子监，后又改隶太医局，设博士、学正、学录各四人，分科教学。选试并依太学三舍法，上舍四十人，内舍六十人，外舍二百人，总计三百人。学习期间，学生还轮流到太学、律学、武学和各军营治病，进行医学实习，并以此作为年度考核的依据。毕业考试合格，按等授职。金兵侵宋，医学曾一度停办，至南宋高宗绍兴年间才恢复。

4. 算学

宋徽宗崇宁三年（1104）建算学，初隶太常寺。学生定额为二百一十人，入学者有命官和庶人两种。大观四年（1110）三月归太史局管辖。学习内容以《九章算术》《周髀算经》为主，兼习海岛、孙子、五曹、张丘建、夏侯阳算法等，还要学习《易经》或《书经》等。仿太学之制，实行三舍升补法，按等级授官。南宋高宗绍兴初年，命太史局试补算学生。算学生毕业后多在官营作坊服务，因而贵族子弟多不愿入学就读，入学者多为庶民子弟。

5. 书学

大观四年设立书学，归翰林院书艺局主管，学生入学资格及生员数量均无明确规定。主要学习篆、隶、楷三体，并须明晓《说文》《字说》《尔雅》《方言》等书，兼习《论语》《孟子》等，以通儒家大义。书法的评价标准有三种："以方圆肥瘦适中、锋藏画劲，气清韵古，老而不俗为上；方而有圆笔，圆而有方意，瘦而不枯，肥而不浊，各得一体者为中；方而不能圆，肥而不能瘦，模仿古人笔画不得其意，而均齐可观为下。"[2] 实行三舍法，上舍生按照不同等级授予官职。

6. 画学

宋徽宗崇宁三年（1104）置画学，归翰林院画图局管辖，为北宋独创的专科学校。学生分士流、杂流，以绘佛道、人物、山水、鸟兽、花竹、屋木为业，兼习《说文》《尔雅》《方言》《释名》等。实行三舍考选升补之法。考试时以不模仿前人、情态自然、笔韵高简为上等。考题往往选取古人著作中具有诗情画意的词句让学生描画。宣和间，画学兴盛，徽宗曾亲自出题取士，考试艺能。

（三）贵胄子弟学校

1. 宗学：宗学是为赵宋宗室子孙设立的学校，宋初建立，但废置无常。当时，凡宗室均可以在自己的住所设立小学。赵氏子孙八岁到十四岁入学，每日记诵二十字，实为家庭教育性质。元丰六年（1083）设立宗学，但不久便废，至元祐六年（1091）重建。徽宗崇宁元年（1102），诸王宫皆设置大、小二学，增置教授二员，立考选法，宗室子弟十岁以上入小学，二十岁以上入大学，宗学初具规模。绍兴十四年（1144）南宋于临安重建宗学，属宗正寺，宗室疏远者也允许入学就读。南宋末年停办。

2. 内小学：理宗时期专为贵胄子弟中的儿童设立的，专选十岁以下资质优异的宗室子弟入学，设有教授、直讲等教职。

3. 国立小学：元祐六年，朝廷下令在诸宫院建立小学，是政府设立并管辖的一所普通小学。初建立时生员较少，设两斋进行教授。徽宗时生员额近千人，分为十斋。规定学生八岁至十二岁入学，教授诵经与习字两科，实施三舍升补法。

（四）特殊性质的学校

广文馆是临时性的教育机关，凡四方赴京应试的士子及落第举人均可入馆听读。绍圣二年（1095）废罢，生员入国子监。四门学是仁宗庆历三年（1043）为士子预备科举而设，凡八品以下官员及庶人子弟皆可入学。

二、州县学

唐末五代以来，战乱频繁，州县学绝大多数已经废弃。宋代对地方州县学十分重视，地方官学的普及程度、学校规模、教学状况，都超过了前代。

景德三年（1006），宋真宗下诏令全国各州修缮孔庙，并在庙中设立讲堂，挑选一些儒雅之士担任教师。乾兴元年（1022），宋政府应孙奭之请，赐田十顷于兖州建学，是为北宋官方正式建立州学的开始。仁宗庆历四年（1044），范仲淹推行新政，诏令诸路州、军建立学校，规定凡立学者可赐学田，于是"学校之设遍天下"[3]，全国掀起了一次大规模的兴学高潮。在兴学热潮中，也有地方官贪功好虚名，盲目增建校舍，滥招学生，甚至以兴学为名聚敛民财。同时，这次兴办学校也未形成一套比较完备的制度。

神宗熙宁四年（1071），地方官学进一步发展。政府规定，诸州各赐田十顷，以充学粮，中书在每路选举有"经术行谊"之人管理教育事宜，各路置教授担任教官。这样，北宋的地方官学在行政领导、教学力量和办学经费等方面都得到了基本保障。至元丰年间，全国已有十八路五十三个府、州、军、监委派了学官、教授。元祐更化，罢除诸多革新派学官，规定以进士出身、经明行修之人充学官，使学官、教授的资格有了更明确的规定。

徽宗崇宁元年（1102），蔡京为相，合并规模较小的州县学，同时令监司、守令等地方行政长官加强对州县学的管理。崇宁三年（1104）选拔人才由学校升贡，州学生可通过三舍法升入中央太学，从而将中央官学与地方官学联系起来，大大调动士子进入地方学校的积极性。

南宋初仍注重地方官学的发展，高宗绍兴二十一年（1151）曾下诏以寺庙的田产兴学、助学。但自孝宗以后，由于教学人才缺乏和经费困难等，地方州县学日趋衰落。

第二节　私人教育

宋统治者不仅积极兴办官学，重视官学，而且对私学和新兴的书院也采取积极扶持的态度。各类学校并行发展，相互补充，使中国古代学校制度和私人教育都发展到一个新的高度。就全国范围来看，官学教育多集中于州县治所，不便于偏远地区居民子弟入学，这便为私学教育提供了生存发展的空间。宋代私学教育的发展大致可以划分为三个阶段。

第一阶段是北宋开国至真宗时期。虽然国家经济日渐复苏，政局逐渐稳定，但仍无暇顾及兴学，州县学尚未建立，一批有识之士已经在乡党间兴办私学，教授生徒，如王昭素等，都是宋初创办私学的先行者。第二阶段是北宋三次兴学期间。如石介、孙复等，举进士不中，退居泰山，兴办私学。宋学先驱周敦颐、程颢、程颐、张载、邵雍等从学于私学，学成后又从事私人授徒教学。第三阶段是南宋时期。宋朝偏安一隅，官学名实不符，引起许多学者不满，他们纷纷归田隐居，致力于私人教学，私学教育又进入了一个新的高潮。

宋代私学主要有师授和家传两种形式。师授按其内容又可分为两大类：一类是教授识字和日用基本的小学或蒙学，主要有乡学、村学，或由宗族设立的义学，或富有人家的家塾。另一类是为年龄较长、程度较高的青年学子设立的研究学问或准备科举的经馆和精舍等。

一、师授私学

（一）蒙学

宋代的蒙学（小学）[4]有常年开课的私塾、义学、家塾等，也有季节性的村塾、冬学等。私塾是塾师在自己家中设学教授，规模较小，学生从十几人到几十人不等。教师以学生所交的少量现金或财物作为办学费用，塾师生活往往相当艰难，时常无下锅之米，但这些教书先生热爱教育事业，为提高宋人的文化素养做出了积极贡献。

义学或义塾是宗族或地方士绅等出钱聘请教师，在家乡开办学校，教育本族及乡里子弟，如范仲淹曾于苏州太平山建立范氏义学。大多数义塾都置有田产，塾师的生活比较有保障。

家塾是官宦世家或富裕之家聘请老师教育其家族子弟的私学。如陆九渊、吕祖谦等人，都设有家塾教育家族子弟。义学、家塾都是常年开课。宋代乡村还普遍设置有季节性的村塾、冬学，十月以后，农事已毕，是农家子弟学习的绝好时间，其教学内容以《百家姓》[5]《杂字》[6]为主。

　　宋代蒙学教学形式多样，学习内容以识字、习文为主，同时也进行伦理道德和行为规范教育。由于蒙学设置相当普遍，城镇乡村处处都能听到琅琅读书声，这对培养儿童道德素质和增长知识有着难以估量的重要贡献。

（二）经馆、精舍

　　宋代的经馆、精舍尤为发达，多为经师、名儒进行讲学活动的场所，其中声望较高的有胡瑗、二程、朱熹、陆九渊等人。胡瑗曾在苏州、湖州地区兴办私学，积累了丰富的教学经验，创立了"苏湖教法"[7]，培养了大批学生。宋代理学名士程颢、程颐兄弟自神宗时期在家中讲学，很多人不远千里纷至从学，旦夕不绝于馆，在当时颇有影响。朱熹是南宋时期理学思想的集大成者和著名的教育家，除了在书院教学外，他还设立寒泉、武夷、竹林精舍等进行私学教育，培养了大批门生弟子。陆九渊中进士后，在家候职的三年中，将家中东厢房辟为讲学之所，称为"槐堂书屋"，潜心讲学，教授弟子。淳熙十四年（1187）在贵溪应天山以废弃寺庙故址建立精舍，名曰"象山精舍"，居山讲学五年，从学者尤多，盛极一时。

二、家传私学

宋代私学除了师授以外，还有家传之学。这种私学既包括家长为子弟启蒙，传授基本知识，也包括较为高深的家学传授。

家长亲自教授子弟大致有两种情况：一是家庭贫寒，无力为孩子交纳学费，只好自己教子。欧阳修家贫，四岁丧父，便是由母亲以获画地，教其文字。二是长辈爱子，望其成龙而亲自教授，如苏轼自幼由父亲苏洵、母亲程氏教授。理学家朱熹从十一岁到十四岁时，也是受业于家中，由其父朱松亲自课读讲授。除了父母亲自传授外，也有不少是由兄长传授知识的，陆九渊兄弟六人，除老二陆九叙经营药铺外，其余五人都读书讲学，著书立说，兄弟之间也是自相师友。一些世家大儒之家家学渊源深厚，往往代代相传，南宋大学问家吕祖谦便是受传于家门之学。除儒学之外，文学、艺术、医学和其他科学也存在着这种家学传授而世代相承的情况。

总体而言，宋代私学超过了前代，对宋代学术文化的发展起了极为重要的推动作用，宋学思想从奠基到集大成，差不多都是以私学为基地进行研究和传播的。宋代私学教育培养了大批学者，诸多名师巨儒与私学教育都有不解之缘。因此，私学教育极大地推进了宋代社会的发展和进步，同时对提高全民文化素质也有着莫大的积极意义。

第三节　书院教育

　　书院始于盛唐，是中国古代特有的一种教育机构。宋统一全国后，战乱渐平，民生安定，士子纷纷要求就学读书，但经历唐末五代战乱，官学多遭废坏，书院就是在这种历史条件下发展起来的。北宋书院多为民办学馆，建于山林僻幽之所，后经朝廷赐额、赐田、奖书等，逐渐变为半民半官性质的地方教育机构。书院聘请学者讲学，学生分斋习读，书院并供给住宿、饮食，采用积分制考核学生优劣。从某种意义上说，宋代的书院大都是著名学者讲学聚居之地，有名的书院往往具有相当高的教育水平。

　　北宋仁宗后，官学盛行，书院教育呈现出衰落趋势。南宋时期，由于朝廷大力提倡理学家讲学活动，书院又进入复兴阶段。北宋大部分著名书院得以恢复和重建，浙江、福建、安徽等地新建了大量书院，甚至连偏远地区，如黎州（今四川汉源县），也建置了玉渊书院。同时，书院制度进一步完善，朱熹亲手拟定的《白鹿洞书院揭示》成为书院教育规范化的重要标志。理宗以后，随着程朱学派被官方正统化，各地官员纷纷仿效理学家建立书院，书院教育进入其鼎盛时期。

　　两宋时期出现了许多有名的书院，白鹿洞、应天、岳麓、嵩阳，世称"北宋四大书院"。[8] 南宋比较有名的四大书院是岳麓、白鹿洞、丽泽、象山，除此之外，石鼓、茅山、华林、雷塘等书院也是比较著名的书院。

　　1. 白鹿洞书院：白鹿洞书院位于江西星子县北庐山五老峰下（今江西九江）。唐代李渤及其兄李涉曾在此隐居苦读，养一白鹿跟

图 11-1　白鹿洞书院

随自娱，白鹿十分驯服，还能帮主人传递信件和物品。李渤被称为白鹿先生，其居住地也被称为白鹿洞，书院因此而得名。南唐昇元年间（937—943）于此建学馆，置田产，供各方来学者，称"白鹿国庠"。开宝九年（976）于此建书院。太平兴国二年（977），赐国子监印本九经，供士子学习。真宗咸平五年（1002），重加修缮，并塑孔子及其十大弟子像。孙琛在白鹿洞故址建学馆十余间，称为"白鹿洞书堂"，后毁于兵火停办。南宋淳熙六年（1179），朱熹知南康军（今江西星子），重建书院，并亲定《白鹿洞书院揭示》，白鹿洞书院达到极盛。从唐末到宋初，在白鹿洞任教和就学的名人相当多，书院具有极大的影响力，培养了不少优秀人才。

图 11-2 岳麓书院

2. 应天书院：应天书院在河南商丘县西北隅，原为名儒戚同文旧居。真宗大中祥符二年（1009），应天府曹诚在此建学舍一百五十间，聚书一千五百余卷，并将此学舍捐赠给政府，朝廷赐额"睢阳学舍"，由戚同文的孙子戚舜宾主持。仁宗景祐二年（1035），书院改为应天府官学，给田十顷。著名的学者韦不伐、范仲淹、石曼卿、王洙等先后主持书院教席，四方学者辐辏其门，为国家培养了大批人才，在当时产生了很大影响。钦宗靖康元年（1126），毁于战火。

3. 岳麓书院：岳麓书院在湖南善化县（今湖南长沙市）西岳麓山下。唐末五代时，僧人智睿曾在此办学。宋开宝九年（976），潭州太守朱洞建讲堂五间、书斋五十二间。咸平二年（999），知州李允则又加扩充，学生达六十余人，赐予国子监印本九经等书。大中祥符八年（1015），真宗召见山长周式，并赐"岳麓书院"匾额。南宋后，多次重修与扩建，张栻、陈傅良等曾撰《岳麓书院记》。光宗绍熙五年（1194），朱熹知潭州，再次重建，并亲自到书院讲学。书院得到官方的诸多支持，具有半官方的性质。岳麓书院在传播儒家思想、砥砺社会风气方面起到了极为重要的作用，南宋末年，元兵攻取潭州之时，书院师生誓死守城，死节者甚众，赢得了社会的广泛赞誉。

4. 嵩阳书院：嵩阳书院在河南郑州登封嵩山南麓，五代后周时建。太宗至道二年（996）赐"太室书院"匾额，并赐国子监印本《九经》等书。景祐二年（1035）重修，改名"嵩阳书院"，赐学田一顷。初建之时，影响颇大，程颢、程颐曾先后讲学于此，南宋时期渐渐无闻。

5. 石鼓书院：在湖南衡阳县北二里石鼓山下，旧为寻真观。唐宪宗时李宽曾读书于此。宋太宗至道三年（997），李士真曾向郡守申请，在李宽秀才居住旧址，创建书院。景祐二年（1035），赐"石鼓书院"匾额。南宋理宗赐学田三百五十亩。

综观两宋书院教育，在教学、管理等各方面都颇具特色。第一，书院教育经费来源多样化。既有官府资助，也在民间筹集，学田收入是其中比较重要的经济来源之一。以白鹿洞书院为例，南宋先后三次增置学田，书院总共拥有学田一千八百七十亩。绍熙五年

（1194），官府一次拨给岳麓书院学田五十顷，书院学生日给米一升四合、钱六十文。而浙东一代的富庶地区，常有富人或巨商赞助书院，东阳郭氏累代出资创办书院，拨良田数百亩用于养士，其子孙后代先后设立了石洞书院、西园书院和南湖书院。这些私人捐款的书院内部设施十分完善，办学条件也很优越。

第二，书院实行山长负责制，管理体制日趋完备。宋代书院的最高负责人称为山长、洞主或洞长，他们既是主要教学者，又是最高管理者，往往都由著名学者来担任。南宋时期，随着办学规模的扩大和内部设施的完善，书院教学管理人员也相应增加，有讲书、堂录、堂宾、直学、讲宾、司计、掌书、掌祠等协助管理，其名目达十余种之多。书院教职人员人数的增加和分工管理制度的形成，标志着书院管理水平的提高，也是书院教学更加规范化、制度化的体现。

第三，书院实行开放式的教学和研究。求学者不受地域、学派的限制，都能前来听讲、求教。例如白鹿洞书院曾拨出一笔专款，用来接待四方来求学的人，并有专人负责招待。教学人员也不限于书院自身，而是广泛邀请学界名流。

讲会是书院首创的重大教学研究活动，与现代社会的学术研讨会极为相似。首开讲会先河的是朱熹。淳熙八年（1181），朱熹邀请陆九渊到白鹿洞书院讲学，陆九渊演讲的题目是《论语》中的"君子喻于义，小人喻于利"。讲会完毕，朱熹大为折服，遂将陆九渊所讲内容刻石于院门，从而为不同学术流派的兼容并蓄树立了典范。鹅湖书院曾同时邀请朱熹和陆九渊来讲学，二人观点对立，辩论相当激烈，史称"鹅湖之会"。在书院讲会期间，除了学者之间的辩论，学生也可以质疑问难。通过开办讲会，既提高了书院的学术地位和社会影响力，又促进了不同思想的活跃和交流，推动了学术的繁荣，对两宋时期文化的发展和传播起到了积极的作用。这种灵活开放的教学方式，为后来的教育工作者所借鉴。

第四，书院教学注重启发引导，提倡切磋讨论，讲究身心涵养。在书院中，除参加学术活动和教师必要的讲授外，主要是学生独立思考，因而书院十分重视提高学生自主学习的能力。同时，书院还要求学生提出疑问，慎思博文。朱熹制定的《白鹿洞书院揭示》要求学生做到"博学之，审问之，谨思之，明辨之，笃行之"。因此，书院管理侧重于启发学生的上进心和自觉性，少有禁戒惩治的规章，教学组织形式灵活多样，而少有衙门气，对中国古代教育产生了十分深远的影响。

总之，宋代书院扩大了中国古代学校教育的范围，开辟了新的学风，成为推动教育和学术发展的重要动力。书院在办学和管理领域也创造了许多行之有效的经验，成为中国古代社会中后期一种重要的教育组织形式。

第四节　科举考试

隋唐以来，科举考试制度成为中国古代社会选拔各级官吏和各类人才的重要途径，宋代科举考试制度在沿袭唐制的基础之上，得到了进一步的完善和发展。宋代科举考试主要有贡举、武举、童子举、制举、词科等，其中影响最大的是贡举制度。

一、贡举

贡举是指士子通过地方考试后贡之于朝廷之意。宋初，贡举每年举行一次，仁宗时改为两年一次，到神宗时改为三年一次，以后相沿不改，成为定制。

（一）应试资格

宋初对举子参加科举考试并无过多的限制。仁宗庆历新政时期规定，国子监生徒听学满五百日，诸州县学生徒入学听习三百日，且取得解人资格超过一百天，才能参加礼部考试。新政失败后，这一规定被废止。徽宗时期规定，只有取得太学资格的生员才能参加科举，这项政策宣和三年（1121）罢除，此后对举人的学历再无要求。有关应试资格，举子在服丧期间或曾受过杖刑以上处罚者，以及僧人、道士、吏人，不得参加科举考试；但宋朝放宽了对工商业者应举的限制。"工商杂类"中有奇才异行者，可以应举，皇祐元年（1049）连中三元（解试、省试、殿试均第一）的冯京便是商人之子。从总体上来看，宋代科举对应试者的资格限制呈现逐渐放宽的趋势，国家取士的范围逐渐扩大，这有利于选拔优秀人才，维护赵宋王朝的统治。

（二）考试程序

宋初承唐旧制，分为解试、省试两级，太祖开宝六年（973）实行殿试制度，于是宋代科举考试制度开始固定为三级。

1. 解试：宋朝地方考试举人，将合格者贡给朝廷，又称"乡贡"。宋代解试包括由州府行政长官主持的地方试、国子监试（太学试）、诸路转运司的漕试等，每三年一次，通常在秋季举行。解试之前，由各县对本地士子的资格等进行审查，保送至州，然后再由知州等加以复核。之后参加由州组织的考试，择优录取。若举人考试合格，即由州、转运司或太学按解额解送礼部。

2. 省试：由尚书省礼部主持的全国举子考试，又称"礼部试"。礼部负责查验解试合格名单，审核考生资格，组织考试。合格举人由贡院发榜，正式奏明朝廷。

3. 殿试：又称"御试""亲试""廷试"，是科举考试中最高一级考试，举人经过省试，须再参加殿试，才算是真正登科。政府安排专门的官员负责出题、监考、阅卷等考试事宜。考试结束后，由皇帝主持唱名仪式，合格者按成绩高低授本科及第、出身、同出身，前三名分别称为状元、榜眼、探花。

（三）考试科目及内容

1. 进士科：宋初承唐及五代之制，考试诗、赋、论各一首，策五道，帖《论语》十帖，对《春秋》《礼记》墨义十条。帖经是考查所习之经，如同填空题。墨义是考查学生对经书的背诵和默写能力。仁宗庆历四年（1044）三月改革科举，罢帖经、墨义，试经史、时务策论等，庆历新政失败后也随之被罢除。神宗熙宁四年（1071）王安石变法，颁布贡举新制，罢诗赋、墨义、帖经。

2. 诸科：除进士科外，还设有经、传、礼、史、法等诸多科目，统称为"诸科"。在考查内容方面各有侧重，或侧重对儒经的默诵、理解，或注重对礼法、专史和律令的掌握。其考察内容请见下表。

诸科内容

科目	考试内容	帖经、墨义
九经科	《周易》《尚书》《毛诗》《礼记》《周礼》《仪礼》《春秋左传》《公羊传》《穀梁传》	1. 帖书一百二十帖 2. 墨义六十条
五经科	《周易》《尚书》《毛诗》《礼记》《春秋》	1. 帖书八十帖 2. 墨义五十条
三礼科	《周礼》《礼记》《仪礼》	墨义九十条
三传科	《春秋左传》《公羊传》《穀梁传》	墨义一百一十条
学究科	《周易》《尚书》《毛诗》中的一经或两经及《论语》《孝经》等	墨义《毛诗》五十条,《论语》十条,《周易》《尚书》各二十五条,《尔雅》《孝经》共十条
开元礼、通礼科	《开元礼》或《开宝通礼》	墨义三百条
三史科	《史记》《汉书》《后汉书》	墨义三百条
明法科	律、令、断案及《论语》《孝经》等	律令四十条,墨义五十条

3.明经新科:仁宗嘉祐二年(1057)设明经新科,是为革除科举弊病而特设的科目,考试大经、中经、小经各一。[10] 其中考察《论语》《孝经》墨义、大义各十道,分八场,以六通为合格,另测试时务策三道,大体相当于考查时事政治,以文词典雅者为通。其出身与进士同。与唐朝明经科相比,北宋明经科的考试重点由帖经、墨义变为大义,更加注重举子对儒家经典的理解和发挥。

熙丰变法之际,王安石改革贡举,罢明经、诸科,以进士一科取士。徽宗崇宁三年(1104)取消科举,由学校三舍升迁法取士。从哲宗元祐年间至南宋时期,进士科分为经义进士和诗赋进士两种名目,实质上与进士科没有任何区别。鉴于唐代科举的帖经、墨义完全是考死记硬背，而诗赋考试又与治国安邦没有太多直接联系，于是朝廷废除帖经、墨义、诗赋等传统科目，改试经义，论述儒经某一内容的小论文，既考查考生对儒家经典的掌握理解，又考查考生的文笔水平。

进士科是宋代科举设置最早的科目，也是历朝科举中最主要的科目。诸科在宋朝科举中的地位比进士要低，故宋代有"焚香礼进士，撤幕待经生"的诗句。在诸科之中，录取的数量以学究为多，而其待遇以九经为最高。

二、武举

武举又称武选，是宋代选拔军事人才的主要途径，也是宋代科举制度的重要组成部分。唐代已有武举，有军谋越众、军谋宏达、材任将帅等科，以武艺高下取人。宋代武举正式确立始于仁宗天圣八年（1030），但因武举所设科目流于形式，缺乏军事上的实用价值，所选拔的人才良莠不齐，皇祐元年（1049）废罢武举。英宗治平元年（1064）再置，沿至南宋末年。然而，两宋统治者历来重用进士出身的文官，士人有能力应进士举者，便不屑于应武举，因而宋朝武举并未选拔出多少将帅之才，这在一定程度上对宋代军事产生了不利的影响。

宋代武举选拔范围较为广泛，三班使臣、诸色选人、不曾犯赃及私罪情轻者、文武官子弟中未触犯法令者，均可以应举。熙宁年间规定：武举每三年一次，与进士等科同时发解，先考《孙子》《吴子》两种兵书及兵机对策，再校试弓马武艺，合格者赴殿试。

殿试考骑射和对策，以弓马骑射成绩决定等级高下，以对策成绩决定录取与否。对策的内容以边防、时务为主，多问与兵法、军事战争有关的内容。

三、童子举

童子举是宋代专门为智力超常儿童设置的考试科目，又称应试神童。北宋规定凡十五岁以下儿童，学业有成能通经作诗赋者，即可由所在州府解送京师。国子监审验后，送中书复试，合格者即由皇帝殿前亲试之。殿试优秀者也可以拜官。如北宋名臣晏殊便是名噪一时的神童，通过童子科入仕。淳熙元年（1174），有个叫林幼玉的女童求试中书省，经书皆通，特诏封为孺人，此为宋代科举中的一件奇事。

宋代童子科举应试内容，起初并无具体规定，一般是视童子背诵经书以决中否。真宗时，诏试考生诗赋。南宋时期，考试仍重背诵，范围有所扩大，或诵经史子集，或诵兵书、习步射等，难度有所增加。

早期童子举虽然考试内容较为简单，却选拔出了一些优秀的少年学子，其中不少日后成为国家的栋梁之材，也有的成为一代宗师。童子举没有固定试期和录取限额，但真正的神童数量毕竟有限，因而两宋由此举而通达者屈指可数，北宋自仁宗至徽宗赐出身者仅二十人而已，南宋也寥寥无几。度宗咸淳二年（1266）废。

四、制举与词科

制举、词科是宋代选拔特殊人才的科目，往往下诏求荐，有察举制的特征，录取人数少，其考试内容、方法与进士、诸科大为不同。

（一）制举

制举又称特科、大科、贤良科，其科目设置、举行时间、录取名额都是不固定的。宋代的制科由皇帝亲自主持，不需要经过贡举那样复杂的程序。宋朝初年，沿用后周之制，设贤良方正能直言极谏、经学优深可为师法、详闲吏理达于教化三科。后来科目逐渐增加，制科允许在职官员及平民百姓，经所在官府推荐应试，如苏辙便是已考中进士，此后复举制科。考试内容为礼部考论三道，共三千字以上，文采和义理俱优者中选，然后由皇帝主持策试，考试对策一道，不试诗赋。成绩分为五等，第一、二等从不授予，第三等为最高，待遇相当于进士第一名。

一般读书人都力求通过贡举这一正途踏上进身之阶，因而应制举考试之人较少，制举也在宋代兴废三次之多。大中祥符元年（1008），因臣僚上疏制举不合时宜，遂令诏罢之，这是宋代第一次罢制举。宋仁宗天圣七年（1029），诏令复设制举，所设科目有贤良方正能直言极谏、博通坟典明于教化、才识兼茂明于体用、详明吏理可使从政、识洞韬略运筹帷幄、军谋宏远材任边寄等六科，后增加到九科，严格限制了应试对象的资格。熙宁七年（1074），第二次罢制举。元祐二年（1087）四月，又正式恢复制举，但仅设贤良方正能直言极谏一科。哲宗亲政后复又废罢，至北宋末年未再恢复。南宋高宗绍兴二年（1132），正式恢复贤良方正能直言极谏科，以求取能直言敢谏之士，但是进士科早已垄断仕途，应举者很少，合格者寥寥。

宋代设制举是为了选拔知识渊博但不擅长诗赋章句或不屑于应诗赋考试的士人。其策论考题不但要求应试者有良好的文学素养，而且须灵活运用经典故事分析历史或现实问题，以便为统治者提供借鉴。嘉祐六年（1061）苏辙应贤良方正能直言极谏科时，在策论中直言不讳地指责当朝皇帝宋仁宗奢侈腐化，安于享乐，导致民生贫困，国力衰弱。士人在御试策中公开批评皇帝，堪称英雄壮举。在录取苏辙的问题上，主考官们意见不一，最后宋仁宗亲自裁决，录取了敢于直言的苏辙。因此，在宋政府的倡导下，参加制举考试的士人敢于直抒己见，借古喻今，针砭时弊，写下了不少优秀的策论文章。由于制举考试难度大，要求高，两宋录取总额仅四十人，但是被录取者多获重用，不少人成为宋朝有影响的政治家，如苏轼、苏辙兄弟等。

（二）词科

词科是宏词科、博学宏词科、词学兼茂科的通称，也是选取为朝廷起草诏诰文书人才而设置的考试科目。北宋前期，进士科重诗赋，士人多擅长章句文辞。王安石变法时期，进士科罢诗赋，重视经义。文人习章句者减少，而宋政府日常所用的诏、诰、表、铭、赋、颂、赦、檄文、诫谕等公文都沿用四六文旧体。为保证起草此类文告者后继有人，哲宗绍圣元年（1094），设宏词科。每年进士考试结束后，允许进士登科人或罢任官员到礼部报名应试，其考试规则与进士科相仿。

词科考试内容主要是朝廷日常所用行文，文体注重四六对偶、声韵和谐及典故堆砌，多在形式、技巧上下功夫，内容平淡而辞藻华丽。词科的地位稍逊于制举。综观两宋时期的词科，总共录取的人数大约为一百一十名，其影响远不及进士科。

五、其他科目

（一）恩科

宋代恩科的设置，一是赐给功臣子弟或圣贤后裔科举出身，旨在表彰先贤或功勋卓著的名臣宿旧。如宋太宗赐孔子后裔乡贡进士孔世基同本科出身，宋真宗曾赐孔子四十六世孙圣祐奉礼郎，近属授官及赐出身者六人。此类情况在北宋前期较多，仁宗朝以后便不多见。

二是实行特奏名制度，一些屡试不第、年资较深的老迈举人免解试、省试而直接参加殿试，赐予科名或一官半职。宋初每次科考都有大批举子落第，其中有屡试不第而老死科场者，甚至有人因科举不中而投奔敌国。宋代的笔记小说中有许多反映类似内容的资料，有落第进士夫妻投河者[10]，举子徐履因功名之重经常犯心痛之病[11]。为了笼络这些读书人，宋政府对多次参加省试、殿试落第者予以特殊录用，称"特奏名"。录取的条件主要考虑应举次数和举子年龄。宋初规定，只要应举十五次以上，即准予参加特奏名，无年龄限制。真宗时期，既要求举数，又要求年龄在五十岁以上。宋神宗时期，在某次特奏名殿试中，一位七旬老举子无法答题，便在试卷上写了"臣老矣，不能为文也，伏愿陛下万岁、万岁、万万岁"一段话，竟也因此获得官职。另一首诗曰："读尽诗书五六担，老来方得一青衫。佳人问我年多少，五十年前二十三。"[12] 不难看出，特奏名所录举子多为白发老迈之人，通常是象征性地授予一任官职，且多为一些试衔散官或长史、助教之类低级而无职事的官衔。这种方式将读书人毕生束缚在书本和考场，不使他们绝望而萌生异志，目的是为了维护宋朝的稳定。

（二）八行取士法和十科取士

宋徽宗大观元年（1107），蔡京当政，实行过以孝、悌、睦、姻、任、恤、忠、和等八种德行取士的"八行科"，完全取消文化知识的考核，依据被推荐者在德行方面的表现进行选士。十科取士法则始于哲宗朝宣仁太后垂帘听政期间，目的是为了选拔具有特殊才干和长处的人才。

六、严格考试制度的措施

宋朝统治者十分重视科举，从政权建立之初，在沿袭前代科举考试制度的基础上，采取了种种措施，严格考试制度，逐渐形成一套严密完备的防弊措施。

（一）废止门生称谓及公荐制

唐代以来，每次科考前，朝廷的达官显宦都可保荐一些有文

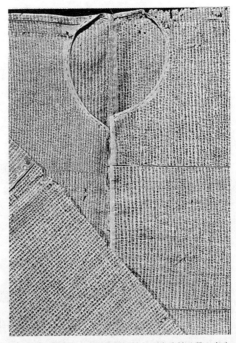

图 11-3 宋代考生作弊用的小抄衣（为防杜此弊，考生进入贡院入试前，需接受严密的搜身）

才的考生，于是举子们争相将自己的作品呈送给他们，以求得保举，称之为"公荐"。科举考试的主考官是对外公开的，因而考生也可以将作品送给考官，称为"公卷"。于是造成了相当严重的请托现象。达官贵人可以替亲友故旧向考官说情，甚至决定录用名单，因而举子被迫奔走于考官和显宦门下，以求其推荐。中举者无不视考官为恩师，而考官则视举子为弟子，由此结成门生座主关系，助长了科举的徇私舞弊和官场的拉帮结派，加剧统治阶级内部的矛盾和纷争。宋太祖即位后不久，废止权臣向考官推荐考生的特权，并诏令考生今后不得再呼考官为恩门、师门及自称门生，所有考中者都是天子门生。至宋仁宗时，更废除了公卷制度。

（二）锁院制度

宋朝在"知贡举"（主考官）、"权知贡举"（副考官）等考官人选确定之后，便立即将他们锁于贡院之中，断绝他们与外界的联系，避免出现漏题、舞弊等现象。

（三）封弥制度

封弥始于宋太宗淳化三年（992）的殿试，后逐渐推广到省试、解试。考生考试结束后，由专人将试卷上的姓名、籍贯等用纸封糊起来，再交给考官评判，直到最后公布成绩时才能拆封公布姓名，否则便视为作弊。这一方法是要解决考官看到亲友子弟的考卷而徇私判卷的弊端，也成为后代封弥试卷制度的起源。

（四）誊录制度

实行封弥制度之后，又出现了考生在试卷上做暗号、标记等作弊行为，而且，考官也可通过笔迹辨认出与自己有关系的考生，提高其成绩。于是宋真宗景德二年（1005），政府采取了誊录制度，即朝廷聘请一批抄书手将考生试卷重新誊写一遍，再交给考官，其用意便是杜绝封弥措施的纰漏。

（五）别试

别试又称别头试，贡举考试方式之一，是针对考官亲属特设考场考试的制度。在礼部试、解试过程中，凡是考官亲属和有关官员的子弟、亲戚、门客，应试时必须回避，另派考官设场屋考试，以防出现徇私舞弊的现象。同时，对朝廷权贵的子弟还要再复试一次，以防高官权贵利用权势将无能子弟成绩拔高。别头试始于唐，但仅限于礼部，未形成定制。北宋雍熙二年（985），始命礼部试考官亲戚试于别处。景祐四年（1037），在北宋各路州军推行别头试。从此，地方各级考试大多设别头试或别试院。

通过不断调整，宋朝科举制度逐渐完善，统治者进一步加强了对科举考试的监管和国家权力部门的防弊能力，限制了权贵子弟徇私舞弊、朝中权臣把持科场的特权。这样基本上保障了考试的公平合理，庶族与平民子弟通过科举跨入仕途的人数日益增多，从而扩大了科举考试的影响力和覆盖面。统治集团内部也逐步形成了一个庞大的科举官僚群体，这为宋代社会和文化教育等事业的发展注入了勃勃生机。

第十二章

文化的昌盛

在中国历史上，宋代以其文化的繁荣昌盛而著称于世，所谓"盛唐隆宋"，在很大程度上指的是唐宋时期文化方面所取得的成就。如果说唐朝是一个时代的结束的话，那么宋代则是一个新时代的开端，其在中国历史上的影响十分深远。应该说，宋代文化既继承了前代文化的优秀遗产，又开启了后代文化的新篇章，达到了中国古代社会的最高峰。

第一节　宋代文化繁荣的原因

宋代文化的繁荣有多方面的原因，时代的变迁为宋代文化的发展注入了活力，经济的繁荣为文化的繁荣奠定了基础，前代文化遗产的继承和中西文化的交流为宋代文化的发展提供了养分，统治者的立国之策则成为宋代文化全面繁荣的保障。

一、时代变迁与文化昌盛

唐宋之际，中国历史经历了一次巨大变革。在唐末五代以来战乱的打击之下，至宋代，魏晋以来的世族门阀最终退出历史舞台，庶族地主地位上升。这种政治结构的转变使文化开始摆脱世家大族的垄断，逐步普及到更广阔的社会人群，从而为文化的发展提供了肥沃而深厚的土壤，注入了新的活力。经济方面，随着均田制的瓦解，土地私有制占据了主导地位。同时，由于商品货币经济的发展，经济因素在社会各领域的影响力逐渐增强，这为私有经济的发展也提供了较大的空间和自由。正是因为社会政治和经济结构的变迁，这一时期的社会心理和价值观发生了巨大而深刻的变化，人们的个体自由意识大大加强，从而直接推动了宋代文化的发展。

二、经济繁荣与文化发展

宋代的农业、手工业、商业相比于前代都有了长足的进步，这为文化的繁荣提供了雄厚的物质基础。宋朝建立以后，采取轻徭薄赋、招徕流亡、奖励生产等政策，带来了生产发展、社会稳定、百姓安居乐业的良好局面，一扫唐末五代颓败之风。近代学者梁启超曾经说："无论甚么时代，没有几分的经济独立，就无从讲起教育。孔子若是要凿井而饮，耕田而食，哪里还有工夫去敦诗说礼。到了后世，教育的中心在重要的书院，书院里的发达，又是靠地方上担负的能力。地方上越富庶，教育越振兴，人物自然也越多。江苏、浙江两省在南宋以后，变成中国文化中心，与两省的经济史，总有关系。"[1]此论深刻揭示了经济发展与文化繁荣的内在联系。

宋朝商品经济的繁荣，进一步加剧了贫富分化，刺激了人们对财富的追求，从而引起人们的社会观念发生变化，"义利并行"甚至"重利轻义"取代了"重义轻利"观。传统的"重农抑商"的观念发生动摇，商业得到了社会的普遍重视，与农业一起被视为立国之本，商人的社会地位显著提高。在利益的驱使下，社会各界包括士人、官员等都参与经商活动，人们的思想、心理等都发生了变化，使文化的发展出现了新的突破口。

三、文化与宋朝的国策

（一）"兴文教，抑武事"国策的确定

鉴于唐末五代武人乱政的教训，宋朝采取了"重文"政策，施行以文制武的方针，竭力提升读书人的地位，将文臣的政治权力置于武臣之上。终宋三百余年，"兴文教，抑武事"[2]成为一项基本国策。在这种情况下，社会上广泛兴起重学兴文的风气，为文化的繁荣提供了有利的环境。"艺祖皇帝用天下之士人，以易武臣之任事者，故本朝以儒立国，而儒道之振，独优于前代。"[3]宋人陈亮的这番议论，反映出以文易武是宋代文化昌盛的原因之一。

（二）宽松的文化政策

文化的勃兴必以宽松的文化政策为条件，这是适用于东西方

社会的普遍原则。中国从秦始皇建立中央集权体制开始，就存在文化专制主义。秦朝焚书坑儒，汉代罢黜百家、独尊儒术，以及其后的"三武一宗"毁法灭佛，无不是文化专制主义的体现。然而，宋朝建立以后，统治者确立了儒、释、道三家并行的政策，对于思想、学术、文学、艺术领域的各个流派，多采取宽松的态度，这有利于各种学术之间相互交流，相互促进。

宋政府对文化的宽容政策还表现在对待士人的态度上。宋朝建立伊始，太祖定下"不得杀士大夫及上书言事人"的家法，以后的历代皇帝也都秉承这一祖制，采取重用与宽待读书人的政策，坚持"与士大夫治天下"的理念。虽也有士人入狱的情况，但从不轻易杀戮。明末清初的王夫之说："自太祖勒不杀士大夫之誓以诏子孙，终宋之世，文臣无欧刀之辟。"[4]因此，宋代可以说是中国历史上读书人的黄金时期。

这种宽松的环境对宋代文化的发展起到了至关重要的作用，它有助于知识分子施展才智，充分表达自己的意见，进而百花齐放，百家争鸣。正因为士大夫有了创作和言论的自由，其主动性、创造性都得到了充分发挥。文化的繁荣虽然根基于整个社会，但最终仍要靠文人表现出来，如果政府对读书人百般防范、压抑甚至迫害，文人终日要为自身安危担忧，当然不可能投身于文化事业了，文化的发展也就无从谈起。

（三）科举制

宋朝建立以后十分重视科举取士之制。科举制首创于隋唐，然而当时门第等级观念还有很大影响，新老世族把持着取士大权，科场成绩并不是唯一标准，很多有才华的平民并不能凭借科举得到任用。宋代彻底打破了门第等级对科举制的影响，基本上取消了对举子出身的限制，士农工商皆可参加科举考试。在宋朝，科举及第者大多为平民子弟，据《宋史》本传及明朱希召《宋历科状元录》，北宋仁宗朝共十三榜进士，状元有十二人出身平民。南宋理宗宝祐四年《登科录》记载，曾祖、祖父、父三代仕履完整的有五百七十名进士，依其出身统计，三代皆不仕者为三百零七人，占总数的百分之五十三点八，父亲一代有官者（含宗室）为一百二十九人，只占百分之二十二点六，其中低级官僚又占了大部分。[5]这种局面的直接结果就是使普通的平民阶层可以通过科举改变自身及家族的命运，也间接地扩大了文化普及的范围，这是宋代灿烂文化的肥沃土壤。

科举考试的内容也发生了变化。唐代科举考试的内容主要是诗赋和经义，而宋代改为经义、诗赋、策论并重。这一转变改变了知识分子求学的方向，单纯的背诵或吟诗作赋已经不能在科场中胜出，迫使士子必须具备独特的见解，能够独立思考。这种变化有利于学术文化的发展，也使宋代文化独具魅力。

四、教育的普及

宋太祖即位后，就在京师设立国子监，作为国家教育领导机关。宋政府大规模兴学是从庆历新政开始的。仁宗庆历年间，中央正式建立太学，政府拨给土地、房钱等作为教育经费，改良教学内容和方法。地方学校也大规模兴起，各府、州、军、县陆续建学，各类学校遍布天下，从而形成了以中央国子学、太学为中心，包括诸多专科学校和地方州县学的教育网络，"虽荒服郡县必有学"[6]。宋代官学在数量、科目设置、管理等各方面都远远超过了前代。

同时，宋政府对民间办学采取了比较宽松的政策，使得私学也较前代有了显著的发展。宋初虽然无暇顾及学校建设，但仍然通过赐田等方式对私学予以支持，使之成为官学的有益补充。特别值得一提的是宋代的书院，作为教育机构中重要的一环，培养了许多人才。由于书院实行自由讲学，讲求相互辩论，一些名儒往往在书院就各种学术问题展开讨论，这对宋代学术的发展有着难以估量的积极作用。书院对学生入学不做限制，一些贫困学生甚至可以寄读，这有利于教育的普及。从中央到地方对教育的重视，使得宋朝各类学校众多，管理规范，既培养了大批人才，也促进了宋代文化的繁荣。

五、前代文化遗产的影响

文化的发展有其延续性，考察一个时代的文化，不能割裂它与前代文化的传承关系。宋代文化的全面繁荣并非无源之水，而是前代文化的发展和积淀。宋词起源于唐，中经五代的发展，至宋达到鼎盛；史学方面，在前代纪传、编年体的基础上，开创出纪事本末体、纲目体等新的史书体裁，司马光的《资治通鉴》也是在"遍阅旧史，旁采小说"的基础上完成的。总之，宋文化的各个方面都凝聚了前代文化遗产的丰富内涵。

宋代官方和私人都十分重视文化典籍的收集和整理，这为文化的传承打下了良好的基础。宋朝建立之初，藏书非常有限，其后通过在民间搜集，书籍数量逐渐增多。太宗、真宗时期，命朝臣编辑了四大部类书，收录了大量古籍，保存下来大量宝贵的史料。到徽宗时编撰《秘书总目》(原名《崇文总目》)时，藏书总卷数达到五万五千九百二十三卷。然而，经过靖康之难，这些藏书"荡然靡遗"。此后，经过南宋政府的精心搜求，藏书量才有所恢复。至宁宗时达到五万九千四百二十九卷。除了官方藏书外，民间书院和私人手中也藏有大量的书籍。这些藏书直接关系到知识的积累和传播，因而收藏大量前代书籍对宋代文化的繁荣无疑有着极大促进作用。

六、中外文化交流的作用

开放的对外政策也是宋朝文化全面繁荣的原因之一，宋代对外来文化采取兼容并蓄、广泛吸收的态度，使外来文化很容易融入中国本土文化，进而丰富了宋代文化的内涵。如宋朝与高丽的交往，两国在很多领域都相互交流。高丽的绘画技艺得到了宋人的肯定，宋代著名绘画评论家郭若虚说："高丽国敦尚文雅，渐染华风，至于伎巧之精，他国罕比，固有丹青之妙。"[7] 宋徽宗非常推崇高丽画家李宁，要求中国画家向他学习。宋朝在与东南亚、阿拉伯、非洲等国家交往的过程中吸收了许多这些国家优秀的文化成果，阿拉伯的代数、几何、三角、历算等数学成就，都广为中国数学家采用。宋代科技高峰的出现，与引进这些国家先进成果有一定关系。由此可见，吸收消化外来优秀文化成果给宋代文化注入了新的活力，为宋代文化的昌盛创造了有利条件。

第二节　宋代的诗

宋代诗歌出于唐诗之后，完美的唐诗既是宋诗的典范，同时也给宋人的创作带来了巨大压力。因此，宋诗一方面借鉴模仿唐诗，同时又不停地创新求变，清代吴之振在《宋诗钞初集》序中说："宋人之诗，变化于唐，而出其所自得，皮毛落尽，精神独存。"[8] 揭示了宋诗与唐诗间的传承关系。总的说来，宋诗虽然不及唐诗之盛大，但别开生面，另启门户，成就一代特色，在中国文学史上有着相当高的地位。

一、北宋诗歌

（一）北宋初期

宋初诗坛影响巨大的主要有三个派别，即白体、晚唐体和西昆体。白体是模仿唐代诗人白居易的一种诗风。这一诗派的代表人物主要是五代入宋的一些官员，如李昉、徐铉、王禹偁等。白体诗风亲切平易，句意平实。但宋初诗人大多只学到了白居易诗的皮毛，语言近乎口语，缺乏提炼，并未达到白诗的深度。其中成就较大的是王禹偁。他自幼喜爱白居易的诗，但当其仕途遭受挫折之后，又转而学习杜甫面对现实、探求哲理的意境，创作出《对雪》《感流亡》等佳作。王禹偁的诗简雅古淡，平易流畅，开启了宋诗的先河。其对杜诗艺术境界的借鉴，超越了浅俗平易的其他诗人，在宋初白体诗中独树一帜。

晚唐体指的是模仿中晚唐诗人贾岛、姚合的诗风，重视诗句的锤炼，语言也较典雅。这些诗人多为隐逸山林的处士和僧人，但他们没有经历过晚唐诗人的那种时代危机，因此多在一些小意境的画面中展现情感，苦心雕琢，往往有佳句而无佳篇，诗境狭窄。宋初，晚唐体诗人的代表人物有潘阆、魏野、林逋及被称为"九僧"的希昼、保暹、文兆、行肇、简长、惟凤、惠崇、宇昭、怀古等九位僧人。其中最为著名的是林逋。他早年浪迹于江淮之间，后隐居孤山二十年，终身不仕不娶，只以梅花、仙鹤为伴，有"梅妻鹤子"之誉。他的诗多是吟咏湖山胜景和抒写隐居不仕、孤芳自赏的心情。如《秋日西湖闲泛》："水气并山影，苍茫已作秋。林深喜见寺，岸静惜移舟。疏苇先寒折，残虹带夕收。吾庐在何处？归兴起渔讴。"无论是诗的意境，还是遣词造句，都达到了很高水平。

在宋初诗坛，西昆体声名最著，其诗人多是当时的名公大臣。真宗景德二年（1005），杨亿、刘筠、钱惟演等人奉命编修《册府元龟》期间，他们相互酬唱，后来杨亿将十七人唱和的诗作编成《西昆酬唱集》，西昆体由此而得名。西昆体基本上也仿效晚唐诗，推崇李商隐，字句华丽，讲求典故，对仗工整。这些诗人多是官僚，社会地位较高，因此西昆体的影响相对较大，进而形成为一个诗歌创作流派。但西昆诗人只立足于模仿李商隐诗的艺术形式，缺乏李诗蕴涵的真挚而深沉的情感，徒得其华丽外表而缺少内在气韵，加之诗歌题材范围狭窄，多涉及宫廷、恋情、咏物等主题，时代气息淡薄，故虽然风行一时，但很快衰落。

（二）风格的确立

宋诗真正确立自己的风格，是在一代文坛领袖欧阳修及梅尧臣、苏舜钦等人登上文坛之后。就诗的风格而言，欧、梅、苏三人变西昆体的雕琢典丽为贴近生活的自然平易，但他们所追求的并非宋初白体的平淡浅显，而是"当自组丽中来，落其华芬"[9]，于平淡之中寓深刻，此后宋代诗人所追求的基本都是这样的美学境界。题材方面，欧阳修等诗人更加重视反映现实生活，具有非常强烈的时代感、使命感。三人还有一个共同点就是将散文的创作手法融入诗歌创作，使诗歌散文化、议论化，如欧诗中的《再和明妃曲》、梅诗《颍水发公渡观饮牛人》、苏诗《和菱溪石歌》，都是这类诗歌的佳作。

欧、梅、苏虽然在改革诗风的见解本质上是一致的，但具体的诗风各不相同。其中，梅尧臣诗歌创作较早，他的诗闲肆平淡，意新语工，较好的作品有《田家语》《汝坟贫女》以及《东溪》等一些写景诗。苏舜钦的诗的特点是语言畅达、豪迈奔放，然而不免有粗糙生硬之处。其内容上较为突出的，是爱国杀敌的英雄主题，代表作是《中秋夜吴江亭上对月怀前宰张子野及寄君谟蔡大》。欧阳修的诗清丽灵巧，《戏答元珍》是其代表作。欧阳修还撰写了中国文学批评史上第一本诗话体文学批评专著《六一诗话》。他的《水谷夜行寄子美圣俞》以诗的形式对苏、梅二人的诗做出评价，开启后代以诗论诗风气之先河。

（三）巅峰

欧、梅、苏之后，王安石、苏轼、黄庭坚等人将宋诗推上了全盛期。三人的创作自成一体，当时称为"王荆公体""东坡体""山谷体"。

王安石作为 11 世纪的政治改革家，他的诗带有更多的现实色彩，议论尖锐，锋芒毕露，同时也表达了诗人忧国忧民的感情和希望励精图治的政治理想，《河北民》《兼并》《白沟行》等作品都体现了这种风格。其《河北民》写道："河北民，生近二边长苦辛。家家养子学耕织，输与官家事夷狄。今年大旱千里赤，州县仍催给河役。老小相携来就南，南人丰年自无食。悲愁白日天地昏，路旁过者无颜色。汝生不及贞观中，斗粟数钱无兵戎。"这首诗反映了宋朝为向辽输纳银绢而给人民带来的沉重负担，刻画出百姓背井离乡的苦难与艰辛，表露出王安石对太平盛世的向往。

王安石善于以政治家的眼光对历史上的人和事提出新的看法，写出了不少优秀的咏史诗，其代表作《明妃曲》在当时引起很大反响。

明妃初出汉宫时，泪湿春风鬓脚垂。

低徊顾影无颜色，尚得君王不自持。

归来却怪丹青手，入眼平生未（一作"几"）曾有？

意态由来画不成，当时枉杀毛延寿。

一去心知更不归，可怜着尽汉宫衣。

寄声欲问塞南事，只有年年鸿雁飞。

家人万里传消息，好在毡城莫相忆。

君不见，咫尺长门闭阿娇，人生失意无南北。

诗中王安石一反传统的见解，把王昭君的悲剧归咎于君王的昏庸，语言犀利，不留余地，具有很强的震撼力。

王诗擅长诗句的组织和语言的运用，其诗以工巧、才学、议论见长。他讲究炼字炼句，意境新颖，如《泊船瓜洲》的"春风又绿江南岸，明月何时照我还"两句，其中"绿"字无疑有画龙点睛之妙。又如《书湖阴先生壁》："茅檐长扫静无苔，花木成畦手自栽。一水护田将绿绕，两山排闼送青来。""护田""排闼"皆出自《汉书》，用典而使人浑然不觉。对仗工整，写景层次井然，描绘了一幅清幽雅致、极富灵性的淡墨山水。

王安石退出政治舞台后，心情日趋平静，诗风也随之含蓄深沉，创作了大量写景抒情小诗。如《北山》："北山输绿涨横陂，直堑回塘滟滟时。细数落花因坐久，缓寻芳草得归迟。"既有唐人之风，深含禅意，又有自己瘦硬精严的特色，被称之为"半山体"，其晚年的诗歌精警新颖，雅丽精绝，深为后人所推崇。

宋代诗歌的领军人物当属苏轼，他的诗歌代表了宋诗的最高成就。苏诗风格多变，博大精深，技巧娴熟，开拓了宋诗的新意境，赋予宋诗以新的生命力。苏诗数量众多，今存二千七百首，内容广博深厚，宛若一部北宋社会生活的百科全书。在诗歌的题材、体裁、主旨、修辞等方面都有巨大的创新性，于唐诗之外，为诗的发展开拓出一条新的道路，最终完成了北宋诗文革新运动，他也因此成为宋诗的代表人物。

苏轼仕宦生涯十分坎坷，儒家积极入世和佛老消极避世两种相互矛盾的思想并存于他的人生观中。其创作数量最多且成就最大的是抒发个人情感、歌咏自然景观的作品。他在《和子由渑池怀旧》中写道："人生到处知何似？应似飞鸿踏雪泥。泥上偶然留指爪，鸿飞那复计东西。老僧已死成新塔，坏壁无由见旧题。往日崎岖还记否？路长人困蹇驴嘶。"感慨人生如雪泥鸿爪，世事如白云苍狗，茫茫前途，不知所措。苏轼善于对人的生命进行思考，在平凡的景色和日常生活中发现深刻的哲理，并以精妙的语言表达出睿智的思考，把诗意升华到更高的境界。《题西林壁》写道："横看成岭侧成峰，远近高低各不同。不识庐山真面目，只缘身在此山中。"将哲理蕴含于具体的感受之中，以深长的意味赋予了诗歌灵思妙理。

黄庭坚是苏轼的学生，亦是北宋著名诗人。他注重诗歌的艺术手段，讲究作诗的法则，注重诗歌的技巧，用心探究诗的格律、语言、用典、谋篇。即便是普通的诗作者，掌握了他的方法，也可以写出较好的作品，因此他的追随者很多。黄庭坚是江西人，后人便把这一学派称为江西诗派。江西诗派对后代的影响深远，直至晚清宋诗派、同光体的诗人还在学习他们的技法。

黄庭坚作诗讲究用典，"无一字无来处"，也是他所追求的境界，但这并不意味着对前人作品的简单拼凑，而是在前人创作的基础上，将诗句和典故推陈出新。黄庭坚诗才甚高，创作出了很多佳句，如《雨中登岳阳楼望君山》："投荒万死鬓毛斑，生入瞿塘滟滪关。未到江南先一笑，岳阳楼上对君山。"然而，这种重在模仿的诗风缺乏创造力，金人王若虚评价黄诗"有奇而无妙"[10]，可谓一语中的。后来江西诗派的诗人受此影响，没有取得较高的成就，也没有出现杰出的大诗人。

二、南宋诗歌

（一）南宋初期

北宋灭亡之后，国破家亡的苦难现实刺激着南宋民众的心灵。与之相应，南宋诗坛也表现出强烈的爱国之情和英雄主义，赋予宋代诗歌以新的内涵。被称为"中兴四大家"的陆游、杨万里、范成大、尤袤等人成为南宋的第一代诗人，其中又以陆游、杨万里、范成大的影响较大。

陆游一生勤奋创作，自谓"六十年间万首诗"，其《剑南诗稿》八十五卷，收诗九千四百余首，是宋代诗作较多的诗人。陆游诗歌的内容极为丰富，已到了"一草一木，一鱼一鸟，无不裁剪入诗"的地步。他一生都希望能够收复旧地，抗战复国的主题贯穿他的创作历程。他的诗充满豪气，悲壮雄放，把爱国的英雄气概表现得淋漓尽致，如《夜读兵书》中的"平生万里心，执戈王前驱。战死士所有，耻复守妻孥"。他在晚年所作的《十一月四日风雨大作》中写道："僵卧孤村不自哀，尚思为国戍轮台。夜阑卧听风吹雨，铁马冰河入梦来。"临死之际，他仍不忘收复故国，写下千古绝唱《示儿》："死去元知万事空，但悲不见九州同。王师北定中原日，家祭无忘告乃翁。"

陆游还写了很多绘景抒情的诗歌，《游山西村》："莫笑农家腊酒浑，丰年留客足鸡豚。山重水复疑无路，柳暗花明又一村。箫鼓追随春社近，衣冠简朴古风存。从今若许闲乘月，拄杖无时夜叩门。"清新俊逸，饶有韵致，如同一幅乡村画卷展现于眼前。

陆游的诗歌成就很高，在思想性、艺术性两方面都达到了极高的境界。在宋代社会重文轻武的背景下，陆游以其慷慨激昂的诗歌，异军突起，格外引人注目。梁启超作《读陆放翁集》："诗界千年靡靡风，兵魂销尽国魂空。集中什九从军乐，亘古男儿一放翁！"这是对陆游诗歌卓尔不群的中肯评价。

范成大的诗大致可分为两个阶段：前期面对金人的威胁，诗多爱国热情；致仕以后，悠游田园，诗多农家苦乐。

范成大的使金纪行诗具有很高的价值。孝宗乾道六年（1170），范成大奉命使金，途中写了七十二首七言绝句，描写北方的山川文物，抒发故国沦亡之悲，其中一首《州桥》写道："州桥南北是天街，父老年年等驾回。忍泪失声询使者，几时真有六军来？"作品反映出中原人民的悲惨生活和他们真挚的民族感情，谴责南宋统治者的昏庸误国，集中表现了他的爱国情感。

范成大最具开创性的是田园诗，他一反前代将田园诗写成隐逸诗的传统手法，以写实的笔法，真实地描述农家的日常生活、风俗习惯、劳动场面。诗句充满泥土和汗水的气息，扩展了田园诗的意蕴，堪称古代田园诗的集大成者。其代表作是六十首组诗《四时田园杂兴》，每十二首为一组，分别描写了春日、晚春、夏日、秋日、冬日的田园生活，既有美丽的自然风光，也有丰富的民俗人情。

杨万里是位勤奋的诗人，一生作诗过万首，编过诗集九部，其创作经历了从模仿到独创的过程，到五十岁左右才步入高峰期。他的诗注重个性，倡导用自己的感官感受自然，然后用生动的语言写成诗歌，幽默风趣，灵动活泼，人称"诚斋体"。最能体现其诗风的是一些描绘自然、抒述人生的诗歌。他以口语化的诗句表达，通俗中显出深厚的功力。如《小池》："泉眼无声惜细流，树荫照水爱晴柔。小荷才露尖尖角，早有蜻蜓立上头。"真切地描写出自然景物相惜相爱、相互依偎的微妙情态，也表现了诗人怡然自得的心境。再如《晓出净慈寺送林子方》："毕竟西湖六月中，风光不与四时同。接天莲叶无穷碧，映日荷花别样红。"幽默灵活的笔调和浅近通俗的语言，使日常平凡的景物中充满了机智活泼和明快风趣。

（二）南宋后期

南宋后期，宋诗逐渐走向没落，无论是稍早的四灵诗派，还是晚于他们的江湖诗派，大多取法晚唐诗人，专工五律，眼界较低，意境狭窄。

"四灵"指的是永嘉的四位诗人徐玑（字灵渊）、徐照（字灵晖）、翁卷（字灵舒）、赵师秀（字灵秀），他们都活动在12世纪末13世纪初，因为他们的表字中都带有一个"灵"字，故被称为"四灵"诗派。他们创作的诗歌，内容比较单薄，多为题咏景物、唱酬赠答，只有少数诗歌描写民生疾苦或时事。因此《四库提要》指出："四灵之诗，虽镂心钵肾，刻意雕琢，而取径太狭，终不免破碎尖酸之病。""四灵"的才气学力都不如中兴四大家，成就不高。但因备受当时著名学者叶适的推重而名噪一时，也直接影响到稍晚的江湖诗派。

江湖诗派的诗人大多是布衣，也有一些下层官僚，他们并非一个严格的团体，也没有一位公认的领袖，甚至很多人互相并无来往，只是一个十分松散的作家群体。由于他们的身份、创作取向基本一致，当时临安的书商陈起便将他们的诗合刻在一起印刷发行，题名为《江湖集》，江湖诗派遂由此得名。其中较为著名的有赵汝燧、刘克庄、戴复古等人，他们的眼界比"四灵"开阔，诗风更加灵活，同时也包含着王朝末期的悲凉。江湖诗派诗人最擅长的题材是写景抒情，字句精丽，长于白描。叶绍翁的《游园不值》："应怜屐齿印苍苔，小扣柴扉久不开。春色满园关不住，一枝红杏出墙来。"形象有趣地描绘了充满生机的春色。

南宋的衰落和灭亡是一段极为惨痛的历史，诗坛也充斥着悲怆颓败的气氛，但其中也不乏悲壮激昂的诗歌，为成就卓著的宋诗留下了最后的辉煌。文天祥早年的诗歌比较平庸，艰辛的岁月和苦难的命运使他的创作出现了升华，他用诗歌记录了自己的人生遭遇和心路历程。他的诗集名为《指南录》，取自他的诗句"臣心一片磁针石，不指南方誓不休"，表明他力图恢复宋室而不屈不挠的意志。著名的《过零丁洋》中"人生自古谁无死，留取丹心照汗青"一句，表现出诗人强烈的爱国之情和崇高的人格魅力，成为中国诗史中的优秀篇章。

宋元之际，大批遗民诗人发出了兴亡之际的感叹，他们或写沉痛的故国之思，或写悲愤的民族之情，或抒发自己坚贞不屈的意志，或表现失却故国的怅恨情思。如郑思肖的"宁可枝头抱香死，何曾吹落北风中"，林景熙的"何人一纸防秋疏，却与山窗障北风"等。时代的巨变，使得许多文人无法再沉浸于恬淡闲适的人生情趣，也无暇再追踪古人的风格，雕琢字句而悠然吟唱。以自然朴素的语言抒写内心的"哀""愤"情感，成为宋元之际遗民诗的主要特点。

第三节　宋代的词

词全称为曲子词或词典，简称词，原是配合音乐歌唱而创作的歌词，后来逐渐与音乐分离，成为一种独立的文体。早期的词多从五言、七言诗脱胎而来，句子长短不齐，所以也叫做长短句或诗余。词兴起于唐末，经过晚唐五代的发展，至宋达到全盛时期，呈现出空前繁荣、多姿多彩的面貌，在中国文学史上占有重要地位，与汉赋、唐诗、元曲并称为中国文化的瑰宝。

一、北宋前期

宋词的发展一般可分为北宋前期、北宋后期和南宋三个阶段。北宋前期的词风大体沿袭晚唐五代婉约艳丽的风格，词人受前代花间派的影响，创作内容多为樽前花下，风格"香而弱"，形式多为小令。直到真宗、仁宗时期，才出现了晏殊、柳永、欧阳修等词坛名家，词的风格逐渐向纵深拓展，词体进一步诗化，柳永的慢词更是体制上的一大开创。

柳永年轻时到京城应试，经常出入教坊青楼，以擅长填词闻名。多次科考失败后，他下定决心，"忍把浮名，换了浅斟低唱"，从此浪迹于汴京、苏州、临安等地。柳永经常流连于歌场酒肆，与民间艺人、歌伎、下层市民关系密切，非常了解普通民众的生活，因而他的词呈现出一种浓烈的世俗情感。同时，柳永又是一位文化修养很高的文人，在谋篇、修辞、造句等方面有很高的造诣，使他的词表现出俗中带雅的趣味。《望海潮》《鹤冲天》《木兰花》

《透碧霄》《雨霖铃》等都是传诵千古的名篇。《雨霖铃》描写词人离开汴京时与恋人难舍难分之情，上阕渲染秋日离别的悲凉氛围："寒蝉凄切，对长亭晚，骤雨初歇。都门帐饮无绪，留恋处、兰舟催发。执手相看泪眼，竟无语凝噎。念去去、千里烟波，暮霭沉沉楚天阔。"下阕写离别后的孤寂心情："多情自古伤离别，更哪堪、冷落清秋节。今宵酒醒何处？杨柳岸、晓风残月。此去经年，应是良辰、好景虚设。便纵有千种风情，更与何人说？"离别时的伤感、难堪与离别后的凄凉、孤苦交织在一起，不论是由景生情，还是化情为景，都能达到水乳交融、无迹可寻的妙境。柳永的词雅俗共赏，在当时广受欢迎，每作新词，天下人争相歌咏，以致"凡有井水饮处，即能歌柳词"[11]。

长期的漂泊生活，使柳永对旅途生活感触颇多，他也因此写下了大量羁旅行役词。这些词往往将途中景色与厌倦流浪、思乡之情相连，如《八声甘州》，上阕描写秋天的萧瑟景象："对潇潇暮雨洒江天，一番洗清秋。渐霜风凄紧，关河冷落，残照当楼。是处红衰翠减，苒苒物华休。惟有长江水，无语东流。"下阕触景生情，描写乡思的凝重："不忍登高临远，望故乡渺邈，归思难收。叹年来踪迹，何事苦淹留？想佳人、妆楼颙望，误几回、天际识归舟。争知我、倚阑干处，正恁凝愁。"情景交融，典尽其妙，一代文豪苏轼也对这首词大加推崇，称其"不减唐人高处"[12]。

柳永词的最大贡献在于创作了大量适合歌唱的慢词，改变了小令一统天下的局面，丰富了词的内涵，提高了词的表现力。他著有《乐章集》，在词的题材、体制、语言等各个方面都提出了自己独到而深刻的见解。宋词的八百八十多个词调中，柳永首创的就有一百多个。然而，柳永及其以前的词人，大多抒发伤春、悲秋、欢饮、离别、相思的情感，意境狭窄。他们的作品柔美婉转，被称为"婉约派"，这一流派影响很大，后来的周邦彦、李清照都属于这一派别。

苏轼是北宋词坛独树一帜的大家。他的词一改晚唐五代词的绮艳之风，其题材、主旨、表现手法都逐步向诗、散文看齐，取材范围更加宽广，创作也更加多样化，自成一家，后人评价他的词"如诗，如文，如天地奇观"[13]。

苏轼的词包含豪迈奔放、委婉清丽、洒脱狂狷等多种风格，而被后人广为称道的还是他的豪放词。这种词突破了传统词取材于"花间""樽前"的壁垒，使词走向广阔的社会，山川景物、记游咏物、感旧怀古都成为词的重要题材。其代表作《念奴娇·赤壁怀古》："大江东去，浪淘尽、千古风流人物。故垒西边，人道是、三国周郎赤壁。乱石穿空，惊涛裂岸，卷起千堆雪。江山如画，一时多少豪杰。遥想公瑾当年，小乔初嫁了，雄姿英发。羽扇纶巾，谈笑间、樯橹灰飞烟灭。故国神游，多情应笑我、早生华发。人生如梦，一尊还酹江月。"读之使人如身临其境，荡气回肠。苏轼的词大笔挥洒，豪气干云，是宋代豪放派的代表人物。苏词不仅在当时文坛具有很大影响，且开启了后代词不同流派的发展。

二、北宋后期

北宋后期的代表词人有秦观、贺铸、周邦彦等。周邦彦与柳永相似，是一位风流浪漫的词人，其作品大多是慢词，以艳情咏物和离愁别绪为主，善于铺叙，语言精致。周邦彦重视词的音韵声调与乐曲配合，讲究格律，注重通过周密的布置使词的结构更富于变化，言情体物更为精巧、缜密、典雅，是北宋词之集大成者。他的名作《兰陵王·柳》："柳阴直，烟里丝丝弄碧。隋堤上、曾见几番，拂水飘绵送行色。登临望故国，谁识、京华倦客？长亭路、年去岁来，应折柔条过千尺。闲寻旧踪迹，又酒趁哀弦，灯照离席，梨花榆火催寒食。愁一箭风快，半篙波暖，回头迢递便数驿，望人在天北。凄恻，恨堆积。渐别浦萦回，津堠岑寂，斜阳冉冉春无极。念月榭携手，露桥闻笛，沉思前事，似梦里，泪暗滴。"咏柳、离别、征途依次展开，前后照应，曲折缜密，构思精巧，为一代之绝唱。周邦彦集各家之长，章法更多变化，代表了婉约词走向典雅工巧的趋势，在很大程度上影响了南宋词坛，后人赞他"千古词宗，自属美成"。

三、南宋时期

靖康之难给宋代社会带来了翻天覆地的变化，文学创作也随之受到很大影响。尖锐的民族矛盾使得南宋的词充满了强烈的爱国情怀，词人多倾诉国破家亡的悲痛、收复故地的豪情和以身许国的英雄主义。这一时期出现了以陆游、辛弃疾为代表的词坛巨匠。

辛弃疾确立并发展了苏轼所开创的豪放一派，将词艺术推向辉煌的高峰。其作品代表了宋代豪放派词的最高成就，与苏轼并称"苏辛"。辛弃疾是文武兼备的官员，下笔自有一种英雄气概，他的词充分表现出他"金戈铁马，气吞万里如虎"(《永遇乐·京口北固亭怀古》)的豪迈情怀，不论是豪勇还是悲壮，激励还是怨愤，都显示出南宋初仁人志士的爱国之情。他在《破阵子·为陈同甫赋壮词以寄之》中写道："醉里挑灯看剑，梦回吹角连营。八百里分麾下炙，五十弦翻塞外声，沙场秋点兵。马作的卢飞快，弓如霹雳弦惊。了却君王天下事，赢得生前身后名。可怜白发生！"豪迈雄浑，感人至深。辛弃疾还有很多以评议时政、陈述恢复大业为中心内容的词，强化了词的现实批判功能，对南宋后期词人将词作为反映社会现实的手段有着直接的影响。

另外，宋代以诗为词的倾向在辛词中得到了充分的体现，辛弃疾不仅将诗的主题、手法运用于词的创作，还将散文、骈文、民间口语等语言形式引入词坛，以文为词，这种手法既增强了词的艺术表现力，也空前扩大和丰富了词的语汇，赋予古代语言新的活力。

李清照是中国古代最伟大的女词人，她的创作以靖康之难为界，形成风格截然不同的两个时期。北宋灭亡之前，李清照生活幸福，词中充满愉悦的气氛，以《醉花阴》为例："薄雾浓云愁永昼，瑞脑消金兽。佳节又重阳，玉枕纱厨，半夜凉初透。东篱把酒黄昏后，有暗香盈袖。莫道不销魂，帘卷西风，人比黄花瘦。"靖康之难以后，国破家亡，她过着"漂零遂与流人伍"的生活，饱尝了人世间的种种辛酸，词中充满浓重的感伤情调。如《声声慢》，开篇连用"寻寻觅觅，冷冷清清，凄凄惨惨戚戚"七个叠字，描写她的孤寂无依的处境，下阕触景生情："满地黄花堆积，憔悴损，如今有谁堪摘？守着窗儿，独自怎生得黑？梧桐更兼细雨，到黄昏，点点滴滴。这次第，怎一个愁字了得。"充满凄婉的情调。

图 12-1　李清照像

李清照的词生动流畅，善于运用白描和铺叙手法，浑然一体。前代婉约词人多从男性角度去揣摩女性心理，缺乏真情实感，而李清照则以女性特有的眼光塑造了前所未有、个性鲜明的女性形象，增强了词的情感深度。她的词独具风貌，被后人称为"易安体"。

南宋后期，国力日衰，词作中也少了前辈的豪情，更多的是偏安王朝的哀婉凄清，唯有文天祥的词雄壮激昂，唱出了民族的尊严和正气。另外，姜夔也是这一时期比较有影响的词人。

姜夔在词的题材内容上没有多大的创新，仍沿袭周邦彦的创作道路，多写自己的身世和情场的失意，倒是在创作手法上进行了新的尝试。自从柳永变雅为俗以来，词坛一直是雅俗并存，到姜夔则彻底变俗为雅，下字运意，都力求淳雅。他的词精于雕琢文字，不用俗语俗字，格律严整，这正迎合了南宋后期贵族雅士们弃俗尚雅的审美情趣。在他之后，词的发展走向了雅致化，姜夔词被奉为雅词的典范，在辛弃疾外别立一宗，自成一派，对南宋末年词坛产生了很大的影响。

第四节　宋代的散文

宋代散文是沿着唐代散文的道路发展的，但无论内容、形式，还是语言、风格，都比唐代散文有新的境界。唐代的古文运动，实际上是经过北宋诗文革新之后方才完成，进而确立了唐宋八大家的古文传统。

一、北宋时期

宋初散文承晚唐五代余风，卑弱浮艳有余，刚健明快不足，一味追求文字的精巧华美。这种文风引起有识之士的不满，首先鲜明地提出改革主张的是柳开。他推崇古文，指出古文之价值不在于辞涩言苦，让人难以读懂，而是要以文载道，用散文服务于现实，不能无病呻吟。柳开是宋代倡导古文运动的第一人，但他太过偏重理论方面的传道，而忽视了创作本身，他的文章仍然艰涩难懂。

柳开革新古文的主张得到了王禹偁、穆修、石介与尹洙等人的支持，但真正创作实践古文的是王禹偁。他主张"远师六经，近师吏部（韩愈）"，追求以通俗顺畅的语言说明道理。在文与道的关系上，王禹偁不像柳开那样偏激，主张既要传道，同时又要融入个人感情，文道合一。这样，文章就能摆脱晦涩的风格，明白易懂。王禹偁的代表作《黄州新建小竹楼记》开宋代古文之先河，是脍炙人口的名篇。

宋代古文风格直到欧阳修时才彻底改变，他也因此成为北宋古文运动的领军人物。欧阳修在古文理论上有了重大发展。他认为，文与道应该并重，文章固然要传道，但不能因道而废文，强调"言之无文，行之不远"的重要性，为北宋诗文革新确立了正确的指导思想。

欧阳修的散文内容充实，语言简而有法，结构严谨有序。他创作了大量优秀的作品，如《丰乐亭记》《醉翁亭记》《有美堂记》等。欧阳修的这些文章具有典范性的意义，"（欧阳）修文一出，天下士皆向慕为之，唯恐不及，一时文章大变"[14]。在他的引导下，宋代散文与唐代韩愈、柳宗元倡导的古文运动接轨，找到了正确的发展方向，进入了散文创作的新阶段。欧阳修身居要职，德高望重，具有很大的影响力。因此，在他周围团结了一批有才华的文人，朋辈有梅尧臣、苏舜钦等，门下有苏轼、王安石、曾巩等，从而形成了强大的声势，彻底扭转了当时的文风，将宋代散文推到了更高的层次。

王安石是北宋著名的政治家，也是当时文坛的领袖人物。欧阳修曾写诗称赞王安石："翰林风月三千首，吏部文章二百年。老去自怜心尚在，后来谁与子争先？"把他与李白、韩愈相提并论，称许其后无来者，对他期望和评价甚高。王安石的古文强调应用，他早年模仿孟子与韩愈，其后兼取韩非的峭厉、荀子的富赡和扬雄的简古，形成了自己雄健峭刻、"瘦硬通神" [15] 的风格。他的文章大多为政治性、实用性很强的政论文，代表作有《上仁宗皇帝言事书》《答司马谏议书》《读孟尝君传》等。其中《上仁宗皇帝言事书》，洋洋万言，沉着顿挫，被梁启超誉为"秦汉以后第一大文"。《答司马谏议书》，说理清楚，态度明确，行文简练有力地驳斥了司马光对新法的攻击，堪称政论文的典范之作。

苏洵、苏轼、苏辙父子三人在北宋文坛颇有影响力，并称"三苏"。苏洵的文章质朴，奇峭雄俊，长于炼字，精深有味，宋代散文家中，他的文章与韩愈最神似。其策论文章尤为卓著，具有先秦文笔风格。著名的有《六国论》《管仲论》《辨奸论》《木假山记》等。以"六国论"为题，苏洵父子三人各写过一篇文章，苏轼和苏辙的文章基本上是就史论史，感叹古人的成败功过。苏洵的文章则借古论今，锋芒直指北宋朝廷，批评当时朝廷向辽朝和西夏输币纳绢、乞求苟安的政策，显示其超乎常人的境界。

苏轼是古文运动的集大成者，他强调文以载道的作用，认为文章应该言之有物，同时写作手法要流畅自然。他的散文纵横捭阖，行云流水，叙事、写景、抒情、议论无不通脱自然，浑然一体，达到了异常自由又极其工整的境界，在他笔下，散文的艺术性、实用性达到了空前的高度。由于苏轼知识渊博，对学问的理解也超出了同时代的其他人，所以他的文章常流露出一股纵横的豪气，时人称为"奇气"。他曾评价自己的散文："吾文如万斛泉源，不择地而出，在平地滔滔汨汨，虽一日千里无难。及其与山石曲折，随物赋形，而不可知也。所可知者，常行于所当行，常止于不可不止，如是而已矣，其他虽吾亦不能知也。"这充分表明了苏轼的文学天赋。

苏轼一生创作了大量优秀的作品，他的古文大多是史论、政论文，比较著名的有《思治论》《续朋党论》《教战守策》等，说理透彻，旁征博引，逻辑谨严，气势恢宏。他还创作了很多游记，文章行云流水，意境开阔，充满诗情画意，《石钟山记》《记承天寺夜游》就是其中的佳作，后者全文仅八十余字，却把夜游的时、地、人、景、事交代得清清楚楚，展现出一个诗画人生的审美境界。此外，他的前后《赤壁赋》则把文赋这一新的体裁推到了新的高度，使其既无汉赋的刻板凝重，也脱离了六朝赋的骈俪。《宋史·苏轼传》评价他的文章说："虽嬉笑怒骂之辞，皆可书而诵之，其体浑涵光芒，雄视百代，有文章以来，盖亦鲜矣。"

苏轼的古文在当时产生了很大影响，使他成为继欧阳修之后的又一文坛领袖。他的门人很多，黄庭坚、张耒、晁补之、秦观并称"苏门四学士"。南宋时，苏轼的文章几乎成为科举考试的范文，当时称"苏文熟，吃羊肉；苏文生，吃菜羹"。陆游总结说："建炎以来，尚苏氏文章，学者翕然从之。"[16]

苏辙性格淡泊沉静，不求名利，为官清正，直言敢谏，因此屡遭贬谪。苏辙的文名虽不如其兄，但创作水平相去并不甚远。他所作的策论文目光犀利，论述精深，具有很强的预见性，如《进策》《六国论》等。而他的记叙体散文则具有很强的文学性，平正高雅，给人以从容镇定的印象，《武昌九曲亭记》《黄州快哉亭记》等都是传诵千古的名篇。

曾巩的古文深受欧阳修和王安石的影响，其记叙文秀丽俊雅，自然纯朴；议论文论述周密，布局严谨。曾巩长于说理，语言浅近，能够在记叙中做出理性的分析，层层道来，纡徐而不烦，简奥而不晦，颇显老到纯熟的功力。曾巩强调"道"，所以他的抒情文较少，而议论文、记叙文较多，如《宜黄县县学记》《醒心亭记》等，都是他的代表作。曾巩独特的文学成就使他自成一家，在宋代散文史上占据一席之地，其文颇受朱熹等理学家的推重，地位被列在王安石之上，其影响也相当深远。

二、南宋时期

南宋散文继承了北宋古文运动的传统，但其艺术成就没有达到北宋散文的高度，也没有产生可以和前代学者并称的文学大家，尽管如此，南宋散文具有自己鲜明的时代特点。随着民族矛盾的日益激烈，维护民族尊严成为朝野内外的共识，这使得南宋散文不可避免地带有一种北宋散文所没有的悲壮色彩，表达亡国之痛和怀念故国之情成为一大主题，战斗性十分强烈，气势磅礴，怀有深深的爱国之情，展现震撼人心的力量。

从赵构登基开始，南宋散文就显现出它的战斗锋芒。建炎元年（1127），宗泽上《乞毋割地与金人疏》，反对割地求和，尽显忠义之气。名将岳飞的《五岳祠盟记》，慷慨激昂，气壮山河，显示出强烈的爱国精神。绍兴八年（1138），胡铨上《戊午上高宗封事》，将批判的矛头直指权相秦桧，称"义不与桧等共戴天"，否则宁愿"赴东海而死"，也不能"处小朝廷求活"。态度坚决，言辞尖锐，在当时社会产生了极大的反响，金人也"以千金求其书"，读后为之失色，感叹"南朝有人"。[17]

其后比较有特色的散文是辛弃疾和陈亮的作品。辛弃疾的代表作《美芹十论》和《九议》详尽地分析了宋金双方的形势，提出进取的对策，立意高远，气势雄伟，语言凝练，展示出辛弃疾的才学。陈亮的文章则力图激扬民族正气，振奋民族精神，他的《上孝宗皇帝第一书》《上孝宗皇帝第二书》《上孝宗皇帝第三书》及《戊申再上孝宗皇帝书》《中兴论》等论文，气魄雄浑，锋芒毕露，颇具感染力。

除了这类政论文，南宋还出现了一些抽象而深刻的说理散文。早期的张栻、朱熹、吕祖谦被称为"东南三贤"，他们都写过不少语言质朴的文章。稍晚一些，各个哲学派别，如以朱熹为代表的理学、陆九渊的心学、陈亮和叶适的浙学等，互不妥协，为此而写作了许多争辩说理的文章，推动了议论文的发展。

南宋散文的成就在一些游记和笔记小说中也有体现。吕祖谦的《游赤松山记》、朱熹的《百丈山记》、陆游的《入蜀记》、范成

大的《吴船录》都是比较优秀的游记作品。《入蜀记》和《吴船录》
描绘长江沿岸的美景，记述所到之处的风俗人情、历史古迹，文笔
优美，引人入胜。笔记小说方面则有陆游的《老学庵笔记》、洪迈
的《容斋随笔》等。南宋将亡时期的笔记小说，更是带有一种强烈
的怀旧气息和悲怆情怀，如吴自牧的《梦粱录》、周密的《武林旧
事》等。

南宋后期，由于长期偏安一隅，散文中已经不复那种傲视群雄
的气势，随着宋朝的灭亡，古文创作也逐渐衰落。前代有些文学史
家对南宋的散文抱有偏见，加以"质木无文"之讥，其实是不公允
的。事实上，由于处在特定的历史时期，南宋散文少有靡靡之音，
绝大多数文章内容充实，具有强烈的民族意识，洋溢着爱国主义精
神，值得后人尊重。

第五节　宋代的史学

一、修史机构

唐代以前，私人修史的活动比较普遍。唐朝加强了对史书修
撰的控制，贞观三年（629），唐太宗李世民设史馆于禁中，选任
史官，由宰相监修，确立了官修史书的制度。宋承唐制，又有所发
展，逐步建立起一套完善的修史制度和机构，分工较细，复杂重
叠，起居注、时政记、日历、实录、国史、会要皆由专人负责。

(一)起居院

起居院是编修起居注之处。宋初虽设起居院，门下省、中书省也有起居郎、起居舍人之职，但只是寄禄官，并不负责修撰起居注，而是另外派遣其他官吏领其事。太宗淳化五年（994），徙起居院于禁中，起居院才正式负责修注工作。元丰官制改革之后，起居郎、起居舍人方开始实任其职。尽管职位不高，但由于接近皇帝，得以与闻朝廷大政，故选任时多以制科、进士高第与馆职之有才望者充当。正因如此，记注官一直被视为清望而荣耀的职务，是馆职升迁的台阶，"选三馆之士当升擢者，乃命修起居注"[18]。

宋代所修起居注除记录皇帝言行外，还包括朝廷命令、制度更改、奖惩群臣、封拜除授、四时气候、州县废置，以及祭祀、燕享、临幸、引见之事，日月、星辰、风云、气候之兆，郡县祥瑞之符，里闾孝悌之行，户口增减之数等内容，史料价值极高。然而，宋朝编修的起居注至今多已散佚，现存有周必大《起居注稿》一卷，宋末周密所辑《德寿宫起居注》（一称《乾淳起居注》）十二条。

宋代修注规定十分严格，各省、台、寺、监及各地机构都要及时向起居院供报文字，以供起居院使用，否则要受到相应处罚。修注官如出现差误，也要受到降级的处分，真宗大中祥符七年（1014），同修起居注的张复、崔遵度等人就因此被贬官。[19] 这些规定客观上确保了起居注的准确性和真实性，起居注也因此而成为修史必须参考的资料。

(二)日历所

宋朝通常由宰相提举编修日历，根据时政记、起居注及诸司报状等按日月编撰，集为一书。编修日历所需的时政记始于唐代，由宰相监修。五代以后，中书省、枢密院都有时政记。宋代时政记自太宗以后基本没有中断，不过最初并不以时政记为名，只题"送史馆事件"，正式题为时政记是在真宗景德元年（1004）以后。因其史料丰富，又力求详备，因而宋代编修的日历卷帙浩繁，如孝宗淳熙十六年（1189）修成的《至尊寿皇圣帝日历》，多达两千卷。但至今多已散佚，现存仅有宋人王明清所辑的《熙丰日历》八条。

（三）实录院与国史院

实录是宋代官修的当代编年体史书，国史是官修纪传体史书，但参与修史的人员往往是相同的。实录院整理加工日历等有关史料，编成编年体的某朝或几朝实录；国史院再根据实录等加工成纪传体的国史。宋初的修史机构是史馆，仁宗天圣年间，又在门下省置编修院，由宰相或执政负责编修国史和实录。元丰官制改革后，每修前朝国史、实录，则分设国史、实录院，以宰相提举，以学识渊博的文官专门修史。南宋以后，修实录则置实录院，修国史则置国史院，直到宁宗时才又并设国史院、实录院。

宋朝共修实录二十部，多已散佚，仅存钱若水监修的《太宗实录》残本二十卷、《名臣碑传琬琰集》中实录附传二十七篇。共修国史七部，现只有少数传记、志序及片段文字保存在类书及文集中。

（四）会要所

会要所与实录院、国史馆一样，都是秘书省下设的修史机构，只是编修官及所修书的性质不同而已。会要也由宰相或执政提举监修，初由崇文院三馆官员修撰，北宋末始于秘书省设会要所，南宋因之。会要具有档案汇编的性质，是官员处理政务的依据，因而编修时非常重视资料的搜集整理，除日历、实录、国史之外，还要调集各种诏令，将各种资料分类编集成书，以供参考。宋朝先后编撰会要十余种，多已散佚，现存《宋会要辑稿》是清人徐松从《永乐大典》中辑出的一部残书，但仍具有很高的史料价值。

（五）玉牒所

玉牒所主修皇室宗牒，其制也始于唐朝。玉牒以编年体叙述帝系及各帝在位年数，记政令赏罚、封域户口、年岁丰歉等。同时，作为赵宋宗室之族谱，玉牒内容包括宗子命名的诏书与训令、皇室子孙的名字与官衔、宗室子女的成就与婚姻关系、宗室子弟的行辈顺序及各系、各支之间的关系等。今存者有刘克庄所修宁宗朝《玉牒初草》二卷，收入《后村先生大全集》及《藕香零拾》中。

二、重要史学著作

（一）《新五代史》

太祖开宝年间，宰相薛居正奉命监修五代史，成书一百五十卷，后人称之为《旧五代史》。仁宗时，欧阳修不满薛史"繁猥失实"，以私人之力重修五代史，大约在嘉祐年间成书，后人称之为《新五代史》，是《二十四史》中唯一被列入正史的私撰纪传体史学著作。

为了适应赵宋朝重振纲常的政治需要，欧阳修在修史过程中将纲常名教置于核心地位，在《新五代史》中加以严格贯彻。要求臣子无条件忠君，"其食人之禄者，必死人之事"[20]。因此，在编修五代史的过程中，"褒贬义例，仰师《春秋》"。效仿《春秋》笔法，叙事、褒贬用字皆有特定的含义。如对战争的叙述中，以大加小称"伐"，加有罪称"讨"，天子亲往称"征"；背此而附彼称"叛"，自下谋上称"反"；以身归称"降"，以地归称"附"。同时，以纲常伦理的道德标准褒贬人物，对"死节""死事"做了严格的区分。在人物的称谓上更为严格，如朱温开始并不称帝，而是直呼其名，赐名后称全忠，封王后称王，僭位后始称帝，力求做到"义不失实"。由于欧阳修修史的目的在于"以治法而正乱君"，他认为五代乱世的制度不足为后世法，所以不立职官、食货、选举、兵、刑诸志，只有"司天考""职方考"二目。

　　清代学者赵翼对欧史评价颇高，称"欧史不唯文笔洁净，直追《史记》，而以《春秋》书法寓褒贬于纪传之中，则虽《史记》亦不及也"[21]。唯《新五代史》虽然文笔简洁，寓褒贬于其中，对史实却不甚经意，清代史家章学诚评论说："欧公文笔足以自雄，而史识史学均非所长。"[22]后来司马光编撰《资治通鉴》时多采薛史。从史料角度来看，新旧二史可以互相补充，不可偏废。然而，由于《新五代史》更符合封建统治者的需要，南宋以后，欧史独享盛名。金代规定官学只用欧史，削去薛史。《旧五代史》逐渐湮没，至明代散佚，现在的《旧五代史》是清代四库馆臣从《永乐大典》中辑出的，已有残缺。

（二）《资治通鉴》

《资治通鉴》是一部编年体通史。作者司马光鉴于旧史书的纷繁芜杂，读之不便，遂有"删取其要，为编年一书"的打算。修史工作从英宗治平元年（1064）开始，至神宗元丰七年（1084）完成，全书二百九十四卷，记述了上起战国时代周威烈王二十三年（前403），下迄五代后周世宗显德六年（959），共一千三百六十二年的历史。

为了编撰《资治通鉴》，司马光及其助手参阅了大量史料，"遍阅旧史，旁采小说，简牍盈积，浩如烟海"[23]。宋人高似孙《纬略》称《资治通鉴》引援史料二百二十余家，《文献通考》卷一九三称"其用杂史诸书凡二百二十二家"。《四库提要》卷四七称："《通鉴》采用之书，正史之外，杂史至三百二十二种。"今人陈光崇经过反复核对得出的结论是三百五十九种[24]，这些书籍多半早已散佚，赖《通鉴》征引，经过司马光严格考订，才得以保存部分内容。

《通鉴》成书以后，对史书编纂产生了重大影响，模仿《通鉴》、改编《通鉴》在以后各代蔚然成风，对《通鉴》的研究也成为一种专门学问。梁启超说："司马温公《通鉴》，亦天地一大文也。其结构之宏伟，其取材之丰赡，后世有欲著通史者，势不能不据为蓝本，而至今卒未有能逾之者焉。"《通鉴》称得上是一部空前的编年体史学巨著。

（三）《通志》

《通志》是郑樵私人所撰的一部纪传体通史。上起三皇，下迄隋唐，共二百卷。其中本纪十八卷，世家三卷，载记八卷，列传一百一十五卷，谱四卷，略五十二卷。大体仿照《史记》体例，将"书"改称"略"，"表"改称"谱"，别创"载记"，专记割据时期诸国史事。《通志》中的本纪、世家、列传、载记多因旧史，其精华在于论述典章制度的二十略，类似正史的书、志。《通志·二十略》自卷二五至卷七六，共五十二卷，除其中的礼、职官、选举、刑法、食货，多是节录《通典》文字外，其他十五略皆是郑樵多年搜集研究的独创，涉及社会、制度、学术、文化等众多领域，将史志记载的内容和研究领域扩展到前所未有的新高度。

（四）《续资治通鉴长编》

李焘用了将近四十年的时间才编成这一编年体史书，专记北宋一代历史。他采用司马光修《通鉴》时所用的长编体裁，遵循"宁失于繁，无失于略"的原则，秉承其将众说"咸会于一"的修书宗旨。他用正文表述自己的见解，用注文列出不同记载，并加以考订，从而保存了大量散佚的宋代史料。《长编》原书已佚，现行本系四库馆臣从《永乐大典》中辑出，共五百二十卷。

（五）《三朝北盟会编》

徐梦莘的《三朝北盟会编》记载了自徽宗政和七年（1117）七月宋金海上之盟，至绍兴三十二年（1162）海陵王完颜亮伐宋被杀，即徽宗、钦宗、高宗三朝四十六年间有关宋金和战的历史。全书分三帙，二百五十卷，广泛收集当时流传的大量官方和私人有关宋金关系的言论和记述，所引书一百零二种，杂考私书八十四种，金国诸录十种，共一百九十六种之多，而文集之类尚不计算在内，并按年、月、日顺序将这些数据加以编次。由于徐梦莘编撰过程中参考了大量典籍，且编入的史料皆照录原文，不加评判，从而保存了原著的本来面目，具有很高的史料价值。

（六）《建炎以来系年要录》

李心传撰《建炎以来系年要录》二百卷，编年体史书，专记宋高宗一朝三十六年史事，材料丰富，叙事翔实，系宋代史学名著之一。《四库提要》称其书"宏博而有典要"，"文虽繁而不病其冗，论虽歧而不病其杂。在宋人诸野史中，最足以资考证"。

三、地方志

地方志历史悠久，源远流长，在中国文化史上占有重要地位。至宋代，方志也有了新的发展。宋朝非常重视编修地方志，设有专门机构主管全国地方志工作，并沿袭唐代州郡三年一造图经的制度，规定"凡土地所产、风俗所尚，具古今兴废之因，州为之籍，遇闰岁造图以进"[25]。根据张国淦《中国古方志考》统计，宋代所修的地方志中，明确有著录者六百余种，大部分已散佚，现存仅三十余种，范成大《吴郡志》、周应合等《景定建康志》、罗愿《新安志》等，都是其中的精品。乐史《太平寰宇记》、王存《元丰九域志》、王象之《舆地纪胜》等则属于全国性总志。

宋代方志搜集资料极为丰富，大都广征博引，考订详密，成为百科全书式的区域史料。另外，前代方志多详于当地山川地理，略于人文。而宋代地方志在内容上有了明显的变化，"由地理扩充到人文、历史方面，人物和艺文志在宋代的地方志中占有重要的地位"[26]。在编纂体例上，宋代地方志也有很大突破，有的在旧图经的基础上分类列门，也有的仿正史体例，设纪、图、表、志、传的完整体例。因此，一些学者认为真正意义上的地方志实自宋开始。

四、金石学

宋代学者在史学领域中开辟出一个专门的学科金石学。"金"主要指商周以来的青铜器，在古代铜器铭文中往往称为"吉金"。"石"主要指秦汉以后的石刻，古代石刻中有时称之为"乐石""嘉石""贞石"。对金石的研究在中国早已出现，西汉司马迁就将石刻数据收入史书，在《史记·秦始皇本纪》中录石刻六篇。梁元帝萧绎集《碑英》一百卷，《四库提要》称之为"金石文字之祖"。汉唐以来对金石文字的关注以及对古礼、古文字的研究成果，为金石学的建立奠定了基础。然而，隋唐以前并没有出现这方面研究的专著，至宋代方涌现出一批具有开创性意义的金石学著作。欧阳修《集古录》一千卷和《跋尾》十一卷，是对后代金石学产生了重大影响的著作，继之而起的有吕大临的《考古图》、王黼的《宣和博古图》、赵明诚的《金石录》、郑樵的《通志·金石略》、洪遵的《泉志》及洪适的《隶释》《隶续》等。这些著作保存了一批古器图形和金石刻辞，并进行了初步研究，拓宽了文献数据的范围，也确立了较为系统的收集、整理、鉴别、考订金石资料的方法，成为近代考古学的先驱。

第六节　宋代哲学

两宋是中国传统儒学的复兴时期，出现了学术思想的又一次繁荣，产生了一种新的哲学形态宋学。元代以后，宋学被统治阶级奉为官方哲学，成为六七百年间（元、明、清时期）占主导地位的哲学思潮，极大地影响了中国社会经济、政治及文化思想的发展。除理学以外，两宋时期还有荆公学派、温公学派、蜀学派、事功学派等诸多流派，诸派之间相互辩难，使得宋学异彩纷呈，成为继先秦哲学以后的又一高峰。

一、宋学

北宋是宋学的初创期，"宋初三先生"胡瑗、孙复、石介被视为宋学之先驱。他们开了宋代学术之先河，解经不重训诂，强调义理，重视"性与天道"的研究，倡导"明体达用"和"尊王"之学，为宋学思想体系的形成指明了某些方向性路径，也揭开了后来宋学借助儒家经典创立自身理论体系的序幕。但是，由于处在开创期，他们的思想还没有形成完整的体系，也无系统的理论，故不能称为宋学真正的开创者。

宋学真正的开山祖师及思想体系的奠基人是周敦颐和张载。周敦颐晚年在庐山莲花峰下建濂溪学堂讲学，世称濂溪先生，其学被称为"濂学"。他遗留下来的著作虽然不多，仅有《太极图说》《通书》等数种，但这些著作中所提出的哲学命题和范畴，对宋明哲学的发展产生了重要的影响。他将佛、道思想与儒家《易》《中庸》等经典著作的理论结合起来，构建出思辨的哲学逻辑结构，为宋代学者出入佛、道开辟了新路，也为建立宋学体系确立了一种新模式。在《太极图说》和《通书》中，周敦颐精练而完整地构造了一个融自然、社会、人生为一体的宇宙生成模式和人类发展的全过程，并从本体论的高度对人性和道德伦理进行了论述，富有理性思辨特点，为宋明理学的形成奠定了理论基础，被后代学者奉为经典。他所使用的哲学命题，如无极、太极、阴阳、五行、动静、性命、礼乐、诚、顺化、理、气等，都为后世理学家反复引用和发挥，其中，太极、理、气、性、命等，成为宋明理学的基本范畴。

张载也是宋学的主要奠基人之一，他所开创的学派因地处关中而被称为"关学"，是宋学开创阶段的一个重要派别。张载思想的基本框架是：一方面他把物质实体"气"作为宇宙的本体，建立了"气"的唯物主义宇宙观；另一方面，他又把"心"作为万物的本原，最终在"心"的基础上统一了他的哲学思想，走向了唯心主义，并由此建立了他的理学体系。他将人世间的伦理观念归于"气"的属性"天性"（理），通过天、地、人三位一体的结构，沟通了儒家的本体论与道德论、认识论，从而奠定了宋学的理论基础。

张载与其他宋学家的不同之处在于，他并未将"理"作为宇宙唯一的主宰，也没有把"天理""天性"作为与"气"并存的精神本体，而是使"气"的属性"天性"带有伦理性质，使其具备了宋学思想中"理"的某些特征，起到了与其他理学家思想中"理"同样的作用。通过这种方式，回答了"性与天道"这一宋学的中心问题。此外，张载提出了"立天理""灭人欲"的说法，为宋学的发展做出了重大贡献，他所提出的"天地之性""气质之性"等命题，后被二程继承和发展。

不可否认，张载的思想存在诸多难以自圆其说之处，这反映了理学开创时期的不成熟性，但无疑是宋学发展过程中一个不可缺少的环节，是儒学由宗教化向哲学化、人格化向抽象化过渡的必经阶段。明清二代，张载的著作一直被统治者视为理学经典著作，作为开科取士的必读书目，先后编入御纂的《性理大全》和《性理精义》。

程颢、程颐长期于洛阳居住讲学，其学派被称为"洛学"。"洛学"的主要特色在于天理论，认为"理"是宇宙万物的本原，是社会伦理道德规范和等级制度的总和，是万事万物所依据的根本准则。这种将"天理"作为宇宙本体和理学体系中的最高范畴的认识，在宋明理学中具有开创性意义。二程兄弟以"理"为核心构建起理一元论的新学说，进而成功地完成了宋学体系。

从天理论出发，二程提出"性即理也"的命题，使人性论不仅仅限于伦理学的善恶范畴，而提高到本体论的高度。二程认为，"理"是天地万物、人事社会总的根源，性是理的体现，从道理上讲，它应该是善的，其所以为恶，是由于为外物所蔽，这就是"人欲"。据此，二程提出了他们"灭私欲""明天理"的道德说，将人性论转到道德修养论，主张"克己复礼"，以去除"人欲"，回归"天理"。要达成这一目的，格物致知是必不可少的手段，所谓"物"，并不是指真实的客观存在，而是"理"（即儒家伦理道德规范）。所谓"格物"，其目的并非认识客观事物，而是要在人的内心里恢复"天理"，使人们认识到万事万物都是天理使然，从而使自己的思想和行动适合"天理"的要求。可见，二程的认识论与其本体论、人性论是紧密联系的一个整体，这种理论将人类社会置于天理的支配之下，要求人们服从天理，安于天命，进而成为束缚人言行思想的枷锁，是一种十分消极的哲学。

朱熹由于出生于福建，又长期于福建讲学，故后人称其学派为"闽学"。朱熹思想体系的核心是天理论，这是朱熹哲学思想的最高范畴，理不仅是宇宙之本体、天地万物的根源，还是社会道德规范的源泉，所有伦理准则和礼仪，都是理或天理的体现。他通过理气先后、理气动静、理一分殊等逻辑环节，论证了理的绝对至上性和必然性，从而建立了庞大的理一元论的哲学体系。

在此基础上，朱熹提出了他的人性论，其基本观念是"心统性情"说，认为性与情是心的两个方面，性为心之体，情为心之用，而心是统摄性情的总体。此外，朱熹继承张载和二程的人性思想，区分了天命之性和气质之性，认为天命之性专指理而言，是纯粹至善的，而气质之性是理与气相杂构成的，因而存在善与恶的两重性。

在朱熹的哲学体系中，道德伦理思想占据着重要地位，其主要内容是"理欲""义利"之辨。他将"天理"与"人欲"作为一对道德伦理范畴，与本体论、政治论联系起来，提出了"明天理，灭人欲"的总纲领，从而系统地发挥并修正了二程"灭私欲""明天理"思想。朱熹认为，对待义利应该坚持"重义轻利"的道德观。在认识论方面，朱熹提出"格物穷理"说，既吸收了二程学说的部分内容，又有所发展，具有较多的辩证法思想。

朱熹是宋学之集大成者，其思想体系更为严密、丰富，宋明理学发展至朱熹，才最终确立了独特的学术规模与体系，奠定了确然

图 12-2　朱熹像

不拔的基础，影响了以后六七百年学术思想的走向。朱熹在中国理学发展史上的地位和影响，是首屈一指的。

吕祖谦是南宋著名理学家，和朱熹、张栻齐名，时称"东南三贤"，由于其为婺州人，因此他所创立的学派被称为"婺学"，又叫"吕学"，后人为与同出婺州的陈亮永康学派相区别，又称之为"金华学派"。吕祖谦的哲学思想兼取二程、朱熹、陆九渊之长，又受陈亮、叶适事功学派的影响，具有折中主义的色彩。在本体论方面，他继承二程的哲学思想，将"理"或"天理"作为他哲学的最高范畴，但同时又强调"心"的作用，企图调和理学和心学两派的分歧，以缩小或消除客观唯心主义和主观唯心主义之间的矛盾。因此，在他的哲学思想中，既有以"理"为本的客观唯心主义，也有以"心"为本的主观唯心主义。

与此同时，受叶适永嘉学派的影响，吕祖谦的哲学思想中，又多少含有一些唯物论的因素，表明吕祖谦之学不主一说、调和折中的色彩。在认识论方面，吕祖谦既倡导朱熹以"穷理"为本的"格物致知"说，又认同陆九渊提出的以"明心"为主的"直指本心"说，又汲取永嘉、永康学派某些唯物主义认识论的因素，强调对客观事物"精察"，致使其认识论"杂博"而矛盾。在人性论方面，吕祖谦继承了孟子的性善论，又吸取张载、二程"气质之性"的观点，以说明恶从何来，在本质上与张、程、朱大同小异。受陈亮事功学派的影响，吕祖谦提倡治经史以致用，主张"学者须当为有用之学"[27]，这是吕祖谦与那些空谈道德性命的理学家相区别之处。

二、心学

张栻是南宋著名理学家，以他为代表的湖湘学派，在南宋理学中占有重要地位。在本体论方面，张栻明显继承了二程的理本体论，认为理是宇宙万物的根源，但同时也强调，"心"是万事万物的主宰。这就构成了与程、朱观点的不同之处，程、朱论"心"的地位和作用，只限于性与情，并最终受制于理，张栻则把"心"的主宰性放大为"贯万事，统万理"，以至主宰万物，从而呈现出"心学"的思想倾向。

义利之辨一直是宋代学者重视的问题，张栻将明义利之辨视为治学的首要目的，这是他对宋代学术思想的继承和发展。张栻认为，义、利之间的矛盾实质上是天理、人欲之间的对立，援天理于义，援人欲于利，这是张栻理学思想的一大特色。通过这种方法，张栻引申出其"存天理，去人欲"的道德论，论证了儒家伦理纲常的必然合理性，达到了巩固等级秩序的目的。在人性论方面，张栻则继承和发挥了二程"天命之性"和"气质之性"的性二重论。张栻在南宋思想家中是比较有特色的学者，他以"理"为万物之本，又强调"心"的主宰作用，可以看作是理学演变成心学的发端人物。

陆九渊曾在贵溪象山居住讲学，自号象山居士，世称象山先生。他构建了与程朱思想不同的主观唯心主义学说，是宋明理学中心学一派的开创者。在陆九渊的思想体系中，"心"是最高、最具普遍意义的哲学范畴，他说"宇宙便是吾心，吾心即是宇宙"[28]，将宇宙和"心"等同起来，奠定了其主观唯心主义的理论基础。他提出了"心即理也"的著名命题，将"心"提升到本体地位，取代"理"成为自然界、人类社会的最高原则和主宰。

从这一本体论出发，人们要认识的对象就不是客观事物，而是"本心"，只要反省内求，万物之理便能不解自明，从而提出了一套"切己自反、反省内求"的理论体系。与此相应，在道德修养方面，陆九渊提出了"存心去欲"的道德说教，只要修养本心，格除物欲，便能达到本心的清明。陆九渊与朱熹二人，一为主观唯心主义，一为客观唯心主义，虽然在思想体系内存在诸多分歧，但在本质上属于宋学范围内不同学派之间的争论，作为南宋理学的主要一翼，陆九渊的心学与程朱理学共同掀开中国哲学发展史上的一个新篇章。

三、荆公学派

王安石曾被封为荆国公，人称王荆公，其学派也因此得名"荆公新学"。王安石的宇宙观是唯物主义的，他认为宇宙万物由金、木、水、火、土五种元素构成，"五行"是由"太极"，也就是"道"产生的，"太极"或"道"是世界万物的本原。所谓"太极""道"，并不是指精神实体，其本体是物质性的"元气"，即细微而看不见的颗粒"朴"。从这种唯物主义观念出发，王安石提出了"天地与人，了不相关"的天道论，认为天是物质之自然，没有意志、情感，它是按照自身的规律运行变化的，不以人的意志为转移，与社会人事无关。人不能被动地遵循天道，而要积极发挥主观能动性，去改造世界，以"成万物"。

在认识论方面，王安石强调人的形体是一切精神活动的物质基础，人天生就具有认识能力，客观世界是可知的，一切自然规律都可以被认识。人性论方面，王安石的观点较为接近孔子"性相近，习相远"的命题，提出了"性本情用"的理论。所谓"性"，指人的自然属性，而"情"则是人的感情与欲望的表现，是"性"在某种条件下的外在反映。"性"无善恶之分，只有"性"产生"情"以后，善恶才能分辨出来，也就是说人之善恶，取决于后天的习染与修养。

　　在王安石的思想中，闪耀着朴素辩证法的光彩。他认为宇宙中的万事万物都处于运动变化过程中，这是由于其内部矛盾作用的结果，一切事物之间及事物内部都存在矛盾，事物就在普遍的矛盾中相互联系、发展。万事万物都有其对立面，失去一方，另一方也就不复存在了。根据这种朴素辩证法的观点，王安石提出了他的政治观、历史观，他批判了历史退化论的观点，指出历史是不断前进、发展的，有着人类无法扭转的客观必然性，必须要不断变革旧制，以适应和推动历史的发展。荆公新学在当时产生了很大影响，在相当一段时期之内在学术界处于主导地位，王安石思想中的唯物主义与辩证法，对中国理论思维的发展做出了巨大贡献，其哲学思想是中国哲学发展史上的重要环节。

四、事功学派

　　陈亮为婺州永康（今浙江永康）人，浙学中永康学派的创始人。陈亮的宇宙观与程朱理学不同，针对程朱理学的唯心主义观点，他提出了"盈宇宙者无非物，日用之间无非事"[29]"舍天地则无以为道"[30]的重大命题，把天地宇宙的一切看成物，人类的一切活动都是事，事物是宇宙间唯一的客观存在，强调"道"贯通于事物之中，不能离开事物单独存在，批判了理学家所谓离开具体事物而存在的道。

在陈亮的哲学思想中，务实是最突出的特征，他批判程朱学派空谈性命之说的流弊，力主务实，言论、学说、意见等不能脱离实际，而要解决具体问题，不能空谈一阵便束之高阁。他以"实事实功"的功利主义思想，与朱熹就义理与功利、王霸之分、动机与效果等论题展开激烈的论战，这就是历史上著名的"王霸义利之辨"。陈亮的务实哲学给当时的思想界带来生机，使实学在中国哲学发展的进程中占有一席之地，为实学的发展做出了重大贡献，作为理学批判者的先驱，陈亮对后世产生了深远的影响。

叶适为浙江永嘉（今浙江温州）人，人称水心先生。叶适与陈亮齐名，以他为代表的永嘉学派，是与朱熹理学、陆九渊心学鼎足而立的重要学派。叶适提出了"物之所在，道则在焉"的唯物主义自然观，指出"物"是天地间最根本的存在，肯定了物质的第一性。道寓于物中，不能离开物而存在，不懂得道就不能概括物，不了解物就不能获得道。道虽然广大，能总结一切理，贯通一切事，最后还是要归之于物，这样才不致"散流"。

以此为基础，叶适形成了自己的认识论，他批判了理学家"格物穷理"的认识论，认为认识的对象和目的应该是客观事物，认识来源于客观事物，离开客观事物就不会有人的认识，不能以主观意识代替客观事物，认识是否达到极致，需要以客观事物来检验。与陈亮一样，叶适也注意事功，他认为，义理与功利是相联系的、统一的，义理不能离开功利，义理只能在功利之中，如果没有功利，所谓道义就是一句无用的空话。叶适这种功利主义的道德观，对当时流行的理学禁欲主义道德观是一个有力的批判，在中国伦理学史上占有重要地位。

第七节　宋代艺术

一、绘画

宋代非常重视文化艺术的发展。宋太宗雍熙元年（984），于汴京翰林图画院，罗致天下著名画家。翰林图画院的画家及其创作，在两宋绘画史上占据着主流地位。徽宗时期，翰林图画院达到鼎盛，画院和画家的地位都大大提高。"诸待诏每立班，则画院为首，书院次之，如琴院、棋、玉、百工皆在下。"宋室南渡以后，画院依然保存，基本以宣和画院南渡画家为骨干，盛况不减北宋。南宋院体画特色更加突出，出现了新的水墨山水和泼墨人物画，为绘画注入了新的生机，为后代画家所借鉴。

宋朝政府在统一过程中就十分注意搜集名画，此后又经常搜求民间藏画。徽宗时，辑成《宣和睿览集》，著录了上自吴国曹不（一作弗）兴，下迄宋初黄居寀，凡一千五百件作品，堪称历代书画之精品。徽宗时期又纂成《宣和画谱》，著录宋廷所收前代名画六千三百九十三轴，其中宋人作品三千三百余件，占了总数的一半多，尤以人物、山水、花鸟为盛。

画学入学考试

宋徽宗为了培养绘画人才，于崇宁三年（1104）在都城设立画学，分为六科，制定入学考试条规，可以说，这是世界上最早的绘画专科学校。其取士考试，试题通常是一句古诗，如"野水无人渡，孤舟尽日横"，"竹锁桥边卖酒家"，"蝴蝶梦中家万里"等，让应试者构思作画，以构思奇巧、技法高超、深得诗意者为上。如"蝴蝶梦中家万里"一题，入选者以苏武牧羊的故事为题材，画苏武牧羊于北海，席地假寐，两只蝴蝶飞舞其上，以示万里之意，意境相当高远。画学学生不仅要接受各种专业培训，还要学习《论语》《孟子》《说文》《尔雅》等经典，以提高其综合文化素质。

宋代的绘画以历史时期可划分为四个阶段：立国后的百年为第一阶段，大体上沿袭五代绘画传统；神宗、哲宗两朝为第二阶段，具有宋代特色的绘画风格在这一时期形成；从徽宗到高宗时期为第三阶段，是宫廷画院最繁荣的时期；南宋孝宗以后为第四阶段，宋画风格继续发扬光大。以绘画题材分类，宋画主要分为人物画、山水画、花鸟画三大门类。

（一）人物画

人物画按其题材可分为道释、人物、写真三类。道释是有关宗教故事的人物画；人物是以历史或现实生活为主要题材的人物画；写真即人物肖像画。两宋时期，道释画在人物画中仍居首位，不过，人物画的取材范围已从仕女、圣贤扩展到田家、山樵、市井风俗，取材空前广泛，反映了宋代社会生活的丰富内涵。

北宋人物画的杰出代表，当推北宋中叶院外画家李公麟（1049—1106），他是标志着北宋人物画向精致文雅演变的重要人物。在学习前人的基础上，经过长时间探索，李公麟博采众长，自成一家。他十分重视生活与自然，在作品中能够恰到好处地表现不同阶层人物的特点，既能率略，也能精工，深得唐代吴道子的精诣，体现了晋宋人物的俊逸潇洒。他的人物画尽去豪放雄强而追求细腻微妙的格调，进一步丰富完善了洗尽铅华的人物"白描"画法，高度简洁，效果明快，成为一代宗师。李公麟一生创作了大量作品，但真迹多已不传，存留下来的有《临韦偃牧放图》《五马图》等。

从北宋末到南宋，有两个门类的人物画飞速进步：一是因城乡经济繁荣而出现的风俗画，二是靖康之后描写重大历史事件和借古喻今的作品。反映城乡生活的人物画北宋前期已经出现，如燕文贵的《七夕夜市图》、叶仁遇的《淮扬春市图》等。然而，最具代表性的还是张择端的《清明上河图》。该图以汴河沿岸为特定背景，再现了汴梁城内外的繁华景象和各色人物的日常生活，图中包含达官贵人、各类商人、手工业者、船夫、车夫等各类人物七百多名，使人目不暇接，恍如身临其境。整体画面造型准确，笔墨流畅，着色淡雅，构图统一多样，绘画技巧达到炉火纯青的境地，将风俗画提高到空前的水平，是中国绘画艺术的瑰宝。南宋时期的风俗画比北宋更为丰富多样，城乡经济的繁荣，极大地激起画家对世俗生活的兴趣，其注意力转向更平凡琐细的生活小景和情味，比较优秀的

图12-3　刘松年《中兴四将图》[左至右分别为岳飞（左二）、张俊（左四）、韩世忠（右四）、刘光世（右二），其余为其侍从]

作品有苏汉臣的《秋庭婴戏图》《货郎图》、阎次平的《四季牧牛图》等。

　　两宋之际，由于民族矛盾的激化，一些政治性较强的作品表现了现实主义主题。李唐的《晋文公重耳复国图》和《采薇图》颇为著名，前者大约创作于北宋危亡之际，描绘重耳从流亡到复国的过程，意在劝诫宋朝统治者学习重耳，卧薪尝胆，恢复故土。《采薇图》则描述了商朝遗民伯夷、叔齐不愿投降周朝，逃到首阳山中，最后不食周粟而死的故事。作者通过画作讽刺了南宋朝廷面对异族侵略屈膝投降的政策，歌颂了宁死不降的民族气节，这在投降主义占上风的南宋初期是很有积极意义的。除去这种借古喻今的历史故事画外，还有描绘当时社会题材的作品。如萧照的《中兴瑞应图》，描绘高宗赵构从出生到即位的经历，附会成神话故事，渲染赵构即位乃天意。刘松年的《中兴四将图》描绘刘光世、韩世忠、张俊、岳飞四位抗金名将，表达了人民对民族英雄的仰慕。

在白描画法继续发展的同时，南宋时期又兴起了一种水墨简笔画，使南宋人物画有了新的突破，梁楷是其中杰出的画家，其代表作《泼墨仙人图》，彻底摆脱了线条的局限，在一片酣畅淋漓的墨迹中辉映出仙人浪漫的风姿，使形象与笔墨融为一体，将传神与写意两种不同的绘画技巧巧妙地结合起来，展现了南宋画坛的新风尚。

（二）山水画

两宋的山水画可谓名家辈出，北宋时期，北方地区有关仝、李成、范宽三大家，有"三家山水"之称，江南地区则有以僧巨然为代表的江南山水画派。南宋时期，被称为"南宋四家"的李唐、刘松年、马远、夏圭，成为山水画的杰出代表。

关仝（907—960），长安人，他和他的老师五代名画家荆浩，可以说是宋代山水画派的开创者。与其师相比，关仝的画风更加简括脱略，却又不失真实感，极富感染力，当时被称为"关家山水"。《宣和画谱》评价他的画"笔愈简而气愈壮，景愈少而意愈长"，流传至今的作品有《山溪待渡图》《关山行旅图》。

李成（919—967?），字咸熙，其山水画师法荆浩，也学过关仝，但青出于蓝而胜于蓝，他的成就超过了荆浩、关仝，发展了"平远"画法，善于表达更精微细腻的感受。他是宋代山水画派中最著名的一家，《圣朝名画评》将其画作列入神品，宋元人称赞他的画"古今第一"。李成长于表现山川地势与寒林平远的丰富变化，《读碑窠石图》就是其中的典范。图中描绘了古树荒碑与抒发怀古幽情的旅人，近景土坡被画得大而简，中景的寒林成为构图的主体，描绘得更加精细，强化了那种历经沧桑而不屈不挠的生命力，远景则消失于杳渺淡远之中，从而创造了寒林平远的意象。在用墨上，李成善于使用简淡精微的墨法，成功表达了秋冬季节的烟林清旷、萧瑟气象，把画面的精微细腻与人生感受结合起来，从而展现了一种新的画风，有别于其他各家。李成的画产生了广泛的影响，后来的名画家许道宁、郭熙、王诜等都是李派的继承者。

范宽（950—1032）略晚于李成，他开始学习李成画法，后来认识到画山水要直接面对大自然，描绘人的内心世界，于是开始独自摸索。他发展出"高远"山水画法，将荆浩开创的大山大水式山水画得更加峰峦浑厚，气势雄强，使作品充满震撼人心的力量。现存台北故宫博物院的《溪山行旅图》，被公认为范宽的真迹，画中劈面而来的雄浑大山，直落千仞的飞瀑，山下空蒙一片的丛林楼阁，集中表现了大自然的雄伟气象，是山水画全景式构图的千古杰作。

北宋时期，还有一个表现南方山水特点的画派，以僧巨然为代表。他们的山水画多采江南景色，缺少北方山水画的壮阔、雄峻，但草木丰茂多姿，充满了勃勃生机，被宋人称为"平淡天真"，"一片江南"。巨然是五代南唐著名画家董源（一作元）的学生，他的画多披麻、雨点皴，笔墨秀润，善画烟岚气象、山川高旷的景色。他的特点在于，山顶画矾头（小石块），山间则画奔流、卵石、松柏、蔓草之类，相映成趣，风格雄秀奇逸，晚年则"平淡趣高"。现存巨然的三件真品《层岩丛树图》轴、《萧翼赚兰亭图》轴（均藏台北故宫博物院）与《溪山兰若图》（美国克利夫兰博物馆藏）都是传世的精品。

三家之后，北宋的山水画没有出现能够超越前人的杰出画家，郭熙、王诜等人代表了北宋中期山水画的巨大成就。北宋末期，山

图 12-4　范宽《溪山行旅图》　　　　　图 12-5　巨然《溪山兰若图》

水画家开始向唐人或年代更加久远的一些画家学习，走上了复古之路，唐人的青山绿水重新得到重视并进一步发展。

南宋山水画的主流是以水墨苍劲的笔法来表现精奇而抒情的风貌，被称为"南宋四家"的李唐、刘松年、马远、夏圭，是这种画法的代表人物。李唐是两宋画风承转的关键人物，开创出"水墨苍劲"的新的山水画风。这种画风不再描绘全景构图，而是缩小视野，剪裁景物，进行局部特写，以刚性的线条和下笔猛烈的大斧劈皴为特征。现存台北故宫博物院的《清溪渔隐图》是李唐的代表作。刘松年的画风受李唐影响，但整体来讲与李唐相去较远。

真正继承李唐衣钵并将其发扬光大的是马远和夏圭。马远出身于绘画世家，他发展了李唐剪裁精当、笔法挺劲的特点，取景彻底打破了传统的全景式构图，代之以用局部表现整体的艺术手法，在作品中常留下较多的空白给人以遐想的余地，人称"马一角"。夏圭的绘画风格与马远相近，取景十分简当，同样善于用局部来表现整体，人称"夏半边"。他们从两方面完善了李唐一派的绘画艺术，一是以焦墨疏皴表现淡远而雄秀的景色，二是把大斧劈皴改进为拖泥带水皴，相较于绘画对象的形似，更注重"影似"。李唐、马远、夏圭代表了南宋山水画的最高水平，此后南宋再也没有出现能与他们相提并论的画家，自然也就无法突破李派山水画的技法。

（三）花鸟画

两宋时期，中国花鸟画在唐、五代的基础上有了巨大进步。五代宋初之际，黄筌、徐熙的出现，标志着中国花鸟画进入了成熟阶段。他们分别代表了宋初花鸟画的两大流派，黄派画风华贵，画

图12-6 黄筌《写生珍禽图》

法工整，神采生动；徐派则画风清逸，朴素自然，旷达不羁，时称"黄家富贵，徐熙野逸"[31]。

　　黄筌在五代时期的后蜀和宋代都是宫廷画家，日常所见多是皇家园林的珍禽异兽、奇花怪石，他的画也多以此为对象，反映的是皇室贵族的审美趣味。黄筌长于写生，画法逼真，造型生动准确，笔法工整严丽，注重用色，充分展示了"富贵"的特点。据记载，黄筌画六鹤图，传神地描绘了警露、啄苔、理毛、整羽、唳天、翘足等六种神态的仙鹤，以致真鹤误以为真，跻身于六鹤的行列。黄筌的儿子黄居寀继承了其父的画风，成为此后黄派画法的领军人物。黄派花鸟迎合了社会上层的审美情趣，因而在相当长的一段时期内主导着北宋官方花鸟画坛，成为画院花鸟画优劣取舍的标准。

徐熙是一位江南处士，虽也出身大族，但由于生性放达不羁，不肯做官。他的画多是野生环境中自由自在的花鸟虫木，不事雕琢，追求天然野逸的情趣。然而，徐派花鸟的影响力远远不及黄派，其野逸的画风也在画院受到黄派的排斥。徐熙的孙子徐崇嗣、徐崇勋继承了其祖的画风，但为了在黄派统治的画坛站稳脚跟，不得不改弦更张，模仿黄派画风。

北宋中期，出现了以崔白、吴元瑜为代表的一批勇于创新的花鸟画家，画风随之发生变化，画面更加轻松自由。崔白也是宫廷画家，但性情疏懒，不似唯命是从的御用画家，反倒接近不受拘束的文人。他的画与他的性格类似，如《寒雀图》描绘隆冬季节情态各异的小雀在树木上飞鸣跳跃，画家无意于交代空间，画面中环境描写被完全忽略，鸟乘一棵偃蹇虬曲的老树，其兴味似乎只在表现严酷而沉寂的季节中生活的跃动。画面用色，其淡如无，用笔灵活松动，单纯而富于变化，突破了黄派一味工整的画风，使写意与工笔达到和谐的统一。吴元瑜是崔白的学生，他继承了其师的画法，"能变世俗之气，所谓院体者。而素为院体之人，亦因元瑜革去故态，稍稍放笔墨以出胸臆"[32]。崔白和吴元瑜的出现结束了黄派画法一统天下的局面，《宣和画谱》称："祖宗以来，图画院之较艺者，必以黄筌父子笔法为程序，自（崔）白及吴元瑜出，其格遂变。"[33] 足见师徒二人影响之大。

与此同时，宋代开始兴起了写意花鸟画。在当时的士大夫看来，诗、书、画三者应该融会贯通，他们主张把诗歌、书法中抒写不尽的情思通过画面呈现出来，借物抒情、托物寓兴成为画家常用的手法，这种画称为写意画。写意画讲求寄托，因生长特点而人格化的梅、兰、竹、菊、松等成为写意画的主要题材。画家将要表达的品行，如傲骨、脱俗、高风亮节等，寄托于所画作品，以抒发胸臆，达到物我交融、物我合一的境界。在创作方法上，画家不再拘泥于形似，简化过于雕琢的画法，强调写意、写神，意在笔先，神在法外。如苏轼画竹，不刻意于技法上的苦修，他画的竹不分节，自下而上，一竿直顶。他自己解释说，形似并不是衡量作品好坏的标准，他所追求的是画面与内心谐和的境界。

徽宗赵佶是一位天才的绘画名家，他强调描绘对象的真实性，观察细致，纤悉备至。他亲自主持下的宣和画院，格外讲求"法度"与"形似"，如画月季花，他要求表现出四时朝暮花蕊枝叶的不同姿态。在形似和法度俱备的基础上，再追求意境与诗情。宣和画院的花鸟画深受其影响，笔法工整，形成细腻生动的风格，法度严谨且不乏诗情，被称为"宣和体"。

南宋偏安东南一隅，花鸟画却经久不衰。李安忠父子、李迪父子、马麟等都是花鸟画的名家，他们的画生动而富有神韵，用笔严谨而无拘束，体现黄、徐二派日渐融合的画风。写意花鸟画在南宋时期也有了新的发展，一些画家开创了水墨写意花鸟画，如梁楷、法常和尚等，使中国的写意花鸟画进入了新的阶段。另一些画家则将人物画中的白描手法应用于花鸟画，创作出画工精巧、清丽温雅的白描花卉画。总之，由精整趋于超逸，由绚烂归于平淡，成为南宋花鸟画演进的特点。

二、宋代书法

（一）宋代书风

宋代在中国书法史上是一个变革创新的时代。北宋建立之初，盛唐时期的典章制度、文化传统仍然影响着整个社会，加之缺乏具有时代特色书道的社会背景和文化土壤，因此宋初书坛几乎难有创新。直到仁宗朝，宋学蓬勃发展起来以后，这种局面才有所变化。宋学的特点之一就是解放思想，不迷信前人，并从不同的角度重新认识和探索前代的学术思想。这种学风也影响到当时书坛，为宋代书风创新、变革奠定了基础。此后宋四家的出现，则标志着宋代书风的确立。

唐代书风强调理性，重视结构，崇尚法度。宋代书法家逐渐突破了唐代的尚法书风，开创出了崇尚意趣的新书风。这种提倡以情为主的书道要求摆脱理性、法度的束缚，注重创作主体的个性，强调抒发个人意趣，主张从人的精神层面探讨书法艺术的审美本质，追求书法的内在韵味。冯班在《钝吟书要》中指出："唐人尚法，用心意极精，宋人解散唐法，尚新意而本领在其间。"这种不同于唐人的风格被称为尚意书风，基本上引领着宋代书法的走向，对后世产生了很大影响。然而，后世书坛大多是模仿宋代四大书法家，缺乏创新。因此，与其说这种崇尚意趣的书风代表两宋书风，不如说它代表了宋代书法的最高成就。

（二）宋四家

两宋时期出现了众多的书法名家，北宋的苏轼、黄庭坚、米

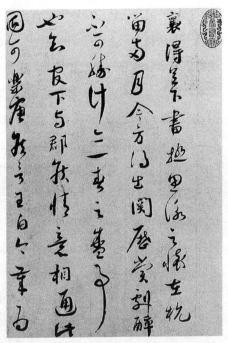

图 12-7　蔡襄手迹

芾、蔡襄并称宋代书法四大家，皆有独特的艺术风格，后人评论说："苏蕴藉，黄流丽，米峭拔，……而蔡公又独以浑厚居其上。"[34]

蔡襄（1012—1067），字君谟，兴化仙游（今福建仙游）人。蔡襄兼擅各种书体，行书尤为突出。他的书法端庄大度，"端严而不刻，温厚而不犯"，体现出一种雍容娴静之美，在宋四家中最为端谨而有法度。蔡襄曾认真摹习王羲之、王献之父子的书法，又广泛涉猎盛唐以来诸书法名家的作品，如虞世南、褚遂良、柳公权等，他们的书法唐代以后被奉于典范。其书道的结构字法皆出于王氏父子，从而为后人找回了失落已久的魏晋书法风韵。晋书简远高雅的格调和自然的情趣正与宋代尚意书风相合，蔡襄的书法也就成为宋代尚意书风的前奏，为宋代书风的确立开了先河。他的代表作《自书诗卷》，开始稳健端严，行中带楷；渐次变为行书，流畅自如；最后更纵情挥洒，由行而草，起伏跌宕，恰如一湾小溪变成流泻的飞瀑，个人情绪直接倾泻在笔墨之中。

苏轼（1037—1101）"自幼好书，老而不倦"。他兼采众家之长，尤善行、楷，他在书法创作上能摒绝古法限制，将诗、书、画融为一体，把字形、笔法、章法和气蕴、意趣结合起来，多用卧笔、偏锋，笔形丰腴酣畅，笔势豪爽劲骨，创造出一种骨厚肌丰、洒脱纵横之美，真正达到了意境与形式的完美统一，在四家中首屈一指。传世作品有《赤壁赋》《洞庭春色赋》《黄州寒食诗帖》等。《黄州寒食诗帖》是他被贬黄州之后的手写诗稿，书势随诗情而起伏，一气呵成中夹以参差错落、大小短长之变，情随笔运，堪称抒情书法的典范之作。

黄庭坚（1045—1105）初学周越，后又师法苏舜元、颜真卿、怀素、张旭。他擅长行、草，书风奇拗，以险为胜，恣肆纵横，风韵洒脱，与其诗风有异曲同工之妙。结构内紧外松，笔势伸张，尤善点法，常变笔画为点，借助坠石奔雷般的笔势表现激越昂扬的神韵。代表作有《松风阁诗》《诸上座帖》《李白忆旧游诗卷》等。

米芾（1051—1107），字元章，世号"米颠"或"米狂"。他家中古帖甚多，故他多摹习历代真迹，涉猎甚广，终于博取众家之长而自成一家。他的书法功力甚高，用笔劲健疾速，纵逸豪放，极

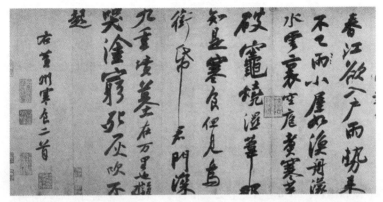

图12-8 苏轼《黄州寒食诗帖》

具个性，其书一出，"虽苏、黄相见，不无气慑"。苏轼曾称赞他的书风如"风樯阵马，沉着痛快，当与钟、王并行"。黄庭坚也称其书"如快剑斫阵，强弩射千里，所当穿彻"。代表作有《多景楼诗帖》《蜀素帖》《虹县诗》等。

宋四家以外也出现过一些书法名家，如徽宗赵佶、蔡京、蔡卞等，在四家之外发展出自成一体的书风。蔡京、蔡卞兄弟书法都达到了很高的水平，当时甚至有人认为他们的成就超过了蔡襄，但最终因为蔡京弄权误国，兄弟二人为世人所轻。徽宗赵佶也是一位造诣深厚的书法名家，创造了"瘦金体"的独到书风。其他如文彦博、王安石、司马光等，虽不以书法闻名，但书法也都别具一格。南宋书法整体上不如北宋，甚至尚意书风也逐渐削弱，流于技术化、专门化，虽然也出过一些书法名家，但没能取得北宋那样的成就。

（三）书学研究

宋代还出现了一些研究书法的专著。苏轼对书法有过众多精辟的论述，散见于他的诗和题跋，其核心内容是书法应该"自出新意"，"不践古人"，以"天真烂漫"为高，而这些都要根源于自我人格的完善。黄庭坚的书论多集中在《山谷题跋》中，其中心是提倡用笔与"字外韵"。用笔的要旨在于"心能转腕，手能转笔，书字便如人意"。"字外韵"则是指要通过书风体现出不同凡俗的节操和德行。米芾著有《书史》和《海岳名言》。前者系后人所辑，考订历代书法作品，对研究鉴定宋以前真迹有重要参考价值。后者则是米芾平生临摹的心得和总结。

朱文长的《墨池编》论书法源流，品评唐宋书法家的得失，提出"文以书重"的艺术主张，全书分字学、笔法、杂议、品藻、赞述、宝藏、碑刻、器用八门，论书著作有分类自此书始。宋徽宗时敕撰《宣和书谱》，上起汉魏，下迄北宋宣和年间，记录书家一百九十八人，书法作品一千二百五十二件。分历代诸帝王书、篆、隶、正、行、草、八分、制诰等八门，各门前均有叙论，帖前皆载书家传记，是一部比较丰富的书法史资料。姜夔作《续书谱》，分总论、真书、用笔、草书、用笔、用墨等十八则，详尽地论述了真、草书的笔墨技巧。此外，高宗赵构的《翰墨志》、陈槱的《负暄野录》、陈思的《书小史》《书苑菁华》，也都是论书名著。

三、工艺美术

（一）陶瓷

两宋是中国古代陶瓷艺术发展的黄金时期，制瓷工艺出现了飞跃性的突破，达到了令人惊叹的高度。官、汝、定、哥、钧五大名窑代表了当时制瓷工艺的最高水平，各窑都有独特的工艺和特点。此外，散布在各地的民窑也为制瓷工艺的发展做出了贡献。宋瓷花纹多种多样，包括花卉、动物、人物、文字等，其中以缠枝、折枝花卉为多。装饰技法则无所不包，计有镂空、绣花、印花、刻花、错花、划花、釉里红、釉里青、两面彩等，其中釉里青是宋代独创的制瓷工艺。宋代还开始在瓷器白釉里加上红绿彩绘花卉等，也有青、黑等色花卉、人物。在河北磁州窑出土的一个北宋瓷枕就绘有赵匡胤陈桥兵变图，将历史事件绘制于瓷器之上，为前代所未见。宋代对瓷釉的贡献尤为突出，除有白、清白、青、黑等大的区分外，各色系之内又进行详细划分，如青釉可分出十几种色调，体现出宋代瓷工的精湛技艺。

宋代瓷器的造型也空前丰富起来。碗盘类是最基本的饮食器皿，形状相对稳定，其他容器却变化百出，如盒、枕、瓶、壶、炉等，令人目不暇接。除广泛用于日常生活外，瓷器还有其他多种用途，清代开封曾出土一支宋代瓷箫，类似竹子的形状，分九节，长一尺五寸四分，径六分，质地晶莹温润，声音清越。造型和用途的多样性充分表明了宋代制瓷业的普及和工艺水平的提高。另一方面，宋代瓷器釉色纯净，图案清秀，崇尚静穆无声的自然之美，突出纯洁如玉的质感，散发着典雅宁静的气息，虽不沉雄，却极幽

图 12-9　江西景德镇窑产彩青釉观音菩萨坐像

远，是具有永恒魅力的优美典型，在中国陶瓷史上独树一帜。

（二）雕塑

宋代雕塑艺术也取得了极高的成就。较之前代有两个迥然不同的特点：一是宗教雕塑的神圣性大为减弱，世俗化倾向大为增强，塑造对象从高不可攀的佛变为具有"现世得福"意义的菩萨、罗汉和一些侍女、供养人等；二是前代雕塑中那种雄浑阔大的气势消退殆尽，而代之以典雅秀美的风格。

石雕方面，河南巩县宋陵的石刻官员、各族贡使等人物及石兽、石禽都栩栩如生，陵前石狮大小姿势各不相同，雄壮生动。木雕方面，1966年在浙江瑞安仙岩寺南的慧光塔中，发现涂金木雕天王像、涂金木雕泗州大圣坐像等宋代珍品。宋代还用木根废料雕成各种艺术品。泥塑方面，现在山西太原晋祠圣母殿的四十多尊塑像，是北宋塑像的代表作。大足石窟虽然主要是佛教题材，但处处洋溢着现实世界的生活情趣，成为反映宋代社会风俗最大的实物史料库。玉雕方面，多制宫廷用品、仿古彝器，有的上面刻经、词，多达百字，有的讲究"巧色"，根据玉材形状、色泽、纹理来设计雕琢。此外，还有牙雕、竹雕、烧造、镶嵌等工艺，也都各具特色。宋代雕塑总的格调是婉约、抒情和个性化，趋于规整绚丽，而不类秦汉的拙重粗犷、隋唐的豪迈飘逸，具有鲜明的时代特征。

（三）织绣

宋代织绣业在前代的基础上也有很大进展，品种增多，质量提高。丝织业的中心从北方地区转移到以江浙为代表的江南地区，从

图 12-10　山西太原晋祠圣母殿塑像

此，丝织业南盛北衰的格局再也没有改变。四川蜀锦、定州缂丝、苏州刺绣是宋代的三大工艺名品。

宋锦不再追求华丽的色彩，多用中性偏冷的颜色，既鲜明又协调，形成沉静典雅的色调。图形多以几何纹为骨架，规则严整，其中又穿插一些写生花鸟、龙凤、三友、暗八仙等祥瑞图案。纹样纤小繁复，主要有八达晕、龟背纹、锁子纹、万字纹、流水纹、古钱纹等。总体来讲，宋锦简洁疏朗，秀丽典雅，具有很高的艺术价值。

缂丝是中国传统丝织工艺之一，始于唐代，至宋代日益兴盛。缂丝有所谓"通经断纬"的说法，织造时只有经丝贯穿全幅，纬丝则视图案需要，与经丝交织，织成图案，反正如一。"承空视之，如雕镂之象，故名'刻丝'。"[35] 现存辽宁博物馆的《紫地鸾鹊穿花缂丝》是北宋缂丝的代表作。宋室南迁后，缂丝业中心也随之转移到苏州、上海一带，缂丝的功能也从实用转向单纯的欣赏，图案多为唐宋名家书画。现存上海博物馆的《莲塘乳鸭图》就是南宋缂丝名家朱克柔的传世珍品。

暗八仙

暗八仙是由传说中八仙所执器物组成的一组吉祥图案，相传汉钟离拿扇、吕洞宾背剑、张果老拿鱼鼓、曹国舅执拍板、铁拐李带葫芦、韩湘子握箫管、蓝采和提花篮、何仙姑执荷花。因图中只见神仙手执的器物而不见仙人，故称"暗八仙"。

宋代刺绣已经从织染业分离出来，成为一种专门的工艺，政府有专门的文绣院，民间也出现专以刺绣为业的人，称为"百姓绣户"。宋代刺绣与绘画、书法等艺术门类相结合，创造出许多巧夺天工的工艺品。图案多为书法、人物、花鸟虫鱼、山水楼阁等景物，流传后世的作品很多。明人董其昌家藏一幅宋绣，内容为陶渊明潦倒于东篱山水树石间，"景物粲然"，旁绣蝇头小楷十余字，"亦遒劲不凡"[36]，这是宋绣的佳品。

（四）音乐、舞蹈、戏曲

两宋时期，随着城乡经济的高度发展，音乐和舞蹈艺术十分兴盛，新的戏曲形式杂剧和南戏陆续出现，为元杂剧的兴盛奠定了坚实的基础，在中国古代戏剧史上具有重要意义。

唐代盛极一时的宫廷歌舞，至宋代已日趋衰落，民间音乐却迅速发展，成为当时音乐文化的主流。以城市为例，市民的日常生活，尤其是节令、嫁娶等活动，都伴随着各式各样的音乐歌舞。此外还有众多民间艺人活跃于茶坊酒肆、瓦舍勾栏等娱乐场所，以说唱为生。据文献记载，当时市民音乐的品种十分丰富，有嘌唱、小唱、缠令、细乐、清乐等众多名目，远远超过了唐代。市民音乐还渗透到了社会的上层，在一些皇室贵族的宴会中，经常邀请民间艺人表演，体现出市民音乐的巨大影响力。宋代市民音乐的兴起和繁荣，是中国古代音乐文化一种质的飞跃，对元、明、清三代产生了深远的影响。

宋代是中国舞蹈史上的转折时期，很多方面呈现出新的特征。首先，民间歌舞盛况空前。在广大农村、城镇中，"村歌社舞"异常流行，其种类之多、流传之广、艺术水平之高，至少能与宫廷舞蹈分庭抗礼。许多专业歌舞艺人和农村优秀舞人乐伎组成班社，或开辟固定的场地，或游走于城镇之间，专门为百姓进行表演，促进了民间舞蹈艺术的发展。其次，宫廷队舞进一步发展。唐代的表演性舞蹈多为独舞或双人舞，大多只能表现某种单一的情感，如《剑器》的雄健、《采莲》的优雅等。宋代则发展出一种由数十人或上百人表演的大型集体"队舞"，加入一定的故事情节，成为一种集舞蹈、歌唱、诗词于一身的歌舞新形式，兼具礼仪、欣赏、娱乐等多种功能，在艺术性、思想性上都有所突破。再次，纯舞和小型表演性歌舞衰落，舞蹈中加入了一些戏剧性因素，综合化程度不断加强。魏晋至隋唐以来"歌者不舞，舞者不歌"的常规被打破，舞者开口歌唱，唱词、念白不再是浮泛的描景抒情和客观的旁白解说，而是注入了许多第一人称的自我表白成分；表演道具也被大量应用。宋代舞蹈艺术发生的变化在中国舞蹈史上起着承上启下的作用，它具备了众多戏剧元素，虽然仍是展示舞蹈技艺，但这些转变开了金元杂剧之先河，为中国独特剧种"戏曲"的产生和发展奠定了坚实的基础。

宋代比较突出的戏曲形式有杂剧和南戏两种。杂剧在宋代曾泛指各种表演伎艺，但它本身已经成为独立的戏剧表演艺术。北宋时期已经非常盛行，杂剧演员活跃于宫廷、军队、民间瓦舍勾栏。宋人演出一部完整的杂剧，通常是两段或三段：一是艳段，表演"寻常熟事"，作为开场；二是正杂剧，即杂剧的正文，通常为内容比较复杂的故事；三是散段，也称"杂扮"，原本是独立的表演形式，专门表现村夫村妇引人发笑的趣事，南宋时才被吸收入杂

图12-11 《卖眼药》(此图为戏剧演出的场景)

剧，以为结尾，与艳段一样可以取舍。宋朝杂剧的特点在于以滑稽的手法，表达劝诫、谏诤的内容，具有强烈的讽刺性，这种风格在宫廷表演中尤为突出。由于杂剧中多夹杂讽刺时政的内容，故演员遭受迫害的现象时有发生。据岳珂的《桯史》记载，绍兴十五年

（1145），正值秦桧权倾朝野之时，宋高宗召秦桧等大臣饮宴，席间令优伶表演杂剧，台上伶人于剧中公然讽刺秦桧将迎还"二圣"、复国雪耻抛诸脑后的无耻行径。秦桧大怒，将伶人下狱，致使有人于狱中死亡。

南戏，即戏文，是宋代兴起于东南沿海一带的戏曲艺术，最早出现在永嘉地区，形成于北宋徽宗宣和年间至南宋光宗朝，总称南曲戏文，为元、明时期南戏之鼻祖。作为一种戏曲，南戏糅合了民间歌舞小戏、宋杂剧、说唱等诸多艺术手法，是中国南方最早以歌舞表现故事的舞台表演艺术。南戏最早的戏文是永嘉人所作的《赵贞女》《王魁》，据目前研究的结果，已知的南曲戏文有一百余种，它与北方的杂剧并列，是中国戏曲的两大流派，在戏曲史上占有重要地位。

第八节　宋代科技

两宋是中国古代科技史上的黄金时期，中国古代四大发明中的三项都完成于此时，这为推动世界文明发展和历史进程做出了重大贡献。宋代科技取得的成就是多方面的，英国著名中国科技史专家李约瑟（Joseph Needham）说："每当人们在中国的文献中查找一种具体的科技史料时，往往会发现它的焦点在宋代，不管在应用科学方面还是纯粹科学方面都是如此。"可以说宋代在中国传统科学技术的诸多领域都留下了新的记录。

一、火药、指南针、印刷术的运用和发展

（一）火药与火器

唐代已经发明了火药，两宋时期，由于手工业生产技术的进步和战争的需要，火药开始应用于军事，火药和火器制造成为军事手工业的重要部门。古代火攻，起初多用油脂艾草之类，宋代火攻武器有了巨大发展，陆续出现了火箭、火球、火蒺藜等武器。火药的大量使用，推动了火药研究和配方的改进，宋仁宗年间编成的《武经总要》第一次完整记载了三种火药配方。北宋时期的火药以纸等包裹，含硝量、含碳量都比较低，呈膏状，且没有引信，大体上只是一种纵火性、燃烧性兵器。南宋以后，增加了火药中的硝、碳含量，火药从膏状变成固态，同时使用了引信和铁质火药罐，以达到易燃、易爆、放毒和制造烟幕的效果，从而使火药由燃烧型转变为爆炸型。

北宋时期的火器主要有弓、弩火药箭等，北宋末年，在抗金战争中发明了霹雳炮、震天雷等杀伤力较大的火炮。南宋时火器技术又有了进一步发展，出现了喷气式火箭和管形火器。多数学者认为，管形火器诞生于宋代，然而据李约瑟等人的《关于中国文化领域内火药与火器史的新看法》介绍[37]，克莱顿·布雷特（Dr. Clayton Bredt）在巴黎的基迈博物馆发现一张年代约为五代后汉乾祐三年（950）的敦煌佛教画，画上绘有一支长竹竿火枪，可以使用火药，装有金属弹丸和碎瓷片。学者据此认为这是中国最早的管形火器，但这种说法还缺乏进一步的证据支持，仍有待研究。

文献中关于管形火器的记载始于 12 世纪，理宗开庆元年

（1259），寿春府制造突火枪，"以巨竹为筒，内安子窠，如烧放，焰绝然后子窠发出，如炮声，远闻百五十余步"[38]。这是全世界最早的管形火器。这一时期的管形火器是以巨竹为筒，在很大程度上更类似于今天的炮，而不是枪，"子窠"则相当于近代的子弹、炮弹。由于竹制火器射程较近，且不耐用，大约在13世纪末到14世纪初，中国就发明了金属制造的火铳和火炮。目前所见最早的管形火器是1970年在黑龙江阿城出土的铜铳，年代大约在1288年以前。南宋末期，火药和火药武器传入阿拉伯和蒙古，后又由阿拉伯传入欧洲，推动了欧洲历史的发展。

（二）指南针的发明

中国是世界上最早发现磁铁指极性的国家，早在战国时期，人们就利用磁石指南的性质，制造司南来确定方向。但司南是由天然磁石加工而成，容易失去磁性，且体形较重，磁勺直接放在地盘上，转动不灵敏，难以精确地指示方向。从司南进化到指南针，经过了一个漫长的过程。

目前所知关于指南针的明确记载始见于北宋中期。《武经总要》中记载了指南针的制作方法：将薄铁片剪裁成长二寸，宽五分，首尾如鱼形，用炭火烧红，以尾"正对子位（即北方）"，放入水盆，水超过尾部数分时停止，"以密器收之"[39]。这是一种利用地磁场的作用使铁片磁化的方法。将铁片烧红，以尾"正对子位"可以使铁片内部较活跃的磁畴沿地球磁场的方向排列，达到使铁片磁化的目的。然后放入水盆，也就是常说的"淬火"，可以使磁畴的排列固定下来，获得永久磁性。《梦溪笔谈》中还记载了一种利用天然磁石加工钢针，从而使钢针获得磁性的指南针加工方法，并记述了三种磁针装置方法，即漂浮法、支承法和缕悬法。当时使用较多的是漂浮法和缕悬法。沈括还谈到了磁偏角的作用，指出指南针并不是正对南方，而是稍稍偏东。[40] 由此可知，至迟到 11 世纪，中国指南针制作技术日臻成熟，并广泛应用于社会生活的各个方面，尤其是航海事业。

朱彧《萍洲可谈》记载："舟师识地理，夜则观星，昼则观日，阴晦观指南针。"[41] 这是世界航海史上使用指南针的最早记载。南宋也有许多指南针应用于航海的记载，赵汝适《诸蕃志》谈到了"舟舶来往，唯以指南针为则，昼夜守视唯谨"[42]。吴自牧《梦粱录》也说"风雨晦冥时，唯凭针盘而行"，反映了指南针在航海中的重大作用。指南针的应用，推动了两宋航海技术的巨大进步，也极大地促进了两宋航海贸易的发展，是中国人民对世界文明的一大贡献。

（三）雕版印刷与活字印刷的发明

雕版印刷术大约出现在 7 世纪初叶。至宋代，雕版印刷业进入鼎盛时期，以开封、四川、福建、浙江地区最为发达，四川的成都、眉山是当时著名的雕版中心。两宋时期刻书之多、内容之广、规模之大、印刷之精，都是前所未有的。宋代刻印之书分为官府、书坊、私人刻印三种类型，内容涉及儒佛道经典、各种文集、民间日用书籍等各个领域。太祖开宝四年（971）雕版印《大藏经》，计一千零七十六部，五千零四十八卷，历时十二年才雕刻完工，雕版多达十三万块。绍兴二年（1132）在湖州刊刻佛经五千四百卷，一年之内即告完工。两宋时雕版印刷的技术水平已达到很高的程度，书籍"刊行大备，要自宋开始。其时，监中官刻与士大夫家塾付梓者，校雠镌刻，讲究日精"[43]。从保存下来的宋版书籍看，大多刻工精良，刀法纯熟，纸墨装潢精美，其字体也成为后世仿照的书法艺术。正因如此，宋刻本备受后人珍视。

两宋刻书业的繁荣，不仅使雕版印刷进入鼎盛时期，而且推动了中国古代印刷术的发展。仁宗庆历年间，毕昇发明了活字印刷术，实现了印刷术的重大突破。其方法是用胶泥制成活字，一粒胶泥制一字，经过火烧变硬。准备好一块铁板，板上加铁框，内放一层混合的松香、蜡、纸灰等，框里排满字后即放在火上加热，松香、蜡、纸灰遇热熔化，冷却后一版泥字就粘在一起。一版印完，将铁板放在火上加热，即可取下泥活字，以备再用。为便于排版，印刷时常备两块铁板，一版印刷，另一版排字准备，互相交替使用。一些常用字，如"之""也"等，往往各刻二十几个，以便重复使用。毕昇的发明是世界上最早的活字印刷术，它减少了反复雕版的时间，一套活字可以印刷多种书籍，既省时又省力，经济方便，是中国古代文化对世界的伟大贡献。

二、天文学

宋代是中国古代天文学发展的高峰。天文观测和记录方面，测量恒星位置是一项基础性工作，既耗费时间，又要有相应的浑仪才能完成，因而每个王朝很少多次测量，即便是盛唐时期也只有过一次。宋代则不然，仅在大中祥符三年（1010）至崇宁五年（1106）

之间，就进行了五次大规模的天文观测，其结果的精确度大大提高，显示了宋代天文技术的发展。仁宗至和元年（1054），有超新星爆发的第一次记载，现在金牛座蟹状星云就是这次爆发的遗迹，这次记录为现代天文学研究提供了宝贵资料，引起了世界天文学家的高度重视。南宋绍熙元年（1190），黄裳根据神宗元丰年间的第四次观测结果绘成星图，而后于淳祐七年（1247）由王致远刻于石碑，这就是举世闻名的"宋淳祐天文图"。该图高二百一十六厘米，宽一百零八厘米，上部星图外圈直径九十一点五厘米，刻星一千四百三十一颗，下部是碑文，是世界现存年代最早、存星最多的石刻天文图，今保存于苏州市博物馆。它全面展现了宋代的天文学成就以及中国传统天文体系的特征，这既是天文观测史上的重大事件，也是十分珍贵的科学遗产。

天文仪器制造方面，中国古代传统的天文仪器，如漏壶、圭表、浑仪、浑象等，在宋代都有了新的发展，从而将古代天文仪器的研制推向了高峰。最杰出的创造当属哲宗元祐三年（1088）由苏颂、韩公廉等人制成的水运仪象台，这是一件集浑仪、浑象和报时装置于一身的大型天文仪器，是宋代大型综合性天文仪器的代表。仪器分三层，高约十二米，宽约七米，相当于今天一座三层楼的规模，这是 11 世纪世界上水平最高的天文仪器。底层是动力装置和报时钟，中层密室内旋转着浑象，最上层是屋顶可以启闭的观测室，安放有铜浑仪。其中有齿轮系统和操纵器，以水为动力，能用多种方式反映及观测天体的运行，是近世天文馆观察天象的雏形。除能演示、观测天象外，它还能计时、报时，是世界上最早的天文钟，其齿轮运转和机械原理，可以说是欧洲中世纪天文钟的先驱。

苏颂还为后人留下了《新仪象法要》一书，是现今研究古代天文学和天文仪器的重要著作。

历法方面，两宋时期，历法的修订十分频繁，自宋太祖建隆四年（963）到南宋度宗咸淳六年（1270）止，共修订历法十七次。徽宗崇宁五年（1106）颁用了姚舜辅制的《纪元历》，该历所用的回归年长、朔望月长的数据精确，太阳在黄道上的位置因采用新的计算方法而更加准确，一直沿用到南宋初期。宁宗庆元五年（1199），开始行用杨忠辅制定的《统天历》，以365.2425日为一回归年，与现行公历采用数据一致，比现行公历要早三百八十多年。《统天历》还在实际上废除了计算繁琐而无实用价值的上元积年，并提出回归年的长短存在着长期变化，反映出宋代历法的进步。

三、数学

中国古代数学到了宋代又有了新的发展，在很多方面取得辉煌的成就，不仅代表了中国古代数学的最高成就，而且在世界数学发展史中也占有重要地位。

北宋数学家的代表是沈括、贾宪。沈括（1031—1095）的巨著《梦溪笔谈》中记载了隙积术（用一些形状及大小均相同的离散物体堆积为一个规则台体，应如何计算这些物体的数量）、会圆术（计算弓形的弦、矢和弧长之间的近似值）两种影响深远的重要数学结果，这两种算法虽然在前代《九章算术》中都有所涉及，但真正得到完满的解决自沈括始。前者更是成为中国垛积术研究的开端，对后代产生了极大的影响，19世纪李善兰恒等式和尖锥术等一系列优秀成果都是在此基础上产生的。贾宪在方程解法上有卓越贡献，他发展了"增乘开方法"，创立了开方作法本源，解决了一般的开高次方问题，推动了高次方程数值解法在中国的发展。他著有《算法敩古集》二卷和《黄帝九章算法细草》九卷，但都已失传。

南宋时杰出的数学家有秦九韶、杨辉。秦九韶（1202—1261），字道古，生于四川，对天文、音律、算术、营造等事无不精究。理宗淳祐七年（1247），他完成了中国数学史上的巨著《数书九章》，全书分大衍、天时、田域、测望、赋役、钱谷、营建、军旅、市易九类，每类用九个例题来阐明各种算法，每题都完整记述了答（答案）、术（解题方法、依据）和草（演算过程）。书中系统地总结和发展了高次方程数值解法和"大衍求一术"（一次联立同余式解法），这种方法达到了当时数学的最高水平。

杨辉（1238—1298），字谦光，钱塘（今浙江杭州）人。他著有《详解九章算法》十二卷、《日用算法》二卷、《杨辉算法》七卷，多是对古代数学著作的搜集和整理，收录了许多现已失传的各种数学著作中的算题和算法，为中国传统数学保存了极为珍贵的资料。杨辉还十分重视数学的普及和教学工作，他的著作深入浅出，图文并茂，很适合教学。

四、医学

中国古代医药学在宋代进入一个全面发展的阶段。宋政府设置翰林医官院，改进医官制度；建立太医局和医学，发展医学教育；设立校正医书局，整理、刊印医药著作等，推动了医药学的发展。宋朝编纂了许多医药学著作，对前人的经验进行总结。太宗淳化三年（992），校订印刷了《补注神农百草》《神农本草经》《脉经》《黄帝内经》《素问》《伤寒论》《金匮要略》《千金方》《千金翼方》《广济方》等医学名著，在古代医书整理方面取得了突出的成就。宋政府还编辑了《太平圣惠方》《太平惠民和济局方》《圣济录》等，刻印发行。《太平圣惠方》一百卷，集成方一万六千八百三十四个。《圣济录》二百卷，收集了诊病、处方、审脉、用药、针灸等各种医方，是一部医学百科全书。北宋初期至南宋初期，宋政府编辑了《开宝本草》《嘉祐本草》《政和本草》《绍兴本草》四部重要的国家药典，对药物学进行集中整理，使医家有法可依，也促进了中国本草学的进步。

民间也有许多医家著书立说，如四川成都医生唐慎微在元祐年间（1086—1094）编修成《经史证类备急本草》（简称《证类本草》）三十一卷，收录药物一千七百多种，绘药图二百九十四幅，将药物分为十三类，分别叙述其药性、别名、辨析、主治、产地、采集等，并在其后附加单方三千余条，将药物与医方结合起来，使本草学面貌一新。《证类本草》引用了大量前代文献资料，全面继承了前代本草的优点，又有所创新，将宋代本草整理研究推向了新的高峰。该书后来屡次被官府修订再版，在明代李时珍《本草纲目》问世前的几百年中，一直是中国本草学的范本。

宋代中医分科较前代更加细密，唐代只有医科、针灸科、按摩科、咒禁科四种，而宋代则分大方脉科、小方脉科、风科、眼科、产科、口齿咽喉科、疮肿兼折疡科、针灸科、金镞兼书禁科等九科。两宋时期，妇产科和儿科尤为发达，针灸术也有新的进展。妇产科方面，理宗嘉熙元年（1237），陈自明撰《妇人大全良方》，对宋以前的妇产科成就及自家经验进行了全面总结，是现存最早的妇产科专著，长期为后世医家遵用。

儿科方面，宋代出现了很多著名儿科医生和专著，在理论和临床实践方面都取得了突出成就。钱乙撰《小儿药证直（真）诀》，对儿童各种常见疾病的病理特点和辨析治疗进行了论述，是现存第一部内容丰富的儿科专著，堪称中医儿科学的奠基之作。

针灸科方面，成就最高的当数王惟一。天圣四年（1026），他通过对古代诸家针灸理论的深入研究，并结合临床经验，编撰针灸图三卷，绘制了人体正面、侧面图，标明了人体各个穴位的精确位置。此后，为了能够更加直观地对其针灸学加以说明，他又设计、监制了人体模型两具，称为"铜人"，并据此将其著作定名为《铜人腧穴针灸图经》。两具铜人均仿成年男子而制，内置脏腑，外刻经络穴位，每穴均与体内相通，内灌水或水银，刺入穴位，则液体流出，稍差则针不能入，以供医生学习实践之用。这种先进的教具大大方便了针灸教学，对针灸学的发展起到了重大的促进作用。

两宋时期，法医学也有了极大的发展，出现了《折狱龟鉴》《棠阴比事》等刑侦书籍，南宋时宋慈所著《洗冤集录》的出现，则标志了宋代法医学的重大发展。《洗冤集录》共五卷，卷一为条令、总说，卷二专述验尸，卷三至卷五记载各种伤、死情况。其内容包括检验尸体、检查现场、各种死伤的鉴别、死亡原因的鉴定及自杀或谋杀的判别等，涉及解剖、生理、病理、药理、毒理、内科、外科、妇科、儿科、检验学等广泛的医学知识。《洗冤集录》集前代法医学成果之大成，是中国乃至世界上第一部系统、全面的法医学著作，比欧洲法医学奠基人意大利的 F. 菲德里（Fortunato Fedle）的《医生的报告》（*De Relationabus Medicorum*，1602）早了近三百五十年。该书曾经被译成朝鲜文、日文、英文、法文、德文、荷兰文、俄文等多种文字，在世界法医学史上占据重要地位。

五、建筑

两宋时期的建筑技术有了很大发展，许多建筑一直保存到了今天，客观地再现了当时高超的建筑技术。以桥梁而言，北宋时期创造出虹桥，不用桥柱，而用木梁相接成拱，这是古代木桥构造的最高水平，张择端的《清明上河图》上就有一座这类桥梁的逼真画图。仁宗时修泉州洛阳桥，又名万安桥，长达三百六十丈，宽一丈五尺，计有桥孔四十七个。洛阳桥在建筑技术上做出了许多创新和突破：首创筏形基础，开现代桥梁工程中筏形基础之先声；应用尖劈形石桥墩，减轻水流的冲击力；利用海潮涨落架设石梁，免去繁重的体力劳动；利用牡蛎的繁殖来连接加固桥墩。泉州洛阳桥在中国乃至世界桥梁建筑史上，堪称一座里程碑式的建筑，至今仍令人赞叹不已。[44]洛阳桥建成以后，各地争相效仿，南宋初年，泉州建成平安石桥，长五里，在1905年郑州黄河大桥建成之前，这座桥一直是中国历史上最长的桥梁。

宋代砖塔建筑水平达到了新的高度，当时较为流行的是楼阁式，采用外壁、楼层、塔梯连为一体的双层套筒式结构，更加稳固。宋代楼阁式砖塔按其构造和造型大体上可以分为三种类型：第一种是外形与楼阁式木塔一致，塔身砖砌，外檐采用木结构，如苏州报恩寺塔和杭州六和塔；第二种是全部采用砖造，如泉州开元寺双塔；第三种是塔身用砖或石砌造。而后两者外形都模仿楼阁式木塔，但在构造和外观装饰上做了一定的简化，如河北定州开元寺塔和河南开封佑国寺塔。佑国寺塔建造于仁宗皇祐元年（1049），是中国现存最早的琉璃砖塔，俗称"铁塔"，历经九百多年，其间虽遭到自然灾害的侵袭和日军的炮击，仍较为完整地保存下来，其结构之坚固，充分展示了宋代造塔技术的进步。

这一时期还出现了一些建筑专著，其中成就最高的是李诫编成的《营造法式》。该书是一本建筑设计规范手册，徽宗崇宁二年（1103）刊印颁行。全书共三十六卷，三百五十七篇，其内容主要包括：一是"总释"，对前代各种文献中有关建筑的史料加以汇编整理；二是"各作制度"，按不同工种分门别类，说明各种建筑及其各个部分的技术规范及操作流程；三是"诸作功限"和"诸作料例"，详细规定了各种构件、工种的劳动定额和材料限量；四是"诸作图样"，结合各作制度绘制图样一百九十三幅，为设计和施工提供形象的数据。《营造法式》是中国古代最完善的一部建筑技术专著，它系统总结了宋以前的建筑技术和管理制度，是当时整个建筑行业科技水平和艺术水平的反映，表明中国古代建筑技术逐步走向标准化，使中国建筑自宋至明清具有了基本的模式，对当时和后世建筑技术的进步都做出了巨大贡献。

第十三章

宋朝与周边民族

两宋时期，周边民族关系极其复杂，同北宋并立的少数民族政权，北方有辽朝，后来取代辽的女真族建立金朝，西北方有党项族建立的西夏。在西南地区，还有吐蕃、大理等少数民族政权。南宋后期，蒙古部建立的元朝最终消灭夏、金、大理、南宋等原本鼎立的政权，统一全国。

第一节　宋辽关系

辽朝是契丹族人建立的政权，契丹与中原的联系已久。五代时期，耶律阿保机应李克用之约，率领部落三十万人与李氏会于云州（今山西大同），结为兄弟。907年，阿保机派使者奉表称臣，请求册封。而后耶律德光从石敬瑭手中得到了燕云十六州，于是契丹与中原王朝时战时和。尤其是宋朝建立以后，围绕燕云十六州，宋辽关系可谓一波三折。

一、北宋前期的宋辽关系

宋初，宋太祖虽采取先南后北的战略，但在燕云十六州的归属问题上，宋与辽仍然是尖锐对立。赵匡胤出于军事上的考虑，对契丹及其卵翼下的北汉虽然有过大规模的军事行动，主要还是采取防御政策。在此期间，宋辽双方都试图进行沟通。开宝八年（975）三月，辽朝密命涿州刺史耶律琮遣书修好。太平兴国元年（976），宋太宗继位，曾遣使者去辽朝报新皇帝登基之事。太平兴国二年（977），宋朝安葬宋太祖时，辽也派使者前来吊丧。然而，这种关系非常脆弱，甚至一度中断，宋辽间仍以战争为主，尤其是宋太宗在位期间，宋辽之间的战争一度白热化。

宋统一南方后，太平兴国四年（979）灭了北汉，宋太宗想乘着灭北汉的余威一举收复燕云十六州，正式拉开宋辽长达二十余年的大规模战事的序幕。

太平兴国四年五月，宋太宗欲出兵收复燕云地区，但当时宋军围困太原数月，士兵疲惫不堪，粮饷将尽，许多大臣都不赞成立即与辽交战。宋太宗却不顾群臣反对，从太原出兵，先后攻克易州（今河北易县）和涿州。宋军连下两城，宋太宗等人以为胜券在握，便下令直逼燕京，但遭到辽朝守城将士的顽强抵抗。辽景宗得知宋军围攻燕京的消息后，立即派大将耶律休哥率领军队前来增援，宋辽双方在高梁河发生激战。战役之初，宋军告捷，辽军伤亡惨重。

但是，耶律休哥和大将耶律斜轸从两翼掩杀宋军，燕京守城将士也从城内杀出，在辽军的内外合击下，宋军溃不成军，各自逃散。宋太宗在战斗中受伤，狼狈而逃。

宋太宗第一次北伐失败的原因有：其一，在于宋太宗在平定北汉后忘乎所以，犯下骄傲轻敌的错误，宋人洪迈就认为"太平兴国，失于轻举"[1]。其二，宋军进攻燕京前，在对北汉的战争中已经苦战多时，消耗过大，来不及得到充分的补给和休整，便立即对辽作战，战斗力明显弱于辽朝。其三，宋军在与辽军的交战中，遇到辽的顽强抵抗，既无攻城的器械，也还来不及部署兵力占据战略要地，因而无法有效阻击辽朝援军的进攻，迎战颇为仓促。其四，对辽朝而言，燕京地势特殊，是进入中原的重要门户。辽朝守城的将士了解这一城池对宋辽双方都利害攸关，因而拼死守城。耶律休哥和耶律斜轸等名将倾全力援救，宋军才在辽军的内外合击下大败而归。

高粱河之战使宋初以来经过生聚教阅而日益精强的宋军元气大伤，此后，宋军对辽作战逐渐陷于被动。然而，宋太宗一直未放弃收复燕云十六州的想法。太平兴国七年（982），辽景宗去世，十二岁的辽圣宗即位，承天皇太后萧绰摄政。宋朝大臣贺令图等人以为，辽主少国疑，母后专权，政局不稳，是伐辽的天赐良机。而事实上，尽管辽朝是幼主登基，但萧太后是位杰出的女政治家，在她统治期间，辽朝统治集团内君臣协和，政治清明。以宋太宗为首的朝廷多数人并不了解辽朝的真实状况，同意伐辽。雍熙三年（986），命曹彬、米信、田重进、潘美和杨业等兵分三路北伐，东路以曹彬为主将，领兵十万出雄州，中路以田重进为主帅，由定州出飞狐关，西路以潘美为主帅，杨业为副帅，出雁门关，准备合围燕京，史称"雍熙北伐"。

北伐之初，宋军取得了一些胜利。然而，三路将领各自为政，缺乏相互配合。曹彬和米信所率领的东路军攻下涿州后，因粮草断绝而先退回雄州，田重进率领的中路军和潘美、杨业的西路军夺取了辽朝的一些城池。曹彬和米信见状，邀功心切，仓促备好粮草北进，却遭到萧太后和耶律休哥的合击。宋军大败，沿途丢盔弃甲，极为狼狈。曹彬在东路的战败影响了整个战局，宋太宗得知情况后，十分懊丧，慌忙调整部署，下令撤军。命曹彬返回，田重进驻守定州，潘美和杨业则保护边境云（今山西大同）、应（今山西应县）、朔（今山西朔县）、寰（今山西朔县东）四州百姓内迁，准备给辽朝留下几座空城。

辽将耶律斜轸率军紧追而来，宋军无力抵抗。潘美所部败至代州（今山西代县），杨业建议避开辽军锋锐，偏师出击，保护百姓先退。但监军王侁未采纳杨业的正确意见，反而指责杨业畏敌不战，逼迫杨业从代州出兵。杨业临行前与潘美、王侁相约率伏兵在陈家谷接应，潘美表示同意。但当杨业在陈家谷被辽军所困时，王侁、潘美惊慌不已，不顾与杨业的约定，领军撤回代州。杨业父子率领残部在陈家谷死战，部下大多战死，杨业身受十几处创伤被俘，却不顾威逼利诱，绝食三日而死。杨业战死，边境震惊。宋军将士纷纷弃城南逃，辽军深入宋境，大肆劫掠，宋朝军民蒙受了惨重损失。

雍熙北伐是宋初以来最大规模的对辽战事，但以惨败告终。雍熙北伐之所以失败，宋太宗有着不可推卸的责任。第一，宋太宗自以为是，刚愎自用，偏听偏信，误以为辽主少国疑，有机可乘，事实上辽朝在萧太后摄政时期正是兴盛之时。第二，宋太宗严厉防范武将，每次出征前都制定了兵法阵图，让将领们依计行事，却完全不顾前线战场的变化，严重束缚了将领们的主动性和灵活性。第三，宋太宗将北伐将士分为三路，但没有统一指挥，三路将士各自为政，缺乏互相协作，极容易被辽军各个击破。反观辽军，虽是防御方，但面对宋军压境，置宋较为强大的中路军不顾，对西路军采取守势，而集中兵力攻击东路军，原因是宋东路军虽也是北伐主力，但是曹彬和米信缺乏协调，各自出兵，不统一指挥，易被击败。宋东路军被打败后，辽军全力对付西路军，陈家谷一战大获全胜，打击了宋军的信心。第四，辽将耶律休哥和耶律斜轸等人有勇有谋，指挥有方，保证了战略目标的实现。加之辽军以骑兵为主，行动迅速、灵活。因此，在宋军占优势的情况下，结果却是辽军大胜，宋军大败。

雍熙北伐的惨败对宋朝产生了巨大影响，使宋朝渐渐地从积极对外变成了消极抵抗和守内虚外，从而也使得整个两宋时期的边防形势出现了非常微妙的变化。宋太宗晚年，辽朝气势逼人，一度摆出南下进攻的阵势，还帮助李继迁对抗宋朝，但宋太宗只命宋军在边境疏通河道，设官寨、塘堰，企图阻止辽朝骑兵；不许宋军主动出击，万不得已，也只许出城退敌，同时禁止越界攻城略地，奉行的是以守为主的政策，这种态度直接影响到以后的真、仁两朝。

二、澶渊之盟

辽朝在景德元年（1004）发动大规模的军事行动前与宋曾有几次战争，双方各有胜负和损失。咸平二年（999）九月，辽从河北攻宋，败于保州，损兵两千余人。后来，辽攻宋遂城（今河北徐水西）、定州、冀州（今河北衡水市冀州区），均被宋军所败。但次年正月，辽军在瀛州大败宋军，生擒宋大将康保裔和宋顺，宋军追至莫州，两军交战，宋军取得一些胜利，这就是瀛莫之战。在这次战争中，河北多个城池处于危急之中，宋真宗毫不犹豫地接受臣僚们亲征的建议，亲临北京大名府战场，并拒绝了大臣李宗谔等人在与辽决战不成后就立即回京的建议，在莫州之战结束后才回京。咸平四年（1001）六月，辽指使西夏攻克宋朝原（今甘肃镇原）、环（今甘肃环县）、庆（今甘肃庆阳）等三州，分散宋的军力。同年十月，辽进兵遂城。这次战役由于天时不利于辽军，辽军损失较为惨重，宋军取得了胜利，这就是遂城之战。此后辽不断在边境进行军事骚扰，咸平六年（1003）四月，进攻望都（今河北望都）。宋军将领王继忠陷入辽军包围，孤军奋战，而前来支持的王超和桑赞等人却畏敌退兵，结果王继忠被俘，宋军大败，但辽军获胜后很快就回师了。

从这三次战役不难看出，尽管宋在边境的兵力比辽朝要多，但战争的主动权常常掌握在辽军手中，宋军对辽的进攻基本上是被动防御的。经过这三次战役，宋军的损失比辽军大，这对宋真宗后来考虑和谈不能不产生一些影响。

景德元年（1004）闰九月，辽圣宗和萧太后率军南下，攻破宋朝数州，但在发动军事进攻的同时，辽亦派使者与宋议和。辽利用宋降将王继忠将议和的密函由宋朝莫州守将石普转交给宋真宗，真宗也让石普把愿意议和的手诏转给王继忠，但表示不能答应辽索取关南土地的要求 [2]，并拒绝了辽方要宋朝派遣使臣到辽营谈判的要求。辽朝无疑不满意宋朝的这种态度，于是，辽军继续南下，于十一月二十二日抵达澶州。

尽管辽军沿途作战有所损伤，但仍有二十万之众，而宋朝在澶州的守军加上宋真宗能从京城调去增援的军队不足二十万人。而且澶州地理位置特殊，辽军若攻下澶州，甚至可以绕过澶州，很快便能到达东京（今河南开封）城下。因此，当辽军到达澶州的消息传到京城，引起宋朝一片慌乱。参知政事王钦若劝宋真宗南逃金陵（今江苏南京），陈尧叟却劝宋真宗避乱成都，宰相寇准、毕士安则力排众议，建议真宗亲征，抵抗辽军的进攻。经过朝廷上下反复激烈的争论，宋真宗最终同意亲征。

宋真宗一行到达澶州，守城的将士见到皇帝御驾来临，士气大振，打退了辽军的一次进攻。而在前一天，辽军先锋大将萧挞览被宋军所杀。宋军的这两次胜利打击了辽军的士气，形势对辽也越来越不利。当时，辽军孤军深入，粮饷难以为继，后续又没有援兵，犯了兵家大忌。此外，辽军背后的城池多数仍掌握在宋军手中，定州、保州等重要城镇随时可以出兵，切断辽军的退路和补给线，正面有宋真宗所率亲征大军，辽军实际上处于腹背受敌的境况，因而辽方不得不遣使求和。而宋真宗对当时战局的真实情况并不了解，急于求和。于是，宋辽双方开始和议。

双方和谈的焦点是后周世宗时所占的关南领土的归属。和议开始后，宋、辽互派使者，辽的条件便是索要关南土地，但宋朝在领土问题上坚决不退让。宋真宗坚持认为，可以用钱财来保住土地，但绝对不能把土地让给对方。而在岁币问题上，寇准曾严格要求前去和议的宋方使者曹利用，不能超过三十万。经过双方反复协商，最后，双方达成盟约，相互交换誓书：（1）宋朝每年给予辽朝绢二十万匹、银十万两，但不差臣专往北朝，只令三司差人搬送至雄州交割。（2）沿边州军，各守疆界。两地人户，不得交侵。辽的誓书大致与宋朝的相同。（3）约定两国结为兄弟之邦，辽朝皇帝称宋朝皇帝为兄，宋朝皇帝称呼辽朝萧太后为叔母，史称澶渊之盟。

澶渊之盟是一个不完全平等但又有积极意义的盟约，从盟约订立的过程和内容来看，双方都做出了一定的让步。这种妥协的前提是宋辽双方力量相对均衡，宋军虽取得了一些胜利，但在军事上又没有绝对的取胜把握。同时，辽也不具备继续南下并打败宋军的实力，在这种情况下，双方都采取了相互妥协的立场。对宋朝而言，这一条约有某种不平等性质，宋朝每年要给辽朝输送岁币。除此之外，宋辽双方是平等的，盟约的其他规定对双方都是有效的约束。

澶渊之盟是有其积极意义的。首先，澶渊之盟以后，宋辽双方基本上没有再出现大规模的战事，两国保持了近一百二十年的和平相处，直到金朝崛起。这种局面对于经历了数十年战争的两国来说，都是极为珍贵的，宋辽双方都需要一个安定的环境来发展国内经济，治疗战争留下的创伤，这是符合两国人民的愿望和利益的。其次，对于饱受战乱之苦的两国边境地区来说，盟约签订后，边境州县得到安定，社会生产力有所恢复和发展，宋在边境开放榷场，两国进行贸易，有利于当地经济的发展。而辽朝在边境地区也采取相应的措施，安抚民众，对两国的经济和文化交流有很好的作用。再次，澶渊之盟后，宋朝调整了北方边境地区的政策，如派杨延朗、李允则等有才能的将领去镇守，保境安民。为了表示与辽的友好，把沿边地区的一些地名改了过来，如平戎改为保定、静戎改为安肃、平虏改为肃宁等，有利于边境地区人民和平相处。

三、北宋中后期的宋辽关系

澶渊之盟后，宋辽间和平相处近四十年，至宋仁宗庆历二年（1042），辽兴宗乘宋朝忙于应付西夏战事之际，遣使者萧特末、刘六符来宋，再次求索关南地区，并聚集兵马，以武力相威胁。当时，宋朝由于与西夏交战，不敢与辽再兴战事。因此，在得到辽方文书后，派遣大臣富弼担任使者，与辽商谈此事。富弼使辽后，据理力争，极力表示宋朝决不割地，辽兴宗被说服，接受了增加岁币的条件，并派使者来宋商量增加岁币一事。最后双方定下了宋朝每年给辽增加岁币银十万两、绢十万匹，一直到辽朝快被金朝灭亡。

关于边界问题，宋辽双方在宋英宗时期还有过一次争执。治平元年（1064）到治平二年（1065），辽朝认为，宋朝河东路方面不应该修筑堡垒，同时对河北边境地带宋朝的城镇情况也表示不满，最后以宋朝的退让而解决。但神宗即位后，双方关于代州地界又发生争议，辽朝认为蔚、应、朔三州的界线应该重新划分。熙宁八年（1075），宋朝派大臣沈括为使臣前去谈判，沈括翻阅原来的档案，据理力争，得保地界照原样划分。

虽然宋朝和辽朝在边界问题上时有争执，但是澶渊之盟后，宋辽之间主要是和平相处，双方在经济和文化等各方面加强了交流。

第一，两国互相派使者往来，增进了相互了解。盟约签订后，双方便开始互派使者，每年都有贺正旦使、贺生辰使。同时，逢皇帝驾崩、新君登基，双方都要遣派使者报信，对方也会回派使者。宋仁宗去世后，宋朝派遣使者到辽朝报丧，辽道宗握住宋朝使者的手大哭。若发生争执，双方更是同时派使者解决问题。如因代州边界的争执，宋朝派沈括为使者前去谈判协商。两朝的使者多由高官担任，宋朝方面，包拯、欧阳修、沈括、苏颂、苏辙、蔡京、高俅等人都担任过使辽使者。双方派出使者的同时，都互相赠予礼物。据《契丹国志》记载，宋朝每次给辽朝皇帝或皇后生辰的礼物，除了精制的酒、食物、茶器、玉带、银器外，茶、酒、果品都有一定的数额，还有绫罗绸缎等。辽朝皇帝贺宋朝皇帝生辰的礼物则有马具、弓箭、皮革、酒、果子、牛、羊、鹿等。这种赠送形式的往来有利于南北经济交流。

第二，宋辽经济交流的主要形式是榷场贸易，即双方在边界地区设置官办的贸易场所，管理两国贸易。早在宋朝建立初期，双方在镇、易、雄、霸、沧等州（河北地区）就设置了榷场，但后来由于两国发生战争，这些榷场时开时闭。澶渊之盟后，榷场贸易恢复正常。宋朝在雄州、霸州、安肃军、广信军等地，辽朝在涿州、振武军和朔州等地都先后开设了榷场。辽朝输到宋朝来的物品主要有羊、马等，而宋朝则将丝帛、漆器、谷物输入辽朝，双方都满足了物质上的需要。然而，双方都有一些禁止输出的物品，比如双方对书籍和钱币的输出都有严格的禁令，因而从一定程度上限制了榷场的贸易功能。

第三，文化方面的交流主要表现在游牧文化的辽朝吸收中原汉族文化。首先，两国皇帝都有互相赠送书画的习惯，辽兴宗把自己画的鹅和大雁赠送给宋仁宗，而宋仁宗则把自己写的飞白书法回赠给辽兴宗。辽道宗登基后，宋朝曾派使者将宋仁宗的画像送到辽朝。宋皇祐年间（1049—1053），辽朝曾到宋朝寻找擅长下棋的人，宋仁宗下诏求天下棋艺高手，有个名叫李勣的棋艺高手被选上去会辽方棋手。其次，辽朝文学深受中原文化的影响，契丹贵族多以学诗为雅事。辽圣宗自幼就喜欢书翰，十岁便能作诗，还亲自将白居易的《讽谏集》翻译成契丹文，召群臣阅读。辽道宗也擅长写诗，而辽朝的一些后妃，如辽兴宗的皇后萧观音和辽天祚帝的文妃，都善于写诗。苏轼的诗在辽朝影响很大，宋人张芸叟奉命出使辽朝，夜宿幽州（今北京）客馆，见有人将苏轼的《老人行》写在墙壁上，还听说有个书肆出版了苏轼的数十首诗，编为《大苏小集》。于是，张芸叟就写诗在《老人行》后面：“谁题佳句到幽都，逢着胡儿问大苏。”[3]

　　第四，在生活习俗上，宋朝和辽朝也互相影响。如饮茶，辽朝位于北方，同南方相比，冬长而寒冷，本不产茶，辽朝的茶叶来自同宋朝的榷场贸易及贡纳。但因茶叶的传入，契丹出现了一套选茶、碾茶、烹茶、用茶乃至茶具使用的程序，这表明辽人饮茶之风已经非常盛行。再如服饰，契丹人的服饰是髡发左衽，后来契丹人，尤其是男人，多改穿汉服。辽圣宗时期（983—1031），出使辽朝的宋朝大臣路振也看到契丹人的习俗皆穿汉服，唯有契丹、渤海妇女仍着胡服。而在宋朝，北方汉人服饰却已经胡化。苏辙出使辽朝时看到北方地区汉人衣服“左衽今已半”[4]，可见，由于民族间

图 13-1　辽代《进茶图》(河北宣化下八里辽五号墓墓室壁画，图中
显示炭火煮水、沏茶端奉的景象)

的互相影响，双方的生活方式都出现了很大变化。

总的来说，澶渊之盟后，宋朝和辽朝基本上保持了近一百二十年
的和平局面，直到宣和二年（1120），宋朝派赵良嗣渡海使金，与金
达成协议，共同灭辽。当女真根据协议攻克辽的西京大同府时，宋朝
派童贯为统帅，两次领兵攻辽的燕京，童贯以为辽必败，但遭到辽军
迎头痛击，溃败撤军。而此时，金军趁机向燕京进军，占领燕京。宋
朝对辽的最后作战也以战败告终，不久，北宋也快被金灭亡了。

第二节　宋夏关系

西夏是党项人建立的存在于 11 世纪至 13 世纪的政权。党项是羌族的一支，隋文帝开皇四年（584），党项族千余家归顺隋王朝，大首领拓跋宁丛率部落请求定居旭州（今甘肃临潭境），文帝任命其为大将军。开皇十六年（596），党项羌部曾一度进攻会州（今四川茂汶羌族自治县境），被隋朝军队打败后纷纷内附，遣子弟入朝谢罪，"自是朝贡不绝"[5]。唐初，党项势力范围有所扩展，分为八个族姓部落，其中以拓跋氏最为强大。其后，为强大的吐蕃所逼，拓跋部三次向唐王朝请求内迁，由松州（今四川松潘）地区迁至庆州地区，最后迁往平夏（今陕西靖边县境）。拓跋部成为平夏部落中最为强大的一支，继续保持其在党项羌族中的强势地位。唐末，拓跋部首领拓跋思恭因镇压黄巢起义有功，被唐僖宗升为夏州节度使，复赐姓李，封夏国公。夏州地区也获得了定难军的称号，统辖银（今陕西米脂西北）、夏（今陕西横山西）、绥（今陕西绥德境）、宥（今陕西靖边西北）四州之地，拓跋李氏成为名副其实的地方藩镇，平夏拓跋政权由此正式确立。

一、北宋前期宋夏之间的和战

960 年，赵匡胤代周建宋，夏州节度使、西平王李彝兴[6]立即派族子奉表入贺，宋太祖为其加官晋爵。自此双方贡使往来不断，李彝兴闻知宋朝缺少马匹，以良马三百匹入献。太祖亲自让工匠为其特制一条玉带，遣使赠送，李彝兴十分高兴。宋太祖对西北少数民族实行羁縻政策，以当地民众推举的少数民族首领统领原来统辖的地区，并加以册封，允许他们世袭，得到了当地人民的支持。因此北宋初年，夏州拓跋部与北宋朝基本上保持着友好往来关系。

太平兴国七年（982），李彝兴之孙李继捧因与其从父李克文在继承人问题上产生矛盾，率族人入朝，表示愿留京师，献银、夏、绥、宥四州八县。太宗亲自召见李继捧于崇德殿，赏赐金银钱帛，并授李继捧为彰德军节度使。李继捧入朝之时，族弟李继迁与李继冲兄弟均持反对意见。当宋朝派遣的使者经过银州之时，李继迁诈言乳母死，需葬于郊外，将所有兵器藏于丧车之中，逃至"善水草，便畜牧"的地斤泽（今内蒙古杭锦旗东南），向族人出示其曾祖拓跋思忠李彝兴画像，"戎人皆拜泣"[7]。从此以地斤泽为根据地，统一党项诸部，联辽抗宋，开始了他恢复祖宗基业的漫长历程。李继迁先派人到麟州（今陕西神木北）贡献驼、马等物，要求宋太宗允许他留在银夏，独立门户。宋太宗自然不会答应，派遣秦翰携带诏书前去招谕，李继迁将秦翰留在帐中，秦翰妄图寻找机会杀掉继迁，终因没有找到机会而作罢。这是李继迁起兵后第一次正式对宋交涉。

李继迁竖起反宋旗帜以后，军事上明显处于劣势。雍熙元年（984）九月，北宋派夏州知州尹宪和曹光实率兵偷袭，李继迁的母亲和妻子成为俘虏，他自己仅以身免。雍熙三年（986），宋将王侁大败李继迁于浊轮川（今陕西神木北）。在此种情况下，李继迁开始转变对策，一面向辽圣宗请求称臣纳贡，联辽抗宋，契丹国以宗女义成公主嫁于李继迁；一面利用同豪族大姓通婚的方式，和野利氏等大族建立起反宋联盟，声势进一步壮大。宋朝采取宰相赵普

"以夷制夷"的方略，重新起用李继捧，赐姓名为赵保忠，授其为定难军节度使兼银、夏、绥、宥、静等州观察处置押蕃落使，到边境招抚李继迁。但李继捧暗通李继迁，名义上"奉表谢罪"，实际却在边境地区劫掠如故。北宋政府识破其计，捕获李继捧，下令削去赐给李继迁的名号。

此后，李继迁采取向西发展的战略。经过九年争夺，咸平五年（1002），西夏军队竭尽全力，攻陷灵州（今宁夏灵武西南），改名西平府，并以此为都城。第二年，李继迁声东击西，一举攻克西凉府（今甘肃武威），志骄意满。吐蕃大首领潘罗支乘其不备，发起突袭，李继迁中流矢，奔回西平府，后因伤重死去，宋夏之间的对峙局面随之告一段落。

二、宋夏景德和约

李继迁中流矢之后，自知生命垂危，便找来儿子李德明和心腹安排后事。他要求李德明不断向宋朝请求归附，直到宋朝同意为止，其目的是希望在党项羽翼未丰、势力尚弱期间，暂时称臣讲和，以屈求伸，保住十多年来南征北战所得到的土地，以此为本钱东山再起。

景德元年（1004），李德明继位。宋夏双方经过一年多的讨价还价，于1006年签订景德和约。北宋政府授李德明为定难军节度使，封西平王；又遣使赐袭衣、锦带、银鞍勒马、银万两、绢万匹、钱两万贯、茶两万斤；开放榷场，允许双方往来。

景德和约后，李德明一直与北宋保持友好关系。到宋朝朝贡的西夏使节络绎不绝，宋夏沿边出现了安定祥和的局面，这也是双方关系最友好的时期。然而，表面上臣服于宋朝的李德明，同时接受了辽的册封。他利用宋辽之间的矛盾左右逢源，在夹缝中求发展，始终为党项的复兴暗中进行准备。

三、元昊、谅祚时期宋夏的和战

宋明道元年（1032），李德明去世之后，其子李元昊继位。当李元昊还是太子的时候，便对其父臣属宋朝大为不满，他反对李德明委曲求全的臣宋政策，力图取得与宋平等的地位，在政治、军事和文化方面建立起一套完整的制度以后，国力渐渐增强。外交方面，他联合辽，积极准备对宋用兵，经常派人到宋朝沿边侦察防御情况，探询进兵路线。西夏使者名为去五台山供佛，实则"欲窥河东道路"[8]。西夏还不时挑衅，制造和扩大事端，为发动战争寻找借口，曾经在宴请宋使的屋子设下机关，让宋使听出"其东屋后若千百人锻声"[9]，以示其兵甲精良。宋宝元元年（1038），李元昊在兴庆府（原称兴州，今宁夏银川）南郊高筑祭坛，正式称帝，国号大夏国。宋仁宗下诏削夺赐给李元昊的名号，并在军事上进行相应部署。

西夏军队以骑兵为主，称为"铁鹞子"，但也有步兵，称为"步跋子"。夏军善于利用地形，发挥不同兵种的特长来战胜敌人。宋夏作战地区大都属于沟壑地形，而西夏的步跋子却能如履平地；铁鹞子是骑兵重甲部队，移动迅速，且具有强大的冲击力。西夏军队在进攻之时，先以铁鹞子冲击宋军，后以步跋子配合骑兵作战，作战能力极强，使得北宋军队难以应付。因此在战争初期，北宋军事上显然处于劣势。

宋宝元二年（1039），李元昊声称将攻延州，为麻痹宋军，一面佯攻，一面示好。他派使者前来通和，宋知延州兼鄜延环庆路经略安抚使范雍信以为真，当宋军防守松懈下来后，李元昊率大军发起突袭，一举攻克延州北面要塞金明寨（今陕西安塞南）。随后乘胜南下，包围了延州。范雍慌忙调发驻守庆州的刘平和驻守保安军的石元孙等合兵增援。刘平、石元孙与鄜延都监黄德和等赴援延州，至三川口时，便陷入了李元昊事先设的埋伏圈。由于黄德和临阵脱逃，致使宋军全线崩溃，主帅刘平、石元孙等被俘。三川口之战宋军大败，损失严重。

此后，宋仁宗派遣夏竦为陕西都部署兼经略安抚使，韩琦、范仲淹并为副使，共同谋划西北边防。韩琦采取进攻策略，范仲淹则主张防御。康定二年（1041）在韩琦的进攻准备尚未就绪之时，李元昊又向宋朝发动了第二次大规模进攻，主攻方向选择在易攻难守的泾原路渭州（今甘肃平凉），韩琦派遣任福前去应敌。李元昊采取诱敌深入的战略，将任福十万宋兵引至夏军预先在好水川设下的包围圈。任福阵亡，将校士卒死者万余人，这便是宋夏战史上有名的好水川之战。庆历二年（1042），李元昊于天都山点集兵马十万，向镇戎军合围而来，仍然采取诱敌深入、聚而歼之的策略，将宋军主力引至定川寨，截断宋军退路。宋将葛怀敏以下九千余将士全军覆没。定川寨之战后，李元昊乘胜挥师南下，直抵渭州，劫掠居民而去。在一片胜利声中，他还用诏书的形式诘谕关中百姓，内有"朕今亲临渭水，直据长安"[10]之语，得意之情跃然纸上。

李元昊虽然连续取得三川口、好水川、定川寨等战役的胜利，但战争也给西夏带来了巨大的损失，国内阶级矛盾进一步激化。北宋因陕西战事也左支右绌，因而双方希望尽快结束战争。庆历四年（1044），双方议和：李元昊对宋称臣，接受宋朝册封；宋方每年给西夏银七万二千两，绢十五万三千匹，茶三万斤；开放双方边境贸易等。辽乘机要挟，北宋又增加岁币银绢各十万，先后合计五十万两匹。夏宋和议后，李元昊开始追求享受，对宋朝基本保持和平友好关系，除礼节性的往来之外，李元昊还多次遣使就过界人户及边界问题与宋朝进行了交涉。

四、经济与文化交流

党项族同中原王朝的贸易早在唐末五代之时便已出现，宋朝建立后，夏州统治者为了同宋朝建立良好的政治经济关系，主动向北宋提供战马。宋初，北宋同西夏主要是朝贡贸易，如向宋朝进贡骆驼、马匹之类。

除贸易之外，李继迁还鼓动党项商人进行青、白盐走私活动。西夏的青、白池池盐是西夏重要的经济命脉，其盐大都输入北宋境内以交换所需的粮食等生活用品。太宗时期为了控制李继迁，采取郑文宝的建议，从经济上控制李继迁，禁止青、白盐在汉族地区销售。虽然禁绝青、白盐贸易给西夏经济上带来了很大的困难，但北宋内部"关、陇民无盐以食，境上骚扰"[11]，也给宋朝人民的生活带来了很大不便，实际上助长了李继迁的声势。在外忧内乱的情况下，北宋政府撤销了青、白盐的禁令。

图 13-2　西夏元宝（钱面有汉文，可见其受汉文化影响）

　　此外，北宋与西夏之间也开始了榷场、和市贸易，即在宋夏沿边设立固定的贸易场所，进行大宗贸易活动。宋景德四年（1007），首先于保安军（今陕西志丹）置榷场，天圣年间增置镇戎军榷场和并代路和市，榷场贸易虽然因为宋夏两朝的战争而时断时续，却是宋夏经济贸易往来的重要途径，对于促进人民之间的经济文化交流起到了极为重要的作用。

　　西夏王朝极为倾慕宋朝的文化。宋朝的书籍大量流通到西夏，宋夏榷场贸易中便有众多汉文书籍传入。西夏统治者大力推崇儒学，仿照宋朝政治制度建立起汉化的政治体制。如元昊除在西夏创建汉学外，还组织人力翻译《孝经》等儒家著作，重视吸收宋地儒学名士。李元昊子李谅祚也曾经用朝贡的方式，以战马换取宋朝的儒学经典；同时，重用宋朝投奔过来的失意知识分子，这些人为西夏统治者出谋划策，对西夏政权的巩固和发展起到了重要的作用。

佛教是西夏盛行的主流宗教信仰。景德四年，德明母罔氏下葬，要求到山西五台山修供十寺，并派致奠使护送供物至五台山。西夏统治者为了发展佛教，曾多次向北宋请购佛经。有时北宋也主动赐予，如仁宗至和二年（1055）四月，北宋赐西夏《大藏经》。西夏统治者组织人员，进行了大量的佛教翻译工作，促进了西夏佛教的繁荣。出土的黑水城文献中有大量西夏文佛教文献，便是最好的证明。

五、北宋中后期的宋夏关系

宋神宗即位之后，励精图治，任用王安石进行变法，意图改变宋朝积弱的现状，实现富国强兵。一改真宗、仁宗以防御战略为主的局面，转而积极进取。西北边境开始实施切断西夏左膀右臂的战略步骤，夺取西夏西厢横山（今陕西横山境内）地区，截断西夏赖以生存的右臂。同时，占领熙湟鄯地区，阻绝西夏与吐蕃的联合。派遣王韶等开辟熙河，由此便可以构成在西夏侧面出击、两面夹击的阵势，对西夏进行更为有力的打击。

谅祚帝死后，西夏国内李秉常继位，是为惠宗。西夏遣使报哀，北宋政府态度冷淡。在此期间，李秉常曾上誓表，请求以安远、塞门两寨交换绥州（今陕西绥德），宋朝开始答应"绥城易寨"，但后来改变了主意，战争的火种由此而生。熙宁三年（1070），西夏发兵围绥德城，庆州蕃部巡检李宗谅率千余人与战，知庆州李复圭命李信领兵出援，大败而归。李复圭为了推卸责任，连夜出兵攻打西夏栏浪和市和金汤城，在两处杀掠无辜百姓，以功告捷。西夏倾国之师，号三十万，围大顺、荔原、淮安等寨（今甘肃华池一带），骑兵直抵庆州城下，一度造成"陕右大震"的局面，北宋损失惨重。

为控制西夏西翼，宋朝派遣韩绛和种谔实施谋取横山的计划。韩绛命种谔为鄜延路钤辖，节制四路将领，出无定河进筑啰兀城（今陕西米脂北）。西夏点集十二监司兵马发起反攻，韩绛急命庆州出兵牵制，但是庆州士兵在吴达率领下发生兵变，未能达成出击的目的，宋军遂弃啰兀城，退守绥德。西夏虽取得啰兀城之役的胜利，但横山沿边数百里之地皆废弃，人民流离失所。宋朝又绝岁赐、互市，国内财力匮乏。夏主李秉常乃遣人至延州议和，同时再次提出以塞门、安远两寨换绥州。随后经过两国多次商议，原则上就边界达成一致。宋朝恢复和市，自此到元丰四年（1081）的十年间，宋夏两国基本上保持着和平关系。

然而，素有大志的神宗仍然派遣王韶率兵马经营熙河，从熙宁四年（1071）到七年（1074）的三年之间，收复了熙、河、洮、岷等州，幅员两千余里，受抚吐蕃三十余万帐落，称"熙河开边"。在此基础上建立了熙河路，在西夏右厢地区建立起一道进可攻退可守的战略防线。

元丰四年，西夏国内发生政变，国主李秉常被其母梁太后所囚。而宋神宗一直准备对西夏用兵，认为这是一个难得的机会，于是立即发动了规模空前的进攻。熙河路经略使李宪为五路统帅，指挥作战事宜。五路分别是王中正所领麟府路、种谔所领鄜延路、高遵裕所领环庆路、李宪所领秦凤路和熙河路。这五路从西到东依次排开，共同谋取西夏统治中心灵州。

泾原路刘昌祚受环庆经略使高遵裕的节制，他率领泾原兵北上，到磨脐隘（今宁夏海原县城东南）与三万西夏兵狭路相逢。主帅刘昌祚带头冲杀，夏军大败，自是宋军一路畅通，经鸣沙川直抵灵州城下。高遵裕所部环庆兵从环州（今甘肃环县）洪德寨、白马川出发，攻占清远军（今甘肃环县西北），但是行动迟缓。当刘昌祚所领泾原军到达灵州城下时，高遵裕又嫉妒刘昌祚独揽头功，派人命令刘昌祚所部先不要攻城，等到他所率领的环庆兵到达方能采取行动，贻误了战机。高遵裕所部环庆兵到达时，西夏已做好防御准备，以致围城十八天却无法攻克。夏人决放黄河水，淹灌宋军营垒，又抄绝宋军粮道。士卒因冻溺饥饿而死者极多，高遵裕环庆兵损失殆尽。

种谔所统领鄜延兵出发后，沿无定河西进，最初连破石（今陕西榆林西南）、夏（今陕西横山西）诸州，但后来粮草不继，"三军无食，皆号泣不行"[12]，士卒逃亡者达三万余人，适逢天降大雪，死者又十之二三，其余士卒不战而全线溃退。麟府路主帅王中正是宦官，既不习战事，又生性怯弱，行军中恐西夏兵知其营栅之处，每夜三更辄令军中灭火，后军饭尚未熟，士卒食之多病，又禁军中驴鸣，后军粮告竭，士卒死者甚多，遂带病退到保安军顺宁寨。李宪统领的熙河军攻战西夏重镇西市新城后，遂攻克兰州，小有战果，随后获知其他各路失利的消息，便撤回熙河。五路进攻灵州的行动，终因五路将领关系不协、相互牵制而作罢。

元丰五年（1082），神宗继续推行经营横山的策略，遣给事中徐禧、内侍押班李舜举到陕西与沈括、种谔具体商议进筑银、夏、宥三州交界处的永乐城。城刚筑就，西夏倾国之师来攻，号称三十万，弥天漫野，看不到边际。徐禧拖延战机迟迟不攻，西夏铁骑渡过无定河，宋军一战即溃。夏兵围永乐城，宋军将士昼夜血战，"城中乏水已数日，凿井不得泉，渴死者大半"[13]。沈括派来的援兵及粮饷全被西夏大军所阻隔，既而天降大雨，夏兵乘夜急攻，永乐城陷落。永乐城之战后，宋朝元气大伤，进入领土交涉时期。

元丰六年（1083），宋夏讲和。夏秉常遣使上表宋朝，请求归还被宋侵占的横山疆土。以开边拓地为己任的宋神宗没有同意，双方交涉很不愉快，西夏停止遣使贺正旦，并不断出兵攻掠边境。宋朝则停止岁赐，禁断和市。

宋哲宗继位时不满十岁，其祖母宣仁高太后掌握实权，她废除熙丰以来的新法。在对夏政策上，她一反神宗的做法，这就为归还西夏领土带来了转机。元祐四年（1089），宣仁太后把葭芦、米脂、浮图、安疆（今甘肃华池东）四寨还给西夏，达成以四寨交换战俘的协议。但具体怎样划界，长期未达成一致协议，双方关系若即若离，边境战争状态实际上并未停止。

元祐八年（1093），宣仁太后病死，哲宗亲政，变法派重新登台，再行开边之策，力图恢复神宗时期的内政与外交政策，停止划分地界，断绝岁赐，对西夏采取强硬政策。宋发动边防四路大军，以修缮城寨为名，暗中出兵葫芦河川，于石门峡江口好水川北岸筑平夏城（今宁夏固原县城西北），随后诸路采取以进筑城寨为主，浅攻扰耕和各路策应配合为辅，步步推进，以求占领宋夏边境地区的战略要地。与此同时，西夏军队发动进攻破坏诸路的堡寨进筑活动。绍圣五年（1098），西夏梁太后亲率四十万大军，寇平夏城，结果大败，梁太后蒙面而归。[14]随后北宋环庆、鄜延等军接连进攻，随后进筑西夏金汤、白豹等重要城寨。

西夏自失去横山、天都山（今宁夏海原东）等主要地利后，战争形势发生了重要变化。西夏在战争中处于劣势，夏崇宗乾顺多次遣使辽朝，请求辽朝出面为西夏讲和，宋哲宗乃许夏国通和，但两国沿边地区的冲突与争战并未因此而中止。

元符三年（1100），宋哲宗死，宋徽宗继位，蔡京当政。崇宁三年（1104），蔡京得知西夏右厢卓罗监军仁多保忠与国主乾顺不和，下令熙河路经略使王厚进行招降。事发后，乾顺罢仁多保忠兵权，但宋朝仍用金帛大肆招诱西夏蕃酋，并出兵攻占银州及沿边堡寨。西夏遂大入镇戎军，掳掠人口数万，宋夏之间连战三年。西夏国力逐渐不支。崇宁五年（1106），宋朝罢五路军，与西夏讲和。

政和五年（1115），好大喜功的宋徽宗任命童贯为陕西经略使，总领永兴、鄜延、环庆、秦凤、泾原、河西六路对西夏发起进攻，损失惨重。次年，童贯令诸路继续出击，大败夏人而还。宣和元年（1119）六月，西夏正式遣使纳款，徽宗下令六路罢兵。自此宋朝精力主要经营收复燕云十六州，宋夏之间保持了一段相对和平的关系。

宣和六年（1124），西夏见辽朝大势已去，宋金关系恶化，便向金朝称藩归附，派兵进攻宋朝麟、丰（今陕西府谷西北）诸州，配合金人的南下行动。靖康元年（1126）三月，金朝攻宋，西夏乘汴京告急、宋西北各路兵马前去勤王之际，发兵攻占天德、云内

（今内蒙古境内）等地。不久，金人攻入汴京，宋室南迁，宋夏关系进入下一个历史阶段。

六、西夏与南宋的关系

南宋初年，宋朝一度把"联夏制金"作为中兴的重大方略，高宗赵构继位第二年，便派遣官员持诏出使西夏，谕夏国王乾顺约和。但西夏并不领情，谈判态度极为傲慢，数月后勉强答应罢兵约和。今非昔比的赵宋王朝对于西夏的无礼，采取了宽容的态度。建炎三年（1129），金帅娄宿接连攻取长安、凤翔，陕右大震。此种情况下，乾顺妄图乘虚侵宋，北宋鄜延经略使王庶回檄西夏指出，金人欲捣兴、灵，唇亡齿寒，西夏存在着灭顶之灾。西夏意识到金朝的威胁，才没有出兵鄜延。

同年五月，宋知枢密院事张浚宣抚川陕，谋北伐以复中原。张浚两度遣使西夏，希望合西夏之力，共同对抗金朝，但都为西夏所拒绝。建炎四年（1130），宋金决战于富平，宋军大败，尽失关陕地利。本来就对恢复中原信心不大的高宗赵构心灰意冷，于绍兴元年（1131）下诏，"夏本敌国，毋复班历日"[15]，实际上就等于宣布放弃"联夏制金"的方略。

绍兴二年（1132）初，金朝以陕西地赐刘豫，西夏乾顺遣使求环、庆二州，但金人不允，由是夏人怨金，金夏关系恶化。宋高宗再度对联络西夏攻金产生了兴趣，派遣吴玠通信夏国，但西夏方面缺乏诚意，双方未能达成实质性协议。

绍兴七年（1137），金朝废掉刘豫伪齐政权，同南宋进行和谈。

绍兴九年（1139）春，归还宋朝河南、陕西之地，这样宋夏又成了近邻。因陕西隶属关系的变化，夏金之间又有了交往。这一时期，李世辅对夏金关系产生了重要影响，李世辅本为宋朝青涧（今陕西青涧）蕃部属户，世代忠于宋朝。金人取延州，授其为官，徙知同州（今陕西大荔）。金元帅撒里曷来同州，李世辅谋擒撒里曷归宋，事发后遭到金兵追杀，被迫投靠西夏。西夏封其为延安招抚使，领兵二十万攻取陕西。李世辅到延安后，得知陕西已归宋，缚绑西夏文官王枢归顺宋朝。吴玠犒以银绢，赞扬其"忠义归朝，唯君第一"[16]。宋朝与西夏以王枢交换陕西被俘军民，宋夏之间又一度出现了和好局面。绍兴十年（1140），金朝撕毁和约，派兵复取陕西、河南，宋夏这段交往就此中断。

南宋与西夏的初期交往，是出于金朝威逼下两国为求生存的共同目的。绍兴十一年（1141），宋金"绍兴和议"成立，南北对峙局面正式形成，两国以淮水至大散关为界，陕西遂为金占有。这样就将和战上百年之久的宋夏两国隔离开来，此后五十多年间，宋夏关系几乎断绝。

13世纪初，蒙古帝国从草原上崛起，开始了漫长的征战，金、南宋、西夏的三角关系也发生了深刻的变化，断绝已久的宋夏关系也恢复起来，这时的宋夏关系是以联合夹击金朝为主线。西夏之所以主动约宋攻金，是由于蒙古对西夏的进攻引起了夏金关系恶化。

嘉定二年（1209），蒙古铁骑再度攻入西夏，夏国主遣使至金，请求金国发兵解围。金主卫绍王却采取了隔岸观火的态度，为了报复金朝背信弃义，西夏多次主动遣使到四川制置司，约南宋夹攻金朝。

嘉定七年（1214），西夏遣蕃僧减把波传递蜡书给南宋四川制置司，第一次主动约宋攻金。五年后，西夏再次遣使入宋，请会师攻金，但南宋政府迟迟不肯出兵。次年，再次请求会师，双方约定"夏兵野战，宋师攻城"。南宋以四川宣抚使和西夏发动夏宋夹攻金朝的战役，但由于配合不当，草草收场。此后西夏又有三次约宋攻金的行动，但都没有结果。之所以出现这种结局，主要是因为双方相互利用，缺乏合作的诚意。西夏想利用宋金世仇以实现报复目的，夺取陇西十二州，给金人构成威胁，从而打破其西迁长安的计划。南宋则利用夏金矛盾，以攻为守，减轻金兵对自己的压力，这便是南宋时期宋夏关系的实质。

第三节　宋金关系

金朝是由女真人建立的，女真人世代居住在今黑龙江下游、松花江、乌苏里江流域和长白山地区。隋唐时被称为黑水靺鞨，唐朝曾设置黑水都督府，后来由粟末靺鞨建立的渤海国统治了黑水靺鞨地区。契丹人兴起后，灭了渤海国，女真人便归于辽朝统治。女真人有生女真和熟女真之分。居住在今辽阳以南、编入辽朝户籍的女真人是熟女真，他们接近契丹、汉人地区，甚至与契丹人和汉人杂居，文化水平比较高，经济发展也比较快。散居在各地、没有编入辽朝户籍、仍保持民族习俗和传统的女真人被称为生女真。辽朝对女真人的统治极为残暴，每年都要求女真人进贡人参、名马、牛羊、金珠等土产，尤其是辽朝贵族利用特权，要求女真人进贡猎鹰海东青。辽朝的横征暴敛激起了女真人的愤恨和反抗,生女真首领完颜阿骨打积极组织反辽抗争,于宋政和五年(1115)建立金朝。女真的崛起和金朝的建立,彻底改变了宋朝北部边境的形势。

一、北宋末年的宋金关系

(一)海上之盟

女真崛起反辽后,宋朝企图与金朝联合攻辽,收回燕云十六州。政和元年(1111),童贯使辽,遇到燕人马植,他向童贯献取燕之策,于是童贯将马植带回东京,受到宋徽宗召见。马植向宋徽宗分析辽朝内外形势,建议宋徽宗出兵收复燕云十六州。马植的建议正合宋徽宗心意,从而得到赏识,被赐予国姓后改名赵良嗣。于是徽宗不顾一些大臣的反对,派赵良嗣使金,商议夹击辽朝之事。

政和八年(1118),赵良嗣出使金朝,向金朝询问联合攻辽一事,表示若金朝同意,宋朝则立即派国使来商谈具体细节,金朝表示愿意与宋朝结盟。经过双方反复协商,宣和二年(1120),赵良嗣再次使金,与金朝订立了联合攻辽的和约。因赵良嗣等人使金时,都是由登州渡海去金朝,这个盟约被称为"海上之盟"。主要内容包括:宋金双方夹攻辽朝,金朝取辽朝的中京大定府(今内蒙古宁城西),宋朝取辽朝的燕京析津府(今北京西南),双方约好出兵的日期;灭辽之后,宋朝把过去每年给辽朝的岁币转给金朝;同时,双方自盟约订立时起,都不许与辽朝讲和。

海上之盟后,徽宗得知辽朝已经知道宋金结盟的消息,担心辽朝南下,竟有毁约之意,拖延着不出兵。加上当时宋朝国内爆发了方腊起义，徽宗只顾解决国内问题。金朝多次派使者催促宋朝出兵，并于宣和四年（1122）初，出兵攻克辽中京大定府，辽天祚帝仓皇出逃。直到此时，宋徽宗才意识到，若再不出兵，燕京一带便会归于金朝所有，便急令童贯、种师道领兵北上。童贯骄傲自大，以为辽军此时已不堪一击，宋军必胜，取燕京易如反掌，却遇到了辽军袭击，大败而归。宣和四年，金军攻克辽西京大同府，宋朝第二次出兵燕京，但并没有取得任何进展。童贯生怕无功而返，会受到徽宗的责罚，便暗中求助金朝出兵，攻克了燕京。

由于宋朝军队的无能，而金朝军队连连取胜，即使没有宋军相助，金朝也会很顺利地灭辽朝，故金朝对归还燕京给宋朝一事的态度便发生了变化，要求把燕京每年的赋税交给金朝，宣和五年（1123）二月决定以一百万贯代税钱交给金朝，宋徽宗被迫答应。同年四月，金朝将燕京及其他六州土地交给宋朝。

（二）东京保卫战

宋朝在海上之盟和取燕京过程中的软弱无能为金人所轻视。宣和五年五月，宋朝招降投金的辽将张觉，并且招诱燕京外逃的人户，金朝对此反应强烈。女真人指责宋朝破坏了双方的协议，于是向宋朝下了问罪书，于宣和七年（1125）大举攻宋。徽宗得知金军南下的消息，大惊失色，欲图逃跑。李纲、吴敏等大臣强烈要求徽宗将皇位传给皇太子赵桓，以求更新政局，组织军民抵抗金军的进攻。宋徽宗无奈，于十二月将皇位传给赵桓，即宋钦宗。

钦宗即位之初，朝廷上下对和与战的争议极大，而此时，金太宗已发兵两路，西路由粘罕（完颜宗翰）统率，由大同攻太原，东路由斡离不（完颜宗望）统率，由平州（今河北卢龙）攻燕山府，两军企图会师东京开封。粘罕所部在太原受阻，而斡离不所领队伍因宋将郭药师降金，轻松夺下燕山府，于靖康元年（1126）正月渡过黄河，抵达东京城下。面对如此巨大的危机，宋钦宗竟也想弃城南逃，暂避风头。但李纲主张坚决抵抗，认为都城绝不能落入敌人之手，并表示自己愿意负担大任。于是，钦宗任命李纲全面负责东京防务。李纲积极组织军民备战，修楼橹，设弩床，准备了充足的防守器械。同时，李纲还在东京的四面配备正规军、辅助部队和保甲民兵，组织了马步军进行军事操练，准备作战。此外，李纲还派人保护粮草，占据城外有利地形设防。

金军不顾人马疲惫，立即进攻东京外城西水门。李纲派了两千名死士迎敌，他们在水中设置栅栏，阻挡金船前进，若金船靠近城下，便用长钩钩住敌船，以密集的石块投杀金军，砸烂金船。石头不够用，李纲就命人将蔡京家堆砌假山的石头运来，供守城之需。后来，金军渡过城壕，用云梯攻城，形势十分危急。李纲除了命士兵以投石和射箭来阻杀敌人外，还派数百名士兵缒城而下，烧毁金军的云梯，与金军短兵相接，斩杀敌人首领十余人、士兵百余人。李纲和守城的官员登上城楼亲自督战，宋朝将士士气大振，奋勇作战，杀死杀伤敌人数千。

金军统帅斡离不本想乘宋朝君臣惊慌、各地勤王兵尚未赶到时攻下东京，但这个企图在李纲领导的东京军民的顽强抵抗下破灭了。斡离不决定与宋朝和谈，而宋钦宗抵抗的态度本来就不坚定，更是乐于和谈。金军向宋朝提出了苛刻的议和条件，宋朝一次给金朝黄金五百万两、白银五百万两、牛马万只、缎百万匹；宋朝皇帝尊金朝皇帝为伯父；宋朝割让太原、河间和中山（今河北定州）三府给金朝；宋朝派亲王到金营为人质等。对于这些无理条款，李纲认为，黄金白银等费用太多，国库不能支撑，而太原、河间和中山三府是河北屏障，若割让给金朝，则宋朝边疆极为危险，建议派使者去与金人谈判，拖延时间，等待各地勤王兵的到来。但是朝中大臣如李邦彦、白时中等人都主张答应金军的条件，宋钦宗便不顾李纲反对，答应了这些款项，四处搜刮城中金银，并派康王赵构和少宰张邦昌到金营为人质。

此时，宋朝各地的勤王兵相继赶到，竟有二十万之多，而金军只有六万人。勤王兵将领姚平仲主张夜袭金营，救回赵构，甚至活捉斡离不。宋钦宗想侥幸取胜，竟同意了姚平仲的主意。但姚平仲中了金军埋伏，夜袭的宋军大败，姚平仲弃军而逃。金军立即派人来责问偷袭军营之事，要求更换人质。宋钦宗和李邦彦等人把责任全推到李纲和姚平仲身上，于是将李纲解职，派使者携带割让土地的国书前去谢罪，并以肃王枢和驸马都尉曹晟代替康王构和张邦昌为人质。

宋钦宗和李邦彦等人的妥协投降举动激起了东京军民的强烈愤怒，靖康元年二月，太学生陈东率领百余人上书，要求恢复李纲等人的职位，罢免李邦彦，得到东京数万军民的支持。宋钦宗无奈中恢复了李纲职位。面对着东京军民激昂的抗金情绪，加之宋朝勤王兵在数量上的优势，又因为宋朝已经答应割地赔款，斡离不开始考虑退兵之事。因此，金军于同年二月初十开始退兵。东京解围，北宋暂时渡过了灭亡的危机。

八月，金太宗再次下诏南下，仍由粘罕和斡离不率西路和东路军队，从大同和保州进军。金军一路攻破太原府和真定府，消息传到东京，宋钦宗又想割地求和，但金军仍迅速向东京挺进。十一月二十五日，东路金军到达东京城下。接着，西路金军也抵达，与东路金军会师。金军开始攻城，宋钦宗派人到相州，命康王赵构为天下兵马大元帅，要他立即组织人马救援东京。同时，命令各地勤王兵快速赶来，但为时已晚，守城的宰臣孙傅等人听信骗子郭京所谓用神兵守城的方法，使得金军攻入东京城。

金军登上城墙，却遭到了东京军民的顽强抵抗，他们杀死前来和谈的金军使者，自动以武器抗敌。但宋钦宗决意和谈，并亲自前往金营商议此事，最后于十二月初二献上降表。粘罕和斡离不为了防止东京的军民反抗，要求宋钦宗收缴东京城内外的武器。东京军民请求宋钦宗推迟此事，宋钦宗不允许，还将带头反抗金军的李宝等人斩首。

靖康二年（1127）二月初六，金朝废掉宋朝徽、钦二帝，北宋朝正式灭亡。十一日，金朝立张邦昌为傀儡皇帝，管理宋朝旧地。三月初七，张邦昌的伪楚政权正式建立。四月初一，粘罕和斡离不带徽、钦二帝和宋朝宗室、大臣、后妃共三千余人以及大量的金银、法器北还。宋徽宗的近属中只有哲宗的废后孟氏和康王赵构幸免于难。

二、宋金对峙局面的形成

（一）南宋初年的宋金战事

金军北撤后，张邦昌的傀儡政权遭到了东京军民的反对，而伪楚政权中的旧宋臣僚也对张邦昌施加压力，要求他退位。张邦昌无奈中请孟氏垂帘听政，后来，孟氏下手书让赵构即位。靖康二年（1127）五月初一，赵构正式即位，重建宋朝，是为南宋。宋高宗即位后，杀张邦昌，但对金朝仍然奉行妥协政策，不敢抵抗金军的南下。

建炎二年（1128）七月，金朝以赵构重建赵宋政权、破坏双方协议为借口，再次派兵南下，欲追击宋高宗，彻底消灭宋朝。同时，派娄室率领部分金军进攻陕西地区，以牵制四川、陕西的宋军。

宋高宗虽然在李纲等人的支持下，表示愿意抗击金军，却企图避难扬州，并派魏行可向金军求和，但这些都未能阻止金军继续南下。建炎三年（1129）正月二十七日，金军攻占徐州，立即奔袭扬州。宋高宗带着亲随仓皇地狼狈出逃，奔往镇江，然后从镇江逃到杭州。迫于朝野的巨大压力，宋高宗将投降派黄潜善、汪伯彦罢相，任命王渊主管枢密院。但是王渊与黄、汪等人都主张逃跑，还与作恶多端的宦官康履平勾结，他们对此次扬州溃逃负有重大责任。

面对宋高宗的消极抗金和用人不当，将官苗傅和刘正彦利用军民强烈的愤怒情绪，发动兵变，将王、康等人杀死，迫使宋高宗逊位给三岁的皇子，由孟太后垂帘听政。但是苗、刘等人在兵变后，没有很好地组织人民抗金，目标只是针对向金妥协的宋高宗。孟太后一面稳住苗、刘等人，一面暗中下手书请在外的韩世忠、张浚等人赶来平叛。建炎三年四月初，宋高宗复位。

苗、刘兵变后，宋高宗再派使者去向金求和，但金朝统治者决意要过江，对宋朝的求和不予理会。一路金军于建炎三年十月追击孟太后，但没有追上，于建炎四年（1130）二月北归。而另一路金军在兀术（完颜宗弼）的率领下直接追击宋高宗，高宗由杭州再逃越州，继而至明州，但金军紧追不舍，宋高宗仓皇入海，逃奔温州。金军入海追击近三百余里，找不到宋高宗踪影，后北还，却被韩世忠所率宋军重创。

同年三月初，韩世忠率领宋军约八千人，招募船只百余艘，在镇江截断了金军后路，双方在长江展开水战。韩世忠英勇迎敌，宋军士气大振，金军惨败。兀术无奈中想向韩世忠求和，要求借道，表示愿意放弃南下掠夺的人口和财产，但是遭到了韩世忠的严词拒绝。金军被宋军一直逼到黄天荡（今南京东北）中，宋军堵住出口，金军多次突围都没有成功，被困二十多天。后来，金军采用一个奸细的建议，利用老鹳河故道，才逃出黄天荡，但宋军紧追而来。金军不习水战，无法突围，下令悬赏帮助金人者。后福建人王某献计，让金船载土，上铺木板，增加船的平稳性和速度。金军依计，在四月二十五日，乘无风时，宋军船只行动不便，以火攻打败宋军，突围北归。黄天荡之役对金兀术的打击十分沉重，史载，兀术"自江南回，初至江北，每遇亲识，必相持泣下，诉以过江艰危，几不得免"[17]。开始意识到攻宋的困难，逐步产生了与宋议和的想法。

此时，金军在西北战场也没有取得军事上的绝对胜利。双方为了争夺川陕地区，进行了几次大的战斗。入夏，兀术北撤，高宗却仍然心有余悸，担心金军再次过江，便命令张浚在陕西发动攻势，以牵制金军，使之不能南下。张浚在西北积极部署，命令诸路宋军分道进兵关中。张浚积极抗金政策得到了广大军民的支持，他们奋勇抗金，收复了一些失地。建炎四年，金太宗见西北战场失利，忙命兀术率兵前往增援，双方在富平展开激战。战斗中，宋将刘锜率军杀入金军阵中，一度将兀术围住，金将韩常也被宋军射中眼睛，金军拼死才突围而出。但由于宋军缺乏配合，尤其是宋将赵哲在遭到金军攻击时，弃军而逃，影响了整个战局，使得宋军最后溃败。

富平之战是宋朝首次集中兵力主动出击金军，打乱了金太宗南下的部署，迫使兀术撤军，解除了金朝对南宋的直接威胁。但是，宋军最后的溃败，使得陕西大部分地区落入金军手中，川陕地区只能长期处于守势，对宋朝后来的防御极为不利。富平之战后，张浚退兵至兴州（今陕西略阳），但金军不断进攻，张浚最后退到阆州（今四川阆中），形势极为险恶。尤其是紧靠大散关的和尚原是从秦岭进入汉中地区的重要通道，若和尚原落入金军之手，金军由陕入川，再灭南宋便十分容易。此时，宋将吴玠也已整顿军队，筹备粮食，准备死守和尚原。

绍兴元年（1131）十月，兀术亲自率领军队进攻和尚原，吴玠指挥宋军先后打败两支金军。兀术气势汹汹，对和尚原志在必得，派军队轮番强攻。吴玠占据有利地形，指挥军士用强弓劲弩射杀金军，并派军队切断金军的粮道，突袭金军。兀术连攻三天不能成功，只得退兵，这时，吴玠指挥军士追击，大败金军。兀术身中两箭，狼狈逃脱。

和尚原之战后，宋金双方在饶风关（今陕西石泉西）再次发生战斗，宋军战败，退至仙人关（今甘肃徽县南）。吴玠认为和尚原远离四川，粮道不便，便放弃了和尚原，在仙人关附近修杀金坪，准备迎敌。兀术于绍兴四年（1134）二月率领十万大军攻仙人关，吴玠以一万宋军迎敌，进行顽强抵抗。吴玠的弟弟吴璘闻讯后，立即赶来增援。吴璘率领军队转战七昼夜，才赶到仙人关与吴玠会合，共同抗金。吴氏兄弟率领的宋军以弓弩射杀了大量金兵，然后组织反击，大败金军。兀术被迫撤兵退至凤翔，吴玠乘机收复秦（今甘肃天水）、凤（今甘肃凤县东）、陇（今甘肃陇县）等地。金军企图由川陕灭宋的计划破灭。

与此同时，在中原战场上，岳飞率军收复襄阳，韩世忠、刘光世和张俊也先后率领军队打败金军和刘豫的伪齐军队。通过这些战争，金朝既不能一举南下灭掉南宋，南宋也无力北上，收复北宋故土，宋金对峙局面初步形成。

（二）绍兴和议

绍兴五年（1135，金天会十三年），金太宗病逝，金熙宗即位。由于南宋军民抗金情绪高涨，而金军在灭宋不能成功的情况下产生了厌战情绪，再加上金朝统治集团内部矛盾重重，金熙宗便开始改变对宋政策。绍兴七年（1137）三月，金朝废掉伪齐政权，将伪齐统治区划给南宋，以换得南宋对金的臣服，同时派使者与南宋议和。绍兴八年（1138）三月，宋高宗命秦桧为相，全权负责与金议和。尽管宋高宗和秦桧的议和遭到了主战派军民的反对，但双方仍于绍兴九年（1139）正月达成协议，即宋对金称臣，每年给金朝银二十五万两、绢二十五万匹，金朝则将河南、陕西归还给宋朝，同时，送宋徽宗的棺木和高宗生母韦氏南归。宋金双方于同年三月在开封办理了伪齐地区的交接手续。

然而，同年七月，金朝统治集团内部发生变故，反对将陕西和河南归还给宋朝的兀术集团掌权。在兀术等人的建议下，金熙宗下诏书出兵南下，决定收回河南和陕西地区。金朝的这次南下是在宋金已初步形成对峙局面的情况下发生的，以前金强宋弱，而此时双方力量均衡，甚至是宋强金弱。因此，金朝的目的是想利用战场的威逼和议和的诱饵来收回答应归还给宋朝的土地，并非南下灭掉南宋。

与此相反，南宋统治者仍然沉浸在和议的喜悦之中，以高宗为首的朝廷当权者只是一味地指望议和，在河南和陕西等前线地区未做充分的防御部署。因此，即使南宋此时军事上稍微居于强势，也不太可能有效施展出来。当宋高宗得知金兵撕毁和议南下，在议和无望的情况下，下诏书号令各路将士迎战。战争初期，金军比较顺利，仅一个月便夺回河南和陕西，但不久便遭到南宋军民的顽强抵抗。

绍兴十年（1140，金天眷三年）五月，宋朝派刘锜出任东京副留守。当刘锜到达顺昌府时，便得知金军已经攻陷东京，正向顺昌逼近，于是决定坚守顺昌，阻挡金军的南下。当金军前锋刚抵达顺昌时，刘锜立即出兵夜袭，打击其锐气，然后，刘锜命将士用弓弩击退从陈州赶来增援的金军。兀术于同年六月上旬率领军队抵达顺昌，当时刘锜的守军不过二万人，能出战的则不足五千人。刘锜利用金军远来、人马疲乏又不习惯酷暑的弱点，集中兵力，重点突击，金军大乱，死伤无数，只得退兵。刘锜获胜后，宋高宗等人却没有继续向北挺进的意图，便命令刘锜班师回镇江府。

兀术自顺昌败回东京，却探知岳飞带领为数不多的岳家军驻扎在郾城，而与岳飞一起出兵的张俊和王德等人已经回撤。兀术见岳飞孤军深入，没有后援，立即率领军队直扑郾城，欲一举消灭岳家军的指挥枢纽。兀术用精锐骑兵铁浮屠从正面进攻，左右以拐子马辅助。岳飞派背嵬军和游奕军迎战，同时派步兵背着大刀，专砍金军的马腿，使得兀术的骑兵无用武之地。金军大败，一路溃退。但是兀术并不甘心失败，于数日后再次进攻郾城，被岳家军将领杨再兴打败，金军只好撤退。郾城大战后，岳飞还想一举收复失地，但是宋高宗令他班师，岳飞撤退后，收复的土地又被金人占领。

与此同时，金军在川陕战场被胡世将、杨政、吴璘等人所阻。金军经过这一系列挫折，虽然达到了收回河南和陕西地区的基本目的，但被迫撤军议和。经过反复交涉，双方于绍兴十一年（1141）十一月达成和议，史称"绍兴和议"：1. 南宋向金朝称臣；2. 宋金以淮水中流至大散关为界；3. 宋朝每年向金朝献银二十五万两，绢二十五万匹；4. 双方互相派遣使者来往；5. 燕京以南、淮河以北的人愿意北归，宋朝不能阻拦，但燕京以北的人南逃，宋朝必须遣还。此外，金朝还答应将宋徽宗及其皇后的棺木以及宋高宗生母韦氏等人送回。

绍兴和议中，宋朝丢失了淮河以北的大片领土，同时，宋朝还以"莫须有"的罪名杀害了民族英雄岳飞。绍兴和约签订后，宋金结束了长达十五六年的战争局面，开始和平相处。

三、对峙中的宋金关系

（一）完颜亮南侵与采石之战

金皇统九年（1149），完颜亮杀金熙宗，自立为帝。他继承了金熙宗的各项汉化政策，实行改革，打击女真旧势力，但是完颜亮不顾当时宋金两国已经形成对峙局面的实际情况，想统一南北，决定南侵。完颜亮为此预先做了各种准备：第一，建设开封，仅这项工程便耗费了巨大的人力、物力。第二，在全国范围内征兵，凡是二十岁以上、五十岁以下的男丁都编入军籍。第三，建造战船和兵器。第四，搜集天下马匹，预收全国五年赋税。

绍兴三十一年（1161，金大定元年）九月，完颜亮正式发动南侵战争，兵分三路南下。西路金军首先攻克大散关，企图攻下四川，但遭到了吴璘的阻挡。中路军以荆襄为主攻方向，但金军被宋将张超打败。完颜亮亲自率领的主力军则向两淮进发。

由于宋朝负责淮西防务的王权不战而逃，金军在淮西渡河，如入无人之境。但由于完颜亮的南侵不得民心，金朝统治集团内部矛盾爆发，宗室完颜雍发动政变，自立为帝，是为金世宗，并宣布完颜亮的多条罪状。完颜亮已无后路可退，决定孤注一掷，准备从采石（今安徽马鞍山境内）渡过长江。为了挽回颓势，宋朝将一路逃跑的王权罢官，但新帅李显忠尚未到任，形势十分危急。前去督军的虞允文毅然负担起抗击金军的大任。虞允文召集王权旧部，组织军队，布置战船，还号召当地民兵一起抗金。同年十一月，完颜亮向宋军发起进攻，虞允文亲临前线指挥作战，宋军士气大振，金军大败。虞允文还以宋军溃败来采石的部队为疑兵，使得金军以为宋军的援兵到来，自己乱了阵脚。宋军从正面发起进攻，烧毁金军战船，使得完颜亮由采石渡江的计划落空。采石之战是虞允文率领南宋军民打败金军、毁灭完颜亮南侵企图的战役，这次战役加速了完颜亮集团的瓦解。同时，由于虞允文表现出色，他在南宋朝廷及边防中的地位更加重要。

完颜亮失败后，退回和州（今安徽和县），接着逃到扬州，企图从瓜洲（今江苏镇江北）渡江，但是，金军将士见南宋有准备，而金朝都城中又新立皇帝，军心大变。十一月二十七日，金军将领完颜元宜和唐括乌野等人发动兵变，杀死完颜亮，撤军北归。

（二）隆兴和议

完颜亮被杀后，金世宗立即下令撤兵，并派使者到南宋议和。此时，面对极为有利的形势，南宋君臣面临着战与和的抉择。绍兴三十二年（1162）六月，宋高宗退位。宋孝宗即位后，任命张浚统一处理江淮的军事，同时，恢复岳飞的官爵，为其平反昭雪，并起用主战的胡铨，以示抗金之意。张浚担心失去大好时机，极力主张北伐收复中原，他建议立即出兵，于是宋孝宗将此事交给张浚全权处理，协调北伐事宜。

隆兴元年（1163）四月，张浚在孝宗支持下北伐，而此时，金朝也准备再次南侵。五月，张浚正式出兵。宋将李显忠取得了一些胜利，但另一将领邵宏渊消极北伐。李显忠在邵宏渊的阻挠下，一路撤兵到符离，被金军打败，北伐被迫结束。

符离之败后，宋金再次议和。隆兴二年（1164，金大定四年）十一月，双方达成协议，史称"隆兴和议"：1.改金宋的君臣之国为叔侄之国；2.减少宋朝的岁币，银、绢各减五万为各二十万两、匹；3.宋将海、泗（今江苏盱眙）、唐、邓四州归还给金朝，并割商、秦两州给金朝；4.双方各自遣还被俘虏的人员，但自愿逃往对方的人可以不遣还。

隆兴和议虽然对宋金原有的关系做了一些调整，但对于宋朝来说，仍然是个不平等的条约。隆兴和议后，宋孝宗极为不满宋金间的不平等关系，想支持虞允文北伐，改变宋朝的屈辱地位，但因宋高宗的阻挠和虞允文后来病死，宋孝宗的北伐事业只能作罢。淳熙十六年（1189）二月，意志消沉的宋孝宗将皇位传给宋光宗，自己做了太上皇。

（三）开禧北伐

绍熙五年（1194），宋宁宗即位，在朝廷政治斗争中，宁宗韩皇后的叔叔韩侂胄逐渐掌握了朝政。韩侂胄以抗金为名，受到了当时一些主战派人士的支持。嘉泰元年至二年（1201—1202），金朝使者来宋，不愿意按照规定的礼节进行文书交接，宋宁宗极为愤恨，对金朝产生不满，逐渐支持韩侂胄的抗金主张。而宋朝派往金朝的使者邓友龙回国后说，金朝由于应付崛起的蒙古，已经疲惫不堪。辛弃疾也主张北伐，认为金朝必定会灭亡。开禧元年（1205），金朝使者见宋宁宗时态度极为无礼，宋朝大臣朱质甚至上书要求斩杀金使，这件事情更加坚定了宋宁宗北伐的决心。

宋宁宗任命韩侂胄总揽军政大权，于开禧二年（1206）四月追封岳飞为鄂王，追论秦桧误国之罪，削夺他的爵位，改其谥号为谬丑。此外，宋宁宗和韩侂胄还积极部署边防，委派将领到边境整顿军备，同时对金朝边境进行军事骚扰，派大将毕再遇等人进攻泗州。在此期间，宋朝将领们取得了一些胜利，韩侂胄便请宁宗下诏书北伐，史称"开禧北伐"。

同年五月宋朝出兵后，各路将领纷纷发兵，主动进攻，声势十分浩大。然而，面对南宋的进攻，金朝早有准备。而韩侂胄并无实际才能，任用了大批无军事指挥能力的将领，甚至还任用了一些主和派，这对宋军极为不利。宋军出兵不久，就从宿州、寿州（今安徽凤台）和蔡州败下阵来。只有宋将毕再遇率领的部队取得了一些胜利。

更严重的是，驻守四川的吴曦又投降金朝，对北伐产生了极为不利的影响。吴曦是抗金名将吴璘的孙子，开禧二年，宋朝任命吴曦为四川宣抚副使，允许他节制四川各地的财赋。开禧北伐之初，吴曦还兼任陕西、河东招抚使，他暗中打算趁北伐之时掌握大权，叛宋割据称王。韩侂胄命吴曦尽快出兵陕西，牵制金军，以利于北伐，而吴曦却阳奉阴违，暗中投靠金朝。同年十二月，金朝封吴曦为蜀王，于次年正月正式称王，还对金割地，吞并了宋朝在四川的军队。但是吴曦降金不得人心，最后被部下张林、将官李好义、杨巨源等所杀。

当吴曦叛乱时，南宋内部的主和派也活跃起来，他们遵从金朝的意思，以杀韩侂胄为条件，与金朝求和。开禧三年（1207）十一月，史弥远以北伐造成人口死亡且耗费大量资金为理由攻击韩侂胄，并与参知政事钱象祖、宁宗的杨皇后及皇子赵曮等人谋杀了韩侂胄。嘉定元年（1208）三月，史弥远将韩侂胄首级送给金朝，与金议和，订立嘉定和议：1.金宋由叔侄之国改为伯侄之国；2.宋金疆界仍以淮水和大散关为界；3.宋每年向金输纳岁币银、绢各三十万两、匹；4.宋朝向金朝纳犒军银三百万两；5.双方遣还被俘人员。

（四）宋蒙联合攻金

当南宋进行开禧北伐时，漠北的蒙古已经崛起。嘉定三年

（1210，金大安二年），蒙古开始攻金，金军节节败退。南宋趁机于嘉定七年（1214）七月决定不再向金纳岁币，嘉定十年（1217），金朝以南宋不再纳岁币为借口，发兵攻襄阳，企图侵占南宋领土，以转移由于与蒙古作战而导致的国内危机。但金军在襄阳被宋军击败，南宋政府下诏伐金。金宣宗也于嘉定十二年（1219，金兴定三年）大举南下，欲扩张领土和索要岁币。但由于金朝日益衰落，在南侵的同时，北方还一直与蒙古作战。金朝此次南侵遭到南宋顽强抗击，最后以失败告终。金的南侵耗费了大量物力、人力和财力，最终却一无所得，而蒙古已大举南下，于绍定五年（1232，金开兴元年）在钧州三峰山（今河南禹县）大败金军。此次战役，金朝的精兵良将损失殆尽，金哀宗于年底逃往归德（今河南商丘）。

绍定五年年底，蒙古可汗窝阔台派人来南宋商量联合灭金之事。南宋派使者前往商讨，双方达成协议，约定灭金后，蒙古将河南归还给南宋。绍定六年（1233）四月，宋将孟珙大败金军。同年十二月，宋蒙两军合攻蔡州。端平元年（1234）正月，蔡州城破之时，金哀宗自尽，金末帝被乱兵杀死，金朝灭亡，金朝后妃、宗室五百余人被蒙古俘虏。而窝阔台却毁约，不将河南归还给南宋，只以陈州、蔡州以南地区给南宋，南宋无可奈何，只得接受。

第四节　宋蒙关系

12世纪后半期，蒙古部落逐渐强盛起来，其首领铁木真在部落争战中脱颖而出。宋开禧二年（1206），铁木真建蒙古汗国，统一草原诸部，标志着一支新兴、强大势力的崛起。从此，在宋、金、夏三足鼎立的局面中，又出现了一股新的政治力量，正是后者逐渐结束了其他三个王朝的统治，建立元朝，统一全国。南宋与蒙古帝国的角逐，时间弥久，影响深远。

一、假道攻金

蒙古汗国建立后，即将战争的锋芒指向了蒙古草原以外的地域。在对国势较弱的西夏进行打击之后，蒙古王朝便对曾经压迫蒙古草原诸部的金朝发起了试探性进攻。嘉定七年（1214），金主向蒙古请和，将都城迁到远离蒙古的南京（今河南开封），以避蒙古兵锋。南宋人对金以北宋旧都开封作为都城表示极大愤慨，他们担心金都南迁将给南宋造成诸多麻烦，同时也害怕新兴蒙古将会给南宋带来更大的威胁。为了拉拢宋朝，蒙古便派使者到南宋，希望宋朝"纳地请兵"[18]。嘉定十年（1217），金对南宋发动"取偿"战争，导致宋金关系彻底破裂。嘉定十三年（1220），宋宁宗派遣赵拱前往河北蒙古军前议事，受到了当时蒙古驻汉地最高军政首领木华黎的热情款待。嘉定十四年（1221），宋使苟梦玉经过长途跋涉，到达西域之铁门关（新疆库尔勒市境内），见到了蒙古最高统治者成吉思汗。这样，宋蒙之间的联盟终因金朝对南宋政策的失误而得以实现了。

但宋蒙关系在这一时期发展并不顺利。首先，蒙古遣使频频遭宋冷遇，主要是宋廷的有志之士已经意识到蒙古对南宋存在巨大的潜在威胁；其次，宋蒙双方在山东[19]的争夺，是造成宋蒙关系冷淡的另一重要原因。自金朝都城南迁之后，蒙古势力也随之进入山东地区，招纳当地民间武装力量，南宋自然难以坐视不管。再次，宋蒙对四川地区[20]的争夺也是双方冲突的原因之一。宝庆三年（1227），成吉思汗发动灭亡西夏的战争，同时，又遣一支蒙军侵入南宋四川境内，与南宋军民发生激战，蒙古军队蹂践关外五州。由于成吉思汗病逝，蒙军才退出蜀境。[21]

宋蒙关系进一步激化的事件是蒙古假道攻金。成吉思汗病逝之时，便留有著名的假道攻金的遗言。金南迁之后，河北、山东及关陕之地丧失殆尽，只好集中兵力死守黄河，保潼关（今陕西潼关），蒙古军队难以突破这两道防线。于是蒙古人便想避开金人的正面防线，迂回陕西，绕出潼关，进入河南，出奇制胜，攻击金都汴京。窝阔台继承汗位以后，蒙古军队对金战争连连失利。有降人李昌国向拖雷献策假道，并最终成行。于是窝阔台汗带领中军自白坡（今河南孟县西南）南渡黄河，从正面进攻，斡陈那颜率左路军由济南西下，而以拖雷带领右路军，自凤翔过宝鸡（今陕西宝鸡），渡渭水，假道于宋，迂回南宋四川境，沿汉水而下，进入河南，从背后攻击金人，达到出奇制胜的效果，三路大军期以绍定五年（1232）会师于南京开封，消灭金朝。

假道战略确定以后，蒙古加紧了对南宋四川地区的渗透和侵扰。由于南宋军队没有组织有效的抵抗，蒙古军队一直达到四川腹地。最终使得蒙古人假道成功，顺利通过宋境，进入河南。此后，拖雷才得以在钧州三峰山大败金军主力，对消灭金朝起到了至关重要的作用。蒙古假道显然加速了金朝的灭亡，同时也是蒙古王朝对南宋的试探性进攻，蒙古已探知宋朝四川边防和内地的情况，为后来蒙军长驱入蜀创造了条件。

蒙军在河南追击金哀宗时，又遣使至襄阳与宋商议联合灭金之事，强求南宋出兵助粮。绍定六年（1233），宋廷派史嵩之入河南攻金，并派孟珙、江海率领军队赶赴蔡州应援蒙古军队，并接济蒙古军队粮草。南宋兵粮的增援，使得蒙军士气大振，蔡州城内金人得知南宋兵临城下，惊恐万分。最终在宋蒙两军的合力攻击下溃败。端平元年（1234），蔡州城破后，金哀宗上吊自杀，金朝灭亡。孟珙与塔察儿分哀宗遗骨，得金玉带、金银牌等，还军襄阳。

自蒙古假道宋境攻金，宋金之间产生了严重的军事冲突，宋蒙关系也降到了最低点。但时隔两年，宋蒙双方又携手灭金。正是由于南宋在蔡州之役中有助于蒙古，蒙古在金灭亡之后，不便立即对宋发动进攻，双方以蔡州、陈州为界，出现了暂时的平静局面。金灭亡之后，宋、蒙、金三角鼎立的局面演变为宋蒙南北对峙，宋蒙关系开始进入全面对峙的时期。

二、端平入洛

理宗绍定六年（1233）十月，权相史弥远死，理宗擢用一批孚人所望的名士，朝廷一时间颇有振作之气，史称"端平更化"。理宗亲理朝政，一心想建功立业，但对蒙古的野心及南宋自身的国情缺乏清醒的认识，他想乘胜收复故宋失地，当时南宋一些边将也有类似的图谋，正好迎合了宋理宗的心理。这时，京湖制置司献上北宋八陵之图，宋理宗顿觉痛心疾首，因而诏令朝廷百官集议和战攻守事宜。以两淮的赵范、赵葵兄弟及全子才为首的一部分边帅，力主收复三京（西京洛阳、东京开封、南京应天）及河南其他地方。他们采纳了金朝降将谷用安的建议，力图仿效金人守黄河、保潼关的策略。于是在举朝大多数人反对的情况下，理宗决定出师中原。

端平元年（1234）五月，宋理宗授赵范节制沿边军马，由全子才等人率淮西兵万余人先北上，由庐州（今安徽合肥）出发，渡过淮河。由于黄河泛滥，自寿春（今安徽寿县）至东京，一路上河水深及腰，甚至及颈者，宋军行进十分困难。蒙古得知消息后，在潼关、河南增派兵力，但并未出兵予以阻挡。全子才率兵至东京之际，粮饷已缺，于是开始停军筹办粮草。赵葵以五日口粮给予监军徐敏子等人，令其继续前进，潜赴洛阳。戍守洛阳的蒙军早已在城外设伏。等宋军进入洛阳城内，蒙军四围而来。宋军粮草缺乏，士气低落。同年八月初，宋军全线溃败，南宋的"恢复"壮举遂成泡影。南宋君臣忽视了自身实力不足的客观事实，在作战过程中未对后勤保障予以足够重视。端平入洛的失败，不仅人力、物力和财力蒙受了巨大损失，同时也为蒙古出兵攻宋提供了口实。

端平二年（1235）春，窝阔台遣皇子阔端和曲出出师攻宋，宋蒙战争全面爆发。阔端一军进攻四川，由于宋朝利州驻扎御前诸军都统制曹友闻遣军死守入川的军事要塞，蒙军受挫，只好退兵。次年秋，蒙军再度大举攻入四川，宋蒙两军经过二十天激烈争战，宋将曹友闻全军覆没。蜀口防线瓦解，蒙军遂长驱入蜀。后蒙军乘胜前进，兵分三路，向成都进发。攻下成都之后，阔端蒙军惨毁成都城，遂率大军北返。留下蒙将塔海、汪世显等四出攻掠，四川人部分为蒙军所蹂躏，破坏十分严重。

与阔端攻蜀的同时，窝阔台第三子曲出与口温不花统领的大军向宋京湖地区发动了进攻。京湖地区地理范围包括南宋之京西南路和荆湖北路，这两路的行政中心分别为襄阳和江陵，故又称为"荆襄战场"，约相当于现在湖北全省和湖南省的部分地区。

在荆襄战场上，曲出大军自河南沿唐（今河南唐河）、邓（今河南邓县）一线进军。唐、邓二州原为金辖境，金亡后归宋，但戍军仍以金人所领的"北军"[22] 充任，他们与南宋关系素不和谐，因而纷纷投降，蒙军不费吹灰之力便渡黄河南下。端平三年（1236）二月，曲出再次南下，宋军防御不当，襄阳城被焚掠一空，襄阳失守，标志着南宋京湖沿边防线被突破。荆门、郢州诸城相继失陷，蒙军直逼长江北岸的江陵，威胁长江防线，宋朝急调驻黄州的孟珙驰援。孟珙令将士封锁江面，焚毁蒙军渡江船只，蒙军最终溃败而去。同时，塔思率军由京湖攻蕲州，孟珙赴援，解除蕲州之围。后蒙军攻至长江北岸，南宋政府调兵同蒙军展开殊死战斗，遏制了蒙军的猛烈攻势。同年十月，曲出去世，蒙古在京湖地区的军事行动暂时停顿下来。

蒙古攻宋的另一战场是两淮地区，两淮最临近南宋京畿，是拱卫南宋腹心的要害。端平三年十月，蒙古统帅"叶国大王"率蒙军攻入淮西，包围光州（今河南潢川），进攻庐州，宋将严密设防，击退了蒙军的进攻。蒙军对两淮的大规模进攻，由于宋军积极有效地抵抗和增援，未能得手。

三、蒙军攻势与南宋整顿边防

（一）四川战场

阔端北返之后，留下部分军队继续在四川攻掠，同时继续对两淮等地发动进攻。南宋政府派遣孟珙整顿四川边防，孟珙在短时间内发挥卓越的领导才能，向宋廷提出了"上流备御宜为樊篱三层"的防御方案，以夔州为中心构筑长江上游防线，以常德府（今湖南常德）和澧州（今湖南澧县）等地为第二道屏障，以辰州（今湖南沅陵）、沅州（今湖南芷江）、靖州（今湖南靖县）、桂阳军（今湖南桂阳）、郴州（今湖南郴州）等地的弧形地带作为第三道防线，从而有效巩固江防，稳定了川东局势。窝阔台去世以后，汗位继承问题迟迟不能解决，直至蒙哥即位。由于蒙古内部政局动荡，南宋获得了较长的喘息时间，进而对战场的防御进行了相应调整。

四川是遭受蒙军破坏最为严重的地区，如四川不保，将严重威胁南宋的安全。淳祐二年（1242），理宗派遣在两淮抗蒙战争中有杰出贡献的余玠整顿四川边防。余玠到达四川后采取了一系列政治、经济和军事措施，其中最重要的是创建了山城防御体系。他利用四川天然的地理环境，在主要江河沿岸及交通要道，选择险峻的山隘筑城结寨，星罗棋布，互为声援，构成一套完整的战略防御体系。

钓鱼城即是这一山城防御体系的核心和最为坚固的堡垒。该城坐落在今四川省合川县城东五公里的钓鱼山上，其山突兀耸立，相对高度约三百米。山下嘉陵江、渠江、涪江三江汇流，南、北、西三面环水，地势险要，水、陆运输可通达四川各地。余玠将钓鱼城分内、外城，外城筑在悬崖峭壁之上，城墙系条石垒成。城内有田地和丰富的水源，周围山麓也有可耕田地。依恃天险，易守难攻，具备军队长期坚守的必要条件。宝祐二年（1254），合州守将王坚进一步修缮城池。四川边地之民多避兵乱至此，钓鱼城成为兵精粮足的坚固堡垒。由于余玠等人对该地区防务的有效整合，连续抵御了蒙古王朝在淳祐年间三次大规模进攻（1243、1244、1246）。尤其是淳祐六年（1246），南宋在四川诸多要道设置的山城堡寨，使蒙军的进攻遭到顽强阻击。山城中礧石飞滚而下，蒙军无法发挥其骑兵的优势，因而在四川的攻势遭到严重挫折。

余玠对四川的全面治理，使该地区抗蒙形势大为好转，于是余玠决定主动出击，收复失地。淳祐十年（1250）冬，余玠率兵乘虚围攻兴元（今陕西汉中），陕西各处蒙军在得知兴元被围的消息后火速救援，打乱了余玠夺取兴元的计划，宋军被迫撤围。这是宋蒙全面战争以来南宋组织的第一次对蒙古大规模的反击战，极大振奋了全体军民的士气，余玠也受到了理宗的嘉奖。

（二）两淮战场

从窝阔台去世至蒙哥继位，蒙古以新组建的水军加紧对两淮的进攻，南宋一方面加强安丰军（今安徽寿县）、泗州等沿淮重镇的城防工作，淳祐三年（1243），南宋在新建的泰州新城（今江苏泰州）安置了一百门大炮（抛石机）。同时对入淮各支流实施重点防御，淳祐三年和四年蒙军连续对南宋新建城防寿春城展开进攻和破坏活动，但都未达到目的。淳祐九年（1249），蒙古军四万人马攻淮南，但在宋军的顽强抵抗下，又遭失败。同年，南宋派遣吴渊经制建康、和州、安庆府（今安徽安庆）、安丰军、蕲州等淮西地区边防，他集结丁壮，分立队伍，屯守山寨。"无事则耕，有警则御。"这些山寨防御在以后的抗蒙战争中发挥了极为重要的作用。

（三）京湖战场

嘉熙二年（1238）十月，孟珙升任京湖制置使兼知岳州，理宗令其收复荆襄地区。宋军的收复行动进展较为顺利，张俊收复郢州，贺顺收复荆门军，曹文镛收复信阳军，刘全收复樊城，蔡（今河南汝南）、息（今河南罗山东北）两城也降宋。一时间战果颇丰。淳祐元年（1241），理宗以孟珙经营京湖防务，他在江陵城外修复湖塘防御工程，逐渐巩固了京湖边防。孟珙还派兵援助两淮和四川，并不断深入河南袭击蒙古，给河南的蒙军造成一定威胁。

淳祐元年，蒙古遣月里麻思使宋，南宋将蒙古使团扣押起来，月里麻思被囚于长沙飞虎寨长达三十六年，后中毒而死。但由于窝阔台汗于同年十一月去世，蒙古对南宋的囚使事件并未做出强烈反应。淳祐七年（1247）到淳祐九年（1249）之间，南宋派遣王元善出使蒙古，想借新立大汗之机，主动与蒙古和好，争取停战，蒙古人将王元善扣押七年之久，关闭了宋朝政府企图谈和的大门。

四、宋蒙最后的较量

（一）钓鱼城之役

宋淳祐十一年（1251），蒙哥登上大汗宝座，稳定了蒙古政局，继续积极策划灭宋战争。蒙哥为成吉思汗幼子拖雷的长子，曾与拔都等率兵远征过欧、亚国家，以骁勇善战著称。淳祐十二年（1252），蒙哥汗命其弟忽必烈率师平定大理，对南宋形成包围夹击之势。

宋宝祐五年（1257），蒙哥汗决定发动大规模的灭宋战争。在战略部署上，蒙哥汗命忽必烈率军攻鄂州，塔察儿、李璮等攻两淮，牵制南宋兵力，以掩护对四川、京湖的进攻；又命兀良合台自云南出兵，经广西北上；蒙哥汗则自率蒙军主力攻四川。蒙哥汗以四川作为战略主攻方向，意欲发挥蒙古骑兵长于陆地野战而短于水战的特点，以主力夺取四川，然后顺江东下，与诸路会师，直捣宋都临安。

宋宝祐六年（1258）秋，蒙哥汗率军四万，分三道入蜀，集中兵力攻钓鱼城。次年二月，蒙哥汗亲督诸军战于钓鱼城下。钓鱼城的山城防御体系起到了至关重要的作用，蒙军攻城连续失利。蒙哥汗率军入蜀以来，沿途各山城寨堡多因南宋守将投降而轻易得手，尚未碰上一场真正的硬仗。因此，至钓鱼山后，蒙哥汗欲乘胜攻拔其城，虽久屯于坚城之下，亦不愿弃之而去。尽管蒙军的攻城器具十分精良，但钓鱼城地势险峻，宋军在主将王坚及副将张珏的协力指挥下，击退蒙军一次又一次的进攻。蒙军久屯合州城下，又值酷暑季节，水土不服，导致暑热、疟疾等疾病流行，蒙哥汗也患上了痢疾病，且在一次攻城战斗中为炮石击伤。同年七月，蒙哥汗去世，蒙军无法继续前进，被迫撤军北返。

钓鱼城之战导致蒙哥汗发起的灭宋战争全面受阻，使南宋得以延续二十年之久。进攻四川的蒙军被迫撤军，护送蒙哥汗灵柩北还，使蒙军的第三次西征行动停滞下来，缓解了蒙古势力对欧、亚、非等国的威胁，使许多地区的文明免遭破坏。因此，钓鱼城之战的影响远远超越了中国范围，在世界史上也占有重要的一页。

（二）忽必烈灭宋

蒙哥汗命丧钓鱼城后，忽必烈于宋景定元年（1260）继汗位，是为元世祖，年号中统。忽必烈重用汉人将帅、谋臣，推行汉化政策，改革官制，确立中央集权。同年四月，其弟阿里不哥于和林（今蒙古哈拉和林）称帝。忽必烈为讨阿里不哥，派谋臣郝经出使南宋，主动与南宋息兵修好。此时的南宋政治腐败，贾似道擅权，战备松弛，坐失强兵固边的大好时机，贾似道令将官将郝经扣留于真州（今江苏仪征）十六年。咸淳十年（1274），忽必烈以郝经被拘押为由发动了大规模的攻宋战争。

他在总结窝阔台及蒙哥汗攻宋得失的基础上，制定了先取襄樊、实施中间突破、沿汉入江、直取临安的灭宋方略，即将进攻战略的重点由四川转向京湖，展开了攻灭南宋的战争。

宋咸淳四年（1268，元至元五年），忽必烈命都元帅阿术、刘整率师攻襄樊。蒙军采用史天泽等人的建议，采取筑堡连城、长期围困、水陆阻援等战法，经五年围困，襄阳、樊城外援已绝，仅靠水上浮桥互相联系。咸淳九年（1273），蒙古转变战略，水陆夹击，截断宋军外援，先破樊城，于是襄阳城处于内无力自守、外无援兵的境地。在诱降和军事压力下，吕文焕投降元朝，大大增强了蒙古军队的力量。襄樊战线被攻破，南宋朝廷上下大为震动，急忙调整部署，把战略防御重点退移至长江下游一线。

在进攻襄樊的同时，忽必烈命伯颜、阿术率军二十万，以南宋降人为向导，自襄阳顺汉水入长江，直取临安。咸淳十年（1274，元至元十一年）十二月，伯颜以声东击西之策，使元军进占沙芜口（今湖北武汉汉阳东），屯驻江边。避实击虚，强渡长江成功。鄂州的失陷标志着宋蒙战争的重大转折。

次年正月，伯颜命阿里海牙领兵四万镇守鄂州，自率十余万大军，令降将吕文焕为先锋，以战抚兼施之策，沿江东进。因沿江诸郡多系吕氏旧部，元军所至，皆纷纷归降。宋遣贾似道率师十三万、战舰二千五百艘，于丁家洲至鲁港进行阻击。因贾似道并不想与元军开战，希望采取非战争的方式促使元军退兵，使得宋朝军心动摇。因此，在丁家洲之战中一溃千里，致使宋军水陆两军主力损失殆尽。同年三月，元军至建康，镇江府、饶州、宁国府（今安徽宣城）、广德军、溧阳（今江苏溧阳）、常州等地相继归降。此时阿里海牙进攻荆湖，使京西南路与荆湖北路之地完全脱离了南宋的控制，为伯颜进军临安解除了后顾之忧。

丁家洲战败的消息传到临安，南宋朝廷一片恐慌。贾似道等人上书请恭帝迁都海上。与此同时，南宋政府下诏各地起兵勤王，张世杰、文天祥等少数效忠者应诏而至。宋廷为挽救危局，张世杰自临安发兵三路北进抗元，先后收复广德、常州等地。德祐元年（1275）七月，宋将张世杰等率战舰万艘，以十舟为一舫，连以铁索，碇于江中，横列焦山江面，欲与元军决战，蒙古阿术以水陆协同进击，配以火攻，宋军殊死抗战，但被元军冲散，宋军多赴江而死，张世杰率部南走，宋军损失惨重。长江防线彻底崩溃，临安危在旦夕，这标志着宋军的反击基本结束。

（三）南宋灭亡

宋德祐元年（1275，元至元十二年），伯颜从镇江兵分三路南攻临安。三路大军会师于临安北郊皋亭山，完成了元军右路包抄的战略计划。之后文天祥被羁于元营。元军取临安城后，伯颜取宋摄政太皇太后谢道清手诏，招降未附州县。两淮、湖南、江西战场均落入蒙古的统治范围，但此时福建、两广等地仍处残宋的控制之下，成为元军统一南宋的障碍。

在元军进攻临安之际，谢道清拒绝张世杰、文天祥背城一战的建议，一面送益王赵昰、广王赵昺南逃，一面遣使赴元营请降。德祐二年（1276，元至元十三年）二月初五，宋恭帝赵㬎率百官于临安降元。南宋朝廷正式降元以后，以贾余庆、文天祥（至镇江逃归）等人并充祈请使，至元大都拜降。同年五月，陈宜中、张世杰、陆秀夫、文天祥等在福州拥立益王赵昰为帝，是为端宗，改元景炎。封广王赵昺为卫王，陈宜中为左丞相兼枢密使，都督诸路军马，张世杰为枢密副使，陆秀夫为签书枢密院事，重建朝廷。遣将向江西、两浙南部进兵抗元。六月，元军为追歼南宋残部，命诸路将帅继续南进，张世杰被迫拥赵昰、赵昺逃往海上。文天祥率军进攻江西，各地义军纷起响应，后因势孤力单而败退广东，旋于五坡岭（今广东海丰北）被俘，不为元军威逼利诱，监禁数年后，慷慨就义。文天祥领导的抗元战争，曾成为残宋抗元的中坚与旗帜，但最终以失败告终。

景炎三年（1278，元至元十五年），元朝行西川枢密院事不花平定四川，四川战事结束。四月，宋端宗赵昰卒，张世杰、陆秀夫又拥立赵昺为帝，徙至崖山。六月，忽必烈为彻底消灭南宋势力，命张弘范率水、步、骑兵二万由海道南下，都元帅李恒率步、骑兵由陆路南下，会歼南宋残部。次年正月，张弘范、李恒率军会至崖山，首先控扼海口，断宋军粮道，将流亡政权死死困于海上。宋军水师利用"舟城"战术进行抵御，二月初，蒙军巧妙利用海潮，南北对进，并用遮障防矢石，濒宋舰奋勇拼杀，全歼宋军，陆秀夫携帝昺投海而死，崖山决战的失败标志着南宋流亡政权的最后灭亡。此后，元军占领南宋全境，元朝统一了全国。

第五节　宋朝与西南少数民族关系

一、北宋与大理的关系

7世纪前，在彝族和白族祖先生活的云南洱海一带，分布着六诏，最南边的南诏逐渐强大起来。8世纪前期，南诏首领皮罗阁在唐玄宗的支持下统一六诏，被封为云南王。10世纪初，南诏政权亡于内乱。此后三十余年，南诏贵族在云南相继建立过三个地方王朝，最后，南诏时期就极有名望的段氏取得政权，创建了大理国。大理自后晋天福二年（937）段思平建国到南宋理宗宝祐二年（1254）被蒙古灭亡，在中国西南地区延续了三个多世纪之久。

宋太祖灭后蜀，大臣建议乘胜攻取大理。宋太祖取来地图，手执玉斧，划大渡河为界，类似的说法载于多种史籍。历史上有无"玉斧划界"之事，史家各执己说，但宋朝军队在平蜀后的确没有再继续南下是事实。究其原因，首先，宋朝吸取了唐朝与南诏争斗的历史教训：皮罗阁在唐玄宗的支持下统一了六诏，还得到唐玄宗的册封，但唐朝为了控制南诏，与南诏国发生多次战争。后来，唐朝也在桂林戍卒（防备南诏的军队）的起义（庞勋之变）中走向灭亡。宋朝开国之初，国力不及唐朝，宋太祖基于唐朝与南诏战争的经验，并没有对大理用兵。其次，从宋初的周边形势来看，宋朝制定的统一策略是先南后北，而宋朝灭蜀后，尚有南汉、南唐和吴越等政权没有统一，尤其是北方的辽朝，更是宋朝的劲敌和心腹大患。这就迫使宋朝转移战略和防御重心，因而难以对大理用兵。

宋朝在西南地区采取收缩政策，与大理的联系虽然未曾间断，但并不紧密。大理于宋乾德三年（965）和开宝元年（968）两次递牒到黎州境内，声称欲与宋通好，宋朝都没有予以积极响应。太宗、真宗时期，大理又多次派使者来宋，要求册封，但宋朝仍没有答应。淳化五年（994），李顺起义军攻占了成都，声势十分浩大。起义被平定后，一说李顺被俘，一说他下落不明，还有人传说李顺投奔了大理，宋朝政府非常担心，便派辛怡显出使大理。辛怡显最后到了大理国都阳苴咩城（今云南大理），宋与大理自此有了接触和交往。

北宋中期也出现过类似的事件。仁宗皇祐元年（1049）九月，侬智高反宋，于皇祐四年（1052）称帝，此事引起宋廷大震，派狄青前去平定。皇祐五年（1053），侬智高兵败，由合江口（今四川合江）入大理国，宋朝将领萧注派人到大理去索取侬智高。后来，侬智高为大理所杀，将其首级给了宋朝。侬智高虽死，追随他投奔大理的部下却都投靠了大理，这使得宋朝颇为担忧，下令在成都府路和广南西路做好备战准备，以防万一，而大理也在边境加强了防卫。宋朝和大理的关系立即紧张起来，双方对峙一年多。后来，宋政府权衡再三，决定撤兵，大理见宋朝撤兵，也解除边疆警戒，双方避免了一场战事。熙宁九年（1076）八月，大理国派使者奉表，带刀剑、犀甲皮、鞍辔等货物来宋，宋朝政府沿用旧例，只是以礼待之，仍不进行册封，大理"自后不常来，亦不领于鸿胪"[23]。从这些史实来看，尽管自开国至宋神宗时期，宋朝与大理国间或有联系，但并不频繁，也没有实质性的政治上的朝贡和册封关系。

宋朝与大理建立册封关系从徽宗时开始。当时，朝廷上下盛行开边之议，大理也主动向宋朝示好。政和七年（1117）二月，大理派李紫琮一行到达东京，献贡马三百八十匹，还有麝香、牛黄等物。宋朝正式册封大理国主段和誉为"金紫光禄大夫、检校司空、云南节度使、上柱国、大理国王"。而参与此事的黄璘及其儿子都因此迁官。此后，宋朝内忧外患日益严重，"大理复不通于中国"，仅仅"间一至黎州互市"。

南宋时，绍兴三年（1133），大理国派使者到广西，请求入贡市马。当时宋金战争不断，高宗认为市马利于军需，但没有答应进奉之事，并认为是以虚名劳民伤财。绍兴六年（1136），大理再次派使者携象、马等物到广西，请求入贡。高宗诏广西经略安抚司护送行在，优礼答之。此时，宋朝与大理国的交往更是小心翼翼，如履薄冰。绍兴二十六年（1156），唐桷任黎州知州，上书提醒高宗尽量减少与大理的直接接触，避免发生事端。但在淳祐四年（1244），大理国将军高禾在与蒙古人作战时战死，大理国主派使者来宋朝报丧，宋朝仍派了使者前去吊丧。

南宋君臣对大理的防备心理也很强。宋朝在广南西路将当地少数民族编为蕃兵守边。淳熙二年（1175）十一月，知静江府张栻见朝廷在邕州戍兵不足，而邻近的峒丁[24] 则有十余万，担心发生变故，不好应付，他下令在辖区内严申保伍之法，同时建议朝廷精选官员安抚峒丁。他之所以如此，除了担心峒丁发生变故外，还认为"欲制大理，当自邕管始"[25]。言下之意是，加强邕州的军事可以防范并牵制大理。在这种防范心理下，嘉熙四年（1240），大理请从黎州和雅州（今四川雅安）入贡，遭到四川安抚使孟珙拒绝。宋朝鉴于唐朝与南诏发生战争的历史经验，在与西南少数民族政权的交往中显得格外谨慎。

尽管如此，宋和大理之间的经济文化联系仍然密切。第一，宋朝在边境与大理进行贸易，展开经济交流。宋朝与大理进行贸易的主要场所是宋朝边境的一些州军，如雅州、黎州、嘉州、邕州等地，都是双方互市的重镇。双方贸易最重要的一项是市马。大理国产良马，而宋朝因为要与辽、西夏和金朝作战，需要马匹。北宋时期，马匹之优良者有陕马、川马和广马三种，宋朝尚可以依赖陕马和川马。然而，南宋时期，陕马来源断绝，所依赖的多为川马和广马，这两种马多产于大理，而要从四川取马，道路险阻，难以供应，所以从广南西路买马成为重要的战马来源。宋朝与大理市马的最早记录可追溯到宋太宗淳化二年（991）以黎州为互市。后来，宋朝与大理邻近的州军相继开市市马，虽然时断时续，但一直到南宋末年才停止。

宋朝与大理国市马的数量，边境各州军根据需要而定。但价格曾有定额，最初，每匹马用茶七驮、绢十匹；后来，宋徽宗时规定广南西路的马价分为八等，以不同的等级议价买马。此外还规定，每招马一百匹者，可得到盐一二百斤、彩十匹，报酬极为丰厚。北宋时期，广西边境州军买马大多为供应本州军各自的军需。但南宋时，由于战争的需要，广西买马成为国家马匹的重要来源，因而价格也发生了相应的变化，马价一度大幅度增长。后来，由市马双方互相商定价格，甚至遵从卖马人的意愿，或用彩帛，或用盐铁等物。

第二，除了马匹外，宋朝与大理的互市还有其他产品。丝织品是宋朝和大理贸易的主要商品，中原的丝织品历来为周边少数民族所喜爱，大理也不例外。熙宁八年（1075），蔡延庆建议朝廷在川峡边境开市时，就建议以锦彩茶绢互市。而宋朝和大理在贸易中也时常用丝织品折算，常有"准绢十匹""锦四百端"之类的计价方法。日用品则有盐和茶。蔡延庆建议朝廷在川峡边境展开贸易，朝廷便让他以茶互市。绍兴年间，赵彦博以细茶市马。隆兴时期，方滋在议论马价时，建议用盐互市。

第三，在宋朝和大理的经济交往中，中继贸易极为重要。西南地区，除了大理外，其他许多少数民族居住区都产马匹。但无论是马匹的数量，还是质量，都以大理为上乘。宋朝和大理的贸易通道曾以黎州和邕州为主，但这两地路途遥远，贸易成本极高。此外，宋朝并不和大理直接交界，在宋朝与大理中间还有许多少数民族，这些地区不可避免地对宋朝和大理的贸易产生影响。在这种情况下，宋朝和大理之间的少数民族就担当起了中继贸易的中间人。

宋朝与大理之间的文化交流主要表现为大理吸收中原文化。双方互市时，大理时常购买大量汉文书籍，如乾道九年（1173），大理李观音得在广西横山寨就购买了《文选五臣注》《集圣历》等书籍。除此以外，还有《切韵》《玉篇》等各种韵书字书，这是因为大理以汉字为官方文字。而大理派使者来宋时也多次向宋朝求索经书，尤其是用汉字抄写的佛经，可见大理语言文字方面吸收了中原文化。在医药领域，李观音得购买了《五藏论》和《都大本草广注》等药书，同时还收购了大批药物。而大理使者来宋时也时常携带麝香、牛黄等药物，崇宁二年（1103），大理使者来宋时就向宋朝索取了药书六十多种。史学方面，由于大理国对史书的鉴戒功能认识水平较高，李观音得还购买了《三史加注》《春秋后语》和《国语》等，表明中原的史书是他们争相购买的物品。同时，宋朝政府也赐予书籍，这些书往往刻版精良，受到大理国的高度重视，嘉泰二年（1202），大理国派使者来宋，宋朝赐《大藏经》一千四百六十五部，大理国使者回去后将书放在五华楼[26]中以示尊贵。

除此之外，大理和宋朝在文学上的交流也见于史书记载。欧阳修在《六一诗话》中称苏轼赠给他的蛮布弓衣上织有梅尧臣的《春雪诗》，欧阳修说："此诗在《圣俞集》中未为绝唱，盖其名重天下，一篇一咏，传落夷狄，而异域之人贵重之如此耳。"可见大理人对中原文学的仰慕之情。

总之，作为西南地区的少数民族政权，大理与宋朝同时享国近三百余年，两国的交往虽然不能与宋朝同辽、金、西夏相比，但之间的联系直接或间接地影响了当地社会的发展。

二、宋朝与吐蕃的关系

吐蕃在唐朝时就与中原王朝往来密切，但在唐末，吐蕃衰弱，种族分散，大者数千家，小者百十家。吐蕃有生、熟户[27]之分，这种情况在宋朝建立后仍未改变。宋朝立国后，党项族建立了西夏政权，吐蕃，尤其是西北吐蕃各部，便成为宋夏争夺的对象。宋朝因为与夏作战，极注意与吐蕃的关系；而吐蕃为了自身的发展，也时有朝贡、内附之事，宋朝和吐蕃相互依存，双方在政治、经济、军事和文化上互相影响。

宋初，吐蕃处于分散状态，使得它在政治上必然会依附于中原王朝，期望能得到宋朝的封赐。尤其是西北吐蕃，经历了唐末五代的动乱，更希望借助宋朝的支持，借以抬高自身的地位及在当地的影响力。因此，吐蕃常常献地内附，或来朝贡。大中祥符年间，吐蕃曾先后两次到北宋示友好之意，受到朝廷的热情款待。此后，凉州地区的吐蕃曾形成联盟，其首领潘罗支接受宋朝册封的官职；而河湟地区的李立遵、温逋奇等，为了争夺河湟地区的领导权，也曾向宋请命内附。[28]

宋朝为了在对夏战争中取得战略上的优势，通常以政治恩惠来笼络西北吐蕃各部。宋朝根据吐蕃"尊大姓""重故主"的风俗，封赏主动归附的部落首领。为了联络吐蕃诸族对付西夏进攻，宋朝不断给吐蕃首领加官晋爵。咸平五年（1002），以蕃部首领潘罗支为朔方军节度使、灵州西面都巡检使，赐以铠甲器币。潘罗支死后，宋朝还追赐他为武威郡王，并授其弟相同官衔。吐蕃著名首领唃厮啰，宋朝则屡屡封他官爵：明道时期，即授唃厮啰宁远大将军、爱州团练使；景祐中，以唃厮啰为保顺军节度观察留后；宝元元年（1038），又被封为保顺军节度使。唃厮啰死后，其子董毡嗣其爵位，为保顺军节度使、检校司空。神宗即位，加太保，进太傅。熙宁元年（1068），又封董毡的母亲为安康郡太君，儿子蔺逋比为锦州刺史。

更重要的是，宋朝还设置蕃官，赐给那些有功于宋朝的吐蕃人。大中祥符九年（1016），根据曹玮的建议，三阳、定西、伏羌、静戎、冶坊、三门、床穰（今甘肃境内）等七寨熟户都首领以下凡一百四十六人有功，乞赐赏官封爵。宋朝便令二人授都军主，四十一人授军主，五十七人授指挥使，其余的也被补为蕃官。为了使蕃人能世代拥护宋的统治，宋朝甚至允许蕃官世袭。不仅如此，宋朝在处理吐蕃问题时也尽可能稳妥。早在建隆二年（961），秦州首领尚波于伤杀采造务卒，宋太祖立即派人前往处理，并下手书安慰，还赐尚波于锦袍银带，尚波于十分感悦，并于同年秋天献伏羌地。淳化五年（994），温仲舒知秦州，因为吐蕃夺伐木，便将秦州蕃户迁徙到渭河以北，严厉处置此事。有人认为吐蕃居住渭河以南已久，忽然迁徙极为不便，宋朝政府为了平息事态，下诏更换大臣去处理此事。这些政策收到了一定的效果，吐蕃许多部落数次与宋朝联合，共同抗击西夏，唃厮啰便多次击败西夏军队。

宋朝与吐蕃的军事关系很大程度上取决于宋夏之间的和战。党项族崛起后，必然与吐蕃产生矛盾，而凉州、河湟地区既地处通往西域的交通要道，又宜农牧，自然成为双方争夺的目标。因此，这些地区的吐蕃为了维护自己的政治、经济利益及生命财产安全，希望能得到宋朝的援助，联合宋朝抗击西夏。宋真宗咸平初，党项向西发展，侵扰凉州吐蕃部落。长期围困灵州，凉州吐蕃多次建议宋朝共同出兵夹击西夏。

宋朝在与辽、西夏对峙的情况下，深知吐蕃的向背在军事方面有着很大影响，为了取得与辽、西夏抗衡的主动权，也需要吐蕃在军事上给予支持。首先，宋朝奉行守内虚外的政策，加之边界线过长，因而边防兵力有限，于是宋朝就希望从沿边吐蕃部落中募集人力，改变西北边境兵力不足的状况，同时也可以减轻庞大的军费压力。宋仁宗就恩威并施，采取各种措施，想使沿边蕃部"力耕死战，世为边用"[29]，表明宋朝需要西北吐蕃的援助与配合来抵御西夏。

其次，由于宋朝派驻边境的军队不了解当地环境，而西北沿边吐蕃各部落耐苦寒，熟悉山川道路等各种情况，又能解当地语言，故成为宋朝寻求向导、前锋与间谍的主要对象。宋夏之间的秦凤、环庆、泾原等路是双方战事的主要区域，也是宋进攻西夏的前沿阵地。为了更有效地对付西夏，宋太宗时，曹玮就提出寻找较为精锐的吐蕃部落为行军向导及前锋的主张，并为太宗采用。同样，西夏对其所用吐蕃间谍，也厚其赏赐。因此，宋朝更要笼络广大的沿边少数民族部落，使其不为西夏所用，这样，蕃部不仅可以成为宋朝的屏障，减轻边境压力，还能成为抵御西夏的帮手。

再次，由于宋朝缺少战马，西北的吐蕃部落成为战马的重要来源地之一。宋朝时，西北吐蕃以畜牧经济为主，养马业相当发达，马匹是吐蕃部落向宋朝进贡的物品之一。河湟地区的吐蕃政权曾多次向宋朝进贡大量马匹，同时，宋朝多次派遣使臣到河西招买良马，这也表明，宋朝在马匹方面对吐蕃的依赖性很强。熙河开边后，宋政府便在熙河路设置买马场，将马匹贸易转移到宋朝能够控制的吐蕃地区，以防止马匹落入敌国之手，保障宋军将士之需。

宋朝与吐蕃的军事关系从一定程度上减轻了宋朝的边患。吐蕃各部族能征惯战，其军事力量相当强大。宋朝加以利用，便可成为宋朝西北的重要屏障，抗击或牵制西夏，无疑能在很大程度上加强宋朝的边防力量。

吐蕃各部对中原文化存在很强的认同感和向心力。宋朝建立后，这种情况一直延续着，而宋朝也采取相应的措施加强与他们在文化方面的交流。第一，赐汉姓以表示恩宠。朝廷对吐蕃部落中内附或与西夏战斗中有战功的人，不仅赏以金帛爵命，还赐予汉姓。熙宁四年（1071），俞龙珂率众十二万内附，北宋赐姓名包顺，授为西头供奉官。熙宁七年（1074），河州吐蕃首领木征以洮（今甘肃临潭）、河（今甘肃临夏）二州降宋，宋朝命其名为赵思忠，拜荣州团练使，其弟董谷赐汉名继忠，补六宅副使。朝廷以忠顺之类的字词命名归顺的吐蕃首领，也反映出宋朝强烈希望这些部落首领效忠的一种心理。

第二，设立蕃学，用中原传统的儒家思想来教化少数民族，使其逐渐汉化。熙宁六年（1073）十二月，宋朝在熙河地区设置蕃学，让吐蕃上层子弟入学。后来，又在岷州地区建立学校，还赐"国子监书"；同时，在河州也设置蕃学，教育吐蕃酋长子弟。

第三，利用佛教怀柔民众。吐蕃人重佛法，普遍信仰佛教。宋朝针对这一习俗而采取了一系列措施。首先是重用吐蕃僧侣。僧侣在吐蕃的身份较为特殊，有着巨大而广泛的社会影响力，宋朝自然会利用僧侣为其服务。乾兴元年（1022）十一月，李立遵等遣使者内附，宋朝怀有戒心，就派吐蕃僧人及早先内附者与来使接触，刺探虚实，一些吐蕃僧侣还因此受到宋朝的奖赏。其次是广建寺庙。宋朝尽可能地满足吐蕃修建寺庙的要求，在吐蕃聚居的熙河地区，政府拨款建立了多处大规模的寺庙，其中比较有名的有大威德禅院、广德禅院、东湖禅院等。其三是赐紫衣、师号。这是为了表彰僧侣的功德，也是对佛门的奖励。大中祥符四年（1011）七月，西凉府六谷部落首领斯铎督遣僧人蔺毡单来贡，宋朝就赐他紫方袍。不言而喻，这是宋朝统治者针对吐蕃的一种政治手腕。

吐蕃民族以畜牧业为主，这种经济结构单一，决定了他们的经济生活对中原王朝的农业经济等有很强的依赖性。首先是日常生活用品和奢侈品需求，丝绸和茶叶等历来为吐蕃人所喜爱，但这些都必须从中原王朝输入。宝元元年（1038），宋朝曾赐予吐蕃帛两万匹，以联络吐蕃夹击李元昊。宋朝将物质赐予作为笼络吐蕃的手段，而吐蕃也愿意为了自身的利益接受册封。茶叶在吐蕃地区是较为珍贵的消费品，尤其是吐蕃人喜欢肉食，但"以其腥肉之食，非茶不消，青稞之热，非茶不解"[30]。宋朝时，吐蕃对茶叶的需求到了"夷人不可一日无茶以生"[31]的地步。吐蕃人饮茶成为习俗，对茶叶的需求量也就大大增加。因此，吐蕃的首领们向宋朝献马、牛、羊和各种土产的时候，都希望得到丝绸和茶叶。

其次，西北吐蕃地区畜牧业发达的时候，吐蕃本部落内部的需求量有限，需要把过剩的牲畜卖出去，而辽、西夏和回鹘等地区也多为畜牧业经济，不可能购买吐蕃的马匹。因此，吐蕃的马匹只能卖到宋朝。北宋时期，每年购买战马最多可以达到四五万匹，多来自凉州、河湟地区。熙河之役后，北宋的战马则几乎全依赖熙河等地的吐蕃部落。这种双方面的需要，使得吐蕃与宋朝的经济往来日益密切。

再次，宋朝还特别注意对与吐蕃接壤地区的经营管理。吐蕃民族喜欢食盐，西北地区有吐蕃部落经营盐井，产量极高，后来熙河开边后，宋朝大臣王韶重金赎买岷州地区的盐井为宋所用。岷州地区还有金、银、铜矿，宋朝派刘惟吉管理这些地区的银铜矿，在当地设置铸钱监。同时，宋朝还在秦州设有市易司或市易务，熙宁八年（1075）二月，宋朝下诏在秦州与永兴军、凤翔府等地设立市易司，加强了宋政府对吐蕃经济往来的监控和管理。另外，茶马贸易机构的设立，给汉族和吐蕃民族交流提供了场所，增进了双方的经济交流，也满足了双方的物质需要。这种互市对双方的经济发展都有一定程度的促进作用。

总之，对吐蕃而言，过剩的牲畜卖给宋朝，定能促进当地畜牧业的发展。当地的一些土特产，如金、银、玉、象牙、乳香、朱砂和铁甲等，也能通过这些机构进入中原，他们得到了中原王朝的生活用品，大大改善了生活条件。对于宋朝来说，川蜀地区的茶叶销往吐蕃，促进了当地的茶叶生产，使此后川茶制作成为一道独特的工艺。而丝绸的销售必然会刺激宋朝丝织业的发展。此外，榷场和市易务的相继设立，使得原本偏远的西北沿边地区在宋朝与吐蕃的经济交流中发展出一些交易场所，也促进了边疆地区的经济发展，从而能进一步形成一些有商业性质的城镇，对双方都是极为有利的。

第十四章

宋朝与世界各国的交往

在宋代，汉代张骞开通的陆上"丝绸之路"大多数时期都被西夏、吐蕃所阻隔，无复汉唐盛象。随着经济重心的南移，宋朝在东南沿海地区大力开拓海上贸易，发展与海外诸国的关系。因此，两宋是中国古代海外贸易发展的高峰期，并对后代产生了深远的影响，在世界航海史上占有重要地位。

第一节　海外贸易的兴盛及其原因

一、海外贸易的兴盛

两宋是中国古代海外贸易大发展的时期。首先，贸易港口数量较前代大大增多。唐代的主要贸易港有交州、广州、泉州、扬州四大港，而宋代港口则广泛分布于北起京东路、南至海南岛的广大区域。这些港口之间的相互联系不断加强，已不再是零星的点状分布，而是大体分为广南、福建、两浙三个区域，各区域内港口大小并存，主次分明，形成多层次结构。宋代贸易港数量的增加和布局的改变，反映了宋代海外贸易的兴盛和贸易制度的完善。

其次，贸易范围有所扩大。唐代的海外贸易已达波斯湾沿岸，主要贸易区域在巴格达经印度、马六甲至广州航线以北地区。宋代的贸易范围远远超过了唐代，开始向阿拉伯海西岸及更广范围航行，远至红海沿岸及非洲东海岸。据《岭外代答》《云麓漫钞》《诸蕃志》等史书记载，两宋时期，在东亚、东南亚、印度及孟加拉湾沿岸、红海及非洲东海岸等地，与中国有贸易往来的国家已多达六十余个。因此，正是宋朝奠定了中国古代海上对外贸易的基本范围，直至明代，中国对外贸易大体仍然在这些区域之内进行。

再次，贸易规模显著扩大。两宋时期，进出口商品的种类大大增加，进口商品主要是一些原材料，如香料、矿石、马匹等；而出口商品大多数是制成品，如丝绸、瓷器、书画等，这表明了中国在海外贸易中的主导地位。不但商品的种类繁多，而且贸易额也有所扩大，宋代一名海商一次贩运的货物常达十万斤以上，价值数十万贯。熙宁十年（1077），宋政府给注辇国（印度半岛古国）的回赐就有钱八万一千八百缗、银五万二千两。绍兴十六年（1146），三佛齐国（印度尼西亚古国）上贡，携带货物三十余种，其中乳香八万一千六百八十斤、檀香一万九千九百三十五斤、胡椒一万零七百五十斤、象牙四千零六十五斤。两宋时期进出口货物种类的繁多和贸易额的扩大都表明宋代海外贸易的兴盛。

二、海外贸易兴盛的原因

宋代海外贸易兴盛的原因是多方面的，社会经济的繁荣和航海技术的进步为海外贸易的兴盛奠定了坚实的基础，宋朝的对外政策则是海外贸易发展的政策保障。

（一）社会经济的发展

宋代是中国古代经济高度发达的时期，社会经济在各个方面都有了显著的进步。农业方面，宋朝建立后，鼓励垦荒，实行相对宽松的土地政策，土地私有制迅速发展，刺激了人们的生产积极性，生产效率大大提高，整个农业经济比前代有了巨大进步。农业的发展带动了手工业和商业的进步。手工业的发展表现为各行业的普遍进步，不仅工艺技术有所突破，而且组织形式也有所创新，民营手工业得到空前发展。商业方面，各种农产品和手工业产品商品化的趋势不断加强，出现了世界历史上最早的纸币。传统的坊市制度被打破，城乡市场繁荣，商人地位显著提高，商业在社会中的作用已不可取代。宋代社会经济在农业、手工业、商业的全面繁荣为海外贸易的发展奠定了坚实的基础。

宋代海外贸易得以发展的另一个经济因素是宋代经济重心的南移。自东晋开始，北方战乱不断，南方则相对稳定，北方人口大量南迁，南方经济迅速发展。至唐代中后期，南方已是国家财赋的重要来源地。两宋时期，经济重心的南移最终完成，南方经济在国家经济中具有至关重要的地位，宋人就曾指出，"国家根本，仰给东南"[1]。经济重心的南移对海外贸易的发展产生了诸多影响，南方地区为海外贸易提供了进出口商品的来源地和消费市场，接近贸易港口，交通便利，有利于降低成本，扩大利润。因此，宋代经济重心的南移是海外贸易兴盛的一个重要的经济因素。

（二）航海技术的进步

两宋时期，造船技术和航海技术都取得了飞速进步。宋代的海船载重量大大提高，中等海船就可载重二百五十吨至三百吨，大型海船更可达到六百吨，远远超过波斯和阿拉伯商船。在海船制造技术上也多有创新，水密舱技术普遍推广，增强了船的抗沉性和横向强度；海船多为尖底结构，吃水较深，抗御风浪的能力较强；宋朝还发明了平衡舵和升降舵，便于操纵船只；宁波发现的宋船还设有舭龙骨装置，能够减缓船舶左右摇摆，提高行船的平稳性。

航海技术最大的进步在于指南针的应用，它使得航海业产生了革命性的变化。两宋以前，航海业完全靠天上的星宿和地表目标来确定方位，这在一定程度上限制了航海业的发展。指南针的使用则弥补了这一不足，海船在深海航行的过程中，"夜则观星，昼则观日，阴晦观指南针"[2]。从而摆脱了天气和地表的限制，提高了远洋航行的安全系数。

宋代造船技术和航海技术方面的改进，使当时的航海条件为之一新，远洋航行能力大大提高，从而为海外贸易的展开提供了技术保障，促进了海外贸易的发展。

（三）宋朝的对外政策

由于经济重心南移和陆上"丝绸之路"受阻，宋朝将对外贸易的注意力集中于海上，积极发展与海外诸国的关系，鼓励对外贸易和文化交流，采取各种优惠政策来招徕外国商人。宋朝政府力图将海外贸易控制在政府手中，最大限度地获取市舶利益。"江海求利，以资国用"是两宋时期的基本对外政策，也体现出宋朝政府对海外贸易既鼓励又控制的意图。

宋朝政府大力鼓励民间商人和外商的贸易活动。民间商人只要按政府的规定，在指定地点领取公凭、回国时按规定接受抽解和博买、不往禁区贸易、不贩卖禁物就是合法的贸易者，受到政府保护。外商尤其受到优待，沿海各港口设有专门的馆舍接待外国使者和商人，如广州怀远驿、泉州的来远驿、明州的乐宾馆等。外国船舶到港，当地政府派遣官员前往迎接，送至驿馆，举行宴会欢迎他们的到来。他们归国时，会照例进行欢送。外商的风俗、习惯也得到应有的尊重，宋朝政府在港口划出地方供久居中国的外国人居住，称为蕃坊，任命外国人为蕃长进行管理，这些蕃长都要身穿中国官服。外国商人的权益受到地方不法官员的侵害时，允许他们向官府申诉。

在中国海面发生意外的外国船只，政府会组织人员进行救护。如熙宁九年（1076），秀州华亭县有二十名外国人因乘船遭风，漂泊海岸，神宗下诏秀州让他们居住在官舍，供给饮食，等待本国使臣的到来。哲宗元符二年（1099）规定，如果外国商船遇海难漂至沿海州界，地方官府要负责维修，登记船上货物，等待其亲属前来认领，并立防守、盗纵、诈冒断罪法保护外商的财产。此外，宋朝政府还修缮港口，为来往船只提供安全保障，如广州州城临海，来往的各国船只常受飓风侵袭，真宗大中祥符年间，知广州邵晔凿内壕通舟，从而免除了飓风的危害。

三、管理机构

唐玄宗开元年间，于广州设立市舶使，但只是作为中央临时派遣到港口协助地方官管理对外事务的使职，不是专门机构。宋朝建国后，建立了完善的市舶机构和系统的市舶管理制度。宋朝先后在广州、杭州、明州、泉州、密州、秀州、温州、江阴军（今江苏江阴）、澉浦等九处设置过市舶机构，分属广南、福建、两浙、密州四个市舶司。市舶机构设有市舶使、市舶判及管库、杂事等官吏。市舶司"掌蕃货海舶征榷贸易之事，以来远人，通远物"[3]。具体执掌有：接待贡使与招徕蕃商；检查入港蕃舶；抽解与博买舶货；送纳与出售抽博货物；管理舶货贩易；管制华商沿海贸易；执行海禁与缉防私贩；监督与管理蕃坊等。[4]宋代市舶司已经是一个专门管理海外贸易的机构，具有系统的管理职能，它的设置表明宋代海外贸易已成为一项独立的国家产业，是社会经济发展的一个有机的组成部分。

第二节　宋朝与东亚诸国的交往

一、高丽

在宋朝北部边境，先后有辽、金两个强大的少数民族政权，宋与高丽关系也随着南北关系的冷暖而变化。宋朝既希望结交高丽来牵制辽、金，同时又担心高丽被辽、金利用，刺探宋朝情报，因此两国交往时断时通。太祖建隆三年（962），两国首次通使，建立了外交关系。太宗淳化五年（994），契丹进攻高丽，高丽向宋朝求救，宋朝刚刚经历了雍熙北伐的失败，不愿再动干戈，拒绝了高丽的请求，此后高丽受制于契丹，两国政治关系中断。真宗大中祥符七年（1014），高丽大破辽朝，宋朝希望联合高丽以牵制辽国，高丽也想依靠宋朝为后援，于是两国再度通使建交。仁宗天圣八年（1030），高丽迫于契丹的压力，再次向契丹朝贡，中断了与宋朝的联系。此后，直到熙宁四年（1071），神宗有志于北伐，两国才再次恢复外交关系。宋室南渡后，朝廷对高丽始终怀有戒心，担心结交高丽会得罪金朝。孝宗隆兴二年（1164），南宋决定与高丽断交，此后两国"使命遂绝"[5]。尽管两国政治交往时断时续，但经济、文化交流相当频繁。

（一）经济交流

宋与高丽之间的贸易主要有两种形式：一是两国政府间的所谓"贡""赐"贸易。每次双方互派使节，都会携带大量货物，互相馈赠，发展官方贸易。北宋时期，宋朝向高丽派出使节二十四次，高丽向宋朝派遣使节六十三次；南宋时期，由于金朝的压力，两国关系日趋冷淡，宋朝仅向高丽派使五次，高丽向宋朝遣使八次。高丽官方向宋朝输出的物品种类繁多，有供皇室成员穿戴的丝绣品和饰物，如御衣、金腰带等，价格昂贵的金、银、铜器，数量庞大的丝织品，制作精良的兵器、马具及高丽特产人参、貂皮、松子等。宋朝回赐物品的价值则远远大于高丽朝贡物品的价值，其中以丝织品为大宗。神宗元丰元年（1078），安焘奉命出使高丽，携带的礼品在一百种以上，其中包括王室贵族穿戴的服饰，金银器二千两，杂色川锦一百匹，花纱五百匹，白绢二千匹等。元丰二年（1079）以后规定，每次向高丽回赐以浙绢一万匹作为定数。其次是瓷器和名贵药材，乐器、书籍、金银器、茶、酒等民用、工艺和文化生活用品数量也很可观。

二是两国的民间贸易。神宗以前，宋朝政府对两国贸易限制较严，神宗元丰八年（1085），取消赴高丽通商禁令，两国之间的民间贸易才得以正常发展。自宋真宗大中祥符五年（1012）至帝昺祥兴元年（1278）的二百六十七年中，前往高丽贸易的宋商达一百三十次，四千九百四十八人。[6]高丽政府对宋商十分重视，在京城开京（今朝鲜开城）建立专门接待宋商的客馆，如清州馆、忠州馆、利宾馆等，许多宋商就此定居高丽，甚至担任高丽官职。南宋以后，宋与高丽关系日趋冷淡，绍兴七年（1137）后，宋朝停止向高丽派遣使节，前往高丽从事贸易活动的商人往往获准代理政府的外交事务，因而宋朝商人对维持双方官方关系起到了特殊的媒介作用。

（二）文化交流

宋与高丽之间的文化交流也非常频繁，在书籍、文学、医学、宗教、艺术等领域互通有无。书籍交流是两国文化交流的重要内容。宋朝先后将一些佛教经书、诸子百家著作、史书、医书及阴阳地理书籍赠送给高丽。哲宗、徽宗时，将原本禁止带出国境的《太平御览》《文苑英华》等书送给高丽，并允许高丽使者自行在中国购买书籍，《册府元龟》就是在这时由高丽使者购买传入高丽的。

许多在中国早已散佚的书籍，高丽却保存完好，因此宋朝也向高丽要求赠书。神宗元丰三年（1080），宋医官马世安到高丽，回国时带回了中国已经失传的《东观汉记》。哲宗元祐六年（1091），宋向高丽提出百篇在中国已失传的书目，要求高丽赠送，高丽送来《黄帝针经》、京氏《周易占》等书，后又进奉足本《说苑》，补足宋本所缺。宋和高丽两国的书籍交流，促进了两国之间的文化进步，也为保存一些珍稀典籍做出了积极贡献。

宋朝建国前后，高丽国内的汉文学兴盛起来。李白、杜甫、韩愈、柳宗元、王安石、苏轼等人的作品先后传入高丽，引起很大反响，司马光的散文甚至被列为臣僚阅读的范本。高丽文人还选编、注解一些中国文人的文集供本国人学习，如崔惟清作《李翰林集注》、尹诵选《集古词》《唐宋乐章》等。高丽国内的郑知常、崔承老、朴寅亮等都是海内知名的汉学名家，朴寅亮、金觐后来出使宋朝，与宋朝文士交游，写下的诗文被宋人刊成《小华集》行世。北宋派往高丽的使者也都是一时名士，如张洎、宋球、吴栻、徐兢等。徐兢于徽宗宣和五年（1123）出使高丽，与高丽文人尹彦北、金富轼兄弟等广为结交，回国后写成《宣和奉使高丽图经》，成为后世研究高丽史的重要典籍。

两宋时期，中国传统医学达到了很高水平，为高丽朝廷所重视，高丽政府经常向中国遣使请医求药。元丰元年（1078），高丽文宗身患风痹，向宋朝求医。第二年，宋朝派出合门通事舍人王舜封、翰林医官邢慥等八十八人的庞大医疗团出使高丽，并赠送名贵药材一百多品。重和元年（1118），又派医官杨宗立、杜舜举等人前往高丽传授医学，历时两年。同时，精通医术的宋朝进士慎修及其子慎安之到高丽任职，培养了大批医生，促进了当地医药事业的发展，高丽此后才建立了医药、医官制度。

高丽民间笃信佛教，政府曾多次派遣使节向宋请佛经、高僧，并派僧侣入宋学习佛法。高丽曾三次请求宋朝赐予《大藏经》，均得到准许。高丽政府还以高价委托宋商徐戬在杭州雕印《夹注华严经》，于哲宗元祐二年（1087）成书，送往高丽。高丽曾派僧人谛观、圆应、义天、坦然、继常、颖流等先后赴宋学习佛法，归国时都带走大批中国书籍。其中义天对宋和高丽两国佛教的交流贡献尤大。义天是高丽王王徽的第四子，神宗元丰八年（1085），义天搭乘福州人林宁的商船来到中国，他在中国拜见高僧五十余人，学习佛法。归国以后，在京城创建国清寺，传播天台宗教义。

此外，宋和高丽两国在艺术领域的交流也十分活跃。音乐方面，高丽多次向宋"请乐工"，一去"数年乃还"。[7]徽宗时期，宋朝将大晟乐赠送给高丽，并派乐工前往高丽教授。太宗至道年间（995—997），高丽音乐也传入宋朝。神宗元丰四年（1081），高丽派遣使臣崔思齐等到汴京，使团中就有十多位伶官，次年，他们在汴京宣德楼前的灯市上做了精彩表演。书法方面，宋初流行欧阳询的楷书，也是高丽人最爱摹习的一种书体。重和元年，高丽重修安和寺，徽宗应高丽之邀，题写了匾额及殿名。绘画方面，宋画为高丽画家所研习、模仿，高丽曾派遣画家入宋学习。高丽绘画也达到了很高水平，宋徽宗十分推崇高丽著名画家李宁，要宋朝画家向他学习。雕塑方面，应高丽的要求，宋朝政府曾派遣工匠前往高丽传授技艺，对高丽雕塑的发展产生了相当大的影响。高丽浮石寺的木雕释迦如来和寂照寺的铁铸释迦如来，都明显带有宋朝雕塑的风格。

二、日本

北宋时期，日本在藤原氏统治之下，采取闭关锁国政策，严禁本国人私自出海，因而日本船只很少入宋，两国也始终没有正式建立外交关系。尽管如此，仍然有不少宋朝商船从明州出发，到达日本的博多（日本福冈境内），日本则遵循前代惯例，允许中国船只上岸交易。同时设置交易唐物使管理与中国的贸易，宋朝商人出示公凭、人员和货物清单后，被安置于鸿胪馆。当时宋朝输入日本的商品有锦绫、香药、书籍、文具等，从日本带回的商品有硫黄、木材及一些工艺品，如折扇、屏风、刀剑等。

南宋孝宗乾道三年（1167），平清盛夺取日本政权，改变了消极锁国的方针，采取鼓励中日贸易的政策。为了吸引宋商，平清盛策划开辟濑户，修建大轮田泊，供宋船停泊。宋朝开往日本的商船更加频繁，不仅到达博多港，还到达了越前的敦贺港。来华的日本商船也大量增加，仅明州一处每年就达到四五十艘，除明州外，宋朝政府又对日开放杭州、温州、泉州等港口。孝宗乾道九年（1173），日本正式转托宋朝明州商船队首领将平清盛的复牒和礼品带到中国，两国开始有了官方交往，逐渐加强了中日之间的友好关系。

日本长期奉行闭关锁国政策，仅允许少数日本僧侣到中国巡礼、求法，因此，在两国的交流过程中，僧侣扮演了重要的角色。在所有入宋的日僧中，影响最大的当属奝然。奝然出身于贵族世家藤原氏，幼年入东大寺为僧，学习三论宗和真言宗。太平兴国八年（983），奝然搭宋商陈仁爽、徐仁满的商船来到中国，并得到太宗的接见。四年之间，奝然走遍了汴京的大小寺院，并在雍熙元年

（984）获准到五台山朝拜普贤菩萨的圣迹。奝然对中日两国的文化交流做出了巨大贡献。书籍方面，奝然将开宝版《大藏经》一部和新译经二百八十六卷带回日本，收藏在京都法成寺，使该寺成为全日本佛教经典的研究中心；他也给宋朝带来了在中国已经散佚的《孝经郑氏注》一卷和《越王孝经新义第十五》一卷，又献上记载日本国情的《王年代纪》和《职员令》，成为中国最早收藏的日本文献。艺术方面，奝然请宋朝著名雕工张荣为他雕刻了一尊栴檀释迦牟尼像，归国后收藏于京都清凉寺。现藏清凉寺的十六罗汉画像也是奝然带回日本的。

除奝然以外，入宋的其他日本僧人也都对两国的文化交流做出了贡献。在书籍的交流方面，比奝然稍晚来到中国的日本僧人寂照、成寻都将大批佛经带回日本。神宗熙宁六年（1073），居住在太平兴国寺的成寻获得批准，将显圣寺印经院刊刻的新译经二百七十八卷，连同《景德传灯录》三十三卷、《景祐天竺字源》七册等，共计四百一十三卷册的书籍寄回日本。日本僧人也带来一些在中国久已失传的书籍，寂照来中国时携带着《大乘止观》《方等三昧行法》两部中国佚失的佛经，杭州天竺寺僧人遵式曾借来刻印。天台宗始祖智者大师的一些著作，也于此时回到中国。

宗教方面，南宋时期，经过几代日本僧人的不懈努力，佛教禅宗东渡日本，成为日本佛教史上的重大事件。荣西是日本禅宗的开山鼻祖，孝宗乾道五年（1169），荣西第一次来到明州，参拜天台山和阿育王山，将天台宗的新章疏带回日本。淳熙十四年（1187），荣西再一次来到明州，向天台山万年寺的僧人怀敞学禅，回国后修建圣福寺、寿福寺、建仁寺，将临济禅宗广泛传扬，在日本兴起一股学禅的风气。荣西之后，他的弟子道元、法孙圆尔辨圆先后来到中国学习禅宗，并在回国之后教徒讲学。经过几代僧人的传扬，禅宗终于在日本扎根，与日本的本土文化相结合，对日本社会产生了深远影响。

建筑方面，天竺式和唐式建筑都于此时由日本僧人传入日本。天竺式由日僧重源引入，他为了重修日本东大寺，先后两次入宋考察寺院建筑样式，归国后，仿宋朝天竺式建筑重修了东大寺。唐式又称禅宗式，由荣西引入。荣西在宋期间，参加过明州天童山千佛阁等禅寺的修建工作，回到日本后，依照宋禅寺的建造式样兴修建长寺、禅兴寺，至无学祖元修建圆觉寺之后，在日本正式确立了纯粹的宋式禅寺风格。

艺术方面，宋代的书法、绘画作品得到日本人很高的评价，日本画也有不少输入中国。北宋汴京相国寺有卖日本扇者，价格昂贵，宋人评价扇面的画"意思深远，笔势精妙，中国之善画者，或不能也"[8]。日本也涌现出不少书法名家，史称奝然"善隶书"，寂照"识文字，缮写甚妙"[9]。中国的制瓷工艺也传入日本，曾跟随道元游历中国的陶工加藤四郎、左卫门景正，利用在中国学习的技艺，在山田郡濑户建窑制瓷，获得了"濑户烧"的美名。

医学方面，中国的医药学通过日本僧人传入日本。荣西在中国时曾潜心学习医术，归国时将茶种带回日本，又著成《吃茶养生记》二卷，提倡种茶、喝茶。后来喝茶自禅僧中普及民间，逐渐成就了日本的茶文化。宋医郎元房留居日本三十余年，对日本医学的发展起到了促进作用。宋代的医学著作《太平圣惠方》《和剂局方》及著名法医学家宋慈所著《洗冤集录》也相继传入日本，其中《洗冤集录》一直沿用到 19 世纪。

两宋时期，中日两国关系中经济交往比重并不大，占据重要地位的是两国间的文化交流，而日本僧人在其中又起到了至关重要的媒介作用，为促进两国文化的发展做出了突出的贡献。

第三节　宋朝与东南亚和南亚的交往

一、越南（交趾）

交趾原本处在中原王朝的统治之下，唐末五代，中原地区战乱频仍，交趾趁机走上独立发展的道路。太祖开宝元年（968），丁部领统一越南北部，建立大瞿越国（即丁朝）。两年后自称皇帝，并定年号太平。开宝七年（974），丁琏向宋朝遣使纳贡，请求册封，太祖封他为交趾郡王。其后，越南丁朝、黎朝、李朝都接受过宋朝的册封，与宋朝保持着朝贡关系。宋朝先以交趾称呼越南，孝宗淳熙元年（1174）改称安南。

虽然宋与交趾建立了朝贡关系，但并非一直相安无事。宋朝一直寻找机会，希望能够重新将交趾置于自己的控制之下，交趾也不时派兵侵扰宋朝。太平兴国五年（980），丁琏部将黎桓篡夺交趾王位，引起内乱。太宗闻讯，派水陆大军数路并发，想借机收复交趾，但最终为交趾所败，只好承认交趾独立，封黎桓为交趾郡王。真宗景德二年（1005），黎桓病死，数年后，大中祥符三年（1010），李公蕴篡夺王位，建立李朝，宋朝无力出兵，又封李公蕴为交趾郡王。神宗熙宁八年（1075），李朝以十万大军进犯两广，宋朝派郭逵、燕达抗敌，二人率军一直打到越南境内，越南战败投降，但宋朝担心后方的辽、西夏趁机兴兵，不敢孤军深入，于是撤军回国，结束战争，此后双方大体上保持了和平的局面。

越南独立后，典章制度大多效仿宋朝。李朝统治时期，仿照宋制，将全国分为二十四路，由文官任知府进行管理。采用科举制度选拔人才，以诗、赋、经义为考试科目。在越南独立后的很长一段时间内，汉字仍然是越南唯一使用的文字，直至十三四世纪，越南创造了自己的文字"字喃"。字喃与汉字一样也是方块字，或者直接借用汉字，或者按照汉字中形声、假借、会意等方法创造新字，实际上是汉字汉音和越音越义的结合。字喃主要用于公文和通俗文学，著书立说、科举应试仍用汉文。

两国在科技、艺术领域的交流十分频繁。中国的医药学在越南流传甚广，李朝太祖尤其信服中医药学，神宗、高宗患病后都是服用中国汤药才得以康复。宋代瓷器大量销往越南，广安、北宁、清化等地都有北宋景德镇窑和磁州窑的瓷器出土。中国的制瓷工艺于13世纪传入越南，越南初期制造的乳白、绿色和棕色等单色瓷器，都有明显的宋瓷风格。宋代的纺织、建筑工艺也都于此时传入越南，给越南的社会生活带来很大影响。

二、天竺

天竺又称身毒、婆罗门，在今天的印度北部，与中国有着历史悠久的友好往来。两宋时期，宗教交流在两国关系中占有突出地位。两国僧人的往来，促进了两国佛教文化的交流与融合，对保存佛教文化，推动两国文化的共同发展，具有积极的意义。宋朝僧人多次前往天竺学习佛法，最早的求法僧是道圆和尚，他在印度居住了六年，于太祖乾德三年（965）回国，并带回了印度的使者。乾德四年（966），僧行勤等一百五十七人奉命前往印度，这是宋代规模最大的一次求法活动，历经十年，于太平兴国元年（976）归国。随行的僧侣继业记录了这次出使的路线，并将从印度带回的梵文贝叶经和佛舍利进献给宋太宗。仁宗时期，僧人怀问三度赴印，在中印摩揭陀国的菩提伽耶先后为真宗及皇后、仁宗建造了三座佛塔。宝元二年（1039）回国后，怀问又向仁宗进献佛舍利、贝叶梵经、念珠、西天碑十九本，被封为显教大师。

这些求法僧人在往返过程中还带回沿途一些国家的友好书表，为官方交往充当中介。太宗太平兴国七年（982），僧光远从印度回国，就带回印度国王的表文，由僧施护翻译。施护还向中国介绍了由中国前往印度的海、陆通道，大大方便中国人在两国间的往来。僧法遇在宋朝政府的支持下前往印度，与沿途所经的三佛齐国王、古罗（今马来西亚吉打）国王、柯兰（今印度奎隆）国王、西天（今印度古吉拉特）王子都有国书相通，进而密切了中国与这些国家的关系。

随着印度佛经的传入，宋朝翻译佛经的活动兴盛起来，太平兴国年间，宋朝专门设置了译经院，此后不断有天竺僧人前来中国翻译佛经，如法天、天息灾就曾在译经院翻译佛经。有的天竺僧人还在中国建筑寺院，太宗时入宋的天竺僧人罗护那，在泉州城南买空地建造了宝林院。又有"天竺讲僧"帮助泉州开元寺建造了一座七层八角石塔，称为东塔，一直存留至今。

两宋时期，中国与东南亚、南亚大部分国家都有着广泛的交往，与现在地处越南、印度尼西亚、菲律宾、马来西亚、新加坡、文莱、缅甸、泰国、柬埔寨、印度半岛境内的许多古国都建立了友好关系，相互间的经济、文化交流非常频繁，增进了亚洲国家间的互相了解与友好往来，促进了亚洲文明的共同繁荣。

第四节　宋朝与阿拉伯世界和非洲诸国的交往

一、大食

唐代以后，中国称阿拉伯帝国为大食。大食并不是一个国家的名字，而是众多国家的总称，据周去非《岭外代答》记载："大食者，诸国之总名也。有国千余，所知名者特数国耳。"[10] 地理范围包括阿拉伯半岛、两河流域、伊朗、阿富汗、中亚、叙利亚、埃及、北非、红海西岸、亚丁湾南岸，以及索马里南部的广大穆斯林居住区。

由于唐末五代以来中国内乱频仍等原因，中国与大食关系几乎陷入停顿，宋朝建立后，双方又重新开始交往。太祖乾德四年（966），僧人行勤游历西域，向巴格达的阿拔斯王朝递交了宋朝国书。开宝元年（968），大食遣使来到中国，此后两国的商船、使节来往不绝。据《宋史》记载，自太祖开宝元年到高宗绍兴元年（968—1131）的一百六十余年间，大食向宋朝派遣贡使达三十余次。

来到中国的大食人以商人为主，他们大多从海路而来，主要集中于东南沿海地区，广州的大食人数量尤其众多。宋朝政府对大食商人采取了较为宽松的政策，为他们划定特定的居住区，允许他们选举蕃长管理其内部事务。有的蕃长权力很大，如阿曼富商辛押陀罗，掌管广州蕃长司公事，在广州居住数十年，家财数百万缗，曾经进纳银钱修广州城。另一方面，宋政府尊重大食人的宗教信仰和风俗习惯，他们有自己的礼拜寺和墓地，许多人在中国成家，世代居住在中国，所谓"土生蕃客""五世蕃客"，指的就是这些世代侨居在中国的外国人。他们的子女也在中国接受教育。神宗熙宁年间，知广州程师孟在广州大兴学校，大食商人争相将子女送去入学。徽宗大观、政和年间，广州、泉州的大食等地商人还请求在两地建立蕃学，以供子女读书。

宋朝与阿拉伯国家之间的民间贸易相当繁盛。大食输入中国的商品品种广泛，包括珍珠、象牙、香料、药材等，其中以香料、药材为主；中国使用的香料大部分来自阿拉伯各国商人，仅神宗熙宁十年（1077），广州收购的阿拉伯乳香就达三十四万余斤。宋朝政府鼓励商人出海经商，据阿拉伯地理学家伊德里斯的《云游者的娱乐》记载，中国商船经常至亚丁与幼发拉底河河口进行贸易。宋人赵汝适的《诸蕃志》也记载，中国商船经常自泉州航行到阿拉伯诸国。中国运到阿拉伯的商品有丝织品、瓷器、金银、药材等，其中丝织品与瓷器是中国输出的主要商品。

宋朝与阿拉伯国家在其他领域的交流也十分频繁。医药学方面，大量阿拉伯药物传入宋朝，为当时医学界所采用，推动了中国古代药物学的发展。阿拉伯药物还被用于饮食中，宋朝皇室贵族举办宴会时，经常将药物加入食品中，以达到延年益寿的目的。阿拉伯名医阿维森纳发明的丸衣法也于此时传入，在宋朝广为推广，经过改良成为蜡丸。中国医学也对阿拉伯国家产生了很大影响。中国的脉学、理疗等方法为阿拉伯医学所采用；阿维森纳所著的《医典》中有很多医术都是从中国学到的；中国的药材也大量输入阿拉伯国家，其中牛黄就是经阿拉伯传入欧洲的。

两宋时期，中国的造船和航海技术处于世界领先水平，阿拉伯本身也是航海大国，两国在航海、造船领域进行了积极的交流，指南针于12世纪末、13世纪初传入阿拉伯，又经阿拉伯传入欧洲。中国的火药于此时经印度传入阿拉伯，阿拉伯人把制造火药的主要原料火硝称为"中国雪"，说明它的原产地在中国。火药后来又由阿拉伯人传入欧洲，对整个欧洲社会产生了巨大而深远的影响，推动了世界历史的发展进程。中国的制瓷技术在整个封建时代都领先于世界，11世纪传入阿拉伯，后又经阿拉伯传入意大利的威尼斯，欧洲才开始生产瓷器。

随着阿拉伯商人的到来，阿拉伯的建筑艺术也传入了中国，许多地方都有清真寺，如泉州的伊斯兰教清净寺等。清净寺是中国现存的一座较为完整的阿拉伯古建筑群，是中国古代建筑艺术精华与阿拉伯建筑风格融合的产物，也是中阿古代建筑艺术交流的缩影。

二、非洲诸国

埃及在宋代被称为勿斯里，法蒂玛王朝（绿衣大食）统治埃及期间，中埃两国关系进一步加强。埃及是中国商品在地中海地区的交易中心，中国的丝绸、瓷器、金银等物源源不断地输入埃及，然后转运到地中海沿岸国家。赵汝适的《诸蕃志》中有关于埃及贸易港口亚历山大港的专门记载，把它称为"遏根陀国"。20世纪，在埃及福斯特（开罗古城）遗址发现了许多中国青瓷器，经过鉴定属于两宋时期的产品。

埃及商人也经常到中国贸易，他们带到中国的商品以香料、药材、象牙、珠玉为主。埃及商人大多集中在南方沿海港口，如广州、泉州、杭州、扬州等。1965年，在泉州东岳山西坡发现了一块墓碑，用宋代常用的白石刻制，上书"蕃客墓"三个中文字，下有阿拉伯文"埃及"两个小字，年代比泉州已经出土的宋元阿拉伯文石刻更加久远，推断墓主是十一二世纪来到中国的埃及人。[11] 扬州、杭州、泉州现在仍有许多宋代建造的清真寺，其中一些就是当年的埃及侨民捐资构建的。这些埃及商人漂洋过海来到宋朝，与各阶层人士广泛接触，加强了中埃之间的经济文化交流。

中埃两国的科技、文化交流也十分活跃。中国的火药、指南针等在南宋末期传入埃及，印刷术又经埃及传到欧洲，推动了世界文明的进步。两宋时期，大量移居尼罗河沿岸的突厥武士又将中国的皮影戏传入埃及，极受埃及人民的喜爱。目前所知埃及最早的皮影戏，是13世纪一位叫穆罕默德·伊本·台尼埃尔的医生创作的，至今还有残本流传，内容是有关婚姻、媒妁题材的讽刺诗文，文字以诙谐、讥嘲见长。

两宋时期，中国与非洲国家有广泛的接触，除埃及外，还有今属摩洛哥、索马里、坦桑尼亚的一些古国，宋代史书中对这些地区的物产、风土人情及与中国的交往都有记载。在这些地区的考古工作中，也发现了宋朝的钱币、瓷器等物。1955 年，在坦桑尼亚的一次考古调查中，发现四十六处古代遗址都有宋代瓷器，周围地区还发现了宋代的钱币，这些都是中国与非洲国家交往的重要证据。

附

录

大事年表

公元	中国纪元	大事
960	太祖建隆元年	正月，太祖陈桥驿兵变，推翻后周称帝，建立宋朝。后周李筠和李重进先后反宋。
961	二年	太祖接受赵普的建议，罢石守信等大将的兵权，史称"杯酒释兵权"。
962	三年	三月，泉州内乱，衙将陈洪进推张汉思为帅。 十月，湖南内乱，大将张文表起兵争权。
963	四年 乾德元年	二月，以讨张文表为名出兵，慕容延钊、李处耘领兵平荆湖。 十一月，改元乾德。始置转运使（977年各路皆置）。颁《宋刑统》。
964	二年	正月，赵普为相，范质、王溥、魏仁浦罢相。 二月，辽败宋将李继勋于石州（今山西离石）。始榷茶。
965	三年	正月，蜀后主孟昶降。 三月，宋将王全斌等纵兵掳掠，引发后蜀旧将全师雄兵变。
966	四年	正月，全师雄兵败。河决澶州（今河南濮阳），发士卒、丁夫数万人治之。
967	五年	正月，因后蜀民控告王全斌等人不法事，分别降官。 二月，辽南京留守高勋侵扰益津关（今河北霸县）。
968	六年 开宝元年	九月，遣李继勋等攻北汉，至太原城下，因辽军来援而退。 十一月，改元开宝。
969	二年	二月，太祖统兵围北汉太原。辽耶律屋质、耶律斜轸援北汉。闰五月，宋退兵。
970	三年	九月，命潘美统兵伐南汉。 十一月，辽兵攻定州（今河北定州），宋命田钦祚破辽军于满城、遂城（今河北徐水西）。
971	四年	正月，潘美军克英、雄二州（今广东英德、南雄）。

公元	中国纪元	大事
972	五年	七月，改革江淮漕运，鼓励商人运米入京。 九月，禁私藏天文、图谶、太乙、雷公、六壬、遁甲等。
973	六年	三月，太祖亲复试举人。 六月，薛居正、吕余庆与赵普知印押班奏事，以分赵普相权。
974	七年	三月，宋遣使者至辽，辽派涿州刺史耶律昌术来议和。 九月，太祖命曹彬等人攻江南。 十一月，于采石矶（今安徽当涂西北）以浮梁渡江。
975	八年	正月，曹彬等进攻金陵。 十一月，金陵城破，后主李煜降。
976	九年 太宗太平兴国 元年	八月，派党进与潘美分五道伐北汉，师入太原。 九月，败北汉兵于太原城下。 十月，太祖崩，晋王赵光义即帝位，是为太宗。 十二月，改元太平兴国。
977	二年	正月，太宗大增进士及诸科录取人数，共取五百名。 九月，整顿钱币，以七十七钱为百。
978	三年	四月，平海节度使陈洪进上表献所管漳、泉二州（今福建漳州、泉州）。 五月，吴越王钱俶上表献所管十三州，封钱俶为淮海国王。
979	四年	六月，太宗移兵攻辽，辽耶律休哥来援，破宋兵于高梁河。
980	五年	二月，定上四等户役法，下五等户免役。 十一月，辽耶律休哥攻宋于瓦桥关（今河北雄县西南），宋军大败。
981	六年	太宗以诸州大狱，长吏不能亲决，逾年而狱未具，乃制定限期决狱之制。
982	七年	三月，太宗弟廷美获罪，安置房州（今湖北房县），卢多逊、沈伦等人亦被牵连。夏州定难军留后李继捧朝宋，献银、夏、绥、宥四州。
983	八年	始分三司为盐铁、度支、户部，各置使。 九月，在京师置水陆路发运使。

公元	中国纪元	大事
984	九年 雍熙元年	九月，宋兵袭李继迁，获其母妻，赐其族兄李继捧名赵保忠，授定难军节度使。 十一月，改元雍熙。
985	二年	二月，李继迁兵败，后袭据银州（今陕西米脂西北）。 六月，银、麟（今陕西神木北）、夏（今陕西横山西北）三州蕃部百二十五族内附。
986	三年	二月，太宗大举攻辽，辽萧太后与圣宗南下应援，宋军应付不及。五月至岐沟关大败。 十二月，辽兵陷邢州（今河北邢台）、深州（今河北深县）。
987	四年	四月，太宗欲大发兵攻辽，遣使往河南、北诸州募丁壮为义军，宰相李昉等谏，乃止。
988	端拱元年	九月，辽圣宗率军攻涿州，城破，宋军大败。 十一月，都部署李继隆击溃契丹师，追击至曹河（今河北徐水南）。
989	二年	正月，契丹诸军趋易州（今河北易县），宋自满城出师来援，为辽军击败，易州遂破。 七月，耶律休哥深入宋境，为宋将尹继伦袭败，李继隆等复追击，大破之。
990	淳化元年	五月，铸"淳化元宝"钱，太宗亲书其文，作真、行、草三体，自后每改元必更铸年号钱。
991	二年	七月，李继迁奉表归宋，授银州观察使，赐以国姓，名曰保吉。 十月，李继捧降于辽，辽封其为西平王。
992	三年	三月，太宗复试合格进士，始用糊名考校之法。 十月，设磨勘院，掌考核官员事。
993	四年	二月，蜀青城县（今四川灌县西）民王小波起兵，后战死，李顺为首领。 五月，置三司使。

公元	中国纪元	大事
994	五年	正月，李顺破成都，称大蜀王，年号应运。 五月被俘。 三月，宋军破夏州，擒李继捧，李继迁远走，毁夏州故城。
995	至道元年	契丹招讨使韩德威南侵，折御卿率亲骑大败其众。
996	二年	五月，李继迁围攻灵州（今宁夏灵武西南），太宗命李继隆等救援，王超等屡胜，而诸将拖延，李继迁终得脱走。
997	三年	三月，太宗崩，太子恒即位，是为真宗。 十二月，李继迁请降，复为定难军节度使。 宋分辖境为十五路。
998	真宗咸平元年	十一月，河西军左厢副使、归德将军折逋游龙钵朝宋。
999	二年	九月，李继迁攻麟（今陕西神木北）、府（今陕西府谷）等州，为宋军所败。 十月，契丹兵攻遂城，被杨延昭击退。
1000	三年	正月，益州戍兵拥王均为主，号大蜀，年号化顺，雷有终率兵镇压。十月，王均战败自杀。瀛莫之战。
1001	四年	三月，分川、陕为益（今四川成都）、利（今陕西汉中）、梓（今四川三台）、夔（今重庆奉节）四路，后遂称为四川。
1002	五年	三月，李继迁大集蕃部攻陷灵州，以为西平府。契丹派北府宰相萧继远等率师南下。
1003	六年	四月，辽攻定州，王继忠被俘降辽。 五月，李继迁攻取西凉府（今甘肃武威），受伤，旋死，子李德明嗣位。
1004	景德元年	闰九月，辽萧太后、圣宗大举攻宋。 十二月，宋辽议和，史称"澶渊之盟"。
1005	二年	宋辽先后置榷场，自本年起互贺君主生辰及元旦。
1006	三年	十月，宋封李德明为西平王，签景德和约。
1007	四年	十一月，真宗听信王钦若，造作天书，准备举行封禅等事，号为"大功业"。
1008	大中祥符元年	十月，自京师东封泰山，禅社首山。

公元	中国纪元	大事
1009	二年	正月，丁谓负责修昭应宫，供奉天书等物。 十月，命天下建天庆观。
1010	三年	闰二月，河北转运使李士衡进言河北预付帛钱，后推其法于天下。
1011	四年	七月，诏除两浙、福建、荆湖、广南诸州身丁钱米。 十月，浚四渠于汴水下流，以防溃溢。
1012	五年	五月，遣使至福建取耐旱之占城稻种，给江、淮、两浙三路种植。
1013	六年	七月，晏州（今四川兴文）夷人反，转运使寇瑊招安近界夷族。 八月，王钦若等上《新编修君臣事迹》，真宗亲制序，赐名《册府元龟》。
1014	七年	正月，真宗至亳州（今安徽亳县），谒太清宫圣祖殿，升应天府（今河南商丘南）为南京。
1015	八年	二月，吐蕃唃厮啰在宗哥城（今青海西宁东南）建立政权，贡马于宋。
1016	九年	九月，唃厮啰攻扰秦州（今甘肃天水），被曹玮所败。京畿、京东、京西、河北、江淮飞蝗障日。
1017	天禧元年	令京东、京西、河北、陕西、淮南、江浙灾伤州军出榷务酒糟济贫民。
1018	二年	二月，以升州（今江苏南京）为江宁府，置军曰建康。命寿春郡王赵祯为节度使，封升王。 四月，诏灾伤地区，除免去年夏秋税及所借粮种。
1019	三年	六月，从江淮发运使贾宗请，改漕运，水注新河，漕船无阻，公私称便。
1020	四年	正月，改诸路提点刑狱为劝农使、副使，兼提点刑狱公事。赵德明始城怀远镇，号兴州（今宁夏银川）。
1021	五年	六月，国子监请以御制《至圣文宣王赞》及近臣所撰《十哲》《七十二贤赞》镂版，诏可。
1022	乾兴元年	二月，真宗崩，太子祯嗣位，是为仁宗，刘太后处置军国大事。

公元	中国纪元	大事
1023	仁宗天圣元年	正月，改茶法，许商人向园户买茶，至官场纳税。 十一月，从益州转运使薛田请，始置益州交子务。
1024	二年	二月，禁私造交子，限在川蜀流通，为中国历史上政府发行纸币之始。
1025	三年	六月，环（今甘肃环县）、原（今甘肃镇原）州属羌叛，环庆都监赵士隆等战死。遣范雍安抚陕西。
1026	四年	六月，京师大雨，积水数尺，汴水大涨。 八月，从范仲淹议，筑泰州捍海堰御海潮。
1027	五年	规定南方诸路除川、陕外，客户（佃户）可离开土地，取消由地主发给凭由之法。
1028	六年	四月，减免三司岁所科上供物。江宁府、扬、真（今江苏仪征）、润（今江苏镇江）州长江水溢。
1029	七年	闰二月，置贤良方正能直言极谏、博通坟典明于教化等六科。 八月，诏罢天下职田。
1030	八年	八月，辽都统萧孝穆破东京，擒大延琳。 十月，改盐法，听商人于京城纳钱或金银，至解池受盐。
1031	九年	六月，辽圣宗死，太子宗真即位，是为兴宗，改元景福，皇太后摄政。辽封赵德明子李元昊为夏国公。
1032	十年 明道元年	七月，始置谏院。 十一月，改元明道。赵德明死，子李元昊立，宋封其为西平王，辽封其为夏国王。
1033	二年	七月，右司谏范仲淹请遣使安抚江淮、京东灾区，未报。 十二月，淮南存盐至一千五百万石。改元景祐。
1034	景祐元年	元昊攻掠宋境，俘环庆路都监齐宗矩，八月改年号开运为广运。
1035	二年	八月，初命朝臣为江浙、荆湖、福建、广南等路提点银铜坑冶铸钱公事。李元昊并沙州（今甘肃敦煌）曹氏。
1036	三年	三月，改茶法，凡商贾入钱于京师者，给南方茶。李元昊令野利仁荣等创制西夏文字，改元大庆。

公元	中国纪元	大事
1037	四年	正月，以天禧三年以来三司经费不足，数假贷内藏库钱，诏申饬三司不得复假贷。
1038	五年 宝元元年	十月，朋党之论兴，诏戒朋党。李元昊称大夏皇帝，改元天授礼法延祚，遣使奉表于宋。 十一月，改元宝元。
1039	二年	正月，元昊愿受册即皇帝位。 闰十二月，鄜州判官种世衡在延州筑青涧城。
1040	三年 康定元年	正月，三川口之战。 二月，改元康定。
1041	二年 庆历元年	二月，好水川之战。 八月，西夏军陷丰州（今内蒙古河套东南部）。 十一月，改元庆历。
1042	二年	九月，增岁币绢十万匹、银十万两与辽议和。 闰九月，定川寨之战。
1043	三年	正月，西夏遣使贺从勖请和。 九月，范仲淹向仁宗皇帝上书言十事。
1044	四年	十月，宋夏和议成，宋册封李元昊为夏国王，岁"赐"银绢茶，置榷场与夏互市。 十二月，毕昇发明活字印刷术。
1045	五年	正月，范仲淹以"朋党"罢参政。 二月，诏罢范仲淹所建磨勘保任之法。
1046	六年	正月，夏国遣杨守素持表及地图来献卧尚庞、吴移、已布等城寨九处。
1047	七年	十一月，贝州（今河北清河西北）军卒王则（弥勒教徒）于冬至日据城称东平郡王，国号安阳，年号得胜（一作德胜）。
1048	八年	正月，以文彦博为河北宣抚使，明镐为副，破贝州，王则被俘杀。 十月，范祥变解盐法，实行钞盐制度，使商人入钱，于产地领盐，听其销售。

公元	中国纪元	大事
1049	皇祐元年	六月，辽军分三路进攻西夏。 九月，广源州"蛮"侬智高起兵，称南天国，年号景瑞，扰邕州（今广西南宁）。
1050	二年	三月，辽遣西南招讨使萧蒲奴攻夏。 九月，夏人攻辽边境，为辽军所败。
1051	三年	正月，分淮南路为两路，扬州（今江苏扬州）为东路，庐州（今安徽合肥）为西路。
1052	四年	五月，侬智高破邕州，称大南国仁惠皇帝，年号启历。 七月，东进围广州。
1053	五年	正月，狄青夜渡昆仑关（今广西宾阳西南），大破侬智高，收复邕州，侬智高走大理。 四月，李参为陕西转运使，始行青苗钱。
1054	六年 至和元年	三月，改元至和。 四月，铸"至和元宝"钱。
1055	二年	三月，封孔子四十七世孙孔宗愿为衍圣公。 四月，罢诸路里正衙前。
1056	三年 嘉祐元年	六月，汴京大雨，坏房屋数万间。 九月，改元嘉祐。
1057	二年	正月，翰林学士欧阳修知贡举，禁抑险怪奇涩之文。 八月，建广惠仓。
1058	三年	十月，度支判官王安石上万言书，主张变法。
1059	四年	二月，废榷茶，行通商法。 八月，遣官赴各路"均田"，旋即中辍。
1060	五年	七月，诏分京西为南北二路，以陈（河南淮阳）、许（河南许昌）等九州隶北路，邓（河南邓县）、襄（湖北襄樊）等九州隶南路。
1061	六年	三月，诏良家子弟为人诱隶军籍者，若百日内父母诉官，还之。 四月，包拯为三司使，特置场和市，民得无忧。

公元	中国纪元	大事
1062	七年	二月，改江西盐法，时盐质劣价高，私贩众多，乃减盐价，令漕船运盐。从薛向言，汰陕西厢禁军。
1063	八年	三月，仁宗崩。 四月，嗣子曙即位，是为英宗。 五月，富弼授枢密使、礼部尚书、同平章事。
1064	英宗治平元年	西夏兵屡扰秦凤、泾原路。籍陕西百姓为义勇，凡十五万余人，止刺手背。
1065	二年	六月，宋廷议英宗生父濮安懿王称谓，大起争论，史称"濮议"。
1066	三年	四月，命司马光编历代君臣事迹。 九月，西夏兵攻大顺（甘肃华池东北）、桑远（华池）等城，环庆经略安抚使蔡挺率赵明、张玉等击败之。
1067	四年	正月，英宗崩，子顼即位，是为神宗。 十月，知青涧城种谔招降夏将嵬名山，复绥州（今陕西绥德）。
1068	神宗熙宁元年	四月，神宗召见王安石。王韶上《平戎策》，建议招抚西北各族部落，进迫西夏。
1069	二年	二月，以富弼为宰相，王安石为参政，设制置三司条例司。 七月，于淮、浙、江、湖六路颁行均输法。 九月，行青苗法。
1070	三年	二月，河北安抚使韩琦请罢青苗法。 十二月，立保甲法。在开封府试行免（募）役法，两年后推行全国。
1071	四年	二月，罢诗赋及明经诸科，以经义、论、策试进士。 十月，立太学生三舍法。
1072	五年	三月，行市易法，市易务收购滞销货物，官府所需货物均由市易务供应。 五月，行保马法。 八月，颁方田均税法。
1073	六年	三月，置经义局，王安石提举修《诗》《书》《周礼》三经义。 九月，王韶熙河开边。

公元	中国纪元	大事
1074	七年	四月，监安上门郑侠献所绘"流民图"，王安石罢相。 七月，吕惠卿接替王安石推行新法。 九月，开封、河北、京东、京西置三十七将，河东、秦凤、永兴置四十二将。
1075	八年	三月，辽萧禧至宋争地界。 四月，王安石反对退让，派沈括赴辽谈判。 十一月，交趾攻宋，陷钦（今广西灵山）、廉（今广西合浦）二州。
1076	九年	正月，吐蕃董毡等反宋，宋命宦官李宪赴秦凤、熙河主持军事。交趾陷邕州，宋命郭逵南下，并诏占城、真腊出兵，郭逵败交趾于富良江，交趾请和。
1077	十年	黄河大决于澶州曹村，北流断绝，河道南移。
1078	元丰元年	闰正月，诏常平钱谷输钱，民愿输谷或金帛者亦可。 五月，塞曹村决河，新堤成，河还北流。
1079	二年	汴河河口闭塞，引洛水入汴，自四月兴工，至七月完成。 十二月，御史中丞李定等称苏轼诗句"讥切时政"，逮苏轼下御史台狱，旋贬为黄州团练副使，本州安置。
1080	三年	六月，令中书省详定官制。 九月，定百官寄禄格，正官名。
1081	四年	二月，于东南各路置十三将。 七月，神宗决策攻西夏，命西北五路兵会攻灵州。
1082	五年	四月，改官制。 九月，夏军攻陷宋新建的永乐城（今陕西米脂西北）。
1083	六年	二月，西夏兵数十万攻兰州。 十月，夏国主秉常遣使上表，请复修好。
1084	七年	十二月，司马光等修《资治通鉴》成，凡二百九十四卷。
1085	八年	三月，神宗崩，子煦嗣位，是为哲宗，太皇太后高氏临朝听政。 七月，以吕公著为尚书左丞，废除保甲、方田、保马等法。

公元	中国纪元	大事
1086	哲宗元祐元年	三月，罢免役法。 七月，司马光奏请立十科取士法，官员各举所知。
1087	二年	八月，臣僚形成以程颐为首的洛党，以苏轼为首的蜀党，以刘挚为首的朔党。
1088	三年	苏轼言天下不便差役法。 四月，令诸路州县条陈役法利害。
1089	四年	四月，立经义、诗赋两科，罢明法科。 十一月，苏轼知杭州，疏浚西湖，筑长堤，杭人称之为苏公堤。
1091	六年	八月，苏轼为翰林学士承旨，旋又以诗文被诬谤，罢知颍州。
1092	七年	十月，西夏兵攻宋环州，宋将折可适等迫其归师。 吕大临《考古图》成书。
1093	八年	哲宗亲政。 四月，西夏来宋谢罪，愿以兰州易塞门、安远（今甘肃秦安西）二寨，宋却其请。 澶州河溃，南泛德清（今河南清丰西北），北流因淤断绝。
1094	九年 绍圣元年	四月，改元绍圣。以李清臣为中书侍郎，邓伯温为尚书右丞，二人倡议"绍述"。 五月，立宏词科，许进士登科者乞试，试进士以差役、雇役利弊为题。
1095	二年	九月，命府界诸路常平，依元丰七年条制。
1096	三年	西夏兵侵宋鄜延，陷金明寨。
1097	四年	二月，再贬谪元祐大臣吕大防、刘挚、苏辙、梁焘、范纯仁等多人，降文彦博等官。 知渭州章楶在葫芦河川筑城，名平夏城、灵平寨。
1098	五年 元符元年	蔡京等治"同文馆狱"毕，言刘挚等有司马昭之心，乞正典刑以及其子孙。 六月，改元元符。 十月，西夏再攻平夏城，章楶破之。

公元	中国纪元	大事
1099	二年	七月，吐蕃邈川首领瞎征与诸首领冲突，宋洮西安抚使王赡因之取邈川、青唐。 冬，西夏与宋达成元符和议。
1100	三年	正月，哲宗崩，弟端王佶即位，是为徽宗。 三月，王赡在鄯州纵兵掳掠，羌人反抗，西夏助羌，青唐失守，王赡被贬。 十一月，改元建中靖国。
1101	徽宗建中靖国元年	九月，宋命诸路转运使、提举司及诸州、军有遗利可以讲求及冗员浮费当裁减者，详议以闻。 十一月，改元崇宁。
1102	崇宁元年	七月，置市舶司于杭、明州。 九月，开列文彦博、吕公著、司马光、吕大防等执政官及苏轼、秦观等百余人姓名，称奸党，刻石。
1103	二年	二月，禁商人与园户私易荆湖、江、淮、两浙、福建七路茶。 四月，令销毁三苏、黄庭坚、秦观、范祖禹等人著作。
1104	三年	六月，复位党籍，共三百九人，以司马光为首，由蔡京书写，刻石庙堂，即元祐党人碑。 王厚收复鄯、廓州（今青海化隆西）。西夏军陷平夏城。
1105	四年	三月，造"九鼎"，置"大晟乐"成，建宝成宫，祀黄帝等。 设应奉局于苏州，命朱勔领"花石纲"。
1106	五年	正月，毁元祐党人碑。 二月，辽要求宋将元符和议以后收复之地还夏，宋夏通好。 七月，改元大观。
1107	大观元年	四月，蔡京利用"妖人"张怀素谋反狱，陷害吕惠卿子，贬谪惠卿。
1108	二年	正月，蔡京晋升为太师，童贯加节度使。 三月，分批除韩维等一百四十三人党籍。
1109	三年	江、淮、荆、浙、福建大旱，自六月至十月不雨。 十二月，蔡京罢相。

公元	中国纪元	大事
1110	四年	正月，中丞吴执上书言八行贡士之弊。 二月，诏察方田法之弊。
1111	政和元年	八月，张商英颇革蔡京弊政，为左相何执中排挤，罢相。 九月，郑居中、童贯使辽，燕人马植见童贯，献取燕之策。
1112	二年	九月，改定官名，罢文武勋官，以太尉为武阶之首。
1113	三年	四月，作保和殿成。
1114	四年	正月，置道阶以叙道士。 七月，完颜阿骨打誓师反辽，首战克宁江州（今吉林扶余东石城子）；继而大破辽都统萧嗣先于鸭子河（今松花江一段）。
1115	五年	正月，阿骨打称帝，国号大金，年号收国，都会宁（今黑龙江阿城南），是为金太祖。 二月，以童贯领六路边事。
1116	六年	正月，渤海人高永昌据辽东京（今辽宁辽阳）反辽，国号大元，建元隆基，金军破辽阳，杀高永昌。 四月，徽宗用道士林灵素言，在上清宫大会道士。
1117	七年	林灵素言"清华帝君"夜降宣和殿事，徽宗自称教主道君皇帝。 七月，令登州（今山东蓬莱）以市马为名泛海至辽东。
1118	八年 重和元年	遣马政等从海道赴金，金使者从马政等至登州，宋金开始通好。 十月，置道官、道职，诸州设道学博士。 十一月，改元重和。
1119	二年 宣和元年	正月，徽宗从林灵素言，改称佛为大觉金仙，和尚为德士。 二月，改元宣和。 金辽议和。
1120	二年	二月，命赵良嗣赴金，议夹攻辽，为"海上之盟"。

公元	中国纪元	大事
1121	三年	二月，宋江在海州（今江苏连云港西南）被张叔夜袭败而降。 四月，方腊在青溪帮源洞被俘。
1122	四年	正月，金军陷辽中京（今内蒙古宁城西大明城），天祚帝走西京。五月，宋攻辽之师在白沟失利。
1123	五年	二月，宋金议定交燕云条件，宋与金岁币四十万外，年输燕京代税钱一百万贯。 八月，郭药师大败萧幹。
1124	六年	遣童贯至太原，任宣抚使，童贯遣马扩与金议山后土地事。 重申禁止苏、黄文章，违令不烧者以"大不恭"论。
1125	七年	十月，金下诏攻宋，以完颜杲领都元帅，粘罕等自大同攻太原，斡离不等自平州攻燕山。 十二月，徽宗下诏禅位于太子桓，是为钦宗。
1126	钦宗靖康元年	正月，李纲领导宋军保卫开封府，金军退兵。钦宗进行议和活动，增岁币、割地，命康王赵构与张邦昌为人质。 九月，金兵进攻，破开封，钦宗投降。
1127	二年 高宗建炎元年	三月，金立张邦昌为帝，国号楚。 四月，金粘罕俘徽、钦二帝及宗室等北去。 五月，康王赵构在南京（今河南商丘南）即位，是为高宗，改元建炎。
1128	二年	正月，金兵陷郑州。 三月，金军陷中山府。 七月，宗泽忧愤而死。 八月，金封宋二帝赵佶为昏德公、赵桓为重昏侯。
1129	三年	二月，高宗渡江南逃杭州，金兵入扬州。 三月，苗傅、刘正彦杀都统制王渊，迫高宗退位，立皇子旉，改元明受，请隆祐太后孟氏听政。 四月，高宗复位。 十一月，兀术破庐州，进破和州，建康降金。 十二月，金陷杭州，高宗逃往温、台沿海。

公元	中国纪元	大事
1130	四年	正月，金破明州、定海（今浙江镇海）。 二月，金屠潭州，焚明、杭州、平江府，陷东京。钟相称楚王，年号天载，分富豪财物予贫民，称"均平"。 三月，韩世忠在黄天荡阻击兀术达四十八日，史称"黄天荡之战"。 九月，金立刘豫为大齐皇帝，都于北京大名府（今河北大名）。富平之战。
1131	绍兴元年	二月，金占宋熙、河诸州。 三月，以张俊为江淮路招讨使、岳飞为副使平李成乱军。吴玠败金兵于和尚原（今陕西宝鸡附近）。
1132	二年	正月，韩世忠镇压建州范汝为起义。 四月，岳飞大破曹成。 八月，秦桧罢相。
1133	三年	金先后破金州（今陕西安康）、饶风关（今陕西石泉西）。 九月，刘豫及金约交趾等扰宋。任命岳飞为荆、湖、江西制置使。
1134	四年	正月，宋将关师古叛降伪齐。 二月，吴玠败金兵于仙人关（今甘肃徽县南）。 五月，岳飞收复郢、唐和襄阳。 九月，伪齐刘豫勾结金兵侵宋。 十月，韩世忠破金兵于大仪（今江苏扬州西北）、承州（今江苏高邮）。
1135	五年	二月，高宗回临安府行宫。 四月，徽宗卒于五国城。 六月，岳飞镇压杨太，攻占洞庭水寨。
1136	六年	八月，岳飞收复蔡州（今河南汝南）。 九月，岳飞败刘豫军于唐州（今河南唐河）。
1137	七年	八月，郦琼叛降刘豫。 十一月，金废刘豫为蜀王。
1138	八年	正月，高宗定都临安（今浙江杭州）。 三月，秦桧复为相，专主与金和议。

公元	中国纪元	大事
1139	九年	三月，宋以王伦为东京留守与金交割地界。 吴玠逝于仙人关。
1140	十年	五月，金背盟，遣兀术复取河南、陕西地。 闰六月，岳飞大败金兵于郾城（今河南漯河市郾城区）。
1141	十一年	四月，高宗罢韩世忠、张俊及岳飞兵权。 十一月，宋金和议，规定南宋向金称臣，史称"绍兴和议"。 十二月，岳飞被害于大理寺狱。
1142	十二年	二月，宋遣使曹勋进誓表于金。 三月，金遣使带册文至宋，封高宗为帝，国号宋，世服臣职。 五月，宋金互市榷场。
1143	十三年	正月，以临安府学改建为太学。 六月，金遣洪皓等南归。
1144	十四年	四月，宋遣使贺金主生辰，自是岁以为常。 六月，江、浙、福建大水。
1145	十五年	正月，命僧、道纳免丁钱。 户部侍郎王铁施行经界法，以均赋税，行差役。
1146	十六年	正月，增太学生额，外舍生定以千名为限。 三月，令有司重建武学。
1147	十七年	三月，金兀术与蒙古议和。
1148	十八年	三月，宋禁人北渡。
1149	十九年	八月，宋改役法，女户无子及得解举人、太学生单丁，并免身役，特旨及因恩免解人听募人充役，官司不得追正身。
1150	二十年	三月，禁私史谤朝政。 四月，垦田于两淮。
1151	二十一年	二月，遣使入金请归宗族，金主不允。 闰四月，高宗亲试南省举人。
1152	二十二年	四月，襄阳大水，地方官修复环城石堤。 十月，平定虔州（今江西赣州）乱军。

公元	中国纪元	大事
1153	二十三年	二月，处决虔州乱军黄明等八人于市。 六月，禁南方民间杀人祭鬼。
1154	二十四年	三月，策试进士，以张孝祥为状元。
1155	二十五年	六月，避岳飞讳，改岳州为纯州。 十月，秦桧病死。
1156	二十六年	三月，高宗下诏禁议边事。 四月，宋定武举名额，以百员为限。
1157	二十七年	二月，下诏以经义、诗赋取士。 四月，以王彦为金（今陕西安康）、房（今湖北房县）、开（今四川开县）、达（今四川达州）州安抚使。
1158	二十八年	正月，金谋南侵。 十二月，宋备金南侵，在兴元府、洋州诸县选练义士。
1159	二十九年	二月，下诏禁与金海路通商。
1160	三十年	二月，高宗下诏立赵瑗为皇太子，更名玮，晋封建王。 八月，金签兵中原，重兵屯于宿、泗。 十二月，发行会子，初行于两浙，后流通于诸州。
1161	三十一年	五月，金主完颜亮遣使来宋，索取淮、汉地。 九月，完颜亮率军大举南侵。 十一月，虞允文败金兵于采石。 十二月，宋军收复泗州、和州、楚州、汝州。
1162	三十二年	六月，高宗为太上皇，太子赵昚即位，是为孝宗。 七月，孝宗下诏为岳飞平反，追复原官，以礼改葬。
1163	孝宗隆兴元年	三月，金向宋索地及岁币。 四月，孝宗决定出师北伐，收复虹县（今安徽泗县）及灵璧（今安徽灵璧）二城。 五月，宋军败于符离。
1164	二年	十二月，宋金和议成，宋称侄，金称叔，岁贡改为岁币，银、绢各减五万，疆界如绍兴和议所划，史称"隆兴和议"。
1165	乾道元年	正月，宋遣通问使带国书至金，定双方书写格式。

公元	中国纪元	大事
1166	二年	六月，罢两浙路提举市舶司。
1167	三年	正月，整顿会子。 闰七月，修订福建盐法。
1168	四年	正月，籍荆南义勇民兵。 二月，改福建路钱法。 五月，初行社仓法。
1169	五年	二月，命楚州（今江苏淮安）兵马钤辖羊滋专司海防，以维持治安。
1170	六年	二月，下诏均役、限田。 五月，遣使求陵寝地，未果。
1171	七年	二月，孝宗立恭王赵惇为太子。 三月，金以品官礼仪葬钦宗。
1172	八年	四月，整顿诸路义仓。 七月，罢庐州屯田。
1173	九年	二月，青羌奴儿结掠扰宋边。 十二月，诏改广西盐法。
1174	淳熙元年	正月，交趾入贡，下诏赐国名安南，以南平王李天祚为安南国王。
1175	二年	四月，茶户赖文政起义，多次打败官军。 八月，修改广西盐法。
1176	三年	四月，禁秋苗加耗过三分。
1177	四年	二月，禁预征夏税。 十二月，改四川茶盐酒法。
1178	五年	二月，禁州县预借租税。 九月，诏谥岳飞为武穆。
1179	六年	正月，郴州宜章县（今湖南宜章）农民在陈峒领导下起义，反对官府用"和籴"名义无偿勒索农民粮食。 六月，广西李接起义。

公元	中国纪元	大事
1180	七年	正月，孝宗下令收京西民间铜钱，以铁钱及会子偿给。 江、浙、淮西、湖北旱。
1181	八年	十二月，行朱熹社仓法于诸路。
1182	九年	八月，淮东、浙西蝗灾，议定诸州捕蝗赏罚标准。 九月，修复真州陈公塘。
1183	十年	正月，孝宗下令恢复广南东、西路盐客钞法。 孝宗从臣僚言，下令禁道学。
1184	十一年	六月，修治陂塘溉田。 七月，修改刺配法。
1185	十二年	正月，禁广西私贩交趾盐。 四月，整顿广西身丁钱。
1186	十三年	十一月，王淮等奏上仁宗、英宗玉牒，神、哲、徽、钦四朝国史列传及皇朝会要。 十二月，改汀州盐法。
1187	十四年	十月，高宗崩，孝宗服丧。
1188	十五年	二月，下诏禁淮东开垦盐场地。
1189	十六年	正月，改广西盐法，行官卖。 二月，孝宗称太上皇，太子惇即位，是为光宗。 十一月，改元绍熙。
1190	光宗绍熙元年	三月，金主诏修曲阜孔子庙学。
1191	二年	八月，宽两浙榷铁之禁。
1192	三年	三月，定杂艺得官不得荫子。 七月，泸州（今四川泸州）骑射营卒张信以军帅张孝芳训兵频繁且多役使，遂率众作乱。
1193	四年	三月，以赵汝愚同知枢密院事。 十二月，以朱熹为湖南安抚使、知潭州。
1194	五年	六月，孝宗崩，卒年六十八岁。 七月，光宗以疾内禅为太上皇，嘉王赵扩即皇帝位，是为宁宗。

公元	中国纪元	大事
1195	宁宗庆元元年	二月，罢右丞相赵汝愚，韩侂胄掌朝政。 四月，太学生杨宏中等六人因赵汝愚被罢集体上书，均送五百里外编管，时号为"六君子"。
1196	二年	八月，禁用伪学之党。 十一月，宜州（今广西宜山）"蛮"攻扰，旋被宋平定。
1197	三年	六月，广东提举茶盐徐安国遣人捕私盐贩，引发大溪岛民起义。十二月，庆元党禁。
1198	四年	正月，以两浙、江、淮、荆、湘、四川多流民，乃令有关机构行宽免慎恤之事。 五月，严禁伪学。
1199	五年	八月，立沿边诸州武举取士法。 十二月，稍弛伪学之禁。
1200	六年	三月，提举南京鸿庆宫朱熹卒。
1201	嘉泰元年	四月，龙州（今四川江油北）民结蕃部扰边，宋令官军征讨。
1202	二年	二月，弛伪学、伪党禁。
1203	三年	正月，龙州蕃部扰边，掠大崖铺，又陷浊水寨，俘执知寨范浩，屠其家。
1204	四年	正月，韩侂胄定议北伐。 十二月，创设国用司，总管内外财赋。改元开禧。
1205	开禧元年	六月，宁宗诏内外诸军制定行军计划，并令诸路安抚司教阅禁军。七月，以韩侂胄为平章军国事。
1206	二年	五月，宁宗下诏伐金。 十月，金分兵九道南下伐宋。 十二月，四川吴曦降金。铁木真为蒙古大汗，尊号为成吉思汗，是为元太祖。
1207	三年	四月，以方信儒为国信所参议官，入金营。 八月，金要求五事始许和。
1208	嘉定元年	三月，嘉定和议。

公元	中国纪元	大事
1209	二年	三月，蒙古攻入西夏，夏主纳女请和。
1210	三年	四月，峒族民众起义被镇压。 八月，蒙古袭击金地。
1211	四年	二月，蒙古主率军破金军，取大水泺、丰利等县。 四月，金请和于蒙古，未果。 八月，蒙古大举伐金。
1212	五年	十二月，蒙古军攻克金东京（今辽宁辽阳）。
1213	六年	七月，蒙古兵攻克宣德府（今河北宣化），随后进攻德兴府（今河北涿鹿）。 十二月，蒙古军分道掠金河东、河北、山东。
1214	七年	正月，四川制置使安丙遣何九龄等诸将与金人战于秦州（今甘肃天水），败还。 七月，罢输金岁币。
1215	八年	五月，蒙古军攻克金中都（今北京）。 七月，金遣使向蒙古求和，未果。
1216	九年	十一月，蒙古取潼关。
1217	十年	四月，金主以王世安为淮南招抚使，遂有侵宋之谋。 六月，宁宗下诏伐金，宋金连年交兵。
1218	十一年	二月，金将完颜赛不拥步骑围枣阳军（今湖北枣阳），孟宗政与扈再兴合兵迎敌。
1219	十二年	二月，金兵破兴元府，权府事赵希岂弃城逃走。 七月，金弩子手登枣阳城，为宋军击败。
1220	十三年	正月，宋将扈再兴攻邓州（今河南邓县），许国攻唐州（今河南唐河）等地，均败北。 八月，宋派使者与夏相约攻金。
1221	十四年	二月，金将布萨安贞率军攻宋黄州（今湖北黄冈）及汉阳（今湖北武汉）。 三月，布萨安贞又攻取宋蕲州，后为扈再兴败于天长镇。

公元	中国纪元	大事
1222	十五年	二月，金主遣左监军讹可行元帅府事，节制三路兵马南侵。 四月，金讹可、时全率军自颍（今安徽阜阳）、寿渡淮河，破庐州焦思忠兵。
1223	十六年	正月，蒙古木华黎围凤翔。
1224	十七年	闰八月，宁宗崩，养子贵诚即位，赐名昀，是为理宗。 十一月，改元宝庆。
1225	理宗宝庆元年	二月，楚州李全因不满许国的压制而发生军乱，以徐晞稷为淮东制置使抚李全之众，楚州城转危为安。
1226	二年	正月，成吉思汗亲率军攻夏，得黑水（今内蒙古额济纳旗）等城。七月，成吉思汗取夏西凉府。
1227	三年	五月，李全在青州突围，降于蒙古。 六月，夏国主降蒙古。 七月，成吉思汗死。
1228	绍定元年	正月，禁江淮私税米船等。
1229	二年	八月，蒙古立窝阔台为大汗，是为元太宗。
1230	三年	正月，金以完颜彝率忠孝军为前锋，以四百骑破蒙古八千人，解庆阳（甘肃庆阳）之围。
1231	四年	六月，蒙古遣使约宋攻金。 九月，临安大火，宋帝诏火后宽恤灾民。
1232	五年	正月，蒙古大败金兵于钧州（今河南禹州市）。 十二月，蒙古遣王楫至宋议夹攻金人，约以事成，归河南地于宋。
1233	六年	四月，蒙古俘金后妃等至和林（今蒙古哈拉和林）。 七月，孟珙败金兵于马蹬山。 十一月，改元端平。
1234	端平元年	正月，蒙古与宋围蔡州，金哀宗自缢，金灭亡。 八月，端平入洛失败。
1235	二年	正月，宋以宁淮军统制程芾为使，通好蒙古。

公元	中国纪元	大事
1236	三年	三月，襄阳城降于蒙古。蒙古大举南攻。 十二月，改元嘉熙。
1237	嘉熙元年	蒙古相继破宋光州（今河南潢川）、黄州（今湖北黄冈）、蕲州。
1238	二年	二月，蒙古遣使王楫入见，议宋岁输币，银、绢各二十万两、匹，史嵩之力主和议。 九月，蒙古察罕率兵围庐州。
1239	三年	三月，孟珙与蒙古三次交战，均败蒙古军。 十二月，孟珙复蕲州。
1240	四年	二月，蒙古军扰宋万州（今重庆万州区），宋军不敌。 十月，改元淳祐。
1241	淳祐元年	十一月，蒙古达海部汪世显率军入四川，进围成都。 十二月，蒙古遣月里麻思来宋议和。
1242	二年	七月，蒙古张柔率军自五河口渡淮，攻扬、滁、和、巢。 十月，蒙古军攻通州（今江苏南通），守臣杜霆以舟载私帑渡江逃走。
1243	三年	三月，蒙古军攻破资州（今四川资中）。
1244	四年	五月，宋军扰金山东胶、密。
1245	五年	二月，吕文德击败蒙古兵于五河，并收复五河城（今安徽五河）。 五月，造轻捷战船固江防。
1246	六年	七月，贵由即大汗位，是为定宗。
1247	七年	三月，蒙古张柔攻泗州（今江苏盱眙）。
1248	八年	三月，蒙古大汗贵由卒，年四十三。
1249	九年	三月，蒙古于是年春，扰宋淮南。
1250	十年	二月，宋严禁私运铜钱及伪造会子。
1251	十一年	六月，蒙哥即蒙古大汗位，是为宪宗。 十一月，宋地疾疫流行。

公元	中国纪元	大事
1252	十二年	二月，蒙古兵复攻随、郢、安、复等州。 十月，蒙古将汪德臣率兵掠成都，进攻嘉定（今四川乐山）。
1253	宝祐元年	正月，蒙古兵屯于汉江，侵扰万州（今重庆万州区）。 十二月，蒙古进攻大理城。
1254	二年	二月，蒙古扰合州，守臣王坚、曹世雄等击败蒙古。
1255	三年	二月，蒙古以许衡兴学于京兆府（今陕西西安），于是郡县皆兴办学。
1256	四年	五月，宋与罗鬼国相约共御蒙古。 七月，蒙古军扰叙州（今四川宜宾），知叙州史俊调舟师与蒙古战，击退蒙古军。
1257	五年	正月，蒙古军攻襄樊，襄阳守将高达力战于白河，蒙军退。 闰四月，蒙古兵扰宋剑门。
1258	六年	二月，蒙古大举攻宋，西川州县降于蒙古。 秋，钓鱼城之役。
1259	开庆元年	正月，阆（今四川阆中）、蓬（今四川仪隆南）、广安（今四川广安）等地相继降蒙古。 十一月，贾似道遣宋京向蒙古请和。
1260	景定元年	正月，蒙古张杰、阎旺造浮桥欲渡江，为宋将夏贵所击破。 三月，忽必烈继蒙古大汗位。
1261	二年	六月，潼川安抚副使刘整以泸州（今四川泸州）十五郡降蒙古。
1262	三年	正月，吕文德收复泸州，因功晋升为开府仪同三司。
1263	四年	春，蒙古都元帅汪良臣攻重庆，宋将朱祀孙率军出击，宋军败绩。 三月，贾似道请改公田法。
1264	五年	十月，理宗崩，皇太子禥即位，是为度宗。
1265	度宗咸淳元年	二月，元帅按东与宋军战于钓鱼山（今重庆合川区），大败宋军。四月，加贾似道太师，封魏国公。
1266	二年	正月，蒙古立制国用使司，以阿合马为使。

公元	中国纪元	大事
1267	三年	八月，蒙古都元帅阿术军与宋军战于襄樊，宋军大败。
1268	四年	十一月，宋兵自襄阳来攻蒙古沿山诸寨，阿术分兵御之，斩获甚众。
1269	五年	七月，宋沿江制置副使夏贵率兵船三千袭阿术军于新城，为元军所败。
1270	六年	二月，宋襄阳出步兵万余人、兵船百余艘来攻万山堡，为千户脱脱所败。 十二月，蒙古兵筑城于万山。
1271	七年	七月，宋有功将士分别给予进秩推恩。
1272	八年	四月，知合州、利路安抚张珏创筑宜胜山城。
1273	九年	二月，阿里海牙由樊城攻打襄阳，炮轰襄阳城楼，将领纷纷出城投降，襄樊陷落。
1274	十年	七月，度宗崩，恭帝即位，谢太后临朝听政。
1275	恭帝德祐元年	正月，蒙古兵入黄、蕲等州，所过州县降于蒙古。 二月，贾似道以宋京为都督府计议官入蒙古大军。
1276	二年 端宗景炎元年	元军进逼临安，恭帝投降，二王（益王赵昰、广王赵昺）出逃，元军统帅伯颜穷追不舍，二王逃至福州。 五月，赵昰登基为宋端宗，改元景炎。
1277	二年	夏，文天祥率军由梅州（今广东梅州市）出兵，进攻江西，在雩都（今江西于都）获得大捷后，又以重兵进攻赣州，以偏师进攻吉州（今江西吉安），陆续收复了许多州县。
1278	三年 赵昺祥兴元年	三月，宋端宗移驻碙州（今广东碙洲岛），宋广西宣谕使曾渊子坚守雷州，元军招降无效，大举进攻。曾渊子奔碙州，雷州为元军所得。 四月，端宗崩，赵昺即位，徙至崖山，改元祥兴。
1279	二年	二月，崖山海战，宋军兵败，陆秀夫负帝昺跳海死，南宋灭亡。

帝系表

北宋

| 一世 | 二世 | 三世 | 四世 | 五世 |

①太祖赵匡胤 ── 燕王德昭 ─ 冀王惟吉 ── 卢江侯守度 ─ 嘉国公世括 ─
（960—976） ── 秦王德芳 ─ 英国公惟宪 ─ 新兴侯从郁 ─ 华阴侯世将

②太宗光义 ──── ③真宗恒 ─ ④仁宗祯
（976—997） （997—1022）（1022—1063）
── 商王元份 ─ 濮王允让 ── ⑤英宗曙 ── ⑥ 神宗顼
（1063—1067）（1067—1085）

| 六世 | 七世 | 八世 | 九世 | 十世 |

─ ⑦哲宗煦（1085—1100）
─ ⑧徽宗佶 ─ ⑨钦宗桓
（1100—1125） （1125—1126）

南宋

── ①高宗构（1127—1162）

─ 庆国公令侩 ─ 秀王子偁 ── ②孝宗昚 ──── ③光宗惇 ── ④宁宗扩
（1162—1189）（1189—1194）（1194—1224）

─ 房国公令稼 ─ 修武郎子奭　益国公伯圩 ─越国公师意　荣王希瓐

| 十一世 | 十二世 | 十三世 |

⑤理宗昀（1224—1264）
福王与芮 ─ ⑥度宗禥 ─┬ ⑦恭帝㬎（1274—1275）
（1264—1274）├ ⑧端宗昰（1276—1278）
└ ⑨帝　昺（1278—1279）

注 释

前　言

1. 关于宋代社会的性质问题，日本学者曾进行多角度、多层次的探讨，其中以京都大学为代表的京都学派认为，宋代为中国的近代社会；而以东京大学为代表的东京学派则持不同意见，主张宋代是中国的中世纪时期，即封建社会的开端时期。两派论点针锋相对，争论持续数十年之久。
2. 《新五代史》卷三九《刘守光传》。
3. 谢和耐：《蒙元入侵前夜的中国日常生活》，刘东译，南京：江苏人民出版社，1995年，第5页。
4. R.Hartwell,"A Revolution in the Chinese Iron and Coal Industries during the Northern Sung, 960-1126 A.D", *The Journal of Asian Studies*, vol. 21, No. 2, 1962.
5. 陈寅恪：《邓广铭〈宋史职官志考证〉序》，《金明馆丛稿二编》，上海：上海古籍出版社，1980年，第245页。
6. 邓广铭、漆侠：《两宋政治经济问题》，上海：知识出版社，1988年，第3页。

第一章　两宋政局之演进

1. 《宋史》卷三二八《王韶传》。

第二章　祖宗家法与传统国策

1. 李焘：《续资治通鉴长编》卷一七，开宝九年十月乙卯。
2. 张栻：《南轩集》卷八《经筵讲义》。
3. 林駉：《古今源流至论》后集卷九《齐家》。
4. 游彪：《宋代荫补制度研究》，北京：中国社会科学出版社，2001年，第八章。
5. 宋制，正员之外，再额外加派官员主管或处理某事。或仅有其名而不管政事，称添差不厘务。
6. 疏属意指旁系亲属。
7. 宋朝称殿阁学士、直学士、待制与翰林学士、给事中、六部尚书、侍郎为侍从，中书舍人、起居郎、起居舍人以下为小侍从，外官带诸阁学士、待制者为在外侍从。
8. 《宋会要辑稿》帝系六之三。
9. 张邦炜：《宋代皇亲与政治》，成都：四川人民出版社，1993年，第138页。
10. 《宋会要辑稿》后妃一之二二。
11. 张方平：《乐全集》卷七《刍尧论二·后妃》。
12. 李心传：《建炎以来朝野杂记》乙集卷一一《故事·后家封王者》《中兴以来后家建节者》。

13. 王应麟：《玉海》卷一三〇《官制·宗戚·绍兴内治圣鉴》。

14. 彭龟年：《止堂集》卷五《论韩侂胄干预政事疏》。

15. 晁说之：《景迂生集》卷一《元符三年应诏封事》。

16. 李焘：《续资治通鉴长编》卷三二七，元丰五年六月壬申。

17. 马基雅维利：《君王论》，徐继业译，北京：光明日报出版社，1999年，第66页。

18. 谢和耐：《蒙元入侵前夜的中国日常生活》，刘东译，南京：江苏人民出版社，1998年，第4页。

19. 《蔡襄集》卷二二《国论要目·任材》。

20. 汪洙：《神童诗》。

21. 赵翼：《廿二史劄记》卷二五《宋制禄之厚》。

22. 叶梦得：《石林燕语》卷七。

23. 李焘：《续资治通鉴长编》卷一八三，嘉祐元年八月癸亥。

24. 李焘：《续资治通鉴长编》卷三二，淳化二年八月丁亥。

第三章　北宋的社会变革运动

1. 范仲淹：《范文正公集》卷七。

2. 通过考核，文官三年一迁，武官五年一迁，称为"磨勘"。

3. 《司马温公文集》卷一〇《与王介甫书》。

4. 近来曾有人认为这不是王安石的思想，王荣科认为，作为地主阶级的政治改革家，王安石是不可能提出根本否定北宋传统政治学说的"三不足"学说的。（王荣科：《王安石提出三不足精神之说质疑》，《复旦学报》2000年第1期）蔡美彪等认为，三不变是保守派妄图要以"三不足"说中伤王安石的言论。[《中国通史》（5），北京：人民出版社，1994年]而邓广铭认为，此三句话出自王安石之口无疑，且这是王安石变法精神的体现。（邓广铭：《北宋政治改革家王安石》，石家庄：河北教育出版社，2000年）

5. 为躲避繁重的税敛和差役的农民，托庇于官绅和豪强之家，伪立契券，冒充其家佃户，把收获物的一部分交于官绅和豪强作租课。

6. 《经济学大辞典·农业经济卷》，上海：上海辞书出版社，1983年，第43页。

7. 漆侠：《王安石变法》，石家庄：河北人民出版社，2001年，第127页。

8. 漆侠：《王安石变法》，第138页。

9. 漆侠：《王安石变法》，第146页。

10. 漆侠：《王安石变法》，第119页。

11. 邓广铭：《北宋政治改革家王安石》，石家庄：河北教育出版社，2000年，第236页。

12. 《宋会要辑稿》崇儒一之二九。

13. 李焘：《续资治通鉴长编》卷二二九，熙宁五年正月辛丑。

14. 史学界对于富国还是富民的观点存在多种看法，一些学者认为变法的真正出发点是富国，而不是富民。

15. 洛党以程颐为首，其下有朱光庭、贾易等，不少人都是程门弟子。蜀党首领是苏轼，其下有苏辙、吕陶等。朔党领袖人物有刘挚、王岩叟、刘安世等。

第四章　宋代的政治制度

1. 《宋史》卷一六一《职官志》。
2. 《宋史》卷三〇七《张雍传》。
3. 《宋史》卷一六一《职官志》。
4. 李焘：《续资治通鉴长编》卷五七，景德元年九月丁酉。
5. 高承：《事物纪原》卷七《镇》。
6. 宋制，中书舍人草拟诏命，如事有失当或除授不妥，许封还词头。
7. 《宋史》卷三七五《富直柔传》。
8. 《宋会要辑稿》职官四五之二一。
9. 李焘：《续资治通鉴长编》卷一八九，嘉祐四年六月癸酉。
10. 李焘：《续资治通鉴长编》卷七，乾德四年十一月乙未。
11. 口券为宋军队出戍或就役时发放的一种补助凭证，执此可领取钱币、粮食等。绍兴和议后，有生券、熟券之分。各御前诸军屯驻内地，发放熟券，戍边则发放生券。生券价值高于熟券。
12　新兵刺字后，政府给予衣履、缗钱，谓之招刺利物。

第五章　法制体系

1. 郭东旭：《宋代法制研究》，保定：河北大学出版社，2000年，第17页。
2. 毕仲游：《西台集》卷七《上门下侍郎司马温公书》。
3. 《宋会要辑稿》刑法一之五二。
4. 《宋史》卷一五二《刑法志》。
5. 中国古代刑名，谓决杖配役，即把原有的刑罚折成一定杖数执行。徒罪决杖后释放，而用决脊杖和在附近配役来代替流刑。
6. 收押囚禁流、徒罪犯的服役场所。宋代诸路州军都设有牢城，尤其是偏远恶地，都不同规模地建立了牢城。
7. 《宋会要辑稿》刑法一之二三。
8. 李心传：《建炎以来系年要录》卷七八，绍兴四年七月癸酉。
9. 赵善璙：《自警编》卷八。
10. 《宋史》卷一六三《职官志》。
11. 《宋会要辑稿》职官一七之一二。
12. 《宋会要辑稿》刑法三之六八。
13. 《宋会要辑稿》刑法六之六三。
14. 《名公书判清明集》卷九。
15. 《名公书判清明集》卷一二。

16. 李焘：《续资治通鉴长编》卷一四三，庆历三年九月丙戌。

17. 叶适：《水心集》卷四《实谋》。

18. 黄震：《黄氏日抄》卷六八《法度总论》。

19. 《宋会要辑稿》刑法二之一五〇。

20. 《江西通志》卷六七《建置略·廨宇》。

21. 《江西通志》卷六七《建置略·廨宇》。

22. 《宋会要辑稿》刑法二之一五〇。

23. 《江西通志》卷七〇《建置略·学校》。

24. 黄榦：《勉斋集》卷三三《崇真观女道士论掘坟》。

25. 欧阳修：《欧阳文忠公集》卷六一《尚书职方郎中分司南京欧阳公墓志铭》。

26. 《名公书判清明集》卷三。

27. 《宋会要辑稿》刑法二之一三七。

28. 《名公书判清明集》卷一二。

29. 《江西通志》卷六七《建置略·廨宇》。

30. 《名公书判清明集》卷一二。

31. 陈亮：《陈亮集》卷一一《人法》。

第六章　社会经济

1. 王明清：《挥麈录·余话》卷一。

2. 袁采：《袁氏世范》卷三《富家置产当存仁心》。

3. 辛弃疾：《稼轩词》卷二《最高楼》。

4. 李心传：《建炎以来系年要录》卷五一，绍兴二年正月丁巳。

5. 王迈：《臞轩集》卷一《乙未馆职策》。

6. 张田辑录：《包拯集》卷七《乞开落登州冶户姓名》。

7. 王珪：《华阳集》卷三七《梁庄肃公适墓志铭》。

8. 《宋会要辑稿》职官四三之一三三。

9. 《淳熙三山志》卷一四。

10. 《宋史》卷一八三《食货志》。

11. 李焘：《续资治通鉴长编》卷六〇，景德二年五月辛亥。

12. 李焘：《续资治通鉴长编》卷一〇〇，天圣元年春正月丙寅。

13. 马端临：《文献通考》卷一八《征榷考》五。

14. 张方平：《乐全集》卷二三《论国计出纳事》。

15. 张方平：《乐全集》卷二三《论京师军储事》。

16. 李焘：《续资治通鉴长编》卷三五，淳化五年四月。

17. 同上。

18. 陈耆卿：《筼窗集》卷四《奏请急水利疏》。

19. 王安石：《临川先生文集》卷七〇《议茶法》。

20. 吕陶：《净德集》卷一《奏置场买茶旋行出卖远方不便事状》。

21. 蔡襄：《荔枝谱》。

22. 杨万里：《诚斋集》卷三三《从丁家洲避风行小港出获港大江》。

23. 王祯：《农书》卷上《地势之宜篇》。

24. 朱翌：《猗觉寮杂记》卷上。

25. 庄绰：《鸡肋编》卷中。

26. 苏籀：《双溪集》卷九《务家札子》。

27. 张咏：《乖崖集》卷二《筵上赠小英》。

28. 兰浦：《景德镇陶录》卷六《哥窑》《章龙泉窑》。

29. 苏易简：《文房四谱》卷四《纸谱》。

30. 陈槱：《负暄野录》卷下《论纸品》。

31. 祝穆：《方舆胜览》卷一一。

32. 王巩：《闻见近录》。

33. 范成大：《吴船录》卷下。

34. 高承：《事物纪原》卷七。

35. 《宋史》卷三五四《路昌衡传》。

36. 李焘：《续资治通鉴长编》卷二七九，熙宁九年十二月丙申。

37. 欧阳修：《文忠集》卷一一八《论河北财产上时相书》。

38. 李焘：《续资治通鉴长编》卷三七四，元祐元年四月辛卯。

39. 蔡襄：《荔枝谱》。

40. 《宋会要辑稿》食货三四之二七。

41. 周复俊：《全蜀艺文志》卷三四。

42. 文同：《丹渊集》卷三四《奏为乞修兴元府城及添兵状》。

43. 《宋会要辑稿》食货一〇之一四。

44. 陆游：《渭南文集》卷二〇《常州奔牛闸记》。

第七章　国计民生与货币金融

1. 《宋史》卷一六二《职官志》。

2. 李焘：《续资治通鉴长编》卷四八，咸平四年五月庚寅。

3. 《宋史》卷一七九《食货志》。

4. 李心传：《建炎以来朝野杂记》甲集卷一七《淮东西湖广总领所》。

5. 黄震：《黄氏日抄》卷六七《范石湖文》。

6. 《宋史》卷九三《河渠志》。

7. 《玉海》卷一八二《食货漕运》。

8. 陆贽：《陆宣公翰苑集》卷二二《均节赋税恤百姓》。

9. 马端临：《文献通考》卷一二《职役考》。

10. 李心传：《建炎以来朝野杂记》甲集卷一五《身丁钱》。

11. 《宋会要辑稿》食货一之二三。

12. 李曾伯：《可斋续稿》后集卷五《条具广南备御事宜奏》。

13. 马端临：《文献通考》卷二四《国用考》。

14. 马端临：《文献通考》卷二四《国用考》。

15. 周行己：《浮沚集》卷一《上皇帝书》。

16. 《宋史》卷一八○《食货志》。

17. 《宋史》卷一七四《食货志》。

18. 《宋史》卷二五○《石保吉传》。

19. 苏轼：《东坡全集》卷五七《奏浙西灾伤第一状》。

第八章　繁荣的城镇与城市化进程

1. 学术界对宋代行政区划层级的认识存在很大差异。参见邹逸麟编著：《中国历史地理概述》，上海：上海教育出版社，2005年，第188页；周振鹤：《中国历代行政区划的变迁》，商务印书馆，1998年，第52页。

2. 王存等：《元丰九域志》卷一《四京》。四京建制年代不一，东京和西京在宋开国就存在，真宗大中祥符七年（1014）建南京，仁宗庆历二年（1042）建北京。

3. 吴自牧：《梦粱录》卷一○《运司衙》。

4. 建康府即北宋升州、江宁府，建炎以后改名建康府。江南路转运使司有时分为江南东路、江南西路转运使司，有时合二为一。参见周应合：《景定建康志》卷二六《官守志三》。

5. 王存等撰：《元丰九域志》卷三。

6. 《宋史》卷八五《地理志》。

7. 朱长文：《吴郡图经续记》卷上。

8. 罗愿：《新安志》卷一《治所》。

9. 罗浚：《宝庆四明志》卷三《郡志三·叙郡下·城郭》。

10. 高似孙：《剡录》卷一《剡城县·城境图·城》。

11. 吴自牧：《梦粱录》卷七《禁城九厢坊巷》。

12. 《玉海》卷一三九《兵制·宋朝四厢军》。

13. 周宝珠：《宋代东京研究》，开封：河南大学出版社，1992年，第70—72页。

14. 孟元老：《东京梦华录注》卷二《御街》，邓之诚注。

15. 同上。

16. 洪迈：《夷坚志·补》卷一九《刘幻接花》。

17. 孟元老：《东京梦华录注》卷二《御街》，邓之诚注。

18. 潜说友：《咸淳临安志》卷一三《苑囿·聚景园》。

19. 李焘：《续资治通鉴长编》卷七○，大中祥符元年十二月庚戌。

20. 李焘：《续资治通鉴长编》卷三八一，元祐元年六月甲寅。

21. 李焘：《续资治通鉴长编》卷二一一，熙宁三年五月庚戌。

22. 杜佑：《通典》卷三《食货三·乡党》。

23. 《宋史》卷一六五《职官五·街道司》；龚延明：《宋代官制辞典》第十编，第521页。

24. 吴自牧：《梦粱录》卷一一《池塘》。

25. 李焘：《续资治通鉴长编》卷三二，淳化二年六月己酉。

26. 《宋会要辑稿》食货六一之九七。

27. 刘攽：《彭城集》卷三二《开封府南司判官题名记》。

28. 徐梦莘：《三朝北盟会编》卷八五、卷九七。

29. 周宝珠：《宋代东京研究》，第 324 页。

30. 《乾道临安志》记载，临安城内有八厢，除去宫城外，系七厢六十八坊，有二十六万一千六百九十二户，五十五万二千六百七十口。（周淙：《乾道临安志》卷二《户口》）而《咸淳临安志》记载，除宫城厢外，临安有十二厢九十坊，计三十九万一千二百五十九户，一百二十四万零七百六十口。（潜说友：《咸淳临安志》卷一九《厢界》、卷五八《户口》）有学者据其统计，除去乡村人口，乾道年间临安城内外有九万二千余户，四十六万余人；咸淳年间临安城内外有十七万四千余户，七十六万余人，其中城内有十二万四千余户，六十余万人。（林正秋：《南宋临安人口》，载政协杭州市委员会办公室编：《南宋京城杭州》，第 68—69 页，1984 年）还有学者认为，临安城内外一百二十万至一百三十万人，城内八十万至九十万人，城外四十万至五十万人。（吴松弟：《中国人口史》第三卷，第 583 页）甚至有学者估计，临安城内外有二百五十万人，其中城内一百万，郊区一百五十万人。（赵冈：《南宋临安人口》，载《中国历史地理论丛》第 31 辑，1994 年第 2 辑）

31. 吴自牧：《梦粱录》卷一六《米铺》。

32. 吴自牧：《梦粱录》卷一〇《防隅巡警》。

33. 孟元老：《东京梦华录注》卷二《东角楼街巷》，邓之诚注。

34. 吴自牧：《梦粱录》卷一三《铺席》。

35. 吴自牧：《梦粱录》卷一三《团行》。

36. 孟元老：《东京梦华录注》卷三《马行街铺席》，邓之诚注。

37. 吴自牧：《梦粱录》卷一三《夜市》。

38. 孟元老：《东京梦华录注》卷三《相国寺内万姓交易》，邓之诚注。

39. 王得臣：《麈史》卷下《谐谑》。

40. 王栐：《燕翼诒谋录》卷二。

41. 孟元老：《东京梦华录注》卷二《东角楼街巷》，邓之诚注。

42. 吴自牧：《梦粱录》卷一三《两赤县市镇》《铺席》。

43. 孟元老：《东京梦华录注》卷四《鱼行》、卷二《朱雀门外街巷》、卷三《天晓诸人入市》，邓之诚注。

44. 吴自牧：《梦粱录》卷一六《鲞铺》。

45. 周必大：《文忠集》卷一八二《临安四门所出》。

46. 施谔：《淳祐临安志》卷七《仓场库务》。

47. 潜说友：《咸淳临安志》卷九《市舶务》。

48. 孟元老：《东京梦华录注》卷一《大内》，邓之诚注。

49. 李焘：《续资治通鉴长编》卷四三，咸平元年九月丁丑。

50. 周宝珠，《宋代东京研究》，第五章，第 191—231 页。

51. 《宋会要辑稿》职官二九之八。

52. 孟元老：《东京梦华录注》卷二《酒楼》，邓之诚注。

53. 孟元老：《东京梦华录注》卷四《修整杂货及斋僧请道》，邓之诚注。

54. 何薳：《春渚纪闻》卷八《都下墨工》。

55. 孟元老:《东京梦华录注》卷三《相国寺内万姓交易》，邓之诚注。

56. 吴自牧:《梦粱录》卷一三《团行》。

57. 同上。

58. 孟元老:《东京梦华录注》卷二《酒楼》，邓之诚注。

59. 孟元老:《东京梦华录注》卷四《食店》，邓之诚注。

60. 孟元老:《东京梦华录注》卷二《饮食果子》，邓之诚注。

61. 孟元老:《东京梦华录注》卷五《民俗》，邓之诚注。

62. 吴自牧:《梦粱录》卷一八《民俗》。

63. 耐得翁:《西湖老人繁胜录·瓦市》。

64. 耐得翁:《都城纪胜·四司六局》。

65. 吴自牧:《梦粱录》卷一九《四司六局筵会假赁》。

66. 孟元老:《东京梦华录注》卷五《民俗》，邓之诚注。

67. 袁说友:《东塘集》卷一○《禁戢销金札子》。

68. 吴自牧:《梦粱录》卷一八《民俗》。

69. 王栐:《燕翼诒谋录》卷四。

70. 周辉:《清波杂志校注》卷八《垂肩冠》，刘永翔校注。

71. 王栐:《燕翼诒谋录》卷四。

72. 孟元老:《东京梦华录注》卷三《大内前州桥东街巷》，邓之诚注。

73. 吴自牧:《梦粱录》卷一九《塌房》。

74. 孟元老:《东京梦华录注》卷四《杂赁》，邓之诚注。

75. 王得臣:《麈史》卷下《杂志》。

76. 孟元老:《东京梦华录注》卷七《池苑内纵人关扑游戏》，邓之诚注。

77. 吴自牧:《梦粱录》卷一九《瓦舍》、卷二○《百戏伎艺》；耐得翁:《西湖老人繁胜录·瓦市》。

78. 吴自牧:《梦粱录》卷一九《瓦舍》。

79. 周密:《武林旧事》卷六《瓦子勾栏》。

80. 孟元老:《东京梦华录注》卷五《京瓦伎艺》，邓之诚注。

81. 孟元老:《东京梦华录注》卷二《东角楼街巷》，邓之诚注。

82. 吴自牧:《梦粱录》卷二○《百戏伎艺》。

83.《简明不列颠百科全书》第2册，第272页。

84.《周易注疏》卷一二《系辞下疏》。

85.《唐会要》卷八六《市》。

86. 高承:《事物纪原》卷七《镇》。

87.《宋史》卷一六七《职官志》。

88. 将《元丰九域志》卷五至卷六中所记的杭州、越州、湖州、明州、常州、台州、江宁府、歙州的市镇与南宋方志《咸淳临安志》卷一九至卷二○、《嘉泰会稽志》卷一二至卷一三、《宝庆四明志》卷一三至卷二一、《嘉泰吴兴志》卷一○、《咸淳毗陵志》卷三、《嘉定赤城志》卷二和卷七、《景定建康志》卷一六、《新安志》卷三等市镇做比较后所得的结论。

89. 王存等:《元丰九域志》卷一。

90.《宋会要辑稿》方域七之二八至二九。

91. 《宋会要辑稿》方域一二之一九。

92. 《宋会要辑稿》职官四八之一四〇；徐梦莘：《三朝北盟会编》卷二三九；俞希鲁编撰：《至顺镇江志》卷三《户口》。

93. 洪迈：《夷坚志·三志壬》卷九《古步王屠》；《宋会要辑稿》职官四八之一三七。

94. 方逢辰：《蛟峰文集》卷五《芳润堂记》。

95. 李焘：《续资治通鉴长编》卷三四一，元丰六年十一月戊午。

96. 李焘：《续资治通鉴长编》卷四〇九，元祐三年三月乙丑。

97. 罗浚：《宝庆四明志》卷一四《奉化县志卷一·叙县·官僚·鲒埼寨巡检》。

98. 《宋会要辑稿》食货一八之五。

99. 陆游：《入蜀记》卷二。

100. 薛季宣：《浪语集》卷一八《湖州与镇江守黄侍郎书·又书》。

101. 方回：《桐江续集》卷一四《夜宿白土市》。

102. 洪迈：《夷坚志·补》卷一七《湖田陈曾二》。

103 熊禾：《勿轩集》卷四《麻沙镇昼锦桥》。

104. 《宋会要辑稿》食货一七之四〇。

105. 罗浚：《宝庆四明志》卷四、卷一二、卷一三。

106. 常棠：《海盐澉水志》卷四《坊巷门》。

107. 罗浚：《宝庆四明志》卷三《坊巷》。

108. 谈钥：《嘉泰吴兴志》卷二《城池·湖州》。

109. 叶适：《水心集》卷一〇《东嘉开河记》。

110. 李焘：《续资治通鉴长编》卷七〇，大中祥符元年十二月庚戌。

111. 张礼：《游城南记校注》之《历兴道本二坊》史念海、曹尔琴校注。

112. 李焘：《续资治通鉴长编》卷一，建隆元年十月乙酉。

113. 真德秀：《西山文集》卷六《奏乞为江宁县城南厢居民代输和买状》。

114. 苏轼：《东坡全集》卷六二《乞罢宿州修城状》。

115. 陆游：《入蜀记》卷三。

116. 李焘：《续资治通鉴长编》卷二五一，熙宁七年三月庚申。

117. 范成大：《吴船录》卷下。

第九章　宋代的社会结构

1. 《宋史》卷一七八《食货志》。

2. 《宋会要辑稿》食货六一之四九、七〇之六五。

3. 《名公书判清明集》卷九。

4. 两浙路的这一数字显然不符合实际情况，《宋会要辑稿》道释一之一三记载，天禧五年（1021）全国僧尼总数为四十五万八千八百五十四名，与上表总数出入甚大。参见游彪：《宋代寺院经济史稿》，保定：河北大学出版社，2003年，第211页。

5. 吴潜：《许国公奏议》卷二《奏论计亩官会一贯有九害》。

6. 李焘：《续资治通鉴长编》卷一七七，至和元年十一月壬戌。

7. 陆耀遹：《金石续编》卷一三《广慈禅院庄地碑》。

8. 刘爚：《蒙川遗稿》卷二《田家吟》。

9. 李焘：《续资治通鉴长编》卷二三七，熙宁五年八月辛丑。

10. 张田辑录：《包拯集》卷七《请免陈州添折见钱》。

11. 马端临：《文献通考》卷一一《户口考》。

第十章　宋人的社会生活及习俗

1. 长孙无忌：《唐律疏义》卷一四《户婚》。

2. 郑樵：《通志》卷二五《氏族略》。

3. 欧阳修：《欧阳全集·奏议集》卷一《论凌景阳三人不宜与馆职奏状》。

4. 《宋会要辑稿》职官二〇之四。

5. 朱熹：《家礼》卷三。

6. 孟元老：《东京梦华录注》卷五《娶妇》，邓之诚注。

7. 关于书铺，可参见戴建国：《宋代的公证机构书铺》，载《中国史研究》1988 年第 4
    期，收入氏著《宋代法制初探》，哈尔滨：黑龙江人民出版社，2000 年。

8. 吴自牧：《梦粱录》卷二〇《嫁娶》。

9. 孟元老：《东京梦华录注》卷五《娶妇》，邓之诚注。

10. 朱熹：《家礼》卷三《昏礼》。

11. 吴自牧：《梦粱录》卷二〇《嫁娶》。

12. 朱熹：《家礼》卷三《昏礼》。

13. 孟元老：《东京梦华录注》卷五《娶妇》，邓之诚注。

14. 高承：《事物纪原》卷九记载，"《酉阳杂俎》曰：今士大夫家婚礼，新妇乘马鞍，
    悉北朝之余风也。今娶妇家，新人入门跨马鞍，此盖其始也。"新媳妇入男家跨马鞍
    的习俗乃受北方民族的影响所致。

15. 吴自牧：《梦粱录》卷二〇《嫁娶》。

16. 孟元老：《东京梦华录注》卷五《娶妇》，邓之诚注。

17. 同上。

18. 同上。

19. 《戊辰杂抄》，《说郛》卷三一。

20. 周去非：《岭外代答》卷一〇《入寮》。

21. 程颐：《河南程氏文集》卷五《为家君上神宗皇帝论薄葬书》。

22. 朱熹：《家礼》卷四《丧礼》。

23. 司马光：《书仪》卷八《丧仪》。

24. 关于宋代火葬之情况，可参见朱瑞熙等著：《辽宋西夏金社会生活史》，北京：中国
    社会科学出版社，1998 年，第十一章；徐吉军等著：《中国风俗通史·宋代卷》，上
    海：上海文艺出版社，2001 年，第八章。

25. 周去非：《岭外代答》卷六《斋素》。

26. 周去非：《岭外代答》卷六《食槟榔》。

27. 《宋史》卷一五三《舆服志》。

28. 沈括：《梦溪笔谈》卷一。

29. 吴处厚：《青箱杂记》卷七。

30. 周密：《武林旧事》卷六。

31. 《宋史》卷一五三《舆服志》。

32. 杨万里：《诚斋集》卷三八。

33. 孟元老：《东京梦华录注》卷三《大内西右掖门外街巷》，邓之诚注。

34. 吴自牧：《梦粱录》卷一三《铺席》。

35. 孟元老：《东京梦华录注》卷三《寺东门街巷》，邓之诚注。

36. 盐卓悟：《宋代牛肉食考》，《中国——社会与文化》第16号。该氏认为，牛肉是宋代辅助性的肉食，或是特别的饮食材料。

37. 周密：《武林旧事》卷六《凉水》。

38. 陈元靓《岁时广记》卷九："人日，京都贵家造面茧，以肉或素馅，其实厚皮馒头、馄馅也，名曰探官茧。又立春日作此，名探春茧。馅中置纸签或削木书官品，人自探取，以卜异时官品高下。街市前期卖探官纸，言多鄙俚，或选取古今名人警策句，可以占前程者，然亦但举其吉祥之词耳。灯夕亦然。"

39. 孟元老：《东京梦华录注》卷八《端午》，邓之诚注。

40. 陈元靓《岁时广记》卷二一《藏饧糖》。

41. 这一风俗起源很早，相传晋国公子重耳取得政权以后，有大恩于重耳的介子推不愿为官，隐居山林。为找到介子推，重耳下令放火烧山，结果却将介子推烧死。为了纪念介子推，规定在介子推被烧死的月份不许生火做饭。最早在山西地区实行寒食，时间为一个月。但由于这一地区非常寒冷，长时间冷食不利于身体健康，汉魏时期都曾经出现过禁止寒食或缩短寒食时间的规定。

42. 《全宋词》，北京：中华书局，1992年，第295页。

43. 《宋史》卷一五四《舆服志》。

44. 李焘：《续资治通鉴长编》卷一〇一，天圣元年十一月戊戌。

45. 杜甫：《九家集注杜诗》卷一〇。

46. 吕本中：《轩渠录》，《说郛》卷三四。

47. 释晓莹：《罗湖野录》卷一。

48. 陆游：《入蜀记》卷一。

49. 马可·波罗：《马可·波罗行纪》卷二，冯承钧译。

50. 周孚：《蠹斋铅刀编》卷二三《焦山普济禅院僧堂记》。

51. 彭百川：《太平治迹统类》卷一八。

52. 《宋史》卷二九六《查道传》。

53. 西湖老人：《西湖老人繁胜录》。

54. 孟元老撰：《东京梦华录注》卷四《修整杂货及斋僧请道》，邓之诚注。

55. 《名公书判清明集》卷一三《叔诬告侄女身份不明》。

56. 李焘：《续资治通鉴长编》卷九二，天禧二年六月己未。

57. 陈淳：《北溪字义》卷下。

58. 宋真宗在位时期，崇奉道教，因而斋醮仪式有时只用道教。《续资治通鉴长编》卷一〇〇天圣元年二月庚申条记载："初，自祥符天书既降，始建天庆、天祺、天贶、先天、降圣节，及真宗诞节，本命三元用道家法，内外为斋醮，京城之内，一夕数处。"可知这些节日几乎都用道家之法进行斋醮。

59. 周密：《武林旧事》卷三。

60. 《宋史》卷三六三《张悫传》。

61. 《宋史》卷一〇二《礼志》。

62. 同上。

63. 《锦绣万花谷·前集》卷四。

64. 《礼记·郊特牲》。

65. 《夷坚志·补》卷二一《利路知县女》。

第十一章　教育与科举

1. 李心传：《建炎以来朝野杂记》甲集卷一三《太学养士数》。

2. 《宋史》卷一五七《选举志》。

3. 同上。

4. "小学"实际上已经包含了幼儿教育和现代的中等教育的一部分，中国古代的蒙养教育一般是七八岁至十五六岁儿童的教育阶段。参见《中国教育通史》，济南：山东教育出版社，1987年，第三卷，第43页。

5. 《百家姓》是以姓氏为四言的韵语，"赵钱孙李，周吴郑王……"，简短易诵。

6. 《杂字》主要记载日常生活常用的文字。

7. 胡瑗教育思想的核心是"明体达用"，其在湖州州学创立了经义和治事二斋，前者教授经术，后者教习民政、军事、水利、算术等学科。其后，胡瑗在湖州创设的学规、教法等被太学所采用。

8. 宋初著名的书院究竟是哪几所，历来说法不一。按朱熹《衡州石鼓书院记》的说法，有石鼓、岳麓、白鹿洞三所，吕祖谦的《鹿洞书院记》以白鹿洞、岳麓、应天府、嵩阳为天下四大书院。王应麟的《玉海》也从吕说。而马端临《文献通考》以白鹿洞、石鼓、应天府、岳麓为天下四大著名书院。此从吕祖谦之说。

9. 大经是指《礼记》《左传》，中经是指《毛诗》《周礼》《仪礼》，小经是指《周易》《尚书》《穀梁传》《公羊传》。

10. 江休复：《醴泉笔录》卷下。

11. 张瑞义：《贵耳集》卷下。

12. 陶宗仪：《说郛》卷三八。

第十二章　文化的昌盛

1. 梁启超：《饮冰室文集》卷三九。

2. 李焘：《续资治通鉴长编》卷一八，太平兴国二年正月丙寅。

3. 《宋史》卷四三六《陈亮传》。

4. 王夫之：《宋论》卷一。

5. 以上统计据鲁尧贤：《宋代文化的繁荣及其原因》，载《安庆师范学院学报》1994年第2期。

6. 吕祖谦：《宋文鉴》卷八二《南安军学记》。

7. 郭若虚：《图画见闻志》卷六《近事·高丽国》。

8. 吴之振：《宋诗钞初集》。

9. 葛立方：《韵语阳秋》卷一。

10. 王若虚：《溽南诗话》卷二。

11. 叶梦得：《避暑录话》卷下。

12. 赵令畤：《侯鲭录》卷七。

13. 刘辰翁：《须溪集》卷六《辛稼轩词序》。

14. 欧阳修：《欧阳文忠公文集》附录卷四《神宗旧史·本传》。

15. 刘熙载：《艺概》卷一。

16. 陆游：《老学庵笔记》卷八。

17. 罗大经：《鹤林玉露》甲编卷六《斩桧书》。

18. 欧阳修：《欧阳文忠公集·奏议集》卷一二《论史馆日历状》。

19. 《宋会要辑稿》职官二之一二。

20. 欧阳修：《新五代史》卷三二《死节传论》。

21. 赵翼：《廿二史劄记》卷二一《欧史书法谨严》。

22. 章学诚：《章氏遗书》外编卷一《信摭》。

23. 司马光：《司马文正公传家集》卷一七《进〈资治通鉴〉表》。

24. 陈光崇：《通鉴引用书目的再检核》，载《河北师范学院学报》1987年第2期。

25. 《宋史》卷一六三《职官志》。

26. 朱士嘉：《中国方志的起源、特征及其史料价值》，载《史学史资料》1979年第2期。

27. 吕祖谦：《左氏传说》卷五。

28. 陆九渊：《陆九渊集》卷二二《杂说》。

29. 陈亮：《陈亮集》卷一〇《经书发题·书经》。

30. 陈亮：《陈亮集》卷二〇《又乙巳春书之一》。

31. 郭若虚：《图画见闻志》卷一《论黄徐体异》。

32. 《宣和画谱》卷一九《吴元瑜》。

33. 《宣和画谱》卷一八《崔白》。

34. 盛时泰：《苍润轩碑跋》。

35. 庄绰：《鸡肋编》卷上。

36. 朱启钤：《丝绣笔记》卷上。

37. 《科学译丛》1982年第2期。

38. 《宋史》卷一九七《兵志》。

39. 《武经总要》前集卷一五。

40. 沈括:《梦溪笔谈》卷二四。

41. 朱彧:《萍洲可谈》卷二。

42. 赵汝适:《诸蕃志》卷下《海南》。

43. 《钦定天禄琳琅书目》卷四。

44. 金秋鹏:《蔡襄及其科学贡献》,载《矿物岩石》1989 年第 3 期。

第十三章　宋朝与周边民族

1. 洪迈:《容斋随笔》卷三《燕非强国》。

2. 显德六年（959），后周世宗第二次伐辽,从辽朝手中夺得益津、瓦桥、淤口三关和易州,此外,还有燕云十六州中的莫、瀛二州,此处所谓关南地区,指的是瓦桥关以南十州县。

3. 王辟之:《渑水燕谈录》卷七。

4. 苏辙:《栾城集》卷一六《燕山》。

5. 《隋书》卷八三《党项传》。

6. 原名李彝殷,避宋太祖父赵弘殷名讳,改殷为兴。

7. 李焘:《续资治通鉴长编》卷二五,雍熙元年九月。

8. 《宋史》卷四八五《夏国传》。

9. 沈括:《梦溪笔谈》卷二五。

10. 吴广成:《西夏书事》卷一六。

11. 《宋史》卷二七七《郑文宝传》。

12. 李焘:《续资治通鉴长编》卷三二〇,元丰四年十一月癸卯。

13. 《宋史》卷四八六《夏国传》。

14. 少数民族战败后实行的一种表示耻辱的做法,另一解释为梁太后脸部受伤。

15. 《宋史》卷四八六《夏国传》。

16. 《宋史》卷三六七《李显忠传》。

17. 《大金国志》卷六《太宗文烈皇帝》。

18. “纳地”是指蒙古灭金之后将北宋河南故地收归宋朝,“请兵”即联合攻金之意。

19. 山东泛指淮河以北、太行山以东属金统治区的中原地带,包括近河北、河南、江苏的部分地区,与南宋的两淮地区接壤。

20. 含陕西南部、甘肃东南部、四川北部。

21. 由于宝庆三年干支纪年为“丁亥年”,故南宋方面把这次事件称为“丁亥之变”。

22. 降宋金军为北军,以与南（宋）军相区别。

23. 《宋史》卷四八八《大理国传》。

24. 宋广南西路左、右江地区少数民族组成的武装组织。

25. 《宋史》卷四八八《大理国传》。

26. 此楼为南诏时兴建,为西南夷君长聚会之所。

27. 居深山僻远、横遏寇略者谓之生户，连接汉界、入州城者谓之熟户。

28. 李焘：《续资治通鉴长编》卷八六，大中祥符九年三月辛酉。

29. 贾昌朝：《论边事》，《宋文鉴》卷四五。

30. 陈元龙：《格致镜原》卷二一《饮食类》引《滴露漫录》。

31. 《续文献通考》卷二二《征榷考》。

第十四章　宋朝与世界各国的交往

1. 《宋史》卷三三七《范祖禹传》。

2. 朱彧：《萍洲可谈》卷二。

3. 《宋史》卷一六七《职官志》。

4. 石文济：《宋代市舶司的职权》，载《宋史研究集》第七辑，台北："中华"丛书编审委员会，1974年。

5. 《宋史》卷四八七《高丽传》。

6. 杨渭生：《宋丽关系史研究》，杭州：杭州大学出版社，1997年，第28页。

7. 徐兢：《宣和奉使高丽图经》卷四〇《乐律》。

8. 《宋朝事实类苑》卷六〇《风俗杂志·日本扇》。

9. 《宋史》卷四九一《日本传》。

10. 周去非：《岭外代答》卷四《大食诸国》。

11. 《海交史研究》(泉州) 1978年创刊号，第22—26页。

参考书目

专著

《中华文明史·辽宋夏金》，河北教育出版社，1994年。

《中国历史大辞典》，上海辞书出版社，1984年。

Robert P. Hymes, "*Statesmen and Gentlemen* : The Elite of Fu-chou, Chiang-hsi", in
　　Northern and Southern Sung, London : Cambridge University Press, 1986.

小岛毅：《宋学的形成与展开》，创文社，1999年。

毛礼锐、沈灌群主编：《中国教育通史》，山东教育出版社，1985—1989年。

王介南：《中外文化交流史》，书海出版社，2004年。

王天顺：《西夏战史》，宁夏人民出版社，1993年。

王曾瑜：《宋朝兵制初探》，中华书局，1983年。

王曾瑜：《宋朝阶级结构》，河北教育出版社，1996年。

王云海：《宋代司法制度》，河南大学出版社，1992年。

王仪：《赵宋与王氏高丽及日本的关系》，（台湾）中华书局，1980年。

包伟民：《宋代地方财政史研究》，上海古籍出版社，2001年。

包弼德：《斯文：唐宋思想的转型》，刘宁译，江苏人民出版社，2001年。

田浩著，杨立华等译：《宋代思想史论》，社会科学文献出版社，2003年。

白寿彝主编：《中国通史》第七卷"中古时代·五代辽宋夏金时期"，上海人民出
　　版社，1989—1999年。

白钢主编：《中国政治制度通史》，人民出版社，1996年。

白钢全书主编，朱瑞熙分卷主编：《中国政治制度通史》第六卷"宋代"，人民出
　　版社，1996年。

石训、姚瀛艇、刘象彬等：《中国宋代哲学》，河南人民出版社，1992年。

伊永文：《宋代市民生活》，中国社会出版社，1999年。

伊沛霞著，胡志宏译：《内闱：宋代的婚姻和妇女生活》，江苏人民出版社，
　　2004年。

伊原弘：《中国中世都市纪行：宋代的都市和都市生活》，中央公论社，1988年。

任继愈：《中国哲学史》第三册"隋唐五代宋元明部分"，人民出版社，1964年。

寺地遵：《南宋初期政治史研究》，溪水社，1988年。

朱勇：《中国法制史》，法律出版社，1999年。

朱瑞熙：《宋代社会研究》，中州书画社，1983年。

朱瑞熙等：《辽宋西夏金社会生活史》，中国社会科学社，1998年。

朱葵菊：《中国传统哲学》，中国和平出版社，1991年。

牟钟鉴、张践：《中国宗教通史》，社会科学文献出版社，2000年。

何忠礼、徐吉军：《南宋史稿》，杭州大学出版社，1999年。

何冠环：《北宋武将研究》，（香港）中华书局，2003年。

佐竹靖彦等：《宋元时代史的基本问题》，汲古书院，1996年。

余又荪：《宋元中日关系史》，台湾商务印书馆，1964年。

余英时：《朱熹的历史世界》（上、下），生活·读书·新知三联书店，2004年。

吴天墀：《西夏史稿》（增订本），四川人民出版社，1983年。

吴松弟：《北方移民与南宋社会变迁》，文津出版社，1993年。

宋代官箴研读会编：《宋代社会与法律："名公书判清明集"讨论》，东大图书公
　　司，2001年。

李弘祺：《宋代官学教育与科举》，联经出版事业公司，1994年。

李桂芝：《辽金简史》，福建人民出版社，1996年。

李清和：《中国古代民族》，中共中央党校出版社，1991年。

沈松勤：《北宋文人与党争》，人民出版社，1998年。

汪玢玲：《中国婚姻史》，上海人民出版社，2001年。

汪圣铎：《两宋财政史》（上、下册），中华书局，1995年。

周密：《宋代刑法史》，法律出版社，2002年。

周宝珠：《宋代东京研究》，河南大学出版社，1992年。

周宝珠、陈振主编：《简明宋史》，人民出版社，1985年。

屈超立：《宋代地方政府民事审判职能研究》，巴蜀书社，2003年。

林天蔚：《宋代香药贸易史稿》，中国学社，1960年。

邵献书：《南诏和大理国》，吉林教育出版社，1990年。

侯外庐：《中国思想通史》，人民出版社，1956—1960年。

侯外庐：《宋明理学史》（上、下），人民出版社，1987年。

姚瀛艇主编：《宋代文化史》，河南大学出版社，1992年。

柳立言编：《宋元时代的法律思想和社会》，国立编译馆，2001年。

胡昭曦：《宋蒙关系史》，四川大学出版社，1992年。

苗书梅：《宋代官员选任和管理制度》，河南大学出版社，1996年。

唐代剑：《宋代道教管理制度研究》，线装书局，2003年。

孙祚民：《中国古代民族关系问题探究》，河南大学出版社，1992年。

徐扬杰：《宋明家族制度史论》，中华书局，1995年。

桑原骘藏著，吴攸译：《中国阿剌伯海上交通史》，台湾商务印书馆，1963年。

张文：《宋朝社会救济研究》，西南师大出版社，2001年。

张希清等：《宋朝典制》，吉林文史出版社，1997年。

张邦炜：《宋代皇亲与政治》，四川人民出版社，1993年。

张邦炜：《宋代婚姻家族史论》，人民出版社，2003年。

张其凡：《宋代史》，澳亚周刊出版有限公司，2004年。

张家驹：《两宋经济重心的南移》，湖北人民出版社，1957年。

张晋藩：《中国法制通史·宋》，法律出版社，1999年。

张博泉：《金史简编》，辽宁人民出版社，1984年。

张维华：《中国古代对外关系史》，高等教育出版社，1993年。

张复华：《北宋中期以后之官制改革》，文史哲出版社，1991年。

曹家齐：《宋代交通管理制度研究》，河南大学出版社，2002年。

梁太济：《两宋阶级关系的若干问题》，河北大学出版社，1998年。

梁庚尧：《南宋的农村经济》，联经出版事业公司，1984年。

梅原郁：《宋代官僚制度研究》，同朋舍，1985年。

梅原郁编：《中国近世的都市和文化》，京都大学人文科学研究所，1984年。

毕达克、陈得芝：《吐蕃与宋蒙的关系》，西藏人民出版社，1985年。

郭东旭：《宋代法制研究》，河北大学出版社，2000年。

陈佳华：《宋辽金时期民族史》，四川民族出版社，1996年。

陈振：《宋史》，上海人民出版社，2003年。

陈高华、徐吉军：《中国风俗通史·宋代卷》，上海文艺出版社，2001年。

陈高华等：《宋元时期的海外贸易》，天津人民出版社，1981年。

陈植锷：《北宋文化史述论》，中国社会科学出版社，1992年。

陶晋生：《宋辽关系史研究》，联经出版事业公司，1984年。

傅宗文：《宋代草市镇研究》，福建人民出版社，1989年。

傅海波等：《剑桥中国辽西夏金元史，907—1368年》，中国社会科学出版社，1998年。

彭信威：《中国货币史》，上海人民出版社，1958年。

斯波义信著，方健、何忠礼译：《宋代江南经济史研究》，江苏人民出版社，2001年。

斯波义信著，庄景辉译：《宋代商业史研究》，稻禾出版社，1997年。

曾瑞龙：《经略幽燕：宋辽战争军事灾难的战略分析（979—987）》，香港中文大学出版社，2003年。

游彪：《宋代寺院经济史稿》，河北大学出版社，2003年。

游彪：《宋代荫补制度研究》，中国社会科学出版社，2001年。

程民生：《宋代地域文化》，河南大学出版社，1997年。

程民生：《宋代地域经济》，河南大学出版社，1992年。

冯契：《中国哲学通史简编》，上海三联书店，1991年。

黄纯艳：《宋代海外贸易》，社会科学文献出版社，2003年。

黄敏枝：《宋代佛教社会经济史论集》，台湾学生书局，1989 年。

黄宽重：《南宋地方武力：地方军与民间自卫武力的探讨》，东大图书公司，2002 年。

杨渭生：《两宋文化史研究》，杭州大学出版社，1998 年。

杨宪邦：《中国哲学通史》第三卷，中国人民大学出版社，1990 年。

杨树森：《辽史简编》，辽宁人民出版社，1984 年。

杨树藩：《宋代中央政治制度》，台湾商务印书馆，1977 年。

葛剑雄主编、吴松弟著：《中国人口史》第三卷"辽宋金元时期"，复旦大学出版社，2000 年。

虞云国：《宋代台谏制度研究》，上海社会科学院出版社，2001 年。

詹石窗：《南宋金元的道教》，上海古籍出版社，1989 年。

贾二强：《唐宋民间信仰》，福建人民出版社，2002 年。

贾玉英：《宋代监察制度》，河南大学出版社，1996 年。

贾志扬：《宋代科举》，东大图书公司，1995 年。

贾志扬著，赵冬梅译：《天潢贵胄：宋代宗室史》，江苏人民出版社，2005 年。

漆侠：《王安石变法》，上海人民出版社，1979 年。

漆侠：《宋代经济史》（上、下册），上海人民出版社，1987、1988 年。

漆侠：《宋学的发展和演变》，河北人民出版社，2002 年。

台湾三军大学：《中国历代战争史》，军事译文出版社，1983 年。

赵德馨主编：《中国经济通史》（五），湖南人民出版社，2003 年。

刘子健著，赵冬梅译：《中国转向内在：两宋之际的文化内向》，江苏人民出版社，2002 年。

刘伯骥：《宋代政教史》，（台湾）中华书局，1971 年。

刘建丽：《宋代西北吐蕃研究》，甘肃文化出版社，1998 年。

刘庆等：《中国宋辽金西夏军事史》，人民出版社，1996 年。

蔡美彪等：《中国通史》第五册"宋代"，人民出版社，1979 年。

郑学檬：《中国古代经济重心南移和唐宋江南经济研究》，岳麓书社，2003 年。

邓小南：《宋代文官选任制度诸层面》，河北教育出版社，1993 年。

邓广铭：《北宋政治改革家王安石》，人民出版社，1997 年。

邓广铭：《邓广铭治史丛稿》，北京大学出版社，1997 年。

邓广铭等：《中国历史大辞典·宋史》，上海辞书出版社，1984 年。

邓广铭、漆侠：《两宋政治经济问题》，知识出版社，1988 年。

戴仁柱 (Richard L. Davis)：《十三世纪中国政治与文化危机》，刘晓译，中国广播电视出版社，2003 年。

戴建国：《宋代法制初探》，黑龙江人民出版社，2000 年。

戴裔煊：《宋代钞盐制度研究》，商务印书馆，1957 年。

薛梅卿、赵晓耕：《两宋法制通论》，法律出版社，2002 年。

谢和耐：《蒙元入侵前夜的中国日常生活》，江苏人民出版社，1998 年。

韩茂莉：《宋代农业地理》，山西古籍出版社，1993 年。

韩森：《变迁之神：南宋时期的民间信仰》，包伟民译，浙江人民出版社，1999 年。

魏天安：《宋代行会制度史》，东方出版社，1997 年。

罗家祥：《朋党之争与北宋政治》，华中师范大学出版社，2002 年。

苏基朗：《唐宋法制史研究》，香港中文大学出版社，1996 年。

龚延明：《宋代官制辞典》，中华书局，1997 年。

龚书铎：《中国社会通史》，山西教育出版社，1996 年。

论　文

王立新、窦向军：《论宋辽夏鼎立与宋夏和战的关系》，《甘肃高师学报》，2003
　　年第 3 期。

王瑞平：《试论北宋中期的社会改革及其历史启示》，《商丘师范学院学报》，
　　2000 年第 3 期。

吴秋红：《论宋以例破法的原因》，《黄冈师范学院学报》，2004 年第 5 期。

吕卓民：《论宋夏在陕北的争夺》，《西北大学学报》，1989 年第 4 期。

李丕祺：《宋朝法制与专制制度》，《西北第二民族学院学报》，1999 年第 1 期。

李立泉：《王安石变法新论》，《云梦学刊》，2001 年第 4 期。

李存山：《庆历新政与熙宁变法：兼论二程洛学与"革新政令"的关系》，《中州
　　学刊》，2004 年第 1 期。

李俊：《"宋刑统"的变化及法史料价值探析》，《吉林大学社会科学学报》，1998
　　年第 5 期。

李敏昌：《论宋代法律制度的特点》，《三峡大学学报》，2001 年第 2 期。

李华：《论宋代司法官员的证据观念及实践》，《南都学坛》，2003 年第 1 期。

孟天运：《王安石变法中的失误原因探析》，《吉林大学社会科学学报》，2001 年
　　第 2 期。

屈超立：《宋代民事案件的上诉程序考述》，《现代法学》，2003 年第 2 期。

林瑞翰：《北宋之边防》，《宋史研究集》第 13 辑，国立编译馆，1983 年版。

姜国柱：《王安石的军事思想》，《南昌大学学报》，2004 年第 1 期。

姚兆余：《宋代文化的生成背景及其特点》，《甘肃社会科学》，2001 年第 1 期。

姚兆余：《简评宋代文化的历史地位》，《理论学刊》，2001 年第 2 期。

姚广宜：《宋代国家藏书事业的发展》，《河北大学学报》，2001 年第 2 期。

徐红：《宋代商品经济的繁荣与文化发展的关系》，《船山学刊》，2002年第1期。

时芳美：《略论宋代的教育改革及其影响》，《河南大学学报》，1996年第5期。

祝尚书：《宋代诸科制度考论》，《西南师范大学学报》，2004年第1期。

郝佩韦：《宋代刑法特点论略》，《长春师范学院学报》，2002年第6期。

马力：《宋哲宗亲政时对西夏的开边和元符新疆界的确立》，《宋史研究论文集》，
　　河南大学出版社，1993年。

马和平：《王安石变法新探》，《哈尔滨学院学报》，2003年第3期。

张德英：《宋代法律在民间的传播》，《济南大学学报》，2003年第6期。

曹松林：《宋仁宗时期对夏战争的历史教训》，《宋辽金史论丛》，中华书局，
　　1991年版。

曹松林：《熙宁初年的对夏战争述评》，《中日宋史研讨会中方论文选编》，河北
　　大学出版社，1991年。

曹家齐：《宋代文化政策宽明原因新探》，《河北学刊》，2001年第5期。

郭争鸣、郭学信，《试论宋代文化的历史地位》，《聊城师范学院学报》，2001年
　　第5期。

陈志刚：《南宋初年的党争及其影响》，《淮北煤炭师范学院学报》，2003年第1期。

陈绍方：《略论宋代立法特点》，《暨南学报》，1998年第4期。

杨昆：《宋代文化繁荣探源》，《辽宁大学学报》，2002年第1期。

杨峰：《南宋初年宋金"和""战"初探》，《贵州文史丛刊》，2003年第4期。

杨鑫辉、郭斯萍：《王安石教育改革思想评述》，《抚州师专学报》，1995年第4期。

雷家宏：《从民间争讼看宋代社会》，《贵州师范大学学报》，2001年第3期。

赵民乐：《宋科举科目考》（上）、（下），《江苏教育学院学报》，1996年第4期、
　　1997年第2期。

赵旭：《论北宋法律制度中"例"的发展》，《北方论丛》，2004年第1期。

赵晓耕：《两宋法律思想的变革及其特点》，《河北省政法管理干部学院学报》，
　　2003年第2期。

赵燕玲：《余靖与"庆历新政"：兼谈"庆历新政"的历史意义》，《韶关大学学
　　报》，2000年第6期。

赵继颜：《北宋仁宗时宋夏陕西之战》，《齐鲁学刊》，1980年第4期。

刘安泰：《宋代科举与文官政治》，《东方论坛》，1998年第2期。

刘玲娣：《宋代书院及宋代学术文化的发展》，《湖北师范学院学报》，2002年第
　　2期。

郑颖慧：《宋代法官受理诉讼制度探讨》，《南都学坛》，2003年第6期。

鲁尧贤：《宋代文化的繁荣及其原因》，《安庆师范学院学报》，1994年第2期。

赖作卿：《中国历史上农业金融的一次突破：论王安石变法中的"青苗法"》，《赣

南师范学院学报》，1996 年第 1 期。

薛德枢：《宋代科学制度改革与文化繁荣》，《克山师专学报》，1999 年第 2 期。

顾宏义、王守琴：《两宋州县学官及其任用考核制度》，《洛阳师范学院学报》，
2001 年第 4 期。